U0752837

周蓓 主編

『民國專題史』叢書

曹恭翊 編纂

河南人民出版社

法治通史·集權資憲通史

擇録『三鑒九通』等記載中國典章制度的政書中合乎立憲法制者，分門編纂，使民國的學子們得以此研求法政，以達古今融會貫通之效

圖書在版編目(CIP)數據

法治通史 / 曹恭翊編纂. —鄭州 : 河南人民出版社, 2016. 4
(民國專題史叢書 / 周蓓主編)
ISBN 978-7-215-10055-8

Ⅰ. ①法… Ⅱ. ①曹… Ⅲ. ①法制史-世界
Ⅳ. ①D909.9

中國版本圖書館 CIP 數據核字(2016)第 079729 號

河南人民出版社出版發行
(地址:鄭州市經五路 66 號　郵政編碼:450002　電話:65788063)
新華書店經銷　　河南新華印刷集團有限公司印刷
開本 710 毫米×1000 毫米　1/16　印張 41.25
字數 590 千字
2016 年 4 月第 1 版　　2016 年 4 月第 1 次印刷

定價 : 130.00 圓

出版前言

中國現代學術體系是在晚清西學東漸的大潮中逐步形成的。至民國初建，中央政治權威進一步分散和削弱，加之新文化運動帶給國人思想上的空前解放，新學的啓蒙，新知識分子的産生，民國學術如草長鶯飛，進入一個自由而蓬勃的時代。中國傳統學科乃中國學術之根基與菁華所在，民國學人采用「取今復古，別立新宗」之方法，引入西方的學術觀念，積極改造，使史學、文學等學科向現代學術方向轉型。此外，大力推介西方社會科學的新學科和自然科學，在學習、借鑒乃至移植西方現代學術話語和研究範式的過程中，逐漸建立中國現代學科，使中國的學科門類迅速擴展。一時間，新舊更迭，中西交流，百花齊放，萬壑争流，開創了中國現代學術的源頭。

伴隨知識轉型和研究範式轉換而來的，還有學術著作撰寫方式的創新。中國古代的著作向來以單篇流傳，經後人整理匯編後，方以成册成集的面目出現并持續傳播。直到十九世紀末，東西方的歷史編撰體裁不外乎多卷本的編年體、紀傳體和紀事本末體等，章節體的出現標志着近代西方學術規範的産生和新史學的興起。章節體具有依時間順序，按章節編排；因事立題，分篇綜論；既分門別類，又綜合通貫的特點。以章、節搭建起論述之框架，結構分明，邏輯清晰，較傳統的撰寫體裁容量大、系統性强。它的傳入，使中國現代學術體系從内容到形式被納入了全球化的軌道。民國時期專題史的研究、譯介、編纂、出版恰恰是在這樣的背景下欣欣而發，是學術的實驗場，也是歷史的記録儀。編選「民國專題史」叢書的初衷正是爲了從一個側面展示中國學術從傳統向現代過渡的歷史進程。

專題史是對一個學科歷史的總結，是學科入門的必備和學科研究的基礎，也是對一個時代艱深新鋭問題的解答，是學術研究的高點。民國專題史著作中，既包含通論某一學科全部或一時代（區域、國别）的變化過程的，又囊括對一時代或一問題作特殊研究的，還有少部分是對某一專題的史料進行收集的。原創與翻譯并重，翻譯的底本大多選擇該學科的代表著作或歐美大學普及教本，兼顧權威性和流行性，其中日本學者的論著占據了相當比重。日本與中國同屬東亞儒家文化圈，他們在接納西方學術思想和研究模式時，已作了某種消化與調適，從思維轉換的角度看，更便于中國借鑒和利用，他們的著作因而被時人廣泛引進。

與當代學術研究日趨專業化、專門化、專家化的『窄化』道路迥乎不同的是，中國傳統學術崇尚『學問主通不主專，貴通人不尚專家』的通識型治學門徑，處于過渡轉型期的民國學術在不同程度上保留了這種特徵。民國學術大師諸學科貫通一脉、上千年縱橫捭闔之功力自不待冗言，外交家著倫理政治史、文學家著哲學史、化學家著戰争史等亦不乏其人，民國專題史研究呈現出開放、融通、跨界撰述的特點。與此同時必須看到，自晚清以來，中國的命運就在外侮屢犯、内亂頻仍的窘境中跌宕彷徨，民族存亡彷若命懸一綫。這股以創建學科、總結經驗、解決問題爲指歸的專題史出版風潮背後，包裹着民國學人企望以西學爲工具拯民族于衰微的探索精神，及以學術救亡的愛國之心。梁任公曾言：『史學者，學問之最博大而最切要者也，國民之明鏡也，愛國心之源泉也。』這種位卑未敢忘憂國的歷史使命感和國民意識是今人無法漠視和遺忘的。

『民國專題史』叢書收録的範圍包括現代各個學科，不僅限于人文社會科學，學科分類以《民國總書目》的分科爲標準，計有哲學、宗教、社會、政治、法律、軍事、經濟、文化、教育、語言文字、中國文學、外國文學、中國歷史、西方史、自然科學、醫學、工業、交通共19個學科門類。本叢書分輯整理出版，内不分科，單本發行，方便讀者按需索驥。既可作爲大專院校圖書館、學術研究機構館藏之必備資源，也可滿足個人研讀或興趣之收藏。

與目前市場已有的一些專題史叢書相比，『民國專題史』叢書具有規模大、學科全、選本精、原版影印的特點。本叢書選目首重作者的首創、權威和著作影響力，尤其注重選本的稀見性。所謂稀見，即建國後没有再版，且多數圖書館没有收藏，或即便有收藏，也是歸于非公開的珍本之列予以保存，普通讀者難以借閲。部分圖書雖有電子版，但作爲學術研究的經典原著讀本，紙質版本更利于記憶和研究之用。本叢書精揀版本最早、品相最佳的原版圖書作爲底本，因而還具有很高的版本收藏價值。

『民國專題史』的著作是民國學者對于那個時代諸問題之探究，往往有獨到之處，無論其資料、觀點短長得失如何，要之在中國現代學術史的構建與發展進程中，自有其開宗立論之地位。

法治通史

目次

集權資憲通史

代議部

財政學

集權資憲通史

立言部

教育學

集權資憲通史

代議部

兵政學

集權資憲通史

代議部

國際學

代議

政治學

法治通史

代議部

政治學

吳縣曹恭翊潞新編纂

第一篇　內閣組織議

第一章　議內閣之重要如何選舉任用如何組織方爲完備

齊管仲寢疾桓公往問之曰仲父之疾甚矣寡人將屬國於鮑叔牙何如管仲曰夷吾善叔牙君子也千乘之國不以其道予之不受也清廉潔直視不己若者不比於人一聞人之過終身不忘不可以爲政桓公曰然則孰可管仲曰隰朋可朋之爲人也醜不若黃帝而哀不已若者堅中而廉外少欲而多信居其家不忘公居公不忘其家事君不二其心亦不忘其身動必量力舉必量技（周襄王七年）

魏文侯謂李克曰先生嘗有言曰家貧思良妻國亂思良相今所置非成（魏成）則

璜。(翟璜)二子何如。對曰。卑不謀尊。疏不謀戚。臣在闕門之外。不敢當命。文侯曰。先生臨事勿讓。克曰。君弗察故也。居視其所親。富視其所與。達視其所舉。窮視其所不爲。貧視其所不取。五者足以定矣。何待克哉。文侯曰。先生就舍。吾之相定矣。(威烈王二十三年)

韓宣惠王欲兩用公仲公叔爲政。問於繆留。對曰、不可。晉用六卿而國分。齊簡公用陳成子及闞止而見殺。魏用犀首張儀而西河之外亡。今君兩用之。其多力者內樹黨。其寡力者藉外權。羣臣有內樹黨以驕主。有外爲交以削地。君之國危矣。(顯王四十八年)

帝益明習國家事。朝而問右丞相周勃曰。天下一歲決獄幾何。勃謝不知。又問一歲錢穀入幾何。勃又謝不知。惶愧汗出沾背。上問左丞相陳平。平曰。有主者。上曰。主者謂誰。曰。陛下卽問決獄。責廷尉。問錢穀。責治粟內史。上曰。苟各有主。而君所主者。何事也。平謝曰。陛下不知其駑下。使待罪宰相。宰相者。上佐天子。

理陰陽·順四時·下遂萬物之宜·外鎮撫四夷諸侯·內親附百姓·使卿大夫各得任其職焉·帝乃稱善·(漢文帝元年)

班固贊丙吉曰·古之制名·必由象類·遠取諸物·近取諸身·故經謂君爲元首·臣爲股肱·明其一體·相待而成也·是故君臣相配·古今常道·自然之勢也·近觀漢相高祖開基·蕭曹爲冠·孝宣中興·丙魏有聲·是時黜陟有序·衆職修理·公卿多稱其位·海內興於禮讓·覽其行事·豈虛虖哉·(昭帝五鳳三年)

臣光曰·以孝宣之明·魏相丙吉爲丞相·于定國爲廷尉·而趙蓋韓楊之死·皆不厭衆心·其爲善政之累大矣·周官司寇之法·有議賢議能·若廣漢延壽之治民·可不謂能乎·寬饒楊惲之剛直·可不謂賢乎·然則雖有死罪·猶將宥之·況罪不足以死乎·揚子以韓馮翊之愬蕭爲臣之自失·夫所以使延壽犯上者·望之激之也·上不之察·而延壽獨蒙其辜·不亦甚哉·(五鳳四年)

大司農江馮上言·宜令司隸校尉督察三公·司空掾陳元上疏曰·臣聞師臣者

帝賓臣者霸故武王以太公爲師齊桓以夷吾爲仲父近則高帝優相國之禮太宗假宰輔之權及亡新王莽遭漢中衰專操國柄以偷天下况己自喻不信羣臣奪公輔之任損宰相之威以刺舉爲明激訐爲直至乃陪僕告其君長子弟變其父兄罔密法峻大臣無所措手足然不能禁董忠之謀身爲世戮陛下勞心下士屈節待賢誠不宜使有司察公輔之名帝從之（光武帝建武七年）

仲長統昌言曰光武皇帝慍數世之失權忿彊臣之竊命矯枉過直政不任下雖置三公事歸臺閣自此以來三公之職備員而已然政有不治猶加譴責而權移外戚之家寵被近習之豎親其黨類用其私人內充京師外布州郡顛倒賢愚貿易選舉疲駑守境貪殘牧民撓擾百姓忿怒四夷招致乖叛亂離斯瘼怨氣並作陰陽失和三光虧缺怪異數至蟲螟食稼水旱爲災此皆戚宦之臣所致然也反以策讓三公至於死免乃足爲叫呼蒼天號咷泣血者矣又中世之選三公也務於清慤謹慎循常習故者是乃婦女之檢柙鄉曲之常人耳惡

足以居斯位耶。勢旣如彼。選又如此。而欲望三公勳立於國家。績加於生民。不亦遠乎。昔文帝之於鄧通。可謂至愛。而猶展申徒嘉之志。夫見任如此。則何患於左右小臣哉。至如近世外戚宦豎。請託不行。意氣不滿。立能陷人於不測之禍。惡可得彈正者哉。曩者任之重。而責之輕。今者任之輕。而責之重。光武奪三公之重。至今而加甚。不假后黨以權。數世而不行。蓋親疏之勢異也。今人主誠專委三公。分任責成。而在位病民。舉用失賢。百姓不安。爭訟不息。天地多變。人物多妖。然後可以分此罪矣。（安帝永初元年）

李固對策曰。陛下之有尙書。猶天之有北斗也。斗爲天喉舌。尙書亦爲陛下喉舌。斗斟酌元氣。運乎四時。尙書出納王命。賦政四海。權尊勢重。責之所歸。若不平心。災眚必至。誠宜審擇其人。以毗聖政。今與陛下共天下者。外則公卿尙書。內則常侍黃門。譬猶一門之內。一家之事。安則共其福慶。危則通其禍敗。刺史二千石。外統職事。內受法則。夫表曲者景必邪。源清者流必潔。猶叩樹本。百枝

皆動也。由此言之。本朝號令。豈可蹉跌。天下之紀綱。當今之急務也。(順帝陽嘉二年)

太尉龐參。在三公中。最名忠直。數爲左右所毀。廣漢上計掾段恭因會上疏曰。昔白起賜死。諸侯酌酒相賀。季子來歸。魯人喜其紓難。夫國以賢治。君以忠安。今天下咸欣陛下有此忠賢。願卒寵任。以安社稷。(同上)

諸葛亮發教與羣下曰。夫參署者。集衆思廣忠益也。若遠小嫌。難相違覆。曠闕損矣。違覆而得中。猶棄敝蹻而獲珠玉。然人心苦不能盡。惟徐元直(徐庶)處玆不惑。又董幼宰(董和)參署七年。來相啟告。苟能慕元直之十一。幼宰之勤渠。有忠於國。則亮可以少過矣。(魏文帝黃初四年)

亮嘗自校簿書。主簿楊顒直諫曰。爲治有體。上下不可相侵。請爲明公以作家譬之。今有人使奴執耕稼。婢典炊爨。雞主司晨。犬主吠盜。牛負重載。馬涉遠路。私業無曠。所求皆足。雍容高枕。飲食而已。忽一旦盡欲以身親其役。不復付任。

勞其體力爲此碎務形疲神困終無一成豈其智之不如奴婢雞狗哉失爲家主之法也是故古人稱坐而論道謂之王公作而行之謂之士大夫故丙吉不問橫道死人而憂牛喘陳平不肯知錢穀之數云自有主者彼誠達於位分之體也今明公爲治乃躬自校簿書流汗終日不亦勞乎亮謝之（同上）

淮南相劉頌上疏曰天下至大萬事至衆人君至少同於天日是以聖王之化執要於己委務於下非惡勞而好逸誠以政體宜然也夫居事始以別能否甚難察也因成敗以分功罪甚易識也人主誠能居易執要論功罪於成敗之後則羣下無所逃其誅賞矣古者六卿分職冢宰爲師秦漢以來九列執事丞相都總今尚書制斷諸卿奉成於古制爲太重可出衆事付外寺使得專之尚書統領大綱若丞相之爲歲終課功校簿賞罰斯亦可矣今動皆受成於上上之所失不得復以罪下歲終事功不建不知所責也帝不能用（晉武帝太康十年）

魏徵上疏以爲在朝羣臣當樞機之寄者任之雖重信之未篤是以人或自疑

心懷苟且。陛下寬於大事。急於小罪。臨時責怒。未免愛憎。夫委大臣以大體。責小臣以小事。爲治之道也。今委之以職。則重大臣而輕小臣。至於有事。則信小臣而疑大臣。信其所輕。疑其所重。將求致治。其可得乎。若任以大官。求其細過。刀筆之吏。順旨成風。舞文弄法。曲成其罪。自陳也。則以爲心不伏辜。不言也。則以爲所犯皆實。進退維谷。莫能自明。則苟求免禍。矯僞成俗矣。上納之。(唐太宗貞觀十四年)

柳宗元嘗作梓人傳。以爲梓人不執斧斤刀鋸之技。專以尋引規矩繩墨度羣木之材。視棟宇之制。相高深圓方短長之宜。指揮衆工。各趨其事。不勝任者退之。大夏既成。則獨名其功。受祿三倍。亦猶相天下者。立綱紀。整法度。擇天下之士。使稱其職。居天下之人。使安其業。能者進之。不能者退之。萬國既理。而談者獨稱伊傅周召。其百執事之勤勞。不得紀焉。或者不知體要。衒能矜名。親小勞。侵衆官。斷斷於府庭。而遺其大者遠者。是不知相道者也。(憲宗元和十年)

上問宰相玄宗之政先理而後亂·何也·崔羣對曰·玄宗用姚崇宋璟盧懷愼蘇頲韓休張九齡則理·用宇文融李林甫楊國忠則亂·故用人得失·所繫非輕·人皆以天寶十四年安祿山反·爲亂之始·臣獨以爲開元二十四年罷張九齡相·專任李林甫·此理亂之所分也·願陛下以開元初爲法·以天寶末爲戒·乃社稷無疆之福·皇甫鎛深恨之·（元和十四年）

帝嘗語宰相曰·三司官吏奏事朕前·紛紜異同·此固不爲私事·但迭執偏見·不肯從長商度·朕每以理開諭·若帝王躁暴·豈能優容·朕於臣下·務在獎護·才用優劣·一一可見·隨其器能·各加任使·奏對之際·無不假以辭色·善惡兼聽·未嘗峻折之也·宋琪曰·人之才用·罕有兼備·陛下聰明照臨·短長俱露·或又初見天威·內懷懾懼·若不賜之辭色·何由畢其懇誠·先帝晚年·稍傷嚴急·聖心深鑒事理·曲盡物情·臣下幸甚·（宋太宗太平興國八年）

田錫言·訪聞密院中書·政出吏胥之手·吏胥行遣·只檢舊例·無舊例則不行·樞

相商議·別無遠謀·無遠謀則多失·失於邊計者·去年失淸遠軍·今年失靈州·失於邦計者·不知府庫有無·不知倉廩虛實·戎夷深入·則請大駕親征·將帥無功則取聖慈裁斷·所以倉廩虛盈·過不在密院·邊防動靜·事不屬中書·因此相承·寖以成例·聖恩若且任用·則不失享富貴·聖旨若令罷免·則不過歸班行·昔漢之三公·罷免則放之歸農·誅戮則賜其自盡·其任用既重·則黜責非輕·操國柄者所以不敢不用心·持兵權者所以不敢不盡節·今則不然·臣下得優逸·而君上但焦勞·故陰陽不順·水旱不調·法令滋章·盜賊多起·（眞宗咸平五年）

吳王孝穆嘗語人曰·樞密選賢而用·何事不濟·若自親煩碎·則大事凝滯矣·故其所薦拔·皆忠直之士·然遼自蕭哈綽爲樞密·以吏才進·其後轉相倣效·多不知大體·孝穆乃歎曰·不能移風易俗·臣子之道固若是乎·（仁宗景祐四年）

初·范仲淹建議·周制三公分兼六官之職·漢以三公分部六卿·唐以宰相分判六曹·今中書古天官冢宰也·樞密院古夏官司馬也·四官散於羣有司·無三公

兼領之重而二府惟進擢差除循資級議賞罰檢用條例而已上不專三公論道之任下不專六卿佐王之職非法治也臣請倣前代以三司司農審官流內銓三班院國子監太常刑部審刑大理羣牧殿前馬步軍司各委輔臣兼判其事凡擬置新規更改前弊官吏黜陟刑法輕重有利害者並從輔臣予奪其事體大者二府僉議奏裁臣願自領兵賦之職如其無補請先黜降章得象等皆以爲不可久之卒不果行(慶歷四年)

帝新相文彥博富弼意甚自得謂龐籍曰朕用二相何如籍曰二臣皆朝廷高選陛下拔之甚副天下望且陛下既知二臣之賢而用之則當信之堅任之久然後可以責其成功若以一人言進之未幾又以一人言疑之臣恐太平之功未易卒致也帝曰卿言是也(至和二年)

翰林學士歐陽修上疏曰樞密使狄青出自行伍遂掌樞密三四年間雖未見過失而不幸有得軍情之名武臣掌國機密而得軍情豈是國家之利欲乞且

政治學 第一篇 內閣組織議

罷靑樞務任以一州旣以保全之亦爲國家消未萌之患疏凡再上留中不出(嘉祐元年)

權御史中丞王疇言比歲兩制臣僚不得與執政相見及臺諫官往還議出一時初無曲故當時論者卽以爲非今執政與諫官已弛其禁而臺官尙設科防臣愚以爲臺官主於議論以補天子之聞見豈一二人能周知天下事乎兩制侍從之臣皆國之選今偶或相見交自爲疑非所以示朝廷之大體也請自今兩制亦許與臺官相見從之(嘉祐六年)

輔臣有言中書省獨取旨事體太重帝曰三省體均中書揆而議之門下審而覆之尙書承而行之苟有不當自可論奏不當緣此以亂體統也先是官制所雖倣舊三省之名而莫能究其分省設官之意乃釐中書門下尙書爲三各得取旨出命紛然無統紀至是帝一言乃定(神宗元豐五年)

初文彥博復居政府期年卽求去詔曰西伯善養老而太公自至魯繆公無人

子思之側。則長者去之。公自以爲謀則善矣。獨不爲朝廷惜乎。又曰。唐太宗以干戈之時。尙能起李靖於既老。而穆宗文宗以燕安之際。不能用裴度於未病。治亂之效。於斯可見。彥博讀詔聳然。不敢言去。復留四年。至是請去不已。詔以太師開府儀同三司護國軍山南西道節度使致仕。令所司備禮册命。彥博乞免册禮。從之。宴餞彥博於玉津園。（哲宗元祐五年）

以宰相范宗尹兼知樞密院事。罷御營使。議者以爲宰相之職。無所不統。本朝沿五代之制。政事分爲兩府。兵權付於樞密。比年又置御營使。是政出於三也。望罷御營司。以兵權歸之密院。而宰相兼知。凡軍額有闕。並申樞密增補。不得非時招收。仍用符以遣發。庶幾可以收兵柄。一賞罰。節財用。於是罷御營使。及官屬。而以其事歸樞密院。爲機速房焉。自慶歷後。宰相不兼樞密者八十餘年。其復兼蓋自此始。（高宗建炎四年）

以參知政事孟庾。沈與求並兼權樞密院事。時庾自桐廬還行在。與求乞交割密院職事與庚兼權帝顧趙鼎曰樞密非故也自五代時以郭崇韜爲使國朝因而不改故三省樞密院分爲二途仁宗朝富弼作諫官時陝西用兵弼議乞令宰相兼樞密院自呂夷簡始也臣旣以宰相兼治院事而參知政事之臣並令兼權則事歸一體前人謂樞密院調發軍馬而三省不知三省財用已竭而樞密院用兵不止此誠至論往時三省樞密院不同班進呈是以事多不相關白然朝廷論議豈有帷幄二三大臣不與聞者（紹興五年）

帝與宰執語唐開元之治曰姚崇爲相嘗選除郎吏明皇仰視屋椽崇驚愕久之後因力士請問知帝所以專委之意人主任相當如此張浚曰明皇以此得之亦以此失之楊李持柄事無巨細一切倚仗馴致大亂吁可戒也帝曰然卿知所以失否在於相非其人非專委之過也浚曰明皇方其憂勤賢者獲進逮其逸樂小人遂用此治亂之所以分陛下灼見本末天下幸甚（紹興六年）

龔茂良李彥穎奏省院各止獨員事皆不便帝曰朕以未得其人故遲之因泛

論中外臣僚。帝曰。爲宰臣須胸次大。乃能容物。茂良對曰。坤之六二。乃大臣爻。其辭云。直方大不習無不利。直方之德。須大。乃能有容。帝曰。居此位安可不大。彥穎曰。後之爲輔臣者。往往先有忌克之心。以故不能容。帝曰。士大夫更歷外職。任未見其短。纔居正路。便有此病。茂良曰。秦誓言有容及媢疾。蘇軾爲之訓傳。謂前一人似房元齡。後一人似李林甫。帝曰。然。又曰。今士大夫能文者多。知道者少。故平時讀書。不見於用。（孝宗淳熙二年）

元主歸自上都。議立三省。侍御史高鳴上封事曰。臣聞三省設自近古。其法由中書出政。移門下議。不合則有駁正或封還詔書。議合則還移中書。中書移尚書。尚書乃下六部郡國。方今天下大於古。而事益繁。取決一省。猶曰有壅。況三省乎。且多置官者。求免失政也。但使賢俊萃於一堂。速署參決。自免失政。豈必別官異坐。而後無失政乎。故曰。政貴得人。不貴多。不如一省便。元主深然之。（度宗咸淳六年）

臺臣奏宰相內統百官外均四海位尊任重不可輕假非人三代以降國之興衰民之休戚未有不由相臣之賢否也世祖初置中書省以呼圖布哈塔齊爾安圖巴顏等爲丞相史天澤劉秉忠廉希憲許衡姚樞等實左右之當時稱治比唐貞觀之盛迨至阿哈瑪特郝禎耿仁盧世榮僧格實都等壞法黷貨流毒億兆近者阿固台巴顏巴特瑪琳沁阿爾等專政煽惑中禁幾搖神器君子小人已試之驗較然如此臣願推愛君思治之心邪正互陳成敗對舉庶幾上悟天衷懲其既往知所進退天下之事可從而理也(元成宗大德六年)

尚書省言古者設官分職各有攸司方今地大民衆事益繁冗若使省臣總絜綱領庶官各盡厥職其事豈有不治頃歲省務壅塞朝夕惟署押文案事皆廢弛天災民困職此之由請自今省部一切皆令從宜處置大事或須上請得旨卽行用成至治上順天道下安民心(武宗至大元年)

吳王退朝謂左相國徐達等曰卿等爲生民計共推戴予然建國之初當先正

紀綱。元氏昏亂。紀綱不立。主荒臣專。威福下移。由是法度不行。人心渙散。遂致天下騷動。今將相大臣。當鑒其失。協心圖治。毋苟且因循。取充位而已。又曰禮法國之紀綱。禮法立則人志定。上下安。建國之初。此爲先務。（順帝至正二十四年）

帝嘗以事責李善長。劉基言善長勳舊。能調和諸將。帝曰。是數欲害君。君乃爲之地耶。吾行相君矣。基頓首曰。是如易柱。須得大木。若束小木爲之。且立覆。帝欲相楊憲。憲素善基。基力言不可。曰。憲有相才。無相器。夫宰相者。持心如水。以義理爲權衡。而已無與者也。憲則不然。帝曰。汪廣洋如何。曰。此褊淺殆甚於憲。曰。胡惟庸若何。曰。譬之駕馬。懼其僨轅也。帝曰。吾之相。誠無逾先生。基曰。臣疾惡太甚。又不耐繁劇。爲之且孤上恩。天下何患無才。惟明主悉心求之。目前諸人。誠未見其可也。（明太祖洪武二年）

編修王思言。天下之治。賴紀綱。紀綱之立。係君身而已。私恩不偏於近習。政柄

政治學 第一篇 內閣組織議

不移左右則紀綱立而宰輔得行其志六卿得專其職今者內閣執奏方堅而或撓於傳奉六卿擬議已定而或阻於內批此紀綱所由廢也惟陛下抑私恩端政本用舍不以讒移刑賞不以私拒則體統立而朝廷尊矣(武宗正德九年)

第二章 議責任內閣有益於行政

上謂黃門侍郎王珪曰國家本置中書門下以相檢察中書詔敕或有差失則門下當行駁正人心所見互有不同苟論難往來務求至當捨己從人何復何傷比來或護己之短遂成怨隙或苟避私怨知非不正順一人之顏情爲兆民之深患此乃亡國之政也煬帝之世內外庶官務相順從當是之時皆自謂有智禍不及身及天下大亂家國兩亡雖其間萬一有得免者亦爲時論所貶終古不磨卿曹各當徇公忘私勿雷同也(唐太宗貞觀元年)

時有詔今後舍人院不得申請除改文字王安石曰審如是則舍人不得復行其職而一聽大臣所爲自非執政大臣欲傾側而爲私則立法不當如此今大

臣之弱者．則不敢為陛下守法．彊者則挾上旨以造令．諫官御史無敢忤其意者．臣實懼焉．安石由是與執政忤．（宋仁宗嘉祐六年）

同修起居注王存言．古者左史記事．右史記言．唐貞觀初．仗下議政事．起居郎執筆記於前．史官隨之．其後．或修或廢．蓋時君克己厲精政事．則其職修．或庸臣擅權．務掩過惡．則其職廢．皆理勢然也．陛下臨朝旰昃．裁決萬幾．判別疑隱．皆出羣臣意表．欲望追唐貞觀典故．復起居郎舍人職事．使得盡聞明天子德音．退而書之．以授史官．儻以為二府奏事．自有時政記．即乞自餘臣僚前後殿對．許記注官侍立．著其所聞關於治體者．庶幾謨訓之言．不至墜失．帝善其言．卒不果行．（神宗元豐二年）

檢正中書戶房公事畢仲衍上所修備對言．周冢宰歲終．令百官府正其治．受其會．小宰以叙受羣吏之要．所謂會要者．正今中書之所宜有也．自漢至唐．曠千百年．莫知議此．故有決獄錢穀之問．而不克對者．椒自睿意．俾加纂集．臣攟摭故實僅就卷秩凡為一百二十五門附五十八件為六卷事多者分上中下共為十卷詔中書門下各錄一本納執政仍分令諸房揭帖（元豐三年）自軍興以來機速事皆以白劄子徑下有司既報行然後赴給舍書押降敕其後擬官獄斷皆然兩省之職殆廢至是中書舍人孫近言國家倣唐舊制分建三省凡政令之失中賞刑之非當其在中書則舍人得以封還其在門下則給事得以論駁蓋先其未行而救正其失則號令無反汗之嫌政令無過舉之迹今給舍但書押已行之事雖欲論執而成命已行非設官本意望申嚴舊制應非軍期急速不可待勿報應給舍書讀如無封駁令畫時行下（高宗紹興三年）御史中丞辛炳言竊見祖宗朝宰相執政員數稍多每有所施設必都堂聚議參訂可否而行之故仁宗皇帝時雖有西夏元昊之叛而晏然若無事者以韓琦范仲淹輩同心協濟也臣得諸搢紳之間咸謂頃者駐蹕會稽猶聞大臣每日會議至三至四自呂頤浩再相專權自私會食外往往各於閤子押文字雖

軍旅之事。差除之屬。亦有不同相關決者。陛下遭時多艱。四方未靖。一日二日萬幾。盡以付之二三大臣。間有橫議害政者。不旋踵而遂去之。正欲廟堂之上。同寅協恭。可否相濟。以贊中興之業也。願詔大臣上體宵旰之意。每一號令之出。一政事之施。人材之進退。賞罰之勸懲。凡有涉於利害者。必商確參訂。審得其當然後言於陛下而行之。盡復昔時會議故事。以踵前古都俞之風。僉論既諧。宜無乖謬。茲事體大。惟陛下留意。(紹興四年)

詔三省樞密院錄黃畫黃。並依祖宗條例施行。先是侍御史魏矼言。國家法度森嚴。講若畫一。凡成命之出。必先錄黃。其過兩省。則給舍得以封駁。其下所屬。則臺諫得以論列。已而傳之邸報。雖遐方僻邑。莫不如家至戶曉。此萬世良法也。臣竊聞近世三省樞密院間有不用錄黃。而直降指揮者。亦有雖畫黃而不下部者。紀綱弛廢。莫此爲甚。欲望特詔三省樞密院。常切遵守舊典。以示至公。遇兩院御史詣省院檢察日。除實係機密邊事外。悉令取索點檢。如有違戾。即

具彈奏自古人臣弄權罔上固自有術防微杜漸得不慎哉惟陛下留神省察故有是旨（同上）

禮部郎中洪咨夔請召用崔與之眞德秀魏了翁帝然之命咨夔與王遂並拜御史咨夔謂遂曰朝無臺諫久矣要當極本原而先論之乃上疏曰臣歷考往古治亂之原權歸人主政出中書天下未有不治權不歸人主則廉級一夷綱常且不立奚政之問政不出中書則腹心無寄必轉而他屬奚權之攬此八政馭羣臣所以獨歸之王而詔之者必天官冢宰也陛下親政以來威福操柄收還掌握揚庭出令震撼海宇天下始知有吾君元首旣明股肱不容於自惰撤副封罷先行坐政事堂以治事天下始知有朝廷此其大權大政亦略舉矣然中書之弊端其大者有四一曰自用二曰自專三曰自私四曰自固願陛下於從容論道之頃宣示臣言俾大臣克初志而加定力懲往轍而圖方來以仰稱勵精更始之意帝嘉納之（理宗紹定六年）

第三章　議歷代執政權者及政黨之害

管仲相三月。請論百官。曰。進退閑習。臣不如隰朋。請立為大行。藝粟盡地利。臣不如甯戚。請立為大司田。三軍之士。視死如歸。臣不如王子城父。請立為大司馬。決獄執中。臣不如賓胥無。請立為大理。進諫不避死亡。臣不如東郭牙。請立為大諫。五子可治國彊兵矣。公令皆任其事。受令於管子（周莊王十二年）

趙鞅曰。惟賢者能報德。不肖者不能也。夫樹桃李者。夏得其休息。秋得其實焉。樹蒺藜者。夏不得休息。秋得其刺焉。子之所樹者蒺藜。非桃李也（敬王十九年）

劉恕曰。世稱管晏伯者之佐。考其行事則殊別。管仲才高而主於功。晏子博辨而安於德。爭攘則功近於伯。衰世則德不能王。景公尙佞而好善。優柔非桓公之儔。管晏性差而時異。安能同道而較德哉（三十一年）

蕭何食邑獨多。功臣皆曰。臣等被堅執銳。多者百餘戰。少者數十合。今蕭何未嘗有汗馬之勞。特持文墨議論。顧反居臣等上。何也。帝曰。諸君知獵乎。夫獵追

殺獸死者狗也。而發縱指示獸處者人也。今諸君徒能得走獸耳。功狗也。至於蕭何發縱指示功人也。羣臣皆不敢言。(漢高祖六年)

臣光曰。張良爲高帝謀臣。委以心腹。宜其知無不言。安有聞諸將謀反。必待高帝目見偶語。然後乃言之邪。蓋以高帝初得天下。數用愛憎行誅賞。或時害至公。羣臣往往有觖望自危之心。故良因事納忠。以變移帝意。使上無阿私之失。下無猜懼之謀。國家無虞。利及後世。若良者可謂善諫矣。(同上)

汲黯往淮陽。過李息曰。御史大夫張湯智足以拒諫。詐足以飾非。務巧佞之語。辨數之辭。非旨正爲天下言。專阿主意。主意所不欲。因而毀之。主意所欲因而譽之。好興事舞文法。內懷詐以御主心。外挾賊吏以爲威重。公列九卿。不早言之。俱受其戮矣。及湯敗。上抵息罪。(漢武帝元狩五年)

劉向上書曰。臣聞舜命九官。濟濟相讓。和之至也。衆臣和於朝。則萬物和於野。故簫韶九成。鳳凰來儀。至周幽厲之際。朝廷不和。轉相非怨。則日月薄食。由此觀之和氣致祥。乖氣致異。古今之通義也。今賢不肖渾殽。白黑不分。邪正雜糅。忠讒並進。章交公車。人滿北軍。朝臣舛午。膠戾乖剌。分曹爲黨。往往羣朋。將同心以陷正臣。正臣進者。治之表也。正臣陷者。亂之機也。昔者鯀共工驩兜與舜禹雜處堯朝。周公與管蔡並居周位。當是時。迭進相毀。流言相謗。豈可勝道哉。帝堯成王能賢舜禹周公而消共工管蔡。故以大治。榮華至今。孔子與季孟偕仕於魯。李斯與叔孫通俱宦於秦。定公始皇賢季孟李斯而消孔子叔孫。故以大亂。汙辱至今。故治亂榮辱之端。在所信任。信任旣賢。在堅固而不移。詩云我心匪石。不可轉也。言守善篤也。易曰渙汗其大號。言號令如汗。汗出而不反者也。今出令則如反汗。用賢則如轉石。去佞則如拔山。望陰陽之調。不以難乎。昔孔子與顏淵子貢更相稱譽。不爲朋黨。禹稷與皐陶傳相汲引。不爲比周。何則。忠於爲國。無邪心也。今佞邪與賢臣並交戟之內。歙歙訿訿。此所以災異重至者也。(元帝永光元年)

荀悅曰夫佞臣之惑君主也甚矣故孔子曰遠佞人非但不用而已乃遠而絕之隔塞其源戒之極也孔子曰政者正也夫要道之本正己而已矣平直眞實者正之主也故德必核其眞然後授其位能必核其眞然後授其事功必核其眞然後授其賞罪必核其眞然後授其刑行必核其眞然後貴之言必核其眞然後信之物必核其眞然後用之事必核其眞然後修之故衆正積於上萬事實於下先王之道如斯而已矣（建昭元年）

崔浩請魏主嗣曰臣嘗私論近世將相之臣若王猛之治國苻堅之管仲也慕容恪之輔幼主慕容暐之霍光也劉裕之平禍亂司馬德宗之曹操也嗣曰屈丐何如浩曰屈丐國破家覆孤子一身寄食姚氏受其封殖不思醻恩報義而乘時徼利盜有一方結怨四鄰撅豎小人雖能縱暴一時終當爲人所吞食耳（晉安帝義熙十三年）

上與劉勔詔曰吳喜輕狡萬端苟取物情尋喜心跡豈可奉守文之主遭國家

可乘之會耶。譬如餌藥。當人羸冷。資散石以全身。及熱勢發動。去堅積以止患。非忘其功。勢不獲已耳（宋明帝泰始七年）

上曰。朕欲舉公卿得失以相戒。而改之何如。皆拜謝。上曰。長孫無忌善避嫌疑。應物敏速。決斷事理。古人不過。而總兵攻戰。非其所長。高士廉涉獵古今。心術明達。臨難不改節。當官無朋黨。所乏者骨鯁規諫耳。唐儉言辭辯捷。善和解人。事朕三十年。遂無言及於獻替。楊師道性行純和。自無愆違。而情實怯懦。緩急不可得力。岑文本性質敦厚。文章華贍。而持論恒據經遠。自當不負於物。劉洎性最堅貞。有利益。然其意尚然諾。私於朋友。馬周見事敏速。性甚貞正。論量人物。直道而言。朕比任使。多能稱意。褚遂良學問稍長。性亦堅正。每寫忠誠。親附於朕。譬如飛鳥依人。人自憐之（唐太宗貞觀十八年）

上從容與李泌論即位以來宰相。曰。盧杞忠清彊介。人言杞姦邪。朕殊不覺其然。泌曰。人言杞姦邪。而陛下獨不覺其姦邪。此乃杞之所以為姦邪也。儻陛下覺之·豈有建中之亂乎·杞以私隙殺楊炎·擠顏眞卿於死地·激李懷光使叛·賴陛下聖明竄逐之·人心頓喜·天亦悔禍·不然·亂何由弭·上曰·楊炎以童子視朕·每論事·朕可其奏則悅·與之往復論難·即怒而辭位·觀其意以朕爲不足與言故也·以是交不可忍·非由杞也·建中之亂·術士豫請城奉天·此蓋天命·非杞所能致也·泌曰·天命·他人皆可以言之·惟君相不可言·蓋君相所以造命也·若言命則禮樂刑政·皆無所用矣·紂曰我生不有命在天·此商之所以亡也·上曰·朕好與人較量理體·崔祐甫性褊躁·朕難之·則應對失次·朕常知其短而護之·楊炎論事亦有可采·而氣色麤傲·難之輒勃然怒·無復君臣之禮·所以每見令人忿發·餘人則不敢復言·盧杞小心·朕所言無不從·又無學·不能與朕往復·故朕所懷常不盡也·對曰·杞言無不從·豈忠臣乎·夫言而莫予違·此孔子所謂一言喪邦者也·上曰·惟卿則異彼三人者·朕言當·卿有喜色·不當·常有憂色·雖時有逆耳之言·如鄉來紂及喪邦之類·朕細思之·皆卿先事而言·如此則理安·如彼

則危亂言雖深切·而氣色和順·無楊炎之陵傲·朕問難往復·卿辭理不屈·又無好勝之志·直使朕中懷已盡屈服而不能不從·此朕所以私喜於得卿也·泌曰·陛下所用相尚多·今皆不論·何也·上曰·彼皆非所謂相也·凡相者必委以政事·如玄宗時牛仙客陳希烈·可以謂之相乎·如肅宗代宗之任卿·雖不受其名·乃眞相耳·必以官至平章事爲相·則王武俊之徒皆相也·(德宗貞元四年)

先是帝詔翰林學士梁灝夜對·詢及當世臺閣人物·灝曰·晁迥篤於詞學·盛元敏於吏事·帝不答·徐問曰·文行兼著·如趙安仁者有幾·灝曰·安仁材識兼茂·體裁凝遠·求之具美·未見其比也·(宋眞宗咸平六年)

帝與輔臣言及朝士有交相薦揚·或稱其能而情實排抑·唐劉仁軌嘗忿李敬元異己·將以計去之·乃稱其有將帥材·而敬元卒敗軍事·此皆不以國家爲慮者也·帝曰·若然則險僞之輩·世所不能絕也·(景德四年)

歐陽修上疏曰·臣聞士不忘身不爲忠信言不逆耳·不爲諫諍·伏見杜衍韓琦

范仲淹富弼等皆陛下素所委任之臣一旦相繼而罷天下士皆素知其可用之賢不聞其可罷之罪臣職雖在外事不審知然臣竊見自古小人讒害忠賢其鑒不遠欲廣陷良善則不過指爲朋黨欲搖動大臣則必須誣以專權其故何也夫去一善人而衆善人尙在則未爲小人之利欲盡去之則善人少過難爲一二求瑕惟指以爲朋黨則可一時盡逐至如大臣已被知遇而蒙信任者則不可以宅事動搖惟有專權是人主之所惡故須此說方可傾之臣料衍等四人各無大過而一時盡逐弼與仲淹委任既深而忽遭離間必有朋黨專權之說上惑聖聰臣請詳言之昔年仲淹以忠言聞於中外天下爭相稱慕當時姦臣誣作朋黨猶難辨明自近日陛下擢此數人並在兩府察其臨事可以辨也蓋衍爲人淸審而謹守規矩仲淹則恢廓自信而不疑琦則純正而質直弼則明敏而果銳此四人者可謂公正之賢也年居則相稱美議事則廷爭無私而小人讒爲朋黨可謂誣矣臣聞有國之權誠非臣下所得專夫權者得名位

則可行故行權之臣必貪名位自古君臣相得一言道合遇事而行更無推避弼等蒙陛下委任督責丁甯而猶遲緩自疑作事不果然小人巧讒巳曰專權豈不誣哉至如兩路宣撫國朝累遣大臣況中國之威近年不振故元昊叛逆一方勞困及於天下契丹乘釁違盟書詞侮慢陛下但以邊防無備屈志買和弼等見中國累年侵陵之患感陛下不次進用之恩各自請行力思雪恥沿山傍海不殫勤勞欲使武備再修國威復振臣見弼等用心本欲尊陛下威權未見其侵權而作過也陛下於千官中選得此數人一旦罷去使羣邪相賀此臣所以爲陛下惜也疏入不報指修爲朋黨者益惡焉(仁宗慶歷五年)

帝謂輔臣曰朕臨御以來命參知政事多矣其間忠誠可紀者蔡齊魯宗道薛奎而已宰臣如王曾張知白皆履行忠謹雖時有小失而終無大過李迪心亦忠朴但言多輕發耳龐籍等對曰才難自古然也帝復曰朕記其大不記其小然皆近名臣也(皇祐四年)

司馬光入對、帝問近相陳升之外議云何、光曰、閩人狡險、楚人輕易、今二相皆閩人、二參政皆楚人、必將援引鄉黨之士、天下風俗何由得更淳厚、帝曰、升之有才智、曉邊事、光曰、能臨大節而不可奪耳、凡才智之人必得忠直之士從旁制之、此明主用人之法也、帝曰、呂惠卿應對明辯、亦似美才、光曰、江充李訓若無才何以動人主、(神宗熙甯二年)

時熙豐用事之臣雖去、其黨分布中外、起私說以搖時政、鴻臚丞常安民遺呂公著書曰、善觀天下之勢、猶良醫之治疾、方安甯無事之時、語人曰、其後必將有大憂、則衆必駭笑、惟識微見幾之士、然後能逆知其漸、故不憂其可憂而憂之於無足憂者、至憂也、今日天下之勢、可謂大憂、雖登進忠良、而不能搜致海內之英才、使皆萃於朝、以勝小人、恐端人正士未得安枕而臥也、故去小人爲不難、而勝小人難、陳蕃竇武協心同力、選用名賢、天下想望太平、然卒死曹節之手、遂成黨錮之禍、張柬之五王中興唐室、及武三思一得志、至於竄移淪沒、此皆前世已然之禍也．今用賢如倚孤棟．拔士如轉巨石．雖有奇特瓌卓之才．不得一行其志甚可歎也．猛虎負嵎．莫之敢攖．而卒爲人所勝者．人衆虎寡也．故以十人而制一虎．則人勝．以一人而制十虎．則虎勝．奈何以數十人而制千虎乎．今怨憤已積．一發其禍必大．可不謂大憂乎．公著得書默然．安民邛州人也．(哲宗元祐二年)

筠州推官雍邱崔鶠應詔上書曰．夫毀譽者朝廷之公議．故責授朱崖軍司戶司馬光．左右以爲姦．而天下皆曰忠．今宰相章淳．左右以爲忠．而天下皆曰姦．此何理也．臣請略言姦人之迹．夫乘時抵巇．以盜富貴．探微揣端．以固權寵．謂之姦可也．包苴滿門．私謁踵路．陰交不逞．密結禁庭．謂之姦可也．以奇技淫巧蕩上心．以倡優女色敗君德．獨操賞刑．自報恩怨．謂之姦可也．蔽遮主聽．排逐正人．微言者坐以刺譏．直諫者陷以指斥．謂之姦可也．凡此數者．光有之乎．惇有之乎．夫有其實者名隨之．無其實而與之名．其誰信之．傳曰．謂狐爲貍．非特不知狐·又不知貍·光忠信直諒·聞於華夷·而謂之姦·是欺天下也·欺後世也·夫一人可欺也·朝廷可欺也·天下後世不可欺也·至如惇狙詐凶險·天下士大夫呼曰·惇賊·貴極宰相·人所具瞻·以名呼之·又指爲賊·豈非以其孤負主恩·玩竊國柄·忠臣痛憤·義士不服·故賤而名之·指其實而號之以賊耶·京師語曰·大惇小惇·殃及子孫·謂惇與中丞安惇也·小人譬之蝮蝎·其殘忍根乎天性·隨遇必發·天下無事·不過賊陷忠良·破碎善類·至緩急危疑之際·必有反覆賣國之心·跋扈不臣之變(元符三年)

曾布弟翰林學士肇引嫌出知陳州·嘗以書責布曰·兄與惇異趨·衆所共知·紹聖元符間·惇卞有可以擠兄者·無所不爲·今兄方得君·正當引用善人·扶助正道·以杜絕惇卞復起之萌·而數月以來·端人吉士·相繼去朝·所進用以爲輔臣從官臺諫者·皆嘗事惇卞之人·一旦勢異·今日彼必首引惇卞以爲固位計·曾氏之禍·其可逃耶·比來主意已移·小人道長·異時惇卞縱未至·一蔡京足以兼

二人思之可爲寒心。布不以爲然。答肇書曰。布自熙甯立朝。至今時事屢變。唯其不雷同熙豐。故免元祐之貶斥。唯其不附會元祐。故免紹聖之中傷。其自處亦麤有義理。恐未至貽家族之禍也。（徽宗建中靖國元年）

詔曰。朕寤寐中興。累年於茲。任人共政。治效缺然。載加考績。登庸二相。蓋欲其謀斷協濟。事功倚毗。眷遇體貌。惟均。凡一時啟擬薦聞之士。顧朕拔擢任使之間。隨其才器。試可乃已。豈可二哉。尙慮進用之人。才或勝德。心則媚奧。潛效偏私。浸成離間。將見分朋植黨。互相傾搖。由辨之不早辨也。可不戒哉。繼自今小大之臣。其各同心體國。敦尙中和。交修不逮。如或朋比阿附。以害吾政治者。其令臺諫論列聞奏。朕當嚴置典刑。以誅其意。時呂頤浩秦檜同秉政。檜知頤浩不爲時論所與。乃多引知名之士爲助。欲傾頤浩而專朝權。帝頗覺之。故下是詔。（高宗紹興二年）

初韓世忠與劉光世交惡不已。至是世忠自揚州入朝。殿中侍御史常同言。二臣蒙陛下厚恩。若不協心報國。一旦有急。其肯相援。望分是非。正典刑。以振紀綱。帝曰。大將國家利害所係。漢賈復寇恂以私憤幾欲交兵。光武一言分之即交友而去。卿與光世不睦。議者皆謂朝廷失駕馭之術。朕甚愧之。世忠頓首謝罪曰。敢不奉詔。他日見光世。當負荊以謝。帝以其語諭輔臣。然二人卒不解。於是光弼更領夔州路兵馬都監兼知黔州。仍舊從軍。（紹興四年）

趙鼎奏。自張浚罷黜。蜀中士大夫皆不自安。今所留行在幾十餘人。往往一時遴選。臣恐臺諫以浚里黨。或有論列。望陛下垂察。帝曰。朝廷用人。止當論才不才。頃臺諫好以朋黨罪士大夫。如罷一宰相。則凡所薦引。不問才否。一時罷黜。此乃朝廷使之爲朋黨。非所以愛惜人才而厚風俗也。鼎等頓首謝。（紹興七年）

殿中御史葉義問論知樞密院事湯鵬舉。以爲人臣不忠之罪。莫大於掠美以欺君。植黨以擅權。有一於此。法當竄殛。況兼而有之。鵬舉初罷平江。適逢陛下欲去權臣黨與之弊。起廢匿瑕。付以風憲。凡所彈擊。發蹤指示。皆出陛下之英斷、初非鵬舉可得而竊、況鵬舉本非正直敢言之士、嘗除廣帥、憚於遠行、因秦檜之嬖人丁禩獻佞於檜、遂移平江、及秦檜還建康、焚黃、鵬舉棄去郡事、連日奔走吳江、望塵雅拜、比他郡守最爲諛佞、自非陛下收拭用之、則鵬舉實秦檜黨中之姦猾耳、至處言路、乃妄自尊大、竊弄威權、使陛下去邪之英斷、反爲鵬舉賣直之虛名、此臣所謂掠美以欺君者也、鵬舉自居要途、引用非類、凡平日之所忌者、雖賢德忠良、必極力擠之、平日之所喜者、雖輕猥邪佞、必極力援之、坐是劉天民范成象留觀德之徒、爭爲鷹犬、同惡相濟、牢不可解、逮居樞府、積忌尤甚、凡己所惡、必遣天民輩先諭臺諫、有議論不同者、即怫然作色曰、此人我所薦拔、何相負如是、夫臺諫者、陛下之臺諫、非鵬舉之私人也、而鵬舉自違詔旨、敗壞成法、略無忌憚之心、復蹈前車之轍、此臣所謂植黨以擅權者也、況鵬舉位居樞密、執權甚重、若不急去、其害有甚於秦檜、望將鵬舉明正典刑、竄之遠方、以爲不忠罔上之戒、(紹興二十七年)

右丞相史浩奏臣蒙恩俾再輔政惟盡公道庶無朋黨之弊帝曰宰職豈當有朋黨人主亦不當以朋黨名臣下既以名其爲黨則安得不結爲朋黨朕但取賢者用之否則去之且如葉衡既去人以王正己爲其黨朕固留之以王正己雖衡所引其人自賢則知朕不以朋黨待臣也浩曰陛下心如止水如明鏡賢否皆不得遁故姦邪不敢名正人以朋黨漢黨錮唐白馬之禍皆人君不明爲羣邪所惑遂至於此帝曰漢唐朋黨之禍大抵皆由主聽不明而其原始於時君不知學浩言說命三篇專論聖學如終始典于學如學古訓之類帝王要道無先於此帝稱善（孝宗淳熙五年）

帝曰朕於機務之暇只好讀書惟讀書則開發智慮物來能名事至不惑觀前古之興衰考當時之得失善者從之不善者以爲戒每見叔世之君所爲不善使人汗下幾代其羞且如唐季諸君以破朋黨去宦官爲難以朕思之殊不難也凡事只舉偏補弊防微杜漸銷患於冥冥若待顯著而後治之則難矣（淳熙

六年）
元世祖召竇默至上都·問曰·朕欲求如唐魏徵者·有其人乎·默對曰·犯顏諫諍·剛毅不撓·則許衡其人也·深識遠慮·有宰相才·則史天澤其人也·元主納之·以天澤爲中書右丞相·召許衡入見·默又言於元主曰·臣事陛下十有餘年·數承顧問·與聞聖訓·有以見陛下急於求治·未嘗不以利生民安社稷爲心·時先帝在上·姦臣擅權·總天下財賦·操執在手·貢進奇貨·衒耀紛華·以娛悅上心·其煽結朋黨·離間骨肉者·皆此徒也·此徒當路·陛下所以不能盡其初心·救世一念·涵養有年矣·今天順人應·誕登大寶·天下生民·莫不懽忻踴躍·引領盛治·然平治天下·必用正人端士·脣吻小人·一時功利之說·必不能定立國家基本·爲子孫久遠之計·其賣利獻勤·乞憐取寵者·使不得行其志·斯可矣·若夫鉤距揣摩·以利害驚動人主之意者·無他·意在擯斥諸賢·獨操政柄耳·此蘇張之流也·惟陛下察之·望別選公明有道之士·授以重任·則天下幸甚·默之言爲王文統發

也(理宗景定二年)

壽州知州劉概言刑賞予奪人主大柄後世乃有爲女子小人強臣外戚所攘竊者由此輩心險術巧人主稍加親信輒墮計中愛者乘君之喜而游言以揚之惡者乘君之怒而微言以中之使賢人君子卒受曖昧而去卿相缺人則遷延餌引待有交通請屬輭美易制之人然後薦用其剛正不阿者輒媒孼而放棄之俟其氣衰慮易不至大立異同乃更收錄巧計既行刑賞予奪雖名人主獨操實一出於其所簸弄迨黨立勢成復恐一旦敗露則又極意以排諫諍之士務使其君孤立於上耳無聞目無見以圖便其私不至其身與國俱敗不止故夫刑賞予奪必由大臣奏請臺諫集議而後可行或有矯誣窮治不輕貸則讒佞莫能間而權不下移矣(明孝宗弘治二年)

戶部郎中李朴言朝廷設言官假之權勢本責以糾正諸司舉刺非法非欲其結黨逞威挾制百僚排斥端人正士也今乃深結戚畹近侍威制大僚日事請

寄廣納賂遺褻衣小車遨遊市肆狎比娼優或就飲商賈之家流連山人之室身則鬼蜮反誣他人此蓋明欺至尊不覽章奏大臣柔弱無爲故猖狂恣肆至於此極臣謂此輩皆可斬也孫瑋湯兆京李邦華孫居相周起元各爭職掌則羣攻之今或去或罰惟存一居相猶謂之黨夫居相一人耳何能爲彼浙江則姚宗文劉廷元輩湖廣則管應震吳亮嗣黃彥士輩山東則元侍教周永春輩四川則田一甲輩百人合爲一心擠排善類而趙興邦輩附麗之陛下試思居相一人敵宗文輩百人孰爲有黨耶乃攻東林者今日指爲亂政明日目爲擅權不知東林居何官操何權在朝列言路者反謂無權而林下投閒杜門樂道者反謂有權此不可欺三尺豎子而乃以欺陛下哉至若黃克纘贓私鉅萬已敗猶見留顧憲成清風百代已死猶被論而封疆坐死如陳用賓科場作奸如韓敬趨時鬻爵如趙煥殺人媚人如熊廷弼猶爲之營護爲之稱寃國與安在哉望俯察臣言立賜威斷先斬臣以謝諸奸然後斬諸奸以謝天下宗社幸甚

帝雖不喜言官得朴疏心善之而宗文及其黨力詆并侵居相一甲且羅織朴贓私葉向高方從哲亦謂朴言過當乃下部院議罰（神宗萬歷四十一年）

第二篇 行政官任用議

第一章 議才德之異

臣光曰智伯之亡也才勝德也夫才與德異而世俗莫之能辯通謂之賢此其所以失人也夫聰察彊毅之爲才正直中和之謂德才者德之資也德者才之帥也雲夢之竹天下之勁也然而不矯揉不羽括則不能以入堅棠谿之金天下之利也然而不鎔範不砥礪則不能以擊彊是故才德全盡謂之聖人才德並亡謂之愚人德勝才謂之君子才勝德謂之小人凡取人之術苟不得聖人君子而與之與其得小人不若得愚人何則君子挾才以爲善小人挾才以爲惡挾才以爲善者善無不至矣挾才以爲惡者惡亦無不至矣愚者雖欲爲不善智不能周力不能勝譬如乳狗搏人人得而制之小人

智足以遂其姦勇足以決其暴是虎而翼者也其爲害豈不多哉夫德者人之所嚴才者人之所愛愛者易親嚴者易疎是以察者多蔽於才而遺於德自古昔以來國之亂臣家之敗子才有餘而德不足以至於顚覆者多矣豈特智伯哉故爲國爲家者苟能審於才德之分而知所先後又何失人之足患哉（周威烈王二十三年）

史理氏曰今夫周旋應對小節也而世之所謂才者此而已甚至以模稜爲才以夤緣爲才生斯世善斯世閹然媚於世鄉原也而世之所謂德者此而已甚至以煦煦爲德以孑孑爲德才德蔑矣故溫公揭之曰聰察彊毅之爲才正直中和之爲德今夫臣之無建白者旅進旅退雖無補於國亦無損於國惟姦猾者其才力足以濟惡其議論足以飾非蠹國病民莫此爲甚此亦其才也故溫公痛貶之曰德勝才謂之君子才勝德謂之小人與其得小人不若得愚人溫公之言豈非千古不易之論哉雖然其辨

政治學　第二篇　行政官任用議

才德則善矣其輕才重德則有所指而言不可不知也夫才者德之用也德者才之本也本之身心謂之德用之事物謂之才漆雕開有德者也然未能仕似才不足矣而予以爲德不足也苟其德足必能爲政何至未能信也商鞅王安石有才者也然變法操切似德不足矣而予以爲才不足也苟其才足必知深刻之弊何至貽後世以口實也此皆未能爲有才德也夫有大德必有才有大才必有德使有德者而無才是有本而無用也君子何貴乎無用之德也有才者而無德是有用而無本也君子何重乎無本之才也故未有有大德而無才者也未有有大才而無德者也即或有才勝於德者亦無足害何至卽謂之小人乎且溫公之言曰聰察彊毅之謂才正直中和之謂德聰察彊毅勝於正直中和卽可謂之小人乎蓋溫公爲智伯恃才陵人而言不可不知也且夫承平之世德勝才者足以守其法而善其治多事之秋必待有才勝德者以變法自強然則才勝德

亦何足患哉世若因溫公才勝德爲小人之言而遂輕才重德是未爲善知溫公者也

丞相掾和洽言於曹操曰天下之人才德各殊不可以一節取也儉素過中自以處身則可以此格物所失或多今朝廷之議吏有著新衣乘好車者謂之不清形容不飾衣裘敝壞者謂之廉潔至令士大夫故汙辱其衣藏其輿服朝府大吏或自絜壺飧以入官寺夫立教觀俗貴處中庸爲可繼也今崇一概難堪之行以檢殊塗勉而爲之必有疲瘁古之大教務在通人情而已凡激詭之行則容隱僞矣操善之（漢獻帝建安十四年）

帝謂輔臣曰庶官中求才幹則不乏詢德行則罕見其人夫德爲百行之本德行之門必有忠臣孝子豈無德行者能全其忠孝乎又庶官所掌之務多不修擧而措拾宅局利害以圖進身若能自幹本局則百職不嚴而肅又何患乎政事之撓濆哉（宋眞宗咸平二年）

熙河經略司上河州得功將卒王安石白帝士氣自此益振帝曰古人謂舉事則才自練此言是也安石曰舉事則才者出不才者困此不才者所以不樂舉事也（神宗熙甯六年）

第二章 議君子小人若何分辨

帝謂宰相曰朝廷致理當任賢良君子小人宜在明辨今海島窮崖遠惡處甚多竄逐之臣郊禋以來豈不在念然此等險巇若小得志即復結朋植黨恣其毀譽如害羣之馬豈宜輕議哉（宋太宗雍熙二年）

判河陽軍富弼上疏曰帝王都無職事惟別君子小人然千官百職豈盡煩帝王辨之乎但精求任天下之事者不使一小人參用於其間莫不得人矣陛下勿謂所采既廣所得必多其間當防小人惑亂聖聽姦謀似正詐辭似忠疑似之際不可不早辨也（英宗治平四年）

監察御史裏行劉摯上疏曰君子小人之分在義利而已小人才非不足用特

心之所向，不在乎義，故希賞之志，每在事先，奉公之心，每在事後，陛下有勸農之意，今變而爲煩擾，陛下有均役之意，今倚爲聚斂，其愛君憂國者，皆無以容於其間，今天下有喜於敢爲之論，有樂於無事之論，彼以此爲流俗，此以彼爲亂常，畏義者以進取爲可恥，嗜利者以守道爲無能，此風浸長，漢唐之黨禍必起矣，願陛下虛心平聽，審察好惡，收過與不及之論，使歸於大中之道（神宗熙甯四年）

起復秘閣修撰知岳州程千秋，移知鼎州，左朝奉郎張觷知岳州，帝覽除目，問觷才術如何，趙鼎曰，聞其能辦事，帝曰，不須更問某人薦，惟才是用，胡松年曰，朝廷用人，不可不愼，用一君子則君子進，用一小人則小人進，帝曰，君子剛正而易疎，小人柔佞而易親，朕於任用聽察之間，不敢少忽也（高帝紹興四年）

帝讀陸贄奏議論度支折稅事狀，蕭燧言，自古聚斂之臣，務爲欺誕，以衒己能，未有不先紛更制度者，帝曰，天下本無事，庸人自擾之耳，讀贄所論裴延齡書，燧言人君未嘗不欲去小人然嘗爲小人所勝如蕭望之爲恭顯所勝張九齡爲李林甫所勝裴度爲皇甫鎛所勝帝曰皇甫鎛亦延齡之徒也（孝宗淳熙十三年）

吳王命中書省錄用諸司劾退各員省臣傅瓛等言今天下更化庶事方殷諸司官吏非精勤明敏者不足以集事此輩皆以迂緩不稱職爲法司劾退豈能復用王曰人之才能各有短長故致效亦有遲速夫質樸者多迂緩狡猾者多便給便給者雖善辦事或傷於急促不能無損於民迂緩者雖於事或有不逮而於民則無損也命復用之（元順帝至正二十六年）

第三章 議人主應如何知人善任然後得用人之效人臣若何方盡事君之道並及歷代用人之得失

齊桓公郊迎客甯戚飯牛於車下擊牛角悲而商歌公聞之曰非常人也命後車載之賜之衣冠明日與之語大悅將任之羣臣曰客衞人去齊五百里不若

使人問之，固賢人也，任之未晚。公曰，問之恐其有小惡，以小惡而忘其大美，此所以失天下士也。且人固難全，宜用其長。遂授之以政。(周莊王十二年)

齊景公問於晏子曰，忠臣事君何若。對曰，有難不死，出亡不送。公曰，可謂忠乎。對曰，言而見用，終身無難，臣何死焉。謀而見從，終身不亡，臣何送焉。忠臣能納善於君，而不能與君陷難也。(敬王四年)

楚莊王好田獵弋射。大夫諫曰，晉楚敵國也，楚不謀晉，晉必謀楚，王無乃耽於樂乎。王曰，吾獵以求士也。榛藂刺虎豹者，吾知其勇也。攫犀搏兕者，吾知其勁有力也。罷田而分，吾知其仁也。因是道也而得三士，楚國以安。(定王三年)

晉平公游於河曰，安得賢士與之樂此乎。船人蓋胥跪而對曰，劍出於越，珠出江海，玉出崑山，無足而至者，君好之也。士有足而不至者，君不好耳。公曰，吾食客門左千人，門右千人，朝食不足，夕收市賦，暮食不足，朝收市賦，可不謂之好士乎。蓋胥曰，鴻鵠一舉千里，所恃者六翮耳。背上之毛，腹下之毳，益之飛不加

高損之飛不加下今君食客二千人亦六翮耶亦腹背之毛毳耶(景王十三年)

齊景公嘆曰功不及桓公得無管仲乎弦章曰水廣則魚大君明則臣忠昔有桓公故有管仲今桓公若在車下之人盡爲管仲矣景公大慚(敬王三十年)

齊景公飮大夫酒公射出質堂上唱善若出一口公作色太息謂弦章曰自吾失晏子未嘗聞過今射出質而衆乃唱善弦章曰君好之臣服之君嗜之臣食之夫尺蠖食黃則身黃食蒼則身蒼君其猶有諂人之言乎(同上)

子思言苟變於衞愼侯曰其才可將五百乘公曰吾知其可將然變也嘗爲吏賦於民而食人二雞子故弗用也子思曰夫聖人之官人猶匠之用木也取其所長棄其所短故杞梓連抱而有數尺之朽良工不棄今君處戰國之世選爪牙之士而以二卵棄干城之將此不可使聞於鄰國也公再拜曰謹受教矣(安王二十五年)

臣光曰君子之養士以爲民也易曰聖人養賢以及萬民夫賢者其德足以

敦化正俗其才足以頓綱振紀其明足以燭微慮遠其彊足以結仁固義大則利天下小則利一國是以君子豐祿以富之隆爵以尊之養一人而及萬人者養賢之道也今孟嘗君之養士也不恤智愚不擇臧否盜其君之祿以立私黨張虛譽上以侮其君下以蠹其民是姦人之雄也烏足尚哉書曰受爲天下逋逃主萃淵藪此之謂也(顯王四十八年)

宗室大臣議曰諸侯人來仕者皆爲其主游間耳請一切逐之於是大索逐客李斯亦在逐中行且上書曰昔穆公求士西取由余於戎東得百里奚於宛迎蹇叔於宋求丕豹公孫支於晉幷國二十遂霸西戎孝公用商鞅之法諸侯親服至今治彊惠王用張儀之計散六國之從使之事秦昭王得范雎彊公室杜私門此四君者皆以客之功由此觀之客何負於秦哉夫色樂珠玉不產於秦而王服御者衆取人則不然不問可否不論曲直非秦者去爲客者逐是所重者在乎色樂珠玉而所輕者在乎人民也臣聞泰山不讓土壤故能成其大河

海不擇細流·故能就其深·王者不卻衆庶·故能明其德·此五帝三王之所以無敵也·今乃棄黔首以資敵國·卻賓客以業諸侯·所謂藉寇兵齎盜糧者也·王乃召李斯復其官·除逐客之令·李斯至驪邑而還·(秦始皇十年)

帝置酒洛陽南宮·上曰·徹侯諸將毋敢隱朕·皆言其情·吾所以有天下者何·項氏之所以失天下者何·高起王陵對曰·陛下使人攻城略地·因以與之·與天下同其利·項羽不然·有功者害之·賢者疑之·此其所以失天下也·上曰·公知其一·未知其二·夫運籌帷幄之中·決勝千里之外·吾不如子房·鎮國家·撫百姓·給餉餽·不絕糧道·吾不如蕭何·連百萬之衆·戰必勝·攻必克·吾不如韓信·三者皆人傑·吾能用之·此吾所以取天下者也·項羽有一范增而不能用·此所以為我禽也·羣臣悅服·(漢高祖五年)

臣光曰·高祖起豐沛以來·網羅豪傑·招亡納叛·亦已多矣·及即位而丁公獨以不忠受戮·何哉·夫進取之與守成·其勢不同·當羣雄角逐之際·民無定主·

來者受之固其宜也及貴爲天子四海之內無不爲臣苟不明禮義以示之使爲臣者人懷貳心以徼大利則國家其能久安乎是故斷以大義使天下曉然皆知爲臣不忠者無所自容而懷私結恩者雖至於活己猶以義不與也戮一人而千萬人懼其慮事豈不深且遠哉子孫享有天祿四百餘年宜矣(同上)

上招延士大夫常如不足然性嚴峻羣臣雖所愛信者或小有犯法或欺罔輒按誅之無所寬假汲黯諫曰陛下求賢甚勞未盡其用輒已殺之以有限之士恣無已之誅臣恐天下賢才將盡陛下誰與共爲治乎黯言之甚怒上笑而諭之曰何世無才患人不能識之耳苟能識之何患無人夫所謂才者猶有用之器也有才而不肯盡用與無才同不殺何施黯曰臣雖不能以言屈陛下而心猶以爲非願陛下自今改之無以臣爲愚而不知理也上顧謂羣臣曰黯自言爲便辟則不可自言爲愚豈不信然乎(武帝元狩三年)

上以名臣文武欲盡乃下詔曰蓋有非常之功必待非常之人故馬或奔踶而致千里士或有負俗之累而立功名夫泛駕之馬跅弛之士亦在御之而已其令州郡察吏民有茂才異等可為將相及使絕國者(元封五年)

臣光曰天下信未嘗無才也武帝好四夷之功而勇銳輕死之士充滿朝廷闢土廣地無不如意及後息民重農而趙過之儔教民耕耘民亦被其利此一君之身趣好殊別而士輒應之誠使武帝兼三王之量以興商周之治其無三代之臣乎(征和四年)

李德裕論曰人君之德莫大於至明明以照姦則百邪不能蔽矣漢昭帝是也周成王有慙德矣高祖文景俱不如也成王聞管蔡流言遂使周公狼跋而東漢高聞陳平去魏背楚欲捨腹心臣漢文惑季布使酒難近罷歸股肱郡疑賈生擅權紛亂復疏賢士景帝信誅晁錯兵解遂誅三公所謂執狐疑之心來讒賊之口使昭帝得伊呂之佐則成康不足侔矣(昭帝元鳳元年)

初上聞王褒有俊才召見使爲聖主得賢臣頌其辭曰夫賢者國家之器用也所任賢則趨舍省而功施普器用利則用力少而就效衆故工人之用鈍器也勞筋苦骨終日矻矻及至巧冶鑄干將使離婁督繩公輸削墨雖崇臺五層延袤百丈而不溷者工用相得也庸人之御駑馬亦傷吻敝策而不進於行及至駕齧鄒驂乘旦王良執靶韓哀附輿周流八極萬里一息何其遼哉人馬相得也故服絺綌之涼者不苦盛暑之鬱燠襲貂狐之煖者不憂至寒之悽愴何則有其具者易其備賢人君子亦聖王之所以易海內也昔周公躬吐握之勞故有圉空之隆齊桓設庭燎之禮故有匡合之功由此觀之君人者勤於求賢而逸於得人人臣亦然昔賢者之未遭遇也圖事揆策則君不用其謀陳見悃誠則上不然其信進仕不得施效斥逐又非其愆是故伊尹勤於鼎俎太公困於鼓刀百里自鬻甯子飯牛離此患也及其遇明君遭聖主也運籌合上意諫諍即見聽進退得用其忠任職得行其術剖符錫壤而光祖考故世必有聖知之

君而後有賢明之臣故虎嘯而風冽龍興而致雲蟋蟀俟秋唫蜉蝣出以陰易曰飛龍在天利見大人詩曰思皇多士生此王國故世平主聖俊艾將自至明明在朝穆穆布列聚精會神相得益章雖伯牙操遞鐘逢門子彎烏號猶未足以喻其意也故聖主必待賢臣而弘功業俊士亦俟明主以顯其德上下俱欲驩然交欣千載一會論說無疑翼乎如鴻毛遇順風沛乎如巨魚縱大壑其得若此則胡禁不止曷令不行化溢四表橫被無窮是以聖主不徧窺望而視已明不殫傾耳而聽已聰太平之責塞優游之望得休徵自至壽考無疆何必偃仰屈伸若彭祖呴噓呼吸如僑松眇然絕俗離世哉是時上頗好神僊故褒對及之（宣帝神爵元年）

臣光曰人臣之罪莫大於欺罔是以明君疾之孝章謂竇憲何異指鹿爲馬善矣然卒不能罪憲則姦臣安所懲哉夫人主之於臣下患在不知其姦苟或知之而復赦之則不若不知之爲愈也何以言之彼或爲姦而上不之知

猶有所畏既知而不能討彼知其不足畏也則放縱而無所顧矣是故知善而不能用知惡而不能去人主之深戒也（章帝建初八年）

韋彪上議曰夫國家以簡賢爲務賢以孝行爲首是以求忠臣必於孝子之門夫人才行少能相兼是以孟公綽優於趙魏老不可以爲滕薛大夫忠孝之人持心近厚鍛鍊之吏持心近薄士宜以才行爲先不可純以閥閱然其要歸在於選二千石二千石賢則貢舉皆得其人矣又曰天下樞要在於尚書尚書之選豈可不重而間者多從郎官超升此位雖曉習文法長於應對然察察小慧類無大能宜鑒嗇夫捷急之對深思絳侯木訥之功也帝皆納之（元和元年）

朱儁之擊黃巾也其護軍司馬北地傅燮上疏曰臣聞天下之禍不由於外皆興於內是故虞舜先除四凶然後用十六相明惡人不去則善人無由進也今張角起於趙魏黃巾亂於六州此皆釁發蕭牆而禍延四海者也臣受戎任奉辭伐罪始到潁川戰無不克黃巾雖盛不足爲廟堂憂也臣之所懼在於治水

不自其原末流彌增其廣耳陛下仁德寬容多所不忍故閹豎弄權忠臣不進誠使張角梟夷黃巾變服臣之所憂甫益深耳何者夫邪正之人不宜共國亦猶冰炭不可同器彼知正人之功顯而危亡之兆見皆將巧辭飾說共長虛僞夫孝子疑於屢至市虎成於三夫若不詳察眞僞忠臣將復有杜郵之戮矣陛下宜思虞舜四罪之舉速行讒佞之誅則善人思進姦凶自息趙忠見其疏而惡之爕擊黃巾功多當封忠譖訴之帝識爕言得不加罪竟亦不封（靈帝中平元年）

張紘還吳迎家道病卒臨困授子留牋曰自古有國有家者咸欲修德政以比隆盛世至於其治多不馨香非無忠臣賢佐也由主不勝其情弗能用耳夫人情憚難而趨易好同而惡異與治道相反傳曰從善如登從惡如崩言善之難也人君承奕世之基據自然之勢操八柄之威甘易同之歡無假取於人而忠臣挾難進之術吐逆耳之言其不合也不亦宜乎離則有釁巧辯緣間眩於小

忠戀於恩愛賢愚雜錯黜陟失序其所由來情亂之也故明君寤之求賢如飢渴受諫而不厭抑情損欲以義割恩則上無偏謬之授下無希冀之望矣吳主省書爲之流涕(魏明帝太和三年)

東阿王植上疏曰昔漢文發代疑朝有變宋昌曰內有朱虛東牟之親外有齊楚淮南瑯琊此則磐石之宗願王勿疑臣伏惟陛下遠覽姬文二虢之援中慮周成召畢之輔下存宋昌磐石之固臣聞羊質虎皮見草則悅見豺則戰望其皮之虎也今置將不良有似於此故語曰患爲之者不知知之者不得爲也昔管蔡放誅周召作弼叔魚陷刑叔向贊國三監之釁臣自當之二南之輔求必不遠華宗貴族藩王之中必有應斯舉者夫能使天下傾耳注目者當權者是也故謀能移主威能懾下豪右執政不在親戚權之所在雖疏必重勢之所去雖親必輕蓋取齊者田族非呂宗也分晉者趙魏非姬姓也惟陛下察之苟吉專其位凶離其患者異姓之臣也欲國之安祈家之貴存共其榮歿同其禍者

公族之臣也、今反公族疏而異姓親、臣竊惑焉、今臣與陛下踐冰履炭、登山浮澗、寒溫燥溼、高下共之、豈得離陛下哉、不勝憤懣、拜表陳情、帝但以優文答報而已、(太和五年)

尚書郎樂安廉昭以才能見幸、好抉擿羣臣細過、以求媚於上、黃門侍郎杜恕上疏曰、伏見廉昭奏左丞曹璠以罰當關不依詔坐判問、又云諸當坐者別奏、尚書令陳矯自奏不敢辭罰、亦不敢陳理、志意懇惻、臣竊愍然為朝廷惜之、古之帝王、所以能輔世長民者、莫不遠得百姓之懽心、近盡羣臣之智力、今陛下憂勞萬機、或親燈火、而庶事不康、刑禁日弛、原其所由、非獨臣不盡忠、亦其主不能使也、百里奚愚於虞而智於秦、豫讓苟容中行而著節智伯、斯則古人之明驗矣、若陛下以為今世無良才、朝廷乏賢佐、豈可追望稷契之遐蹤、坐待來世之俊乂乎、今之所謂賢者、盡有大官而享厚祿矣、然而奉上之節未全、向公之心不一者、委任之責不專、而俗多忌諱故也、臣以為忠臣不必親、親臣不必忠。今有疏者毀人而陛下疑其私報所憎。譽人而陛下疑其私愛所親。左右或因之而進憎愛之說。遂使疏者不敢毀譽以致政事損益亦皆有嫌。陛下當思所以闡廣朝臣之心。篤厲有道之節。使之自同古人。垂名竹帛。反使廉昭者擾亂其間。臣懼大臣將遂容身保位。坐觀得失。爲來世戒也。昔周公戒魯侯曰。無使大臣怨乎不以。言不賢不可爲大臣。爲大臣則不可不用也。書數舜之功。稱去四凶。不言有罪無問大小則去也。今者朝臣不自以爲不能以陛下爲不任也。不自以爲不知。以陛下爲不問也。陛下何不遵周公之所以用大舜之所以去。使侍中尚書坐則侍帷幄。行則從華輦。親對詔問。各陳所有。則羣臣之行皆可得而知。忠能者進。闇劣者退。誰敢依違而不自盡。以陛下之聖明。親與羣臣論議政事。使羣臣人得自盡。賢愚能否在陛下之所用。以此治事。何事不辦。以此建功。何功不成。每有軍事詔書常曰。誰當憂此者耶。吾當自憂耳。近詔又曰。憂公忘私者必不然。但先公後私。卽自辦耳。伏讀明詔。乃知聖思究盡下情。然亦怪陛下不治其本而憂其末也．人之能否．實有本性．雖臣亦以爲朝臣不盡稱職也．明主之用人也．使能者不敢遺其力．而不能者不得處非其任．選舉非其人．未必爲有罪也．舉朝共容非其人．乃爲怪耳．陛下知其不盡力而代之憂其職．知其不能也而教之治其事．豈徒主勞而臣逸哉．雖聖賢並世．終不能以此爲治也．（太和六年）

帝以散騎常侍劉寔志行清素．命爲廣陵王傅．寔以時俗喜進趣．少廉讓．欲令初除官通謝章者．必推賢讓能．乃得通之．一官缺．則擇爲人所讓最多者用之．以爲人情爭則欲毀己所不如．讓則競推於勝己．故世爭則優劣難分．時讓則賢智顯出．當此時也．能退身修己．則讓之者多矣．雖欲守貧賤．不可得也．馳騖進趨．而欲人見讓．猶卻行而求前也．（晉武帝太康十年）

范甯在豫章．遣十五議曹下屬城．採求風政．幷吏假還．訊問官長得失．徐邈與甯書曰．足下聽斷明允．庶事無滯．則吏慎其負．而人聽不惑矣．豈須邑至里詣飾其游聲哉非徒不足致益實乃蠶漁之所資豈有善人君子而干非其事多所告白者乎自古以來欲為左右耳目無非小人皆先因小忠而成其大不忠先藉小信而成其大不信遂使讒諂並進善惡倒置可不戒哉足下慎選綱紀必得國士以攝諸曹諸曹皆得良吏以掌文按又擇公方之人以為監司則清濁能否與事而明足下但平心處之何取於耳目哉昔明德馬后未嘗顧左右與言可謂遠識況大丈夫而不能免此乎（太元十四年）

上不豫謂孔奐曰今三方鼎峙四海事重宜須長君朕欲近則晉成遠隆殷法卿等宜遵此意孔奐流涕對曰陛下御膳違和痊復非久皇太子春秋鼎盛聖德日躋安成介弟之尊足為周旦若有廢立之心臣等愚誠不敢聞（陳文帝天康元年）

臣光曰夫人臣之事君將順其美正救其惡孔奐在陳處腹心之重任決社稷之大計苟以世祖之言為不誠則當如竇嬰面辯袁盎廷爭防微杜漸以

絕覬覦之心以爲誠邪則當請明下詔書宣告中外使世祖有宋宣之美高宗無楚靈之惡不然謂太子嫡嗣不可動搖欲保輔而安全之則當盡忠竭節如荀息趙之肥義奈何於君之存則逆探其情而求合焉及其既沒則權臣移國而不能救嗣主失位而不能死斯乃奸諂之尤者而世祖謂之遺直以托六尺之孤豈不悖哉（同上）

臣光曰古人有言君明臣直裴矩佞於隋而忠於唐非其性之有變也君惡聞其過則忠化爲佞君樂聞直言則佞化爲忠是知君者表也臣者景也表動則景隨矣（唐高祖武德九年）

上問魏徵曰人主何爲而明何爲而暗對曰兼聽則明偏信則暗梁武帝偏信朱异以取臺城之辱隋煬帝偏信虞世基以致彭城閣之變是故人君兼聽廣納則貴臣不得壅蔽而下情得以上通也上曰善（太宗貞觀二年）

陸贄曰以一人之聽覽而欲窮宇宙之變態以一人之防慮而求勝億兆之姦

欺役智彌精失道彌遠項籍納秦降卒二十萬慮其懷詐復叛一舉而盡坑之其於防虞亦已甚矣漢高豁達大度天下之士至者納用不疑其於防慮可謂疏矣然而項氏以滅劉氏以昌蓄疑之與推誠其效固不同也秦皇嚴肅雄猜而荆軻奮其陰計光武寬容博厚而馬援輸其款誠豈不以虛懷待人人亦思附任數御物物終不親情思附則感而悅之雖寇讎化爲心膂矣意不親則懼而阻之雖骨肉結爲仇慝矣（德宗興元元年）

帝謂近臣曰朕親選多士殆忘飢渴召見臨問以觀其才拔而用之庶使巖野無遺逸而朝廷多君子耳朕每見布衣搢紳間有端雅爲衆所推譽者朕代其父母喜或召拜近臣必爲擇良日欲其保終吉也朕於士大夫無負矣乃謂宰相曰唐置採訪使蓋欲察官吏善惡人民疾苦然所命者官高則權勢太重官卑則威令不行又所遇州郡承迎不暇豈能審知利害但虛有其名耳曷若愼選羣材各分任使有功有過賞罰分明且國家選才最爲切要人君身居九重

何由徧識必須采訪苟稱善者多卽是操履無玷若擇得一人爲益無限古人言得十良馬不若得一伯樂得十利劍不若得一歐冶朕孜孜訪問止求得良才以充任使也趙普曰帝王進用良善實助太平之理然於采擇要在得所蓋君子小人各有黨類先聖謂觀過各於其黨不可不慎也帝然之（宋太宗太平興國八年）

司馬光仍知諫院光上疏曰陛下有中宗之嚴恭文王之小心而小大之政多謙讓不決委之臣下誠所委之人常得忠賢則可矣萬一有姦邪在焉豈不危甚古人所謂委任而責成效者擇人而授之職業叢脞之務不身親之至於爵賞廢置殺生予奪不由己出不可也又頃以西鄙用兵權置經略安撫使一路之兵得以便宜從事及西事已平因而不廢其河東一路總二十二州軍鼂時節度使之權不過如是而已又謂大臣典諸州者多以貴倨自恃轉運使欲振舉職業往往故違戾而不肯從夫將相大臣在朝廷之時則轉運使名位固相

遠矣及在外爲知州則轉運使統諸州職也烏得以一身之貴庇一州之事而令轉運使不得問哉自景祐以來國家怠於久安樂因循而務省事執事之臣頗行姑息之政於是胥吏讙譁而斥逐御史中丞輦官悖慢而廢退宰相衞士凶逆而獄不窮姦其餘有一夫流言於道路而爲之變令推恩者多矣凡此數者殆非所以習民於上下之分也夫朝廷者四方之表儀也朝廷之政如是則四方必有甚焉者遂至元帥畏偏裨偏裨畏將校將校畏士卒姦邪怯懦之臣或有簡省教閱使之驕惰保庇羸老使之繇冗屈撓正法使之縱恣詆訿粟帛使之憒惋甘言諂笑靡所不至於是士卒翕然譽之而歸怨於上矣臣愚以爲陛下當憤剛健之志宣神明之德凡羣臣奏事皆察其邪正辨其臧否熟問深思求合於道然後賞罰黜陟斷而行之則天下孰不曠然悅喜其餘民事皆委之州縣一斷於法或法重情輕情重法輕可殺可徒可宥可赦並聽本州申奏決之朝廷何必出於經略安撫使哉轉運使規畫號令行下諸州違戾不從者

朝廷當辨其曲直推事理實可施行而州將恃貴勢故違之者當罪州將勿罪轉運使將校士卒之於州縣及所統之官或公卿大臣有悖慢無禮者明著階級之法使斷者不疑將帥之廢法違道以取悅於下歸怨於上者當隨其輕重誅竄廢黜公正無私御衆嚴整者當量其才能擢用褒賞如是則上雖勤而下用命矣(仁宗嘉祐七年)

知諫院司馬光言竊見諸路轉運使提點刑獄知州軍事各遣親屬進賀表至京朝廷不問官職高下親屬遠近一例推恩此蓋國初承五代姑息藩鎮之弊後來因循不能革正國家爵祿本待天下賢才及有功效之人今使此等無故受官誠爲太濫今縱不能盡罷此等恩澤其進表人若五服內親或乞等第受一官其無服非親屬者並量賜金帛罷去庶幾少救濫官之失(仁宗嘉祐八年)

直史館判官告院蘇軾曰得人之道在於知人知人之法在於責實使君相有

知人之明·朝廷有責實之政·則胥吏皂隸未嘗無人·而況於學校貢舉乎·雖用今之法·臣以爲有餘·使君相無知人之明·朝廷無責實之政·則公卿侍從常患無人·況學校貢舉乎·雖復古之制·臣以爲不足矣·夫時有可否·物有興廢·使三代聖人復生於今·其選舉亦必有道·何必由學乎·且慶歷間嘗立學矣·天下以爲太平可待·至於今惟空名僅存·今陛下必欲求德行道藝之士·責九年大成之業·則將變今之禮·易今之俗·又當發民力以治宮室·歛民財以養游士·百里之內·置官立師·而又時簡不帥教者·屏之遠方·則無乃徒爲紛亂·以患苦天下耶·若無大更革·而望有益於時·則與慶歷之事何異·至於貢舉之法·行之百年治亂盛衰·初不由此·上以孝取人·則勇者割股·怯者廬墓·上以廉取人·則敝車羸馬·惡衣菲食·凡可以中上意者·無所不至矣·至於人才·則有定分·施之有政·能否自彰·今進士日夜治經傳子史·貫穿馳騖·可謂博矣·至於臨政·曷嘗用其一二·顧視舊學·已爲虛器·而欲使此等分別注疏·粗識大義·而望其人能增長

亦已疏矣（神宗熙甯二年）

呂大防劉摯奏危竿諭一事在三十六年之前注釋失仁宗意蓋聖意以爲人君居至高至危之地須用正直之人譬如危竿須用正直之木古人謂邪蒿人君不可食食之固無害以其名不正也況邪佞小人乎（哲宗元祐六年）

張商英上疏曰陛下卽位以來更張改造者數十百事其最大者三事一曰免役二曰保甲三曰市易三者得其人緩而講之則爲利非其人急而成之則爲害願陛下與大臣安靜休息擇人而行之苟一事未已一事復興雖使裨諶適野而謀墨翟持籌而算終莫見其成也（熙甯五年）

帝諭大臣曰昨日張浚呈馬因爲區別良否優劣及所產之地皆不差張浚曰臣聞陛下聞馬足聲而能知其良否帝曰然聞步驟之聲雖隔牆垣可辨也凡物苟得其要亦不難辨浚曰物具形色猶或易辨惟知人爲難帝曰人誠難知浚因奏人材雖難知但議論剛正面目嚴冷則其人必不肯爲非阿諛便佞固

寵患失則其人必不可用帝以爲然（高宗紹興七年）

祕書省校書郎陳俊卿言人之才性各有所長禹稷皋陶垂益伯夷在唐虞之際各守一官至終身不易此數君子者苟使之更來迭去易地而居未必能盡善況其餘乎今也監司帥臣鮮有終其任者遠者一年近者數月輒已遷徙州縣百姓送往迎來之不暇其爲勞費不可殫舉以至內而朝廷百職事之官亦無肯安其職業爲三數年計者往往數日待遷視所居之官有如傳舍雖有勤恪之人宣力公家於人情稍通綱條少舉已舍而他去來者皆未能盡識吏人之面知職業之所主則又遷矣因循歲月積弊已久是以胥吏得以囊橐爲姦賄賂公行而莫之誰何如此而望職業之舉難矣夫爵祿名器人所奔趨必待積勞而後遷則人各安分不敢躁求若開驟進之門使有僥倖之望則人人懷苟且之心無守公之節其自爲謀則得矣朝廷何賴焉臣嘗讀國史見太祖朝任魏丕掌作坊十年劉溫叟爲臺丞十有二年太宗朝劉蒙正掌內藏二十餘

年。陳恕在三司亦十餘年。此祖宗用人之法也。望與執政大臣參酌。立為定論。其監司帥守有政術優異者。或增秩賜金。必待終秩而後遷擢。至於朝廷百執事之官。亦當少須歲月。俾久於其職。然後察其勤惰而陞黜之。庶幾人安其分。盡瘁於國。無有過望。而萬事舉矣。詔三省行下。遂以俊卿為著作佐郎。(高宗紹興二十七年)

編修官呂祖謙上言曰。陛下以大臣不勝任。而兼行其事。大臣亦皆親細事務。而行有司之事。外至監司守令職任。率為其上所侵。而不能令其下。故豪猾玩官府。郡縣忽省部。掾屬凌長吏。賤人輕柄臣。平居未見其患。一旦有急。誰與指揮而伸縮耶。陛下於左右苟玩而弗慮。則聲勢寖長。趨附寖多。過咎寖積。內則懼為陛下所譴。而益思壅蔽。外則懼為公議所疾。而益肆詆誹。願陛下虛心以求天下之士。執要以總萬事之機。勿以圖任或誤而謂人多可疑。勿以聰明獨高而謂智足偏察。勿詳於小而忘遠大之計。勿忽於近而忘壅蔽之萌。旋還著

作郎即以疾請祠歸·(孝宗淳熙四年)

劉珙以屬疾請奉祠未報·請致仕·帝以珙病·亟遣中使挾侍醫視之·珙知疾不可爲·亟上遺表·首引恭顯伾文以爲近習用事之戒·且曰·今以腹心耳目寄此曹·故士大夫倚之以媒其身·將帥倚之以饑其軍·牧守倚之以賊其民·朝綱以紊·士氣以索·民心以離·咎皆在是·願亟加黜退·以幸天下·卒後謚忠肅(淳熙五年)

趙雄等曰·陛下知人之明·臣下經奏對者·輒知其爲人·一字褒貶·無不曲盡·帝曰·立功業·耐官職·須有才德福厚者能之·荀卿曰·相形不如論心·論心不如擇術·朕每於臣下·觀其形以知其命·聽其言以察其心·相形論心·蓋兼用之(淳熙六年)

金設益政院於內廷·以禮部尚書樂平楊雲翼等爲說書官二人·直備顧問·雲翼爲金主講尚書·言帝王之學·不必如經生分章析句·但知爲國大綱足矣·因

舉任賢去邪·與治同道·與亂同事·有言逆於汝心·有言遜於汝志等數條·一一皆本於正心誠意·敷繹詳明·一日經筵畢·因言人臣有事君之禮·有事君之義·禮不敢齒君之路馬·蹴其芻者有罰·入君門則趨·見君之几杖則起·君命召不俟駕而行·受命不宿於家·是皆事君之禮·人臣所當盡也·然國家之利害·生民之休戚·一一陳之·則向所謂禮者·特虛器耳·君曰可·而有否者·獻其否·君曰否·而有可者·獻其可·言有不從·雖引裾折檻·斷鞅軔輪·有不惜焉者·當是時也·姑徇事君之虛禮·而不知事君之大義·國家何賴焉·金主變色曰·非卿朕不聞此言·雲翼嘗患風痺·及愈·金主問愈之方·對曰·但治心耳·心和則邪氣不干·治國亦然·人君先正其心·則朝廷百官·莫不一於正矣·金主矍然·知其以醫諫也·（理宗寶慶二年）

召崔與之參知政事·不至·帝遣使趣之·且訪以政事人材·與之上疏曰·天生人材·自足供一代之用·惟辨其君子小人而已·忠實而有才者·上也·才雖不高·而

忠實有餘者，次也，用人之道無逾此，蓋忠實之才，謂之有德而有才者也，若以君子爲無才，必欲求有才者用之，意向或差，名實無別，君子小人消長之勢，基於此矣，陛下勵精更始，擢用老成，然以正人爲迂闊，而疑其難以集事，以忠言爲矯激，而疑其近於好名，任之不專，信之不篤，或謂世數將衰，則人才先已凋謝，如眞德秀洪咨夔魏了翁方此柄用，相繼而去，天意固不可曉，至於敢諫之臣，忠於爲國，言未脫口，斥逐隨之，一去而不可復留，人才豈易得而輕棄如此，陛下悟已往而圖方來，昨以直言去位者，亟加峻擢，補外者，早與召還，使天下知陛下非疎遠正人，非厭惡忠言，一轉移力耳，陛下收攬大權，悉歸獨斷，謂之獨斷者，必是非利害，胸有定見，而後獨斷以行之，比聞獨斷以來，朝廷之事體愈輕，宰相進擬，多沮格不行，或除命中出，而宰相不與知，大抵獨斷當以兼聽爲先，儻不兼聽而獨斷，其勢必至於偏聽，實爲亂階，威令雖行於上，而權柄潛移於下矣，又曰，比年以來，變故層出，盜賊跳梁，雷電震驚，星辰乖異，皆非細故，京城之災七年而兩見豈數萬戶生靈皆獲罪於天者百姓凜凜在於一人惟有求直言可以裨君德格天心又曰戚畹舊僚凡有絲髮夤緣者孰不乘間伺隙以求其大欲近習之臣朝夕在側易於親昵而難於防閑若謂其所言出於無心豈知愛惡之私因此而入其於聖德甯無玷乎帝覽奏嘉歎趣召愈力與之控辭至十三疏不許（理宗端平二年）

以趙葵同知樞密院事葵言今天下之事其大者有幾天下之才其可用者有幾從其大者而講明之疏其可用者而任使之有勇略者治兵有心計者治財寬厚者任牧養剛正者持風憲爲官擇人不爲人擇官用之旣當任之旣久然後可以責其成效又請亟與宰相講求規畫凡有關於宗社安危治亂之大計者條具以聞審其所先後緩急以圖籌策則治功可成外患不足慮（理宗淳祐四年）

元皇帝呼必賚遺董文用招金故臣欒城李治且曰素聞仁卿學優才贍潛德

不燿久欲一見其勿他辭仁卿治之字也治至皇帝問金南遷後居官者孰賢治對曰險夷一節唯完顏仲德又問完顏哈達及布哈何如對曰二人將略短少任之不疑此金所以亡也又問魏徵曹彬伐江南未嘗妄殺一人擬之方叔召虎可也漢之韓彭衞霍在所不論又問今之臣有如魏徵者乎對曰今世側媚成風欲求魏徵之賢實難其人又問今之人材賢否對曰天下未嘗乏材求則得之舍則失之理勢然耳今儒生有如魏璠王鶚李獻卿蘭光庭趙復郝經王博文等皆有用之才又皆賢王所嘗聘問者舉而用之何所不可特恐用之不盡耳然四海之廣豈止此數子哉王誠能旁求於外將見集於明庭矣（理宗寶祐三年）

第四章　議節鎮守令爲行政關鍵於政治最有關係應如何內外調用及久任之術

丞相王嘉以時政苛急郡國守相數有變動乃上疏曰臣聞聖王之功在於得人孔子曰材難不其然歟故繼世立諸侯象賢也雖不能盡賢天子爲擇臣立命卿以輔之居是國也累世尊重然後士民之衆附焉是以教化行而治功立今之郡守重於古諸侯往者致選賢材賢材難得拔擢可用者或起於囚徒昔魏尙坐事繫獄文帝感馮唐之言遣使持節數其罪拜爲雲中太守匈奴忌之武帝擢韓安國於徒中拜爲梁內史骨肉以安張敞爲京兆尹有罪當死亡命十數日宣帝徵敞拜爲冀州刺史卒獲其用前世非私此三人貪其材器有益於公家也孝文時吏居官者或長子孫倉氏庫氏則倉庫吏之後也其二千石長吏亦安官樂職然後上下相望莫有苟且之意其後稍稍變易公卿以下傳相促急又數改更政事司隸部刺史舉劾苛細發揚陰私吏或居官數月而退送故迎新交錯道路中材苟容求全壹切營私者多二千石益輕賤吏民慢易之或持其微過增加成罪言於司隸刺史或上書告之衆庶知其意危小失意

則有離畔之心前山陽亡徒蘇令等縱橫吏士臨難莫肯伏節死義以守相威權素奪也孝成皇帝悔之下詔書二千石不爲故縱遣使者賜金慰厚其意誠以爲國家有急取辦於二千石二千石尊重難危乃能使下孝宣皇帝愛其善治民之吏有章劾事留中會赦壹解故事尙書希下章爲煩擾百姓證驗繫治或死獄中章文必有敢告之字乃下唯陛下留神於擇賢記善忘過容忍臣子勿責以備二千石部刺史三輔縣令有材任職者人情不能不有過差宜可闊略令盡力者有所勸此方今急務國家之利也嘉因薦儒者公孫光滿昌及能吏蕭咸薛修皆故二千石有名稱者天子納而用之（漢哀帝建平三年）

臣光曰孔子稱舉善而教不能則勸是以舜舉皋陶湯舉伊尹而不仁者遠有德故也光武卽位之初羣雄競逐四海鼎沸彼摧堅陷敵之人權略詭辯之士方見重於世而獨能取忠厚之臣旌循良之吏拔於草萊之中寘諸羣公之首宜其光復舊物享祚久長蓋由知所先務而得其本厚故也（光武建

武元年）

朱浮上疏曰．昔堯舜之盛．猶加三考．大漢之興．亦累功效．吏皆積久．至長子孫．當時吏職．何能悉治．論議之徒．豈不喧嘩．蓋以爲天地之功．不可倉卒．艱難之業．當累日也．而間者守宰數見換易．迎新相代．疲勞道路．尋其視事日淺．未足昭見其職．既加嚴切．人不自保．迫於舉劾．懼於刺譏．故爭飾詐僞．以希虛譽．夫物暴長者必夭折．功卒成者必亟壞．如摧長久之業．而造速成之功．非陛下之福也．願陛下遊意於經年之外．望治於一世之後．天下幸甚．帝采其言．自是牧守代易頗簡．（建武六年）

宋均謂人曰．國家喜文法廉吏．以爲足以止姦也．然文吏習爲欺慢．而廉吏清在一己．無益百姓流亡盜賊爲害也．（明帝永平七年）

第五倫上疏曰．光武承王莽之餘．頗以嚴猛爲政．後代因之．遂成風化．郡國所舉．類多辦職俗吏．殊未有寬博之選．以應上求者也．陳留令劉豫．冠軍令駟協．

並以刻薄之姿、務為嚴苦、吏民愁怨、莫不疾之、而今之議者、反以為能、違天心、失經義、非徒應坐豫協、亦宜譴舉者、務進仁賢以任時政、不過數人、則風俗自化矣（章帝建初二年）

詔三公曰、安靜之吏、悃愊無華、日計不足、月計有餘、如襄城令劉方、吏民同聲謂之不煩、雖未有他異、斯亦殆近之矣、夫以苛為察、以刻為明、以輕為德、以重為威、四者或興、則下有怨心、吾詔書數下、冠蓋接道、而吏不加治、民或失職、其咎安在、勉思舊令、稱朕意焉（元和二年）

尚書令左雄上疏曰、昔宣帝以為吏數變易、則下不安業、久於其事、則民服教化、其有政治者、輒以璽書勉勵、增秩賜金、公卿缺則以次用之、是以吏稱其職、民安其業、漢世良吏、於茲為盛、今典城百里、轉動無常、各懷一切、莫慮長久、謂殺害不辜為威風、聚斂整辦為賢能、以治己安民為劣弱、奉法循理為不治、髡鉗之戮、生於睚眥、覆尸之禍、成於喜怒、視民如寇讎、稅之如豺虎、監司項背相望・與同疾疢見非不舉・聞惡不察・觀政於亭傳・責成於朞月・言善不稱德・論功不據實・虛誕者獲譽・拘檢者離毀・或因辠而引高・或色斯而求名・州宰不覆・競共辟召・踴躍升騰・超等踰匹・或考奏捕案・而亡不受罪・會赦行賂・復見洗滌・朱紫同色・清濁不分・故使姦猾枉濫・輕忽去就・拜除如流・缺動百數・鄉官部吏・職賤祿薄・車馬衣服・一出於民・廉者取足・貪者充家・特選橫調・紛紛不絕・送迎煩費・損政傷民・和氣未洽・災眚不消・咎皆在此・臣愚以爲守相長吏・惠和有顯效者・可就增秩・勿移徙・非父母喪・不得去官・其不從法禁・不式王命・錮之終身・雖會赦令・不得齒列・若被劾奏・亡不受法者・徙家邊郡・以懲其後・其鄉部親民之吏・皆用儒生清白任從政者・寬其負算・增其秩祿・吏職滿歲・宰府州郡乃得辟舉・如此威福之路塞・虛僞之端絕・送迎之役損・賦斂之源息・循理之吏・得成其化・率土之民・各甯其所矣・帝感其言・復申無故去官之禁・又下有司考吏治眞僞・詳所施行・而宦官不便・終不能行・（順帝陽嘉元年）

初朝議以州郡相黨·人情比周·乃制婚姻之家·及兩州人士·不得對相監臨·至是復有三互法·禁忌轉密·選用艱難·幽冀二州·久缺不補·蔡邕上疏曰·伏見幽冀舊壤·鎧馬所出·比年兵饑·漸至空耗·今者闕職經時·吏民延屬·而三府選舉·踰月不定·臣怪問其故·云避三互·十一州有禁·當取二州而已·又二州之士·或復限以歲月·狐疑遲淹·兩州懸空·萬里蕭條·無所管繫·愚以爲三互之禁·禁之薄者·今但申以威靈·明其憲令·對相部主·尚畏懼不敢營私·況乃三互·何足爲嫌·昔韓安國起自徒中·朱買臣出於幽賤·並以才宜·還守本邦·豈復顧循三互·繫以末制乎·臣願陛下上則先帝·蠲除近禁·其諸州刺史·器用可換者·無拘日月三互·以差厥中·朝廷不從·(靈帝熹平四年)

司馬光論曰·叔向有言·國將亡·必多制·明主之政·謹擇忠賢而任之·凡中外之臣·有功則賞·有罪則誅·無所阿私·法制不煩·而天下大治·所以然者何哉·執其本故也·及其衰也·百官之任·不能擇人·而禁令益多·防閑益密·有功者

以闒文不賞爲姦者以巧法免誅上下勞擾而天下大亂所以然者何哉逐其末故也孝靈之時刺史二千石貪如豺虎暴殄烝民而朝廷方守三互之禁以今視之豈不適足爲笑而深可爲戒哉(同上)

秦王猛以六州任重言於秦王堅請改授親賢及府選便宜輒已停寢別乞一州自效堅報曰夫人主勞於求才逸於得士既以六州相委則朕無東顧之憂非所以爲優崇乃朕自求安逸也夫取之不易守之亦難苟任非其人患生慮表豈獨朕之憂亦卿之責也故虛位台鼎而以分陝爲先卿未照朕心殊乖素望新政俟才宜速銓補俟東方化洽當袞衣西歸猛乃視事如故(簡文帝咸安元年)

魏吏部郎中辛雄上疏以爲華夷之民相聚爲亂豈有餘憾哉正以守令不得其人百姓不堪其命故也宜及此時早加慰撫但郡縣選舉由來共輕貴游儁才莫肯居此宜改其弊分郡縣爲三等清官選補之法妙盡才望並後地先才

不得拘以停年三載黜陟有稱職者補在京各官如不歷守令不得爲內職則人思自勉枉屈可申疆暴自息矣不聽（梁武帝普通七年）

帝謂趙普曰五代方鎭殘虐民受其禍朕今選儒臣幹事者百餘分治大藩縱皆貪濁亦未及武臣一人也既而有司命辛仲甫檢視民田帝曰此縣令職耳即令吏部銓擇官代之仲甫在彭州日州少種樹暑無所休仲甫課民栽柳蔭行路郡人德之名爲補闕柳（宋太祖開寶五年）

戶部判官右司諫孫何出爲京東轉運副使何上疏曰國家共治之臣牧守爲本親民之官令長爲急前代刺史入爲三公郎官出宰百里其遴選可知也今則兼隋唐取士之法參周漢考績之制然而資蔭登朝居千騎之長胥徒祇役分百里之封目不知書心惟黷貨望令審官院吏部銓選凡京朝官藉蔭入仕者非灼然績狀勿與知州州縣官流外出身者非有履行殊常不擬縣令庶分流品用勸士民（眞宗咸平三年）

政治學 第二篇 行政官任用議

龍圖閣待制張知白上言唐李嶠嘗云安人之方須擇郡守竊見朝廷重內官輕外任每除牧伯皆避命致訴比遣外任多是貶累之人風俗不澂實由於此望於臺閣妙選賢良分典大州(大中祥符五年)

開封府判官謝絳言今朝廷欽弛之法近於廉平以臣愚所聞似吏不甚稱職而召其變凡今典城牧民有顓方面之勢才者掠功取名以嚴急為術或辨偽無實數蒙奬錄愚者期會簿書畏首與尾二者政殊而同歸於敝夫為國在養民養民在擇吏吏循則民安氣和而災息願先取大州邑數十百詔公卿以下舉任守州者使得自辟屬縣令長務求術略不限資考然後寬以約束許便宜從事期年條上理狀或徙或留必有功化風跡如此而沴氣不弭嘉休不至者未之有也(仁宗景祐元年)

富弼言伏見西鄙用兵以來物力窮困朝廷不能存撫遂使為盜臣思京西諸州賊盜見今往來之處長吏皆非其人乞先選轉運兩人令往彼體量諸州長

吏不才。及贓濫老病者。急罷之。令於轄下通判或知縣中。保舉人權充知州。如不足。則朝廷下審官院選人塡補。知州得人。則就令選部內知縣縣令。昔前漢勃海盜起。丞相舉龔遂。遂至郡。盜賊悉平。後漢朝歌盜賊屯聚。乃以虞詡爲朝歌長。賊遂駭散。此守宰得人。賊自破滅之驗也。（慶歷三年）

先是范仲淹富弼等言。今內外官雖多。然與陛下理天下者。惟守宰最要耳。比來不加選擇。非才貪濁老懦者。一切以例除之。其間良吏百無一二。使天下賦稅不均。獄訟不平。水旱不得救。盜賊不得除。民無所告訴。而不思叛者。未之有也。救之之術。莫如守宰得人。欲守宰得人。請詔二府通選轉運使。轉運既得其人。即委逐路自擇知州。知州已得人。即委逐州自擇知縣。其不任事者。奏罷之。仍令久其官守。勿復數易。其異政者。宜就與升擢。則官修政舉。朝廷唯總其大綱而振舉之可也。帝納其言。（同上）

初命鄭戩知永興軍。仍兼四路都部署。諫官歐陽修言。戩雖名都部署。而諸路自各有將·又其大事不令專制·必稟朝廷·假如邊將有大事·先稟於戬·又稟朝廷·朝廷議定·下戬·戬始下於沿邊·只此一端·自足敗事·且大事戬既不專·小事又不由戬·則部署一職·虛名可廢·若小事一一問戬·處分合宜·尚有遲緩之失·萬一耳目不及·處置失宜·則爲害不細·欲乞落其虛名·只令坐鎭長安·撫民臨政·以爲關中之重·而使四路各責其將·則民體皆順·處置合宜·從之(慶歷四年)

侍御史劉摯言·州縣之政·廢舉得失·其責在監司·宜稍復祖宗故事·於三路各置都轉運使·用兩制臣僚充職·以重其任·自餘諸路·亦望推擇資任較高·練達民情·識治體·近中道之人·使忠厚安民而不失之寬弛·敏給應務而不失之淺薄·(神宗元豐八年)

詔曰·周建侯邦·四國有藩垣之助·唐分藩鎭·北邊無彊敵之虞·永惟涼渺之資·履此艱難之運·遠巡南國·久隔中原·蓋因豪傑之徒·各奠方隅之守·是用攷古

之制，權時之宜，斷自荊淮，接於畿甸，豈獨植藩籬於江表，蓋將崇屏翰於京都，欲隆鎭撫之名，爲輟按廉之使，有民有社，得專制於境中，足食足兵，聽專征於閫外，若轉移其財用，與廢置夫官僚，理或應聞，事無待報，惟龍光之所被，旣並享於終身，苟功烈之克彰，當永傳於後裔，尚賴連衡之力，共輸夾輔之忠，詔詞直學士院綦崇禮所草也，先是范宗尹言從官集議，分鎭事宜，請以京畿，淮南，湖北京東西地方幷分爲鎭，除茶鹽之利，國計所繫，合歸朝廷，置官提舉外，他監司並罷，上供財賦，權免三年，餘令帥臣移用，管內州縣官，許辟置，知通令帥臣具名奏差，朝廷審量除授，遇軍興，聽從便宜，其帥臣不因朝廷召擢，更不除代，如能捍禦外寇，顯立大功，當議特許世襲，（高宗建炎四年）

趙鼎入辭，鼎在越，惟以束吏恤民爲務，每言不束吏，雖善政不能行，蓋除害然後可以興利，易之豫，利建侯行師，乃所以致豫，解，公用射隼於高墉之上，謂射隼而去小人，乃所以致解也，至是姦猾屛息，又場務利入之源，不令侵耗財賦

遂足·(高宗紹興六年)

資政殿學士四川宣撫副使鄭剛中罷·先是殿中侍御史余堯弼劾剛中天資凶險·敢爲不義·專與異意之徒·合爲死黨·妄用官錢·縱使游士·搖脣鼓舌·變亂黑白·四川都轉運司·蓋總四路財計·以贍軍須也·俾乘間上書·併歸宣司則是制軍制食通而爲一·雖密院戶部·不得如此·祖宗維持諸路之計·於此掃地·不知剛中封靡自植·欲以何爲·總領司建置之意·蓋與諸路一體·剛中怒形於色·不欲總司舉置·朝廷不得已爲之易置·則又揚言以爲己能·自古跋扈藩鎮·敢如此否·章未報·堯弼又奏剛中奢僭貪饕妄作威福·罔上不忠·敗壞軍政五罪·乃有是命·仍令剛中於鄂州聽旨·其隨行軍實·令湖廣總領所交割具數申省·軍兵令都統制田師古拘收押還本司(紹興十七年)

詔曰·設官分職·民事爲先·古者二千石位次九卿·公卿闕則選所表而用之·祖宗以來·郡守闕·多選諸臺省·至分遣朝行·以治劇邑·非曾歷親民·不得爲清望

官．重民事也．朕式稽古訓．爲官擇人．今後侍從有闕．選監司郡守之有政績者．並須治狀昭著．及有譽望之人．卿監郎官未歷監司郡守者．令更迭補外任．內官除詞臣臺監係朕親擢．餘並須在職二年．方許遷除．庶內外適均．無輕重之偏．職業修舉．有久任之效．以副朕重民事之意．（紹興二十八年）

臣僚言監司帥臣臧否所部．深得考功課吏之法．然郡守更易．則人有幸不幸．監司帥臣好惡不一．則言有當不當．有已去而不及臧否者．有近到而已遇臧否者．此人有幸不幸也．或取其辦事而不言其害民．或喜其彌縫而不言其疎謬．或畏其强有力而不議．或以其疎遠無援而見斥．此言有當不當也．且就一路言之．則其數寬．就數人而言之．則其數窄．計一歲而論之．則其能否爲已見．計數月而論之．則其能否未可知．而遽臧否焉．此人所以幸不幸．言所以當不當也．請詔諸路監司帥臣．自今臧否所部．必須總計一歲人數．不問已去見在．就其中區別之．或臧者朝廷已加擢用．亦須用臧之次者．或否者朝廷已行罷

黜亦須具否之次者其或臧否不當必令具析以聞詔除初到任人外餘從之（孝宗淳熙九年）

第五章　議法官須擇明法出身者然亦須有才識

戶部判官右司諫孫何出爲京東轉運副使孫何上疏曰法官之任人命所繫今吏部擬授之際但問資歷相當精律令者或令捕盜懮章程者或使詳刑動致紛挐即議停替小則民黎負屈大則旱暵延災欲望自今司理司法並擇明法出身者授之不足即於見任司戶簿尉內選充又不足則選嫺書判練格法者考滿無私過越資擬授庶臻治古之化用開太平之基（宋眞宗咸平三年）

上封者言諸州軍司法參軍多不得其人致刑法差枉望令吏部銓司謹擇明法出身者授之帝以示輔臣王旦言明法雖習律文亦須有才識須法官闕多取屬縣簿尉習刑名者代之今請令銓司參酌施行從之（大中祥符五年）

第六章　議計臣將帥須如何駕御久任借以權利勿拘文法方能收效

馮紞侍帝。從容說及鍾會。紞曰。會之反。頗由太祖。帝變色曰。卿是何言邪。紞免冠謝曰。聞善御者。必知六轡緩急之宜。故孔子以仲由兼人而退之。冉求退弱而進之。漢高祖尊寵五王而夷滅。光武抑損諸將而克終。非上有仁暴之殊。下有愚智之異也。蓋抑揚與奪使之然耳。鍾會才智有限。而太祖誇獎無極。居以重勢。委以大兵。使會自謂算無遺策。功在不賞。遂搆凶逆耳。向令太祖錄其小能。節以大禮。抑之以威權。納之以軌則。則亂心無由生矣。帝然之。(晉武帝太康三年)

御史中丞賈黯言。國家任用將帥。當責以禦邊捍寇之效。細故小惡。皆宜略之。則可以得其死力。太祖時。天下未定。李漢超等一十四人分捍三邊。皆十數年。不易舉其州征榷之利。皆以與之。仍聽其貿易。免所過征稅。軍士無小大。皆許便宜。以故漢超等得成功名。而二十年間無西北之憂。慶歷中陝西用兵。頗失此術。邊臣用公使錢。微有過則為法吏繩以深文。如尹洙張亢滕宗諒是也。今

西戎叛擾。陛下方當以恩威御諸將。所宜思太祖之得人。而懲近事之失體。(宋英宗治平二年)

臣僚言唐任劉晏二十載。今之戶部。始用也未必擇之精。既用也未必任之久。多不一歲。少或半歲。已徙職而去矣。孰能爲國家周慮實究源流而圖善後之計哉。望陛下略依唐故事。博選中外之臣。其材之可用者而試以財計之任。又觀其稍有所成而付之版曹之職。苟稱其職。雖數遷而至乎二府。職固不徙也。勿奪其權。使之得以號令州縣而趣督倚辦焉。勿拘其制。使之得以權衡低昂而通融流轉焉。夫然後國之有無。軍之裕乏。民之利害。皆得而責之。彼亦將朝思夕計。畢精竭慮。自任而不辭矣。從之。(孝宗乾道元年)

第七章 議言官不能盡言之害人主擇言官以何爲先言官進諫如何方爲得體

趙簡子曰。尹綽不愛我。諫於顯。郄厥愛我。諫於隱。綽曰。厥愛君之醜。不愛君之

過。綽愛君之過。不愛君之醜。不質君於衆。恐君之不變化也。孔子曰。君子哉尹綽。面諫不面譽。可謂至忠矣(周敬王三十年)

臣光曰。孟嘗君可謂能用諫矣。苟其言善也。雖懷詐諼之心。猶將用之。況盡忠無私以事其上乎。詩云。采葑采菲。無以下體。孟嘗君有焉(顯王四十八年)

潁陰侯賈山上書言治亂之道曰。臣聞雷霆之所擊。無不摧折者。萬鈞之所壓。無不糜滅者。今人主之威。非特雷霆也。勢重非特萬鈞也。開道而求諫。和顏色而受之。用其言而顯其身。士猶恐懼而不敢自盡。又況於縱欲恣暴。惡聞其過乎。震之以威。壓之以重。雖有堯舜之智。孟賁之勇。豈有不摧折者哉。如此則人主不得聞其過。社稷危矣。昔者周蓋千八百國。以九州之民。養千八百國之君。君有餘財。民有餘力。而頌聲作。秦皇以千八百國之民自養。力罷不能勝其役。財盡不能勝其求。一君之身耳。所自養者馳騁弋獵之娛。天下弗能供也。秦皇帝計其功德。度其後嗣世世無窮。然身死纔數月耳。天下四面而攻之。宗廟滅絕矣．秦皇帝居滅絕之中而不自知者何也．天下莫敢告也．其所以莫敢告者．何也．亡養老之義．亡輔弼之臣．退誹謗之人．殺直諫之士．是以道諛媮合苟容．比其德則賢於堯舜．課其功則賢於湯武．天下已潰而莫之告也．今陛下使天下舉賢良方正之士．天下皆訢訢焉曰將興堯舜之道．三王之功矣．天下之士．莫不精白以承休德．今方正之士．皆在朝廷矣．又選其賢者使爲常侍諸吏．與之馳驅射獵．一日再三出．臣恐朝廷之解弛．百官之墮於事也．陛下即位親自勉以厚天下．節用愛民．平獄緩刑．天下莫不說喜．臣聞山東吏布詔令．民雖老羸癃疾．扶杖而往聽之．願少須臾毋死．思見德化之成也．今功業方就．名聞方昭．四方鄉風．而從豪俊之臣．方正之士．直與之日日射獵．擊兎伐狐．以傷大業．絕天下之望．臣竊悼之．古者大臣不得與宴游．使皆務其方．而高其節．則羣臣莫敢不正身修行．盡心以稱大禮．夫士修之於家．而壞之於天子之廷．臣竊愍之．陛下與衆臣宴游．與大臣方正朝廷論議．游不失樂．朝不失禮．軌事之大者

也上嘉納其言（漢文帝二年）

故南昌尉九江梅福上書曰臣聞齊桓之時有以九九見者桓公不逆欲以致大也今臣所言非特九九也陛下距臣也三矣此天下士所以不至也昔秦武王好力任鄙叩關自鬻繆公行霸由余歸德今欲致天下之士民有上書求見者輒使詣尚書問其所言言可采者秩以升斗之祿賜以一束之帛若此則天下之士發憤懣吐忠言嘉謀日聞於上天下條貫國家表裏爛然可睹矣夫以四海之廣士民之數能言之類至衆多也然其儁傑指世陳政言成文章質之先世而不謬施之當世合時務若此者亦無幾人故爵祿束帛者天下之砥石高祖所以厲世磨鈍也孔子曰工欲善其事必先利其器至秦則不然張誹謗之罔以爲漢敺除倒持泰阿授楚其柄故誠能勿失其柄天下雖有不順莫敢觸其鋒此孝武皇帝所以辟地建功爲漢世宗也今陛下既不納天下之言又加戮焉夫鳶鵲遭害則仁鳥增逝愚者蒙戮則智士深退間者愚民上書多觸

不急之法。折直士之節。結諫臣之舌。羣臣皆知其非。然不敢爭。天下以言爲戒。最國家之大患也。願陛下循高祖之軌。杜亡秦之路。除不急之法。下無諱之詔。博覽兼聽。謀及疏賤。令深者不隱。遠者不塞。所謂辟四門明四目也。(成帝永始三年)

尙書陳忠慮言事必多激切。或致不能容。乃上疏曰。臣聞仁君廣山藪之大。納切實之謀。忠臣盡謇諤之節。不畏逆耳之害。是以高祖舍周昌桀紂之譬。孝文喜袁盎人豕之譏。武帝納東方朔宣室之正。元帝容薛廣德自刎之切。今明詔崇高宗之德。推宋景之誠。引咎克躬。諮訪羣吏。言事者見杜根成翊世等新蒙表錄。顯列二臺。必承風響應。爭爲切直。若嘉謀異策。宜輒納用。如其管穴。妄有譏刺。雖苦口逆耳。不得事實。且優游寬容。以示聖朝無諱之美。若有道之士。對問高者。宜垂省覽。特遷一等。以廣直言之路。(安帝建光元年)

臣光曰。爲人臣者。策名委質。有死無貳。陳希烈等或貴爲卿相。或親連肺腑。

於承平之日·無一言以規人主之失·救社稷之危·迎合苟容以竊富貴·及四海橫潰·乘輿播越·偷生苟免·顧戀妻子·媚賊稱臣·爲之陳力·此乃屠酤之所羞·犬馬之不如·儻各全其首領·復其官爵·是諂諛之臣·無往而不得計也·彼顏杲卿張巡之徒·世治則擯斥外方·沈抑下僚·世亂則委棄孤城·齏粉寇手·何爲善者之不幸·而爲惡者之幸·朝廷待忠義之薄·而待姦邪之厚耶·至於微賤之臣·巡徼之隸·謀議不預·號令不及·朝聞親征之詔·夕失警蹕之所·乃復責其不能扈從·不亦難哉·六等議刑·斯亦可矣·又何悔焉·（唐肅宗至德二年）

陸贄曰·諫官不密自矜·信非忠厚·其於聖德·固亦無虧·陛下若納諫不違·則傳之適足增美·陛下若違諫不納·又安能禁之勿傳·又曰·爲下者莫不願忠·爲上者莫不求理·然而下每苦上之不理·上每苦下之不忠·若是者何·兩情不通故也·下之情莫不願達於上·上之情莫不求知於下·然而下恒苦上之難達·上恒

苦下之難知若是者何九弊不去故也所謂九弊者上有其六而下有其三好勝人恥聞過騁辯給眩聰明厲威嚴恣强愎此六者君上之弊也諂諛顧望畏愞此三者臣下之弊也上好勝必甘於佞辭上恥過必忌於直諫如是則下之諂諛者順旨而忠實之語不聞矣上騁辯必勦說而折人以言上眩明必臆度而虞人以詐如是則下之顧望者自便而切磨之辭不盡矣上厲威必不能降情以接物上恣愎必不能引咎以受規如是則下之畏愞者避辜而情理之說不申矣夫以區域之廣大生靈之衆多宮闕之重深高卑之限隔自黎獻而上獲睹至尊之光景者踰億兆而無一焉就獲睹之中得接言議者又千萬不一幸而得接者猶有九弊居其間則上下之情所通鮮矣上情不通於下則人惑下情不通於上則君疑疑則不納其誠惑則不從其令誠而不見納則應之以悖令而不見從則加之以刑下悖上刑不敗何待是使亂多理少從古以然又曰昔趙武吶吶而爲晉賢臣絳侯木訥而爲漢元輔然則口給者事或非信辭

屈者理或未窮。人之難知。堯舜所病。胡可以一訓一詰。而謂盡其能哉。以此察天下之情。固多失實。以此輕天下之士。必有遺才。又曰。諫者多。表我之能好諫者。直示我之能容諫者之狂誣。明我之能恕諫者之漏泄。彰我之能從。是則人君與諫者交相益之道也。諫者有爵賞之利。君亦有理安之利。諫官得獻替之名。君亦得采納之名。然猶諫者有失中。而君無不美。唯恐讜言之有不切。天下之不聞。如此則天子納諫之德光矣。上頗采用其言（德宗建中四年）

帝曰。朕歷覽前書。大抵君臣之際。情通則道合。故事皆無隱。言必可用。朕厲精求治。卿等爲朕股肱耳目。設有闕政。宜悉心言之。朕每行一事。未嘗久之尋繹。惟自咎責耳。固不以居尊自恃。使人不敢言也（宋太宗太平興國八年）

祕書丞集賢校理余靖言。范仲淹前所言事。在陛下母子夫婦之間。猶以其合典禮。故加優奬。今坐刺譏大臣。重加譴責。儻其言未協聖慮。在陛下聽與不聽耳。安可以爲罪乎。汲黯在廷。以平津爲多詐。張昭論將。以魯肅爲麤疏。漢皇吳

主・兩用無猜陛下自親政以來三逐言事者・恐非太平之政也・請速改前命・（仁宗景祐三年）

呂誨言歷代設耳目之官・以輔人主之不逮・凡事宜辨論是非・稍涉欺妄・當行重責・不當置其言而不用・使之沮辱・在賢者則死而後已・不賢者翻然以思動為身謀・悠悠皆是矣・近日臣僚建議・以先帝臨政・信任臺諫官所陳已行之事・多有追奪欲陛下矯先帝之為凡事堅執不可易行一謬・令進一匪人・倡言於外曰・出自清衷・人必不敢動搖・果有之・是欲窒塞聖聰使拒諫遂事・豈公忠愛君之人哉・臣嘗親奉德音・指緘默者甚衆・然終不聞有所誡厲・竊謂陛下好問過於虞舜・但未嘗察其言耳・求治有如漢宣・但未嘗責其實耳・臣既未得去・敢不以言責自任・望陛下既問之・當察其言・既用之・當責其實・無俾左右蔽惑聰明・言事之官・時有懲勸・則人無苟且・職事皆舉矣・（英宗治平二年）

帝問諫官難得人・誰可者・司馬光對曰・凡擇言官・當以三事為先・第一。不。愛。富。

貴。次則重惜名節。次則曉知治體。具此三者。誠亦難得。（神宗熙寧元年）
閤門舍人應材言臺諫之官。在於言天下之大利害。不在於掊摭細故。區區止於言人之短長也。大姦大惡。固不可不爲天下國家誅鋤之。若夫有用之才。豈可以細故而輕壞之。一陷譏議。遂爲廢人。急緩之際。欲人爲用。無復有矣。神宗以程顥爲御史。顥曰。使臣拾遺補闕。裨贊朝廷則可。使臣掇臣下短長以沽直名則不能。神宗嘆賞以爲得御史體。劉安世嘗言祖宗之時。於人才長養成就之甚勤也。故其在臺諫。未嘗以細故而輕壞人材。乞令刻之御史臺諫院。永爲臺諫官之戒。帝深然之。（孝宗淳熙三年）
帝方寵任潘景珪。臺諫交章論之。多被斥辱。黃裳奏言自古人君不能從諫者。其蔽有三。一曰私心。二曰勝心。三曰忿心。事苟不出於公。而以己見執之。謂之私心。私心生。則以諫者爲病。而求以敗之。勝心生。則以諫者爲仇。而求以遂之。因私而生勝。因勝而生忿。忿心生。則事有不得其理者焉。如潘景珪常才也。陛下固亦以常人遇之特以臺諫攻之不已致陛下庇之愈力事勢相激乃至於此宜因事靜察使心無所係則聞臺諫之言無不悅而無欲勝之心待臺諫之心無不誠而無加忿之意矣（光宗紹熙二年）

帝宴諸王大臣於行殿雅克特穆爾哈瑪爾圖巴特穆爾博囉等侍座帝特命臺臣曰太祖皇帝嘗訓飭臣下云美色名馬人皆悅之然方寸有一係累卽能壞名敗德卿等居風紀之司亦嘗念及此乎世祖嘗立御史臺首命塔齊爾賓達傑爾二人協司其政天下國家譬猶一人之身中書則右手也樞密則左手也左右手有病則治之以良醫省院缺失不以御史臺治之可乎凡諸王百司違法越禮一聽舉劾風紀重則貪墨懼猶斧斤重則入木深其勢然也朕有缺失卿亦以聞朕不以責也（元明宗天曆二年）

吳置御史臺以湯和爲左御史大夫鄧愈爲右御史大夫劉基章溢爲御史中丞基仍兼太史院王諭之曰國家所立惟三大府總天下之政中書政之本都

督府掌軍旅御史臺糾察百司朝廷紀綱盡係於此其職實惟清要卿等當思正己以率下忠勤以事上毋徒擁虛位而漫不可否毋委靡因循以縱姦長惡毋假公濟私以傷人害物詩云剛亦不吐柔亦不茹此大臣之體也（順帝至正二十七年）

汪文輝疏四事專責言官其略曰先帝末年所任大臣本協恭濟務無少釁嫌始於一二言官見廟堂議論稍殊遂潛察低昂窺所向而攻其所忌致顛倒是非熒惑聖聽傷國家大體苟踵承前弊交煽並搆使正人不安其位恐宋元祐之禍復見於今是爲傾陷祖宗立法至精密矣而卒有不行者非法敝也不得其人耳今言官條奏率銳意更張部臣重違言官輕變祖制遷就一時苟且允覆及法立弊起又議復舊政非通變之宜民無畫一之守是爲紛更古大臣坐事退者必爲微其詞所以養廉恥存國體今或掇其已往揣彼未形逐景尋聲爭相詬病若市井喧閧然至方面重臣苟非甚奸慝亦宜棄短錄長爲人材惜

今或摟抉小疵·指爲大蠹·極言醜詆·使決引去·以此求人·國家安得全才而用之·是爲苛刻·言官能規切人主·糾彈大臣·至言官之短·誰爲指之者·今言事論人·或不當·部臣不爲奏覆·卽憤然不平·雖同列明知其非·亦莫與辨·以爲體貌當如是·夫臣子且不肯一言受過·何以責難君父哉·是謂求勝·此四弊者·今日所當深戒·疏奏·下所司·高拱惡其刺己甫三日出爲寧夏僉事（明穆宗隆慶五年）

觀政進士孫磐言·近諫官以言爲諱·而排寵倖·觸權奸者·乃在胥吏·臣竊羞之·請定建言者爲四等·最上不避患害·抗彈權貴者·其次揚清激濁·能補闕拾遺·又其次建白時政·有裨軍國·皆分別擢徵·而粉飾文具·循默不言者·則能黜之·庶言官知警·不至曠瘝·時不能用·（孝宗弘治九年）

第八章　議賞罰不可有一毫私意介其間

東海上有居士狂矞華士昆弟二人·議曰·吾不臣天子·不友諸侯·耕而食之·掘而飲之·無求於人·無上之名·無君之祿·不仕而事力·太公執而殺之·周公急傳

而問曰。二子賢者。殺之何也。太公曰。是昆弟議曰。不臣天子。是望不得而臣也。不友諸侯。是望不得而使也。耕而食之。掘而飲之。無求於人。是望不得賞罰勸禁也。夫王者使臣。非爵祿則刑罰也。今四者不足以使之。望誰爲君乎。是以誅也。(周武王元年)

初霍氏奢侈。茂陵徐生上疏言。卽愛厚之。宜以時抑制。無使至亡。其後霍氏誅滅。而告霍氏者皆封。人爲徐生上書曰。臣聞客有過主人者。見其竈直突。傍有積薪。客謂主人。更爲曲突。遠徙其薪。不者且有火患。主人嘿然不應。俄而家果失火。鄰里共救之。幸而得息。於是殺牛置酒。謝其鄰人。灼爛者在於上行。餘各以功次坐。而不錄言曲突者。人謂主人曰。鄉使聽客之言。不費牛酒。終亡火患。今論功而請賓。曲突徙薪無恩澤。燋頭爛額爲上客耶。主人乃寤而請之。今茂陵令徐福數上書言霍氏且有變。宜防絕之。鄉使福說得行。則國無裂土出爵之費。臣無逆亂誅滅之敗。往事既已。而福獨不蒙其功。唯陛下察之。貴徙薪曲

突之策。使居燋髮灼爛之右上。乃賜福帛十匹。後以爲郎。(漢宣帝地節四年)

臣光曰。昔鬬椒作亂於楚。莊王滅其族。而赦箴尹克黃。以爲子文無後。何以勸善。夫以顯禹雲山之罪。雖應夷滅。而光之忠勳。不可不祀。遂使家無噍類。孝宣亦少恩哉。(同上)

右正言黃洽論賞罰必欲當理。帝曰。賞罰自是欲當。然朕有一言。夫矯枉而過直。則復歸枉矣。故矯枉至於直可也。過於直。亦不正也。猛本所以濟寬。然過於猛。則不可。蓋過於猛。則人無所措手足。濟寬而過於猛。猶矯枉而過其直也。惟立表亦然。所立正。則其影直。所立過中。則影亦隨之。朕守此甚久。一賞一罰。決不使之過。趙雄等曰。執其兩端。用其中於民。此舜事也。帝曰。中者朕朝夕所常行。譬之置器。適當乃合於中。若置之失宜。則非中矣。朕之於臣下。初無喜怒好惡。嘗於禁中宣諭左右曰。朕本自無賞罰。隨時而應。不得不賞罰耳。初無毫髮之私也。又常守愛而知其惡。憎而知其善兩語。故雖平日所甚親信。苟有過失。

必面戒之、而疎遠小臣、或有小善寸長、則稱獎之、雄曰、雨露之所生成、雪霜之所肅殺、天豈有心於其間哉、（宋孝宗淳熙六年）

第九章　議歷代士之進身官之升遷並其考課法

蔡邕上封事曰、古者取士、必使諸侯歲貢、孝武之世、郡舉孝廉、又有賢良文學之選、於是名臣輩出、文武並興、漢之得人、數路而已、夫書畫詞賦、才之小者、匡國治政、未有其能、陛下即位之初、先涉經術、聽政餘日、觀省篇章、聊以游意、當代博弈、非以為教化取士之本、而諸生競利、作者鼎沸、其高者頗引經訓風喻之言、下則連偶俗語、有類俳優、或竊成文、虛冒名氏、臣每受詔、於盛化門、差次錄第、其未及者、亦復隨輩皆見拜擢、既加之恩、難復收改、但守奉祿、於義已弘、不可復使治民、及在州郡、昔孝宣會諸儒於石渠、章帝集學士於白虎、通經釋義、其事優大、文武之道、所宜從之、若乃小能小善、雖有可觀、孔子以為致遠則泥、君子固當志其大者、（漢靈帝熹平六年）

詔中尙方爲鴻都文學樂松江覽等三十二人，圖象立贊，以勸學者。尙書令陽球諫曰，臣案松覽等，皆出於微蔑，斗筲小人，依憑世戚，附託權豪，俛眉承睫，徼進明時，或獻賦一篇，或鳥篆盈簡，而位升郎中，形圖丹青，亦有筆不點牘，辭不辨心，假手請字，妖僞百品，莫不蒙被殊恩，蟬蛻滓濁，是以有識掩口，天下嗟歎。臣聞圖象之設，以昭勸戒，欲令人君動鑒得失，未聞豎子小人，詐作文頌，而可妄竊天官，垂象圖素者也。今太學東觀，足以宣明聖化，願罷鴻都之選，以銷天下之謗。書奏不省。（光和元年）

中常侍呂强上疏諫曰，舊典選舉，委任三府，尙書受奏御而已，受試任用，責以成功，功無可察，然後付之尙書舉劾，請下廷尉，覆案虛實，行其罪罰。於是三公每有所選，參議掾屬，咨其行狀，度其器能，然猶有曠職廢官，荒穢不治。今但任尙書，或有詔用，如是三公得免選舉之負，尙書亦復不坐，責賞無歸，豈肯空自勞苦乎。書奏不省。（光和四年）

帝深疾浮華之士。詔吏部尚書盧毓曰。選舉莫取有名。名如畫地作餅。不可啖也。毓對曰。名不足以致異人。而可以得常士。常士畏教慕善。然後有名。非所當疾也。愚臣既不足以識異人。又主者正以循名案常為職。但當有以驗其後耳。古者敷奏以言。明試以功。今考績之法廢。而以毀譽相進退。故眞偽渾雜。虛實相蒙。帝納其言。詔散騎常侍劉邵作考課法。邵作都官考課法七十二條。又作說略一篇。詔下百官議。司隸校尉崔林曰。案周官考課。其文備矣。自康王以下。遂以陵夷。此即考課之法。存乎其人也。及漢之季。其失豈在乎佐吏之職不密哉。方今軍旅。或猥或卒。增減無常。固難一矣。且萬目不張。舉其綱。衆毛不整。振其領。皐陶仕虞。伊尹臣殷。不仁者遠。若大臣能任其職。式是百辟。則孰敢不肅。烏在考課哉。黃門侍郎杜恕曰。明試以功。三載考績。誠帝王之盛制也。然歷六代而考績之法不著。關七聖而課試之文不垂。臣誠以為其法可粗依。其詳難備舉故也。語曰。世有亂人而無亂法。若使法可專任。則唐虞可不須稷契之佐。

殷周無貴伊呂之輔矣．今奏考功者．陳周漢之云爲．綴京房之本旨．可謂明考課之要矣．於以崇揖讓之風．興濟濟之治．臣以爲未盡善也．其欲使州郡考士．必由四科．皆有事效．然後察舉．試辟公府．爲親民長吏．轉以功次補郡守者．或就增秩賜爵．此最考課之急務也．臣以爲便當顯其身．用其言．使具爲課州郡之法．法具施行．立必信之賞．施必行之罰．至於公卿及內職大臣．亦當俱以其職考課之．古之三公．坐而論道．內職大臣．納言補闕．無善不紀．無過不舉．且天下至大．萬機至衆．誠非一明所能徧照．故君爲元首．臣作股肱．明其一體相須而成也．是以古人稱廊廟之材．非一木之支．帝王之業．非一士之略．由是言之．焉有大臣守職辦課．可以致雍熙者哉．誠使容身保位．無放退之辜．而盡節在公．抱見疑之勢．公義不修．而私議成俗．雖仲尼爲課．猶不能盡一才．又況於世俗之人乎．司空掾北地傅嘏曰．夫建官均職．清理民物．所以立本也．循名責實．糾勵成規．所以治末也．本綱未舉．而造制末程．國略不崇．而考課是先．懼不足

以料賢愚之分、精幽明之理也、議久之不決、事竟不行、（魏明帝景初元年）

司馬光曰、爲治之要、莫先於用人、而知人之道、聖賢所難也、是故求之於毀譽、則愛憎競進、而善惡渾殽、考之於功狀、則巧詐橫生、而眞僞相冒、要之其本在於至公至明而已矣、爲人上者、至公至明、則羣下之能否、焯然形於目中、無所復逃矣、苟爲不公不明、則考課之法、適足爲曲私欺罔之資也、何以言之、公明者心也、功狀者迹也、己之心不能治、而以考人之迹、不亦難乎、爲人上者、誠能不以親疎貴賤異其心、喜怒好惡亂其志、欲知治經之士、則視其記覽博洽、講論精通、斯爲善治經矣、欲知治獄之士、則視其曲盡情僞、無所冤抑、斯爲善治獄矣、欲知治財之士、則視其倉庫盈實、百姓富給、斯爲善治財矣、欲知治兵之士、則視其戰勝攻取、敵人畏服、斯爲善治兵矣、至於百官、莫不皆然、雖詢謀於人、而決之在己、雖考求於迹、而察之在心、研覈其實、而斟酌其宜、至精至微、不可以口述、不可以書傳也、安得豫爲之法、而悉委有司哉，或者親貴雖不能而任職，疏賤雖賢才而見遺，所喜所好者，敗官而不去，所怒所惡者，有功而不錄，詢謀於人，則毀譽相半，而不能決，考求其迹，則文具實亡，而不能察，雖復爲之善法，繁其條目，謹其簿書，安能得其眞哉，或曰，人君之治，大者天下，小者一國，內外之官，以千萬數，考察黜陟，安得不委有司，而獨任其事哉，曰，非謂其然也，凡爲人上者，不特人君而已，太守居一郡之上，刺史居一州之上，九卿居屬官之上，三公居百執事之上，皆用此道以考察黜陟在下之人，爲人君者，亦用此道以考察黜陟公卿太守，奚煩勞之有哉，或曰，考績之法，唐虞所爲，京房劉邵，述而修之耳，烏可廢哉，曰，唐虞之官，其居位也久，其受任也專，其立法也寬，其責成也遠，是故鯀之治水，九載績用弗成，然後治其罪，禹之治水，九州攸同，四隩既宅，然後賞其功，非若京房劉邵之法，校其米鹽之課，責其旦夕之效也，事固有名同而實異者，不可不察也，考績非可行於唐虞，而不可行於漢魏，由京房劉邵不得其本，

而犇趨其末故也（魏明帝景初元年）

初右僕射衛臻典選舉中護軍蔣濟遺臻書曰漢主遇亡虜爲上將周武拔漁父爲太師布衣厮養可登王公何必守文試而後用臻曰不然子欲同牧野於成康喻斷蛇於文景好不經之舉開拔奇之津將使天下馳騁而起矣（同上）

詔河南尹杜預爲黜陟之課預奏古者黜陟擬議於心不泥於法末世不能紀遠而專求密微疑心而信耳目疑耳目而信簡書簡書愈繁官方愈僞魏氏考課卽京房之遺意其文可謂至密然失於苛細以違本體故歷代不能通也豈若申唐堯之舊制取大捨小去密就簡俾之易從也夫曲盡物理神而明之存乎其人去人而任法則以文傷理莫若委任達官各考所統歲第其人言其優劣如此六載主者總集採案其言六優者超擢六劣者廢免優多劣少者平敘劣多優少者左遷其間所對不鈞品有難易主者固當準量輕重微加降殺不足曲以法盡也其有優劣徇情不叶公論者當委監司隨而彈之若令上下公

相容過此爲清議大頹雖有考課之法亦無益也事竟不行（晉武帝泰始四年）

初陳羣以吏部不能審覈天下之士故令郡國各置中正州置大中正皆取本土之人任朝廷官德充才盛者爲之使銓次等級以爲九品有言行修著則升之道義虧缺則降之吏部憑之以補授百官行之浸久中正或非其人姦敝日滋劉毅上疏曰今立中正定九品高下任意榮辱在手操人主之威福奪天朝之權勢公無考校之負私無告訐之忌用心百態營求萬端廉讓之風滅爭訟之俗成臣竊爲聖朝恥之蓋中正之設於損政之道有八高下逐彊弱是非隨興衰一人之身旬日異狀上品無寒門下品無勢族一也置州都者本取州里清議咸所歸服將以鎭異同一言議也今重其任而輕其人使駁違之論橫於州里嫌讎之隙結於大臣二也本立格之體爲九品者謂才德有優劣倫輩有首尾也今乃使優劣易地首尾倒錯三也陛下賞善罰惡無不裁之以法獨置

中正·委以一國之重·曾無賞罰之防·又禁人不得訴訟·使之縱橫任意·無所顧憚·諸受枉者·抱怨積直·不獲上聞·四也·一國之士多者千數·或流徙異邦·或取給殊方·面猶不識·况盡其才·而中正知與不知·皆當品狀·采譽於臺府·納毀於流言·任己則有不識之蔽·聽受則有彼此之偏·五也·凡求人才·欲以治民也·今當官著效者·或附卑品·在官無績者·更獲高叙·是爲抑功實而隆空名·長浮華而廢考績·六也·凡官不同·人事不同·能今不狀其才之所宜·但第爲九品·以品取人·或非才能之所長·以狀取人·則爲本品之所限·徒結白論·而品狀相妨·七也·九品所下·不彰其罪·所上·不列其善·各任愛憎·以植其私·天下之人·安得不懈德行而銳人事·八也·由此論之·職名中正·實爲姦府·事名九品·而有八損·古今之失·莫大於此·愚臣以爲宜罷中正·除九品·棄魏氏之敝法·更立一代之美制·太尉汝南王亮·司空衛瓘·亦上疏曰·魏氏承喪亂之後·人士流移·考詳無地·故立九品之制·粗且爲一時選用之本耳·今九域同規·大化方始·臣等以爲宜

皆蕩除末法·咸用土斷·自公卿以下·以所居爲正·無復縣客·遠屬異土·盡除中正九品之制·使舉善進才·各由鄉論·則華競自息·各求於己矣·始平王文學江夏李重上疏·以爲九品既除·宜先開移徙·聽相幷就·則土斷之實行矣·帝雖然其言·而終不能改也·（太康五年）

魏韓顯宗上言·以爲州郡貢察·徒有秀孝之名·而無秀孝之實·朝廷但檢其門望·不復彈坐·如此則可令別貢門望·以敍士人·何假冒秀孝之名也·夫門望者·乃其父祖之遺烈·亦何益於皇家·益於時者·賢才而已·苟有其才·雖屠釣奴虜·聖王不恥以爲臣·苟非其才·雖三后之胄·墜於皁隸矣·議者或云今世等無奇才·不若取士於門·此亦失矣·豈可以世無周召·遂廢宰相邪·但當較其寸長銖重者·先敍之·則賢才無遺矣（齊明帝建武元年）

自魏遷鄴以後·大選之職·知名者數人·互有得失·齊世宗少年高朗·所弊者疎·袁叔悳沈密謹厚·所傷者細·楊愔風流辯給·取士失於浮華·唯辛術性尙貞明·

取士必以才器，循名責實，新舊參舉，管庫必擢，門閥不遺，考之前後，最爲折衷，（梁元帝承聖元年）

中軍錄事參軍周朗上疏曰，俗好以毀沈人，不察其所以致毀，以譽進人，不察其所以致譽，毀徒皆鄙，則宜擢其毀者，譽黨悉庸，則宜退其譽者，如此則毀譽不妄，善惡分矣，（宋文帝元嘉三十年）

裴子野曰，官人之難，先王言之尙矣，周禮始於學校，論之州里，告之六事，而後貢於王庭，其在漢家，州郡積其功，能五府舉爲掾屬，三公參其得失，尙書奏之天子，一人之身，所閱者衆，故能官得其才，鮮有敗事，魏晉易是，所失弘多，夫厚貌深衷，險如谿壑，擇言觀行，猶懼弗周，況今萬品千羣，俄折乎一面，庶僚百位，專斷於一司，於是囂風遂行，不可抑止，干進務得，兼加諂瀆，無復廉恥之風，謹厚之操，官邪國敗，不可紀綱，假使龍作納言，舜居南面，而治致平章，不可必也，況後之官人者哉，孝武雖分曹爲兩，不能反之於周漢，朝三

暮四·其庸愈乎·（孝武帝大明二年）

沈約曰·夫君子小人類物之通稱·蹈道則爲君子·違之則爲小人·是以太公起屠釣爲周師·傅說去版築爲殷相·明敭幽仄·唯才是與·逮於二漢·茲道未革·胡廣累世農夫·致位公相·黃憲牛醫之子·名重京師·非若晚代分爲二途也·魏武始立九品·蓋以論人才優劣·非謂世族高卑·而都正俗士·隨時俯仰·憑藉世資·用相陵駕·因此相沿·遂爲成法·周漢之道·以智役愚·魏晉以來·以貴役賤·士庶之科·較然有辨矣·又裴子野曰·古者德義可尊·無擇負販·苟非其人·何取世族·名公子孫·還齊布衣之伍·士庶雖分·本無華素之隔·自晉以來·其流稍改·草澤之士·猶顯清途·降及季年·專限閥閱·自是三公之子·傲九棘之家·黃散之孫·蔑令長之室·轉相驕矜·互爭銖兩·唯論門戶·不問賢能·以謝靈運王僧達之才華輕躁·使其生自寒宗·猶將覆折·重以怙其庇廕·召禍宜哉·（同上）

吏部尚書牛弘選舉先德行而後文才。務在審慎。雖致停緩。其所進用。並多稱職。吏部侍郎高孝基鑒賞機晤。清慎絕倫。然爽俊有餘。迹似輕薄。時宰多以此疑之。唯弘深識其眞。推心任委。隋之選舉。得人於斯爲最。時論彌服弘識度之遠。（隋文帝開皇十九年）

旅騎尉劉炫預修律令。牛弘嘗從容問炫曰。周禮士多而府史少。今令史百倍於前。減則不濟。其故何也。炫曰。古人委任責成。歲終考其殿最。案不重校。文不繁悉。府史之任。掌要目而已。今之文簿。恒慮覆治。若鍛鍊不密。則萬里追證百年舊案。故諺云老吏抱案死。事繁政弊。職此之由也。弘曰。魏齊之時。令史從容而已。今則不遑甯處。何故。炫曰。往者州唯置綱紀。郡置守丞。縣置令而已。其餘具僚。則長官自辟。受詔赴任。每州不過數十。今則不然。大小之官。悉由吏部。纖介之迹。皆屬考功。省官不如省事。官事不省。而望從容。其可得乎。弘善其言而不能用。（煬帝大業三年）

協律郎沈既濟上選舉議。以爲選用之法三科而已。曰德也。曰才也。曰勞也。今選曹皆不及焉。考校之法。皆在書判簿歷言詞俯仰而已。夫安行徐言。非德也。麗藻芳翰。非才也。累資積考。非勞也。執此以求天下之士固未盡矣。臣謹詳酌古今。謂五品以上。及羣司長官。宜令宰臣進敘。吏部兵部得參議焉。其六品以下。或僚佐之屬。許州府辟用。其牧守將帥。或選用非公。則吏部兵部得察而舉之。罪其私冒。不慎舉者。小加譴黜。大正刑典。責成授任。誰敢不勉。夫如是則賢者不獎而自進。不肖者不抑而自退。衆才並進。而官無不治矣。今選法皆擇才於吏部。試職於州郡。若才職不稱。紊亂無任。責於刺史。則曰命官出於吏曹。不敢廢也。責於侍郎。則曰量書判資考而授之。不保其往也。責於令史。則曰按由歷出入而行之。不知其佗也。黎庶徒弊。誰任其咎。若牧守自用。則罪將焉逃。必州郡之濫。獨換一刺史則革矣。如吏部之濫。雖更其侍郎無益也。蓋人物浩浩。不可得而知。法使之然。非主司之過。(唐代宗大歷十四年)

帝謂宰相曰．連坐舉官．誠亦不易．如此公坐．猶或可矜．其有本不諳知．勉徇請託．及乎贓敗．何以逃責．王旦曰．薦才實難．士人操行．往往中變．帝曰．然．拔十得五．縱使徇私．朝廷由此得人．蓋不少矣．且曰．求人之際．但信其言．而用之．有所贓敗．亦如其言．而坐之．太祖朝有自員外郎與所犯州縣官同除名者．太平興國初．程能爲轉運使．舉官至濫．人多鄙之．帝曰．朝廷急於得人．苟不令薦舉．則才俊在下．無由自達．求人之要．固無出於此也．（宋眞宗大中祥符七年）

先是御史中丞賈黯言．今京朝官至卿監．凡二千八百餘員．而吏部薦舉磨勘選人．未引見者．至二百五十餘人．臣不敢遠引前載．且以先朝事較之．方天聖中．法尚簡．選人以四考改官．諸路使者薦部吏．數未有限．而在京臺閣及常參官．嘗任知州通判．雖非部吏．皆得薦．時磨勘改官者．歲才數十人．後資考頗增．而知州薦吏．視屬邑多少．裁定其數．又常參官不許薦士．其條約比天聖漸繁．而改官者固已衆矣．然磨勘應格者．猶不越旬日．引對．未有待次者．皇祐中始限監司奏舉之數、其法益密、而磨勘待次者、已不減六七十人、皇祐及今才十年耳、而猥多至於三倍、向也法疏而其數省、今也法密而其數增、此何故哉、正在薦吏者歲限定員、務充數而已、如一郡之守、歲許薦五人、而歲終不滿其數、則人人以爲遺己、當舉者避謗畏譏、欲止不敢、此薦者所以多而眞才實廉、未免慁於無能也、謂宜明詔天下、使有人則薦、不必滿所限之數、帝納其言、(英宗治平二年)

先是帝謂中書曰、水潦爲災、言事者多云不進賢、何也、歐陽修曰、近來進賢之路太狹、誠當今所患、帝曰、何謂進賢路狹、中書常所進擬者、其人皆如何、修曰、自富弼韓琦當國以來、十數年間、外自監司、內則省府、選擢甚精、時亦得人、然皆是錢穀刑名彊幹之吏、此所謂用才、臣言進賢路狹、乃館職也、帝曰、如何、修曰、朝廷用人之法、自兩制選居兩府、自三館選居兩制、然則三館者、輔相養才之地也、往時入三館有三路、今塞其二矣、此臣所謂太狹也、帝曰、何謂三路、修曰·進士高科一路也·大臣薦舉一路也·因差遣例除一路也·往時進士五人以上及第者·皆得試館職·第一人及第·不下十年·有至輔相者·今第一人及第兩任·凡十年方得試館職·而第二人以下·無復得試·是高科一路塞矣·往時大臣薦舉·隨即召試·今止令上簿·候館閣闕人乃試·而館閣人初無員數·無有闕時·則上簿者永無試期·是薦舉一路又塞矣·唯有因差遣例除者·半是年勞老病之人·此臣之所謂進賢路太狹也·新格置編校官八人·皆用選人·歷七年乃自校勘除校理·此外未嘗有所擢用·臣謂此八員者·宜仍舊·他員或闕·即令中書擇人進擬·庶無遺賢·(治平三年)

正官名·詳定官制所上以階易官寄祿新格·中書令侍中同平章事爲開府儀同三司·左右僕射爲特進·吏部尚書爲金紫光祿大夫·五曹尚書爲銀青光祿大夫·左右丞爲光祿大夫·六曹侍郎爲正議大夫·給事中爲通議大夫·左右諫議爲大中大夫·祕書監爲中大夫·光祿卿至少府監爲中散大夫·太常至司農

少卿爲朝議大夫·六曹郎中爲朝請朝散朝奉大夫凡三等·員外郎爲朝請朝散朝奉郎·凡三等·起居舍人爲朝散郎·司諫爲朝奉郎·正言太常國子博士爲承議郎·太常祕書殿中丞爲奉議郎·太子中允贊善大夫中舍洗馬爲通直郎著作佐郎·大理寺丞爲宣德郎·光祿衛尉將作監丞爲宣議郎·大理評事爲承事郎·太常寺太祝奉禮郎爲承奉郎·祕書省校書郎正字將作監主簿爲承務郎·又自開府儀同三司至通議大夫以上·無磨勘法·大中大夫至承務郎應磨勘·待制以上·六年遷兩官·至大中大夫止·承務郎以上·四年遷一官至朝議大夫止·候朝議大夫有闕次補·其朝議大夫以七十員爲額·選人磨勘·並依尚書吏部法·遷京朝官者·依今新定官·其祿令並以職事官俸賜祿料舊數與今新定官請給對擬定·竝從之·故事兩制不轉卿監官·前行郎中即超轉諫議大夫·前行郎中於階官爲朝請大夫·諫議大夫於階官爲大中大夫·帝以爲磨勘者·古考績之法·所與百職事共之·而禁近獨超轉·非法也·於是下詔待制以下·並

三年一遷。仍轉朝議大夫中散大夫大中大夫三官。(神宗元豐三年)臣僚言國朝檢校官一十九員。上者曰太師太尉太傅太保司徒司空。而除授則自司徒遷太保。各以序進。陛下方講修聖政。宜下有司討論。立爲定式。給事中黃祖舜等言考詳臣僚所陳六事。其一曰六等檢校官。舊制也。今則皆無有。而自節度徑除太尉。歷開府儀同三司。以至少保。其二曰節度以移鎭爲恩寵。舊制也。今則一定而不易。其三曰承宣分大中小鎭。觀察分大小州。舊制也。今則皆徑作一官矣。其四曰橫行。自右武大夫以至通侍爲十三等。以待年勞及泛恩者。非有功效顯著。不帶遙郡。舊制也。今則自右武大夫當遷官者。率以遙郡改轉。纔五遷即至遙郡承宣。一落階遂爲正任承宣使。其五曰武功大夫實歷十年。用七舉主。始轉行。舊制也。今或自小使臣爲宣贊舍人。纔遷一官徑至右武郎。其六曰總管鈐轄都監分六等差遣。非正任觀察使及管軍不以爲總管。舊制也。今降此而得之者紛紛。皆是逐項所陳。委皆允當。乞與施行。自降指

揮日爲始·詔並從之·(高宗紹興三十二年)

修吏部七司法·龔茂良言官人之道·在朝廷則當量人才以擢用·在選部則宜守成法以差注·蓋法者一定不易·如規矩權衡·不可私以方圓輕重也·夫法本無弊·而例實敗之·法者·公天下而爲之者也·例則因人而立·以壞天下之公者也·昔者之患·在於用例破法·而比者之患·在於因例立法·今吏部七司法·自晏敦復裁定·有司守之以從事·可以無弊·緣臣僚申明·衝改前後不一·率多出私意·徇人情·向者陛下深知其弊·嘗加戒敕·毋得用例破條·然有司巧於傅會·多作條目·臣謂用例破法者·其害淺·因例立法者·其害大·宜詔有司·講求本末·將新舊法相與參考·舊法非大有所牴牾者·弗可輕去·新立條制·凡涉寬縱·於舊法有違者·一切刋正·庶幾國家成法·簡易明白·可以遵守·從之·(孝宗淳熙元年)

定補外帶職格·從左司諫湯邦彥之請也·邦彥言·陛下憂勤萬務·規恢事功·然

而國勢未强。兵威未振。民力未裕。財用未豐。其故何耶。由羣臣不力故也。望自今而後。中外士夫。無功不賞。而以侍從恩數待有功之侍從。以宰臣恩數待有功之宰臣。任侍從宰相。無功而退者。並以舊官歸班。惟能强國治兵裕民豐財者。則賞隨之。而又視其輕重以爲差等。任侍從而功大。與之宰執恩數可也。任宰相而功小。與之侍從恩數可也。其在外者。雖不曾任侍從宰執。而其所立之功。可以得侍從或宰相恩數者。亦視其功而與之。則天下之士。變求進之心。爲立事之心。而陛下之志遂矣。帝深然之（孝宗淳熙二年）

第十章 議裁官

詔問羣臣以政之損益。司徒左長史傅咸上書以爲公私不足。由設官太多。舊都督有四。今并監軍。乃盈於十。禹分別九州。今之刺史幾向一倍。戶口比漢十分之一。而置郡縣最多。虛立軍府。動有百數。而無益宿衞。五等諸侯。坐置官屬。諸所廩給。皆出百姓。此其所以困乏者也。當今之急。在於并官息役。上下務農。

而已時又議省州郡縣半吏以赴農功中書監荀勖以爲省吏不如省官省官不如省事省事不如清心昔蕭曹相漢載其清靜民以寧一所謂清心也抑浮說簡文案略細苛宥小失有好變常以徼利者必行其誅所謂省事也以九寺併尙書蘭臺付三府所謂省官也若直作大例凡天下之吏皆減其半恐文武衆官郡國職業劇易不同不可以一槩施之若有曠闕皆須更復或激而滋繁亦不可不重也(晉武帝咸寧五年)

第十一章　議宦官

尙書朱穆疾宦官恣橫上疏曰按漢故事中常侍參選士人建武以後乃悉用宦者自延平以來浸益貴盛假貂璫之飾處常伯之任天朝政事一更其手權傾海內寵貴無極子弟親戚並荷榮任放濫驕溢莫能禁禦窮破天下空竭小

民愚臣以爲可悉罷省遵復往初更選海內清淳之士明達國體者以補其處卽兆庶黎氓蒙被聖化矣帝不納後穆因進見復口陳曰臣聞漢家舊典置侍中中常侍各一人省尚書事黃門侍郎一人傳發書奏皆用姓族自和熹太后以女主稱制不按公卿乃以閹人爲常侍小黃門通問兩宮自此以來權傾人主窮困天下宜皆罷遣博選耆儒宿德與參政事帝怒不應（漢桓帝延熹六年）

臣光曰宦官用權爲國家患其來久矣蓋以出入宮禁人主自幼及長與之親狎非如三公六卿進見有時可嚴憚也其間復有性識儇利語言辯給伺候顏色承迎志趣受命則無違迕之患使令則有稱愜之效自非上智之主燭知物情慮患深遠侍奉之外不任以事則近者日親遠者日疏甘言卑辭之請有時而從浸潤膚受之愬有時而聽於是黜陟刑賞之政潛移於近習而不自知如飲醇酒嗜其味而忘其醉也黜陟刑賞之柄移而國家不危亂

者，未之有也，東漢之衰，宦官最名驕橫，然皆假人主之權，依憑城社，以濁亂天下，未有能劫脇天子如制嬰兒，廢置在手，東西出其意，使天子畏之，若乘虎狼而挾蛇虺，如唐世者也，所以然者，非它漢不握兵，唐握兵故也，太宗鑒前世之弊，深抑宦官，無得過四品，明皇始隳舊章，是崇是長，晚節令高力士省決章奏，乃至進退將相，時與之議，自太子王公，皆畏事之，宦官自此熾矣，及中原板蕩，肅宗收兵靈武，李輔國以東宮舊隸，參預軍謀，寵過而驕，不能復制，遂至愛子慈父，皆不能庇，以憂悸終，代宗踐阼，仍遵覆轍，程元振魚朝恩相繼用事，竊弄刑賞，壅蔽聰明，視天子如委裘，陵宰相如奴虜，是以來瑱入朝，遇讒賜死，吐番深侵郊甸，匿不以聞，致狼狽幸陝，李光弼危疑憤鬱以隕其生，郭子儀擯廢家居，不保丘壟，僕固懷恩，冤抑無訴，遂棄勳庸，更爲叛亂，德宗初立，頗振綱紀，宦官稍絀，而返自興元，猜忌諸將，以李晟渾瑊爲不可信，悉奪其兵，而以竇文場霍仙鳴爲中尉，使典宿衞，自是太阿之柄，落其掌握矣。憲宗末年吐突承璀欲廢嫡立庶，以成陳洪志之變。寶歷狎暱羣小，劉克明與蘇佐明爲逆。其後絳王及文武宣懿僖昭六帝皆爲宦官所立。勢益驕橫，王守澄仇士良田令孜楊復恭劉季述韓全誨爲之魁傑，至自稱定策國老，目天子爲門生，根深蔕固，疾成膏肓，不可救藥矣。文宗深憤其然，志欲除之，以宋申錫之賢，猶不能有所爲，反受其殃，況李訓鄭注反覆小人，欲以一朝譎詐之謀，翦累世膠固之黨，遂至涉血禁塗，積尸省戶，公卿大臣連頸就誅，闔門屠滅，天子陽瘖縱酒，飲泣吞氣，自比赧獻，不亦悲乎。以宣宗之嚴毅明察，猶閉目搖首，自謂畏之，況懿僖之驕侈，苟聲色毬獵足充其欲，則政事一以付之，呼之以父，固無怪矣。賊汚宮闕，兩幸梁益，皆令孜所爲也。昭宗不勝其恥，力欲清滌，而所任不得其人，所行不得其道，始則張濬覆軍於平陽，增李克用跋扈之勢，復恭亡命於山南，啟宋文通不臣之心，終則兵交闕庭，矣及御衣漂泊，莎城流寓，華陰幽辱，東內劫遷，岐陽崔昌遐無如之何。

更召朱全忠以討之。連兵圍城。再罹寒暑。御膳不足於糗糒。王侯斃踣於飢寒。然後全誨就誅。乘輿東出。翦滅其黨。靡有孑遺。而唐之廟社。因以邱墟矣。然則宦官之禍。始於明皇。盛於肅代。成於德宗。極於昭宗。易曰履霜堅冰至。爲國家者。防微杜漸。可不慎其始哉。此其爲患章章尤著者也。自餘傷賢害能。召亂致禍。賣官鬻獄。沮敗師徒。蠹害烝民。不可徧舉。夫寺人之官。自三王之世。具載於詩禮。所以謹閨闈之禁。通內外之言。安可無也。如巷伯之疾惡。寺人披之事君。鄭衆之辭賞。呂彊之直諫。曹日昇之救患。馬存亮之弭亂。楊復光之討賊。嚴遵美之避權。張承業之竭忠。其中豈無賢才乎。顧人主不當與之謀議政事。進退士大夫。使有威福。足以動人耳。果或有罪。小則刑之。大則誅之。無所寬赦。如此。雖使之專橫。孰敢焉。豈可不察臧否。不擇是非。欲草薙而禽獮之。能無亂乎。是以袁紹行之於前。而董卓弱漢。崔昌遐襲之於後。而朱氏簒唐。雖快一時之忿。而國隨以亡。是猶惡衣之垢。而焚之。患木之蠹

而伐之。其爲害豈不益多哉。孔子曰人而不仁。疾之已甚亂也。斯之謂矣。（唐昭宗天復二年）

先是御史中丞鄭瑴言黃門宦官之設。本以給事內庭。供掃除而已。俾與政事。則貪暴無厭。付以兵權。則慘毒不已。皆前世已行之驗也。故宦官用事於上。則生民受禍於下。匹夫抗憤。處士橫議。力不能勝。然後羣起而攻之。衆怨所集。故其被害亦莫之救。本朝懲歷代之失。祖宗以來不任以事。崇觀之間。始侵事權。搖毒肆虐。天下不勝其忿。靖康之初。羣起而攻之者。庶民也。建炎以來。此徒復熾。睿聖皇帝倉皇南渡。江北生靈。莫知所歸。扈從之臣。請權駐蹕鎭江。會兵聚糧。以援淮甸。以渡民兵。睿聖俞允。羣臣鼓舞。方分事以治。內侍陳恐動之言。卽時南來。官吏兵民。顚仆道塗。江北民庶。號天無告。怨怒所鍾。駐蹕未安。羣起而攻之者。衆兵也。今陛下卽位之初。太后垂簾共政。當原宦侍所以招禍之由。痛革前弊。擱汰而淸除之。然後內外協安。望聖慈垂省。凡內侍之處大內及睿聖宮者。並選擇純實謹愿椎朴之人。勿任以事。惟令掌門闌備掃除而已。官高職隆。曾經事任。招權納寵者。屏之遠方。輕者補以外任。俾無浸淫。以激衆怒。則賞罰之柄。自朝廷出。而國勢尊矣。仍告諭都統制官苗傅等。自後軍法便宜。止行於所轄軍伍。其他有犯。當具申朝廷。付之有司。明正典刑。所以昭尊君親上之禮。而全其臣子忠義之節也。疏留中不出。（宋高宗建炎三年）

第十二章　議居喪解職

劉敞嘗建議曰。竊見舊制。官自三司副使以上。及班行使臣。不論高低。遭父母喪者。例皆百日公除。孝子雖有思慕之心。逼於王事。不得追慕。此誠傷教害禮。無取於今。伏以三年之喪。通於天下。以義制恩。古人有之。自謂身在軍旅。躬備金革者。不敢以私事辭王事耳。本非承平侍從之臣所當行。又非班行宂下之職所當預。習俗既久。寖以成風。其賢者則以不卽人心爲悲。其不肖者則以當喪墨縗爲榮。以之錫類。是爲傷恩。以之教民。是爲忘孝。今天下往往有聞哀不舉。廢哀圖仕。原自此始。不可不慮。竊謂在軍中者。可從權變禮。其舊制三司副使以上。及班行使臣。百日公除。不合禮意。宜聽行三年之服。以崇孝悌之風。臣又聞古者大夫去國。三年然後收其田里。明有恩也。今丁憂臣僚。即日絕其俸祿。亦為太薄。豈有行禮之臣。反不及被放之臣乎。臣往見丁憂者。家貧無食。乞匄餬口。其皇皇傷孝子之心。非所以化民成俗也。臣以為文官兩制。武官自諸司使以上。與給全俸。其餘京朝官班行使臣。與給半俸。以明朝廷篤於禮而厚於教也。乞下近臣商量可否。又言陛下幸加恩令諸近臣得為親服三年。又不奪其俸。至仁至惠。不可尙矣。然常參京朝官班行使臣。猶不可不用此令。臣以為名位不同。尊親一也。苟取周急。不宜分別。書云無偏無黨。王道蕩蕩。無黨無偏。王道平平。惟陛下留意。(宋仁宗至和元年)

李賢奔喪。畢。奉詔還朝修撰。羅倫詣賢沮之。不聽。倫上疏曰。臣聞朝廷援楊溥故事。起復李賢。賢大臣。起復大事。綱常風化繫焉。不可不愼。曩陛下制策有曰。

朕夙夜拳拳欲正大綱舉萬目使人倫明於上風俗厚於下竊謂明人倫厚風俗莫重於孝在禮子有父母之喪君三年不呼其門子夏問三年之喪金革無避禮與孔子曰魯公伯禽有爲爲之也今以三年之喪從其利者吾勿知也陛下於賢以爲金革之事起復之與則未之有也以大臣起復之與則禮所未見也夫爲人君當舉先王之禮教其臣人臣當守先王之禮事其君昔宋仁宗嘗起復富弼矣弼辭曰不敢遵故事以遂前代之非但當據禮經以行今日之是仁宗卒從其請孝宗嘗起復劉珙矣珙辭曰身在草土之中國無門庭之寇難冒金革之名私竊利祿之實孝宗不抑其情此二君者未嘗以故事强其臣二臣者未嘗以故事徇其君故史册書之爲盛事士大夫傳之爲美談無他君能教臣以孝臣有孝可移於君也自是而後無復禮義王黼史嵩之陳宜中賈似道之徒皆援故事起復然天下壞亂社稷傾危流禍當時遺譏後世無他君不教臣以孝臣無孝可移於君也陛下必欲賢身任天下之事則賢身不可留口

實可言、宜降明詔、俾如劉珙得以言事、使賢於天下之事、知必言、言必盡、陛下於賢之言、聞必行、行必力、賢雖不起復、猶起復也、苟知之而不能盡、言之而不能力行、賢雖起復、無益也、且陛下無謂廟堂無賢、臣庶官無賢士、君盂也。臣水也、水之方圓。盂實主之。臣之直佞。君實召之。陛下誠於退朝之暇、親直諒博洽之臣、講聖學君德之要、詢政事得失、察民生利病、訪人才賢否、考古今盛衰、舍獨信之偏見、納逆耳之苦言、則衆賢羣策、畢萃於朝、又何待違先王之禮經、損大臣之名節、然後天下可治哉、臣伏見比年以來、朝廷以奪情爲常典、搢紳以起復爲美名、食稻衣錦之徒、接踵廟堂、不知此人於天地之重何關耶、且婦於舅姑喪亦三年、孫於祖父服則齊衰、奪情於夫、初無預其妻、奪情於父、初無干其子、今或舍館如故、妻孥不還、乃號於天下曰、本欲終喪、朝命不許、雖三尺童子、臣知其不信也、爲人父者、所以望其子之報、豈擬至於此哉、爲人子者所以報其親之心、豈忍出於此哉、枉己者不能直人、忘親者不能忠君、陛下何取於若人而起復之也上下成俗混然同流率天下之人爲無父之歸臣不忍聖明之朝致綱常之壞風俗之弊一至此極也願陛下斷自聖衷使賢歸家持服其他已起復者仍令奔喪未起復者並許終制脫有金革之變亦從墨衰之權使任軍事於外盡心喪於內將朝廷端則天下一大臣法則羣臣效人倫由是明風俗由是厚矣疏入謫福建(明憲宗成化二年)

第三篇　國家政治議

第一章　議君主以一身受衆攻必正心修身然後羣小無由欺惑故治國本於君之正心修身

西伯問太公曰商王罪殺不辜汝助予憂乎太公曰天道無殃不可以先唱人道無災不可以先謀取天下若逐野獸得之皆有分肉若同舟而濟舟敗皆同其害鷙鳥將擊卑身翕翼猛獸將搏俛耳俯伏聖人將動必有愚色吾觀商野草茅勝穀吾觀其羣衆曲勝直暴虐殘賊敗法亂刑亡國之則也西伯問太公

曰人主動作舉事有禍殃之應鬼神之福乎太公曰人主重賦歛大宮室作臺觀則人多病溫霜露殺五穀絲麻不成人主好田獵畢弋不避時禁則歲多大風禾穀不實人主好破壞名山壅決名川則歲多大水人主好武兵革不息則日月薄食太白失行西伯曰誠哉（商紀）

桓公出遊於野見亡國故城問於野人對曰郭氏之墟公曰郭氏曷爲而墟野人曰善善而惡惡公曰人之善行也何爲而亡野人曰善善而不能行惡惡而不能去是以亡也公歸以語管仲管仲曰其人爲誰公曰不知管仲曰君亦一郭氏也乃招野人而賞之（周惠王十年）

文公謂郭偃曰始也吾以治國爲易今也難對曰君以爲易其難將至矣君以爲難其易將至焉（襄王二十三年）

文公田於虢遇一老父而問之曰子處此故矣虢亡其有說乎對曰虢君斷則不能諫則無與所以亡也公輟田而歸以告趙衰衰問其人安在公曰吾不與

之來、衰曰、古之君子、聽其言而用其人、今之君子、聽其言而棄其身、哀哉晉國之憂也、公召而賞之、(同上)

莊王問於孫叔敖曰、寡人未得所以爲國是也、孫叔敖曰、國之有是、衆非之所惡、臣恐王之不能定、王曰、不定獨在君乎、亦在臣乎、孫叔敖曰、國君驕士曰、士非我無逌貴富、士驕君曰、國非士無逌安彊、人君失國而不悟、士飢寒而不進、君臣不合、國是無逌定矣、桀紂以合其取舍者爲是、不合者爲非、故亡而不知、王曰、願相國與士大夫共定國是、寡人豈敢以褊國驕士民哉、(定王三年)

王使單襄公聘於宋、遂假道於陳以聘楚、火朝覿矣、道茀不可行、野有庾積場功未畢、膳宰不致餼、司里不授館、民將築臺於夏氏、及陳靈公與孔甯儀行父南冠以如夏氏、留賓不見、單子歸告王曰、陳侯不有大咎、國必亡、道路不可知、田在艸間、功成而不收、廢其教而棄其制、蔑其官而犯其令、將何以守國、居大國之間、其能久乎、(六年)

吳季札如晉·入其境·歎曰·暴哉·入其都·歎曰·力鬭哉·入其朝·歎曰·亂哉·從者問其故·季札曰·吾見鳥巢高所·以知其暴·見舊室好新室惡·是以知其力鬭·見其君自決而不下問·臣保祿而不上諫·所以知其亂也·(景王元年)

晉平公問於師曠曰·人君之道何如·對曰·清淨無爲·務在博愛·趨在任賢·廣開耳目·以察萬方·不牽制於流俗·不拘繫於左右·屢省考績·以臨臣下·此人君之本也·公曰善·(十三年)

齊景公謂晏子曰·君嚴曷害於治國家哉·晏子曰·君嚴則下無言·而暗上無聞·而聾·何爲非害乎·夫治天下·非一士之言也·固有受而不用·惡有距而不入者哉·(敬王四年)

子貢問於孔子曰·三君問政·夫子應之不同·然則政有異乎·孔子曰·齊魯公奢乎臺榭·淫於苑囿·一旦而賜人百乘之家者三·故告之曰·政在節用·葉都大而國小·民有離心·故告之曰·附近而來遠·魯公有臣三人·內比周以惑其君·外鄣

距賓客·以蔽其明·故告之曰·政在諭臣。察此三者·可同哉·(三十年)

魯哀公問於孔子曰·寡人舉事與羣臣慮之·而國愈亂·何也·對曰·明主在上·羣臣直議於下·故一人知之·一人不知·今羣臣無不一辭同乎季孫者·魯國盡化爲一·君雖問境內之人·猶不免於亂也·(三十六年)

衛愼侯言計非是·而羣臣和者·如出一口·子思曰·以吾觀衛·所謂君不君臣不臣者也·公丘懿子曰·何乃若是·子思曰·人主自臧·則衆謀不進·事是而臧之·猶卻衆謀·況和非以長惡乎·夫不察事之是非·而悅人讚己·闇莫甚焉·不度理之所在·而阿諛求容·諂莫甚焉·君闇臣諂·以居百姓之上·民不與也·若此不已·國無類矣·子思言於衛侯曰·君之國事·將日非矣·公曰·何故·對曰·有由然焉·君出言自以爲是·而卿大夫莫敢矯其非·卿大夫出言亦自以爲是·而士庶人莫敢矯其非·君臣既自賢矣·而羣下同聲賢之·賢之則順而有福·矯之則逆而有禍·如此則善安從生·詩曰·具曰予聖·誰知烏之雌雄·抑亦似君之君臣乎·(安王二

十五年）

陸賈時時前說稱詩書。帝罵之曰。乃公居馬上而得之。安事詩書。陸生曰。居馬上得之。寗可以馬上治之乎。且湯武逆取而以順守之。文武並用。長久之術也。昔者吳王夫差智伯秦始皇皆以極武而亡。鄉使秦已并天下。行仁義法先聖。陛下安得而有之。帝有慙色。（漢高帝十一年）

臣光曰。過者人之所必不免也。惟聖賢爲能知而改之。古之聖王。患其過而不自知也。故設誹謗之木。置敢諫之鼓。豈畏百姓之聞其過哉。是以仲虺美成湯曰。改過不吝。傅說戒高宗曰。無恥過作非。由是觀之。則爲人君者。固不以無過爲賢。而以改過爲美也。今叔孫通諫孝惠乃云人主無過舉。是教人君以文過遂非也。豈不謬哉。（惠帝四年）

上好自擊熊豕。馳逐野獸。司馬相如諫曰。臣聞物有同類而殊能者。故力稱烏獲。捷言慶忌。勇期賁育。臣竊以爲人誠有之。獸亦宜然。今陛下好陵阻險。射猛獸・卒然遇逸材之獸・駭不存之地・犯屬車之淸塵・輿不及還轅・人不及施巧・雖有烏獲逢蒙之技不能用・枯木朽株・盡爲難矣・是胡越起於轂下・而羌夷接軫也・且夫淸道而後行・中路而馳・猶時有銜橛之變・況乎涉豐草騁丘墟乎・故鄙諺曰・家累千金・坐不垂堂・此言雖小・可以喩大・上善之・（武帝建元三年）

時天子方招文學儒者・上曰吾欲云云・汲黯對曰・陛下內多欲而外施仁義・奈何欲效唐虞之治乎・上默然變色而罷朝・公卿皆爲黯懼・上退謂左右曰・甚矣汲黯之戇也・（六年）

荀彧舉山陽仲長統爲尙書郎・著論曰昌言・其言治亂略曰・豪傑之當天命者・未始有天下之分者也・無天下之分・故戰爭者競起焉・角智者皆窮・角力者皆負・形不堪復伉・勢不足復校・乃始羈首係頸・就我之銜紲耳・及繼體之時・豪傑之心旣絕・士民之志已定・貴有常家・尊在一人・當此之時・雖下愚之才居之・猶能使恩同天地・威侔鬼神・周孔數千・無所復角其聖・賁育百萬・無所復奮其勇

矣彼後嗣之愚主見天下莫敢與之違自謂若天地之不可亡也乃犇其私嗜騁其邪欲君臣宣淫上下同惡荒廢庶政棄忘人物信任親愛者盡佞諂容說之人也寵貴隆豐者盡后妃姬妾之家也遂至熬天下之脂膏斲生民之骨髓怨毒無聊禍亂並起中國擾攘四夷侵叛土崩瓦解一朝而去昔之爲我哺乳之子孫者今盡是吾飲血之寇讎也至於運徙勢去猶不覺悟者豈非富貴生不仁沈溺致愚疾耶存亡以之迭代治亂從此周復天道常然之大數也(獻帝建安十一年)

涼公歆用刑過嚴又好治宮室主簿氾稱上疏諫曰天主愛人主殷勤至矣故政之不修下災異以戒告之改者雖危必昌不改者雖安必亡元年三月癸卯敦煌謙德堂陷八月效穀地裂二年元日昏霧四塞四月日赤無光二旬乃復十一月狐上南門今茲春夏地頻五震六月隕星於建康臣雖學不稽古行年五十有九請爲殿下略言耳目之所聞見不復能遠論書傳之事也乃者咸安

之初西平地裂狐入謙光殿前俄而秦師奄至都城不守梁熙既爲涼州不撫百姓專爲聚歛建元十九年姑藏南門崩隕石於閑豫堂明年爲呂光所殺段業稱制此方三年之中地震五十餘所既而先王龍興於瓜州蒙遜纂弒於張掖此皆目前之成事殿下所知也效穀先王鴻漸之地謙德卽尊之室基陷地裂大凶之徵也日者太陽之精中國之象赤而無光中國將衰諺曰野獸入家主人將去狐上南門亦變異之大者也今蠻夷益盛中國益微願殿下亟罷宮室之役止游畋之娛延禮英俊愛養百姓以應天變防未然歆不從（東晉恭帝元熙元年）

帝訪道於于謹對曰木受繩則正后從諫則聖明王虛心納諫以知得失天下乃安又曰去食去兵信不可去願陛下守信勿失又曰有功必賞有罪必罰則爲善者日進爲惡者日止又曰言行者立身之基願陛下三思而言九慮而行勿使有過天子之過如日月之食人莫不知願陛下愼之（陳文帝天嘉四年）

魏徵上疏曰、人主誠能見可欲則思知足、將興繕則思知止、處高危則思謙降、臨滿盈則思挹損、遇逸樂則思撙節、在宴安則思後患、防壅蔽則思延納、疾讒邪則思正己行爵賞則思因喜而僭、施刑罰則思因怒而濫、兼是十思而選賢任能、固可以無爲而治、又何必勞神苦體、以代百司之任哉（唐太宗貞觀十一年）

上作帝範十二篇以賜太子、曰君體建親求賢審官納諫去讒戒盈崇儉賞罰務農閱武崇文、且曰、修身治國、備在其中、一旦不諱、更無所言矣、又曰汝當更求古之哲王以爲師、如吾不足法也、夫取法於上、僅得其中、取法於中、不免爲下、（貞觀二十二年）

帝違衆議破北漢、自是政事無大小皆親決、百官受任於上而已、河南府推官高錫上書諫、以爲四海之廣、萬機之衆、雖堯舜不能獨治、必擇人而任之、今陛下一以身親之、天下不謂陛下聰明睿智、足以兼百官之任、皆言陛下褊迫疑忌舉不信羣臣也不若選能知人公正者以爲宰相能愛民聽訟者以爲守令能豐財足食者使掌金穀能原情守法者使掌刑獄陛下但垂拱明堂視其功過而賞罰之天下何憂不治何必降君尊而代臣職屈貴位而親賤事無乃失爲政之本乎帝不從(後周太祖顯德元年)

參知政事宋綬以帝富於春秋天下無事慮燕樂有漸乃上言馭下之道有三臨事尚乎守當機貴乎斷兆謀先乎密能守則姦莫由移能斷則邪莫由惑能密則事莫由變斯安危之所繫願陛下念之至若朝務淸夷深居閒燕聲味以調六氣節宣以順四時愛養聖躬使不至傷過乃保和平無疆之福也(宋仁宗景祐元年)

吳育侍讀禁中帝因語及臣下毀譽多出愛憎育曰聖言要切實四海之幸然知而形之於言不若察而行之於事自古人君因信讒邪而致亂察姦險而致治至於安危萬端不出愛憎二字達之則羣書不足觀不達雖博覽無益也蓋

人主事有不可不密者·有不可不明者·語及軍國幾微·或於權要·不可不密也·若指人姓名·陰言其罪·而事狀未見者·不可不明也·若不明則讒邪得計·忠正難立·曲直莫辨·愛憎遂行·故曰偏聽生奸·獨任成亂·是故聖王之行·如天地日月·坦然明白·進一人使天下皆知其善·黜一人使天下皆曉其惡·則邪險不能陷害·公正可以立身·此百王之要道也·帝數欲大用之·而諫官或誣奏育官河南·嘗貸民出息錢·久之·遂命出帥(至和二年)

知鄆州劉敞言·昔周公作無逸·以戒成王·其言曰·商王中宗及高宗及祖甲及文王·皆以無淫于觀于逸于游于田·是以膺無疆之福·子孫蕃昌·此聖人之至言也·陛下臨政三十七年矣·百姓賴陛下之德·養老慈幼·人遂其性·願陛下日謹一日·與天無極·比聞車駕數臨苑囿·置酒觀樂·聖心自有常節·而議者謂其太頻·臣恐近習苟於承意·而不能諫·大臣限於禮貌·而不得言·傳聞四方·未副盛德·外之則嫌怠於政事·有游觀之好·內之則疑酣於酒德·違攝生之理·願陛

下玩心神明養以清淨聽止於中聲毋以煩耳味止於實氣毋以爽口則自天祐之吉無不利矣(嘉祐三年)

司馬光上疏曰竊惟爲政之要在於用人賞善罰惡而已願陛下難之重之精心審慮如射之有的必萬全取中然後可發也臣願陛下雖天性得之復加聖心夙夜匪懈謹終如始以結億兆之心形四方之化則福祚流於子孫令聞垂於無窮矣(嘉祐八年)

司馬光言人君之職有三而已量材而授官一也度功而加賞二也審罪而刑罰三也材有短長故官有能否功有高下故賞有厚薄罪有大小故罰有輕重此三者人君所當用心也伏見國家舊制百司細事如三司鞭一背吏開封府補一廂鎮之類往往皆須奏聞崇政殿所引公事有軍人武藝國馬芻秣之類皆躬親閱視此蓋國初權時之制施于今日頗傷煩碎陛下龍興撫運聖政惟新臣愚以爲宜令中書樞密院檢詳中外百司自來公事須申奏取旨及後殿

所引公事其間不繫大體非人君所宜躬親者悉從簡省委之有司陛下養性安身專念人君之三職足以法天地之易簡致虞舜之無爲天下幸甚（同上）

呂公著講論語子之所愼齋戰疾因言有天下者爲天地宗廟社稷之主其於齋戒祭祀必致誠盡恭古之人君一怒則伏尸流血故於興師動衆不可不愼至於人之疾病常在乎飲食起居之間衆人所忽聖人所謹況於人君任大守重固當節嗜欲遠聲色近醫藥爲宗廟自愛不可不謹帝爲之動容（英宗治平元年）

先是知制誥韓維奏事便殿嘗言人君好惡當明見賞刑以示天下使人知所避就則風俗可移又言思慮不能全無過差假如陛下誤有處分改之則足以彰納善從諫之美（治平三年）

吳奎進言陛下宜推誠以應天天意無他合人心而已若至誠格物物莫不以至誠應於上自然感召和氣今民力困極國用窘乏直須順成然後可及他事

也。帝王之職。所難在判別忠邪。其餘庶務。各有司存。但不使小人得害君子。君子常居要近。則自治矣。帝因言堯時四凶猶在朝。奎對曰。四凶雖在。不能惑堯之聰明。聖人以天下爲度。何所不容。未有顯過。固宜包荒。但不可使居要近耳。(治平四年)

司馬光上疏言修身之要三。曰仁。曰明。曰武。治國之要三。曰官人。曰信賞。曰必罰。且曰。臣昔爲諫官。卽以此六言獻仁宗。其後以獻英宗。今以獻陛下。平生力學所得。盡在是矣。(同上)

以校書郎程頤爲崇政殿說書。從司馬光言也。頤進三劄。其一曰。陛下春秋方富。輔養之道。不可不至。大率一日之中。接賢士大夫之時多。親宦官宮妾之時少。則自然氣質變化。德器成就。乞遴選賢士入侍勸講。講罷。常留二人直日。夜則一人直宿。以備訪問。或有小失。隨事獻規。歲月積久。必能養成聖德。其二曰。三代必有師傅保之官。師。導之教訓。傅。傅其德義。保。保其身體。臣以爲傅德義者在乎防見聞之非節嗜好之過保身體者在乎適起居之宜存畏謹之心欲乞皇帝左右扶侍祗應宮人內臣並選年四十五以上厚重小心之人服用器玩皆須質朴及擇內臣十人充經筵祗應以伺候起居凡動息必使經筵官知之其三曰竊見經筵臣僚侍者皆坐而講者獨立於禮爲悖乞今後特令坐講以養主上尊儒重道之心臣以爲天下重任惟宰相與經筵天下治亂係宰相君德成就責經筵由此言之安得不以爲重頤每以師道自居其侍講色甚莊言多諷諫聞帝在宮中盥而避蟻問有是乎帝曰有之頤曰推此心以及四海帝王之要道也帝嘗凭檻偶折柳枝頤正色曰方春時和萬物發生不可無故摧折帝不悅(哲宗元祐元年)

帝曰朕每以事機難明專意精思或達旦不寢張浚曰陛下以多難之際兩宮幽處一有差失存亡所係慮之誠是也然雜聽則易惑多畏則易疑以易惑之心行易疑之事終歸於無成而已是以自昔人君正心修己仰不愧俯不怍持

剛健之志·洪果毅之姿·爲所當爲·曾不他郵·以陛下聰明·苟大義所在·斷以力行·夫何往而不濟·臣願萬機之暇·保養太和·澄心靜氣·庶幾利害紛至而不能疑·則中興之業可建矣·(高宗紹興六年)

帝親策試·既而以手詔宣示考試官曰·對策中有鯁亮切直者·並寘上列·以稱朕取士之意·時樂清王十朋首以法天攬權爲對·其略曰·臣勸陛下攬權者·非欲陛下衡石量書·如秦皇帝而謂之攬權也·又非欲陛下傳飱聽政·如隋文帝而謂之攬權也·又非欲其以强明自任·親治細事·不任宰相·如唐德宗而謂之攬權也·又非欲其精於吏治·以察爲明·無復仁恩·如唐宣宗而謂之攬權也·蓋欲陛下懲其既往·戒其未然·操持把握·使威福之柄·一歸於上·不至於下移而已·又曰·朝廷往嘗屢有禁舖翠之令矣·而婦人以翠羽爲首飾者·今猶自若也·是豈法令之不可禁乎·豈宮中服澣濯之化·衣不曳地之風·未形於外乎·夫法之至公者·莫如取士·名器之至重者·莫如科第·往歲權臣子孫門客省闈殿試

類皆竊巍科有司以國家名器爲媚權臣之具而欲得人可乎又曰臣願陛下以正身爲攬權之本而又任賢以爲攬權之助廣收兼聽以盡攬權之美則所求無不得所欲皆如意雖社稷之大計天下之大事皆可以不動聲色而爲之矣晉原閻安中策言太子天下根本自昔人君嗣政之後必建立元子授之七鬯所以繫隆社稷基固邦本示奕世無窮之休臣觀漢唐史東海王彊之於顯宗宋王憲之於明皇帝既皆爲太子矣暨天命定於後莫不優加職秩大封殊禮退就宮邸當時無間言後世無異議孝成帝即位二十五年立弟之子定陶王爲子今陛下之心祖宗之心也聖慮經遠神機先物嘗修祖宗故事累年於茲矣日就月將緝熙光明之學其歷試周知不爲不久也而儲位未正嫡長未辨臣深恐左右近習之臣寖生窺伺漸起黨與間隙一開有誤宗社大計此進退安危之機也臣願陛下斷自宸衷早正儲位以係中外之望（紹興二十七年）

第一章　議君主以一身受衆攻必正心修身然後羣小無由眩惑故治國本於君之正心修身

帝諭葉容等曰朕常思祖宗創立法度以貽後人惜後世子孫不能保守又曰創之甚難壞之甚易蔣芾曰臣嘗記元祐間李常甯廷試策云天下至大宗廟社稷至重百年成之而不足一日壞之而有餘帝曰誠爲名言芾曰所謂壞者非一日遽能壞也人主一念之間不以祖宗基業爲意則馴至敗壞故人主每自警戒常恐一念之失帝曰朕非獨自警戒而已且憂後世子孫不能保守爲可惜也（孝宗乾道三年）

兵部尙書兼侍讀黃中陳十要道之說曰用人而不自用者治天下之要道也以公議進退人才者用人之要道也察其正直納忠阿諛順旨者辨君子小人之要道也廣開言路者防壅之要道也考覈事實者聽言之要道也量入爲出者理財之要道也精選監司者理郡邑之要道也痛懲贓吏者恤民之要道也求文武之臣面陳方略者選將帥之要道也稽考兵籍者省財之要道也（乾道六年）

尚書左司郎中兼侍講張栻講詩葛覃進說曰治生於敬畏亂起於驕淫使爲國者每念稼穡之勞而其后妃不忘織紝之事則心之不存者寡矣周之先后勤儉如此而其後世猶有休蠶織而爲厲階者興亡之效如此可見因推廣其事上陳祖宗齊家刑國之懿下斥今日興利擾民之害帝嘆曰王安石謂人言不足恤所以誤國栻又言本朝治體以忠厚仁信爲本因及熙豐元符用事大臣帝曰祖宗法度乃是家法熙豐之後不合改變耳（乾道七年）

帝謂宰執曰朕於聽言之際是則從之非則違之初無容心其間梁克家言天下事唯其是而已是者當於理之謂也帝曰然太祖問趙普云天下何者最大普曰惟道理最大朕嘗三復斯言（同上）

宴宰執於澄碧堂帝曰自三代而下至於漢唐治日常少亂日常多何也葉衡對曰正爲聖君不常有如周八百年所稱極治者成康而已帝曰朕常觀無逸篇見周公爲成王歷數商周之君享國久遠眞後世龜鑑未嘗不以此爲戒衡

等曰．陛下能以無逸爲龜鑑．誠宗廟社稷無窮之福也．帝又曰．陸贄之於唐德宗．不爲不遇．朕常覽奏議．喜其忠直．次第見於施行．龔茂良曰．蘇軾在經筵繳奏陸贄奏議表云．人臣獻言．正如醫者用藥．藥須進於醫手．方多傳於古人．陸贄不遇德宗．今陛下深喜其書．欲推行之．是亦遇也．帝又曰．朝廷用人．止論其賢否如何．不可有黨．如唐之牛李．其黨相攻四十餘年不解．皆緣主聽不明．所以至此．文宗乃言去河北賊易．去朝中朋黨難．朕嘗笑之．爲人主但公是公非．何緣爲黨．衡等曰．陛下聖明英武．誠非文宗可比．帝曰．此所謂坐而論道．豈不勝如絲竹管絃．皆起謝．帝又曰．朝廷所行事．或是或非．自有公議．近來士大夫好唱爲清議之說．此語一出．恐相師成風．便以趨事赴功者爲猥俗．以矯激沽譽者爲清高．駸駸不已．如東漢激成黨錮之風．殆皆由此．深害治體．豈可不戒．卿等可書諸紳．（淳熙二年）

浙東提舉常平朱熹入對．言陛下即政之初．蓋嘗選擇英豪．任以政事．不幸其間不盡得其人·是以不復廣求賢哲·而姑取軟熟易制之人·以充其位·於是左右私褻使令之賤·始得以奉燕閑備驅使·而宰相之權日輕·又慮其勢有所偏而因以壅己也·則或聽外庭之論·將以陰察此輩之負犯·而操切之·陛下既未能循天理公聖心·以正朝廷之體·則固已失其本矣·而又欲兼聽士大夫之公言·以爲駕馭之術·則士大夫之進退有時·而近習之從容無間·士大夫之禮貌既莊而難親·其議論又苦而難入·近習便嬖側媚之態·既足以蠱心志·其胥吏狡猾之術·又足以眩聰明·恐陛下未及施其駕馭之術·而先墮其數中·是以雖欲微抑此輩·而此輩之勢日重·雖欲兼採公論·而士大夫之勢日輕·重者既挾其重以竊陛下之權·輕者又借力於所重·以爲竊位固寵之計·中外相應·更濟其私·日往月來·浸淫耗蝕·使陛下之德業日墮·紀綱日壞·邪佞充塞·貨賂公行·兵愁民怨·盜賊兼作·灾異數見·饑饉薦臻·羣小相挺·人人皆得滿其所欲·惟於陛下了無所得·而國家顧乃獨受其弊·(淳熙八年)

帝語王淮等曰自唐虞而下人君知道者少唯漢文帝知道專務安靜所以致富庶自文帝之外人君非唯不知道亦不知學淮等曰道從學中來帝曰知學者未必盡知道但知學者亦少淮等曰若唐太宗末年寖不克終豈是知道帝曰人君富有天下易得驕縱淮等曰若治安日久每事留意則是愈久愈新帝又曰天下全賴良監司若得良監司則守令皆善淮等曰監司郡守皆在得人帝曰先擇監司爲要若郡守亦當選擇卿等今後除授監司須留意又曰近日來郡守亦勝如已前若是資序已到其人不足以當監司郡守則監司且作郡守郡守且作通判亦何害淮等因問興居帝曰朕尋常飲食亦不敢過淮等曰易於頤卦稱謹言語節飲食帝曰觀頤觀其所養也（淳熙十二年）

先是朱熹以奉祠去至是再召熹再辭遂具封事投匭以進其略曰陛下之急務則輔翼太子選任大臣振舉綱維變化風俗愛養民力修明庶政六者是也至於左右便嬖之私恩遇過當往者淵覯說抃之流勢焰熏灼傾動一時今已

無可言矣．至於輔翼太子．則自王十朋陳良翰之後．宮僚之選．號爲得人．而能稱其職者．蓋已鮮矣．而又時使邪佞儇薄．闒冗庸妄之輩．或得參錯於其間．所謂講讀．亦姑以應文備數．而未聞其有箴規之效．至於從容朝夕．陪侍遊燕者．又不過使臣宦者數輩而已．夫立太子而不置師傅賓客．則無以發其隆師親友．尊德樂義之心．宜討論前典．置師傅賓客之官．去春坊使臣．而使詹事庶子．各復其職．至於選任大臣．以陛下之聰明．豈不知天下之事．必得剛明公正之人．而後可任哉．其所以常不得如此之人．而反容鄙夫竊位者．直以一念之間．未能徹其私邪之蔽．而燕私之好．便嬖之流．不能盡由於法度．是以除書未出．而物色先定．名姓未顯．而中外已知其決非天下第一流矣．至於振肅紀綱．變化風俗．則今日宮省之間．禁密之地．而天下不公之道．不正之人．顧乃得以竄穴盤據於其間．而陛下目見耳聞．無非不公不正之事．及其作姦犯法．陛下又不能深割私愛．付諸外廷之議．論以有司之法．是以紀綱不能無所撓敗．紀綱不正於上、是以風俗頹弊於下、蓋其爲患之日久矣、而浙中爲尤甚、大率習爲軟美之態、依阿之言、以不分是非、不辨曲直爲得計、惟利之求、無復廉恥、一有剛毅正直守道循理之士、出乎其間、則羣譏衆排、指爲道學、而加以矯激之罪、十數年來、以此二字禁錮天下之賢人君子、復如崇觀之間、所謂元祐學術者、排擯詆辱、必使無所容其身而後已、嗚呼、此豈治世之事、而尚復忍言之哉、至於愛養民力、修明軍政、則自虞允文之爲相也、盡取版曹歲入窠名之必指擬者、號爲歲終羨餘之數、而輸之內帑、顧以其有名無實積累挂欠空載簿籍不可催理者、撥還版曹、以爲內帑之積、將以備他日用兵進取不時之須、宰相不得以式貢均節其出入、版曹不得以簿書勾攷其存亡、徒使版曹闕乏日甚、督趣日峻、造爲比較監司郡守殿最之法、以誘脅之、於是中外承風、競爲苛急、此民力之所以重困也、諸將求進也、必先掊克士卒以殖私財、然後以此自結於陛下之私人、而祈以姓名達於陛下之前、陛下但見其等級推先、案牘具備、則誠以爲公薦而豈知其論價輸錢已若晚唐之債帥矣夫將者三軍之司命而其選置之方乖剌如此則彼智勇才力之人孰肯抑心下首於宦官宮妾之門而陛下之所得以爲將帥者皆庸夫走卒而猶望其修明軍政激勸士卒邪（淳熙十五年）

詔職事官日輪對秘書郎兼權吏部郎官鄭湜首言三代以還本朝家法最正一曰事親二曰齊家三曰敎子此家法之大經也自昔帝王雖有天下之富而不及以天下養其親惟高宗享天下之養壽皇躬天子之孝二十有七年人無間言陛下卒而行之當如壽皇然後無愧也本朝歷世以來未嘗有不賢之后蓋祖宗家法最嚴子孫持守最謹后家待遇有節故無恩寵盈溢之過妃嬪進御有序故無忌嫉專恣之行宮禁不與外事故無斜封請謁之私此三者漢唐所不及也皇子岐嶷之性過人遠甚然講讀之官進見有時志意不通休沐之日或至多於講讀曾不若左右前後之人與王親狎朝夕無間一日暴之十日

寒之未有能生之物也願陛下盡事親之道以全帝王之大孝嚴家法之義以正內治之紀綱明教子之方以壽萬世之基本（淳熙十六年）

禮部侍郎眞德秀言高宗六飛南幸駐蹕錢塘其與前世之君披攘荆棘以立朝廷者殆無以異其艱勤可謂至矣孝宗嗣守丕緒志清中原二十八年間蒐攬英材精厲聽斷未嘗一日少懈用能保固大業垂萬世無疆之休今陛下所御之宮庭即三祖儲神閒燕之地也仰瞻楹桷俯視軒墀常若三祖時臨其上念昔者祗守之惟艱思今日繼承之匪易則兢業祗懼其容少忽乎此臣之所欲獻者一陛下前所居室密邇東朝惟思曲盡人子之恭其敢遽當人主之奉今宮闈暨乘輿服用之需頤指使令之便必將浸備於昔臣知聖性恬淡固非外物可移然以一心而受衆攻非卓然剛明弗惑未有不浸淫而蠹蝕者然則惟學可以養此心惟敬可以存此心惟親近君子可以維持此心蓋理義之與物欲相爲消長者也篤志於學則日與聖賢爲徒而有自得之樂持身以敬則

凛如神明在上而無非僻之侵親賢人君子之時多則規儆日聞諂邪不得而惑三者交致其力則聖心湛然如日之明如水之清理義常爲之主而私欲不能奪矣此臣之所欲獻者二三年之喪行於宮壼非獨衰麻在躬而已哀慕之存於心者不可頃刻忘憂戚之形於色者不可斯須已古者卒哭而廬居小祥而堊室今雖未能如昔然居處之制不可不極其朴素也古者服喪非有疾不飲酒食肉今雖未能如昔然養人大官之供不可不極其非儉也古者終喪不處於內今雖未能如昔然防微謹獨屏遠聲色不可不極其嚴也食則見先帝於羹立則見先帝於牆庶幾不負罔極之恩不昭純孝之實倘因移御之適凡所以自奉者少異於居喪之儀則雖衰麻在躬猶不服也此臣之所欲獻者三陛下前者日侍慈明兩宮之情常歡然而無間今視膳問安之敬雖無改於昔而其朝有時矣古之事親者聽於無聲視於無形一舉足一出言不敢忘父母況太后親舉神器以授陛下同聽萬幾曾未數月褰裳去之如脫敝屣隆恩厚

德、與天地無極、陛下將何以報之乎、然則恭勤之禮、孝養之誠、當有加於前日可也、至於兩宮侍御之臣、恩義當使如一、愛其親者及其犬馬、況左右使令者乎、今羣臣萬物之命繫於兩宮、惟兩宮慈孝交隆於上、則羣臣萬物皆有所恃以爲安、而兩宮侍御之臣、亦得以保其富貴、此臣所欲獻者四、又言臣竊謂古者、平日視朝以爲常度、人主與天同運、故必與日俱出、以臨照百官則陽德宣昭、政機無壅、先皇帝每旦御朝、率在卯辰之間、陛下始初清明、正厲精庶政之日、而晨興聽事、乃頗後於先帝之時、正使宇內晏寧、猶恐示人以怠、況中外多虞之際乎、孔子曰、昧爽夙興、正其衣冠、平旦眂朝、慮其危難、一物失理、亂亡之端、惟陛下深味此言、自今臨朝、必以日出爲節、於以法乾健而體離明、通下情而達民隱、實初政之首務也（理宗寶慶元年）

知甯國府杜範召還都、首言旱暵薦臻、人無粒食、楮券猥輕、物價騰踴、行都之內、氣象蕭條、左浙近輔、殍死盈道、流民充斥、剽掠成風、是內憂已迫矣、新興北兵乘勝而善鬬中原羣盜假名而崛起擣我巴蜀據我荆襄擾我淮堧疆埸之臣肆爲欺蔽是外患既深矣人主上所恃者天下所恃者民近者天文示變妖彗吐芒方冬而雷既春而雪海潮衝突乎都城赤地幾徧於畿甸是不得乎天而天已怒矣人死於干戈死於饑饉父子相棄夫婦不相保怨氣盈腹謗言載道是不得乎民而民已怨矣陛下能與二三大臣安居於天下之上乎陛下亦嘗思所以致此否乎蓋自曩者權相陽進妾婦之小忠陰竊君人之大柄以聲色玩好內蠱陛下之心術而廢置生殺一切惟其意之欲爲以致紀綱陵遲風俗頹靡軍政不修邊備廢缺凡今日之內憂外患皆權相三十年醲成之如養癰疽待時而決耳端平號爲更化而居相位者非其人敗壞汙穢殆有甚也自是聖意皇惑莫知所倚方且不以彼爲讐而以爲德不以彼爲罪而以爲功於是天之望於陛下者孤而變怪見矣人之望於陛下者觖而怨叛形矣陛下敬天有圖旨酒有箴緝熙有記持此一念振起傾頹宜無難者然聞之道路謂警

懼之意。祗見於外朝視政之頃。而好樂之私。多縱於內庭狎褻之際。名為任賢。而左右近習。或得而潛間。政出於中書。而御筆特奏。或從而中出。左道之蠱惑。私親之請託。皆足以蒙蔽陛下之聰明。轉移陛下之心術。於是範去國四載矣。帝擢勞備至。遷權吏部侍郎兼侍講。(嘉熙四年)

元主呼必賚問金故臣李治。天下當何以治之。對曰。夫治天下難則難於登天。易則易於反掌。蓋有法度則治。控名責實則治。進君子退小人則治。如是而治天下。豈不易於反掌乎。無法度則亂。有名無實則亂。進小人退君子則亂。如是而治天下。豈不難於登天乎。且為治之道。不過立紀綱立法度而已。紀綱者。上下相維持。法度者。賞罰示懲勸。今則大官小吏。下至編氓。皆自縱恣。以私害公。是無紀綱也。有功者未必得賞。有罪者未必被罰。甚則有功者或反受辱。有罪者或反獲寵。是無法度也。法度廢。紀綱壞。天下不變亂。已為幸矣。又問昨地震何故。對曰。天裂為陽不足。地震為陰有餘。夫地道陰也。陰太盛則變常。今之地震或姦邪在側或女謁盛行或讒慝交至或刑罰失中或征伐驟舉五者必有一於此矣夫天之愛君如愛其子故示此以警之若能辨姦邪去女謁屏讒慝恤刑罰慎征討上當天心下協人意則可轉咎爲休矣皇弟深然之(寶祐三年)國子監主簿徐宗仁伏闕上書曰賞罰者軍國之綱紀賞罰不明則綱紀不立今天下如器之欹而未墜於地存亡之機間不容髮兵虛將惰而力匱財殫環視四境類不足恃而所恃以維持人心奔走豪傑者惟陛下賞罰之微權在耳權在陛下而陛下不知所以用之則未墜者安保其終不墜乎陛下當危急之時出金帛賜土田授節鉞分爵秩尺寸之功在所必賞故當悉心效力圖報萬分可也自出兵越江踰廣以來凡閱數月尚未聞有死戰陣死封疆死城郭者豈賞罰不足以勸懲之耶今通國之所謂佚罰者乃丁大全袁玠沈翥張鎮吳衍翁應弼石正則王立愛高鑄之徒而首惡則董宋臣也是以廷紳抗疏學校叩閽至有欲借尙方劍爲陛下除惡而陛下乃釋然不問豈眞欲愛護此數人

譏君主以一身受衆攻必正心修身然後羣小無由眩惑故治國本於君之正心修身

而重咈千萬人之心哉今天下之勢急矣朝廷之紀綱壞矣誤國之罪不誅則用兵之事不勇東南一隅半壞於此數人之手而罰不損其毫毛彼方擁厚貲挾聲色高臥華屋而使陛下與二三大臣焦心勞思可乎三軍之在行者豈不憤然不平曰稔禍者誰歟而使我捐軀兵革之間百姓之罹難者豈不羣然胥怨曰召亂者誰歟而使我流血鋒鏑之下陛下亦嘗一念及此乎不報盱江廖應淮上疏言丁大全誤國狀大全怒中以法配漢陽軍應淮荷校行歌出都門觀者壯之(開慶元年)

陳宗禮進讀孝宗聖訓因言治亂安危第起於念慮之間念慮稍差禍亂隨見天下之大亂未有不起於微而成於著又言不以私意害公法迺國家之福帝曰孝宗家法惟賞善罰惡爲尤謹宗禮曰有功不賞有罪不罰雖堯舜不能治天下誠不可不謹也旋擢禮部尙書宗禮乞奉祠帝曰豈朕不足與有爲耶遂予郡(咸淳二年)

諭德李謙瓜勒之奇言於太子曰殿下方遵聖訓參決庶務如軍民之利病政令之得失事關朝廷責在臺院非宮臣所宜言獨有澄源固本臣等不容緘口者太子之心天下之本也太子心正則天心有所屬人心有所系矣唐太宗嘗言人主一心攻之者衆或以勇力或以辯口或以諂諛或以姦詐或以嗜欲輻輳攻之各求自售人主少懈而受其一則其害有不可勝言者殿下至尊之儲貳人求自售者亦不爲少須常喚醒此心不使爲物欲所撓則宗社生靈之福固本澄源莫此爲切(元世祖至元二十二年)

令自今政事先啟皇太子處分然後奏聞諭曰自古創業之君歷涉勤勞達人情周物理故處事咸當守成之君生長富貴若非平昔練達少有不謬者故吾特命爾日臨羣臣聽斷諸司啟事以練習國政惟仁不失於疏暴惟明不惑於奸邪惟勤不溺於安逸惟斷不牽於文法凡此皆心爲權度吾自有天下以來未嘗暇逸於諸事務惟恐毫髮失當以負上天付託之意戴星而朝夜分而寢

爾所親見若能體而行之天下之福也又時令儒臣爲太子講大學衍義（明太祖洪武十年）

第二章 議立法無分新舊惟須合時變法須得人方無弊及新舊兩派之學說

齊桓公曰吾欲修政以干時管子曰國未安宜修舊法擇其善者而用之滋無財而敬百姓桓公曰國安矣其可乎管仲曰未可（周莊王十二年）

劉恕曰古之長民者興事動作必謀於衆廢道遷徙悉因人心愚者難與慮始黔首信惑靈怪故聖人設鬼神以懼之爲卜筮以斷之以神道設教而天下服矣泥者爲之捨棄人事專信詭譎以管仲之智因齊衆以威諸侯可也他人則近於罔矣蓋明於天地之性不可惑以神怪知萬物之情不可罔以非類也（同上）

戎王聞秦穆公賢使由余來觀由余其先晉人亡入戎能晉言穆公示以宮室

積聚，由余曰，使鬼爲之則勞神，人爲之亦苦民，古之有國者未嘗不以恭儉，失國者未嘗不以驕奢也，穆公怪之，問曰，中國以詩書禮樂法度爲政，然尚時亂，戎夷無此，何以爲治，由余笑曰，此中國所以亂也，自上聖黃帝，僅以小治，及其後世，阻法度之威，以責督於下，下以仁義怨望於上，上下交爭，簒弑滅宗，皆以此也，夫戎夷上含淳德以遇下，下懷忠信以事上，一國之政，猶一身，眞聖人之治也，（襄王二十七年）

衛鞅欲變法，秦人不悅，衛鞅言於秦孝公曰，夫民不可與慮始，而可與樂成，論至德者，不和於俗，成大功者，不謀於衆，是以聖人苟可以彊國，不法其故，甘龍曰，不然，因民而教者，不勞而成功，緣法而治者，吏習而民安之，衛鞅曰，常人安於故俗，學者溺於所聞，以此兩者居官守法可也，非所與論於法之外也，智者作法，愚者制焉，賢者更禮，不肖者拘焉，公曰，善，（顯王十年）

趙武靈王與肥義謀胡服騎射以教百姓，曰，愚者所笑，賢者察焉，雖驅世以笑我胡地中山吾必有之遂胡服國人皆不欲公子成稱疾不朝王使人請之曰家聽於親國聽於君今寡人作教易服而公叔不服吾恐天下之議己也制國有常利民爲本從政有經令行爲上明德先論於賤而從政先信於貴故願慕公叔之義以成胡服之功也公子成再拜稽首曰臣聞中國者聖人之所教也禮樂之所用也遠方之所觀赴也蠻夷之所則效也今王舍此而襲遠方之服變古之道逆人之心臣願王熟圖之也使者以報王自往請之曰吾國東有齊中山北有燕東胡西有樓煩秦韓之邊令無騎射之備則何以守之哉先時中山負齊之彊兵侵暴吾地係累吾民引水圍鄗微社稷之神靈則鄗幾於不守也先君醜之故寡人變服騎射欲以備四境之難報中山之怨而叔順中國之俗惡變服之名以忘鄗事之醜非寡人之所望也公子成聽命乃賜胡服明日服而朝於是始出胡服令而招騎射焉(赧王八年)

魏尚書何晏等朋附曹爽好變改法度太尉蔣濟上疏曰昔大舜佐治戒在比

周周公輔政，愼於其朋。夫爲國法度，惟命世大才，乃能張其綱維，以垂於後，豈中下之吏所宜改易哉。終無益於治，適足傷民，宜使文武之臣，各守其職，率以清平，則和氣祥瑞，可感而致也。（魏邵陵公正始八年）

劉裕伐秦，魏主嗣謂崔浩曰：裕既入關，不能進退，我以精騎直擣彭城壽春，裕將若之何。對曰：興兵遠攻，未見其利，不如且安靜以待之，裕克秦而歸，必簒其主，關中華夷雜錯，風俗勁悍，裕欲以荆揚之化，施之函秦，此無異解衣包火，張羅捕虎，雖留兵守之，人情未洽，趨向不同，適足爲寇敵之資耳。願陛下按兵息民，以觀其變，秦地終爲國家之有，可坐而守也。嗣笑曰：卿料之審矣。（晉安帝義熙十三年）

上指殿屋謂侍臣曰：治天下如建此屋，營構既成，勿數改移，苟易一榱，正一瓦，踐履動搖，必有所損，若慕奇功，變法度，不恆其德，勞擾實多。（唐太宗貞觀十五年）

帝謂宰相曰·朝廷宜守經制·儻務更張·則攀擾者衆·乃知命令之出·不可不謹·今言某事有利·輕爲釐革·始則皆以爲當·久乃翻成有害·須加裁正·是朝令夕改也·又涖官之人·不必過爲寬恕·以致弛慢·或探求罪惡·不顧煩擾·抑亦甚矣·王旦曰·古人有言·法出而弊作·令下而姦生·寬則民慢·陷法者多·猛則民殘·無所措手足·正爲此也·(宋眞宗大中祥符四年)

帝問輔臣曰·或謂先朝詔令·不可輕改·信然乎·王曾曰·此憸人惑上之言也·咸平中·删太宗朝詔令·十存一二·蓋去其繁密之文·以便於民·何爲不可·今有司但詳其本末·又須臣等審究利害·一一奏禀·然後施行·帝然之·(仁宗天聖四年)

王安石獻書萬言·極陳當世之務·其略曰·今天下之財力·日以困窮·而風俗日以衰壞·患在不知法度故也·法先王之政者·當法其意而已·法其意·則吾所改易更革·不至乎傾駭天下之耳目·囂天下之口·而固已合乎先王之政矣·又曰

方天下之人才，未嘗不自人主陶冶而成之，所謂陶冶而成之者，亦教之養之取之任之有其道而已。今之教者，非特不能成人之才，又從而困苦毀壞之，使不得成才。又曰，困天下之力，以生天下之財，取天下之財，以供天下之費，自古治世，未嘗以財不足為公患也，患在治財無其道耳。又曰，在位之人才，既不足矣，而閭巷草野之間，亦少可用之才，非特行先王之政而不得也，社稷之託，封疆之守，陛下其能久以天幸為常，而無一旦之憂乎。臣願陛下鑒漢唐五代之所以亂亡，懲晉武苟且因循之禍，明詔大臣思所以陶成天下人才，慮之以謀，計之以數，為之以漸，期合於當世之變，而無負於先王之意，則天下之人才不勝用矣。又曰，臣之所稱，流俗之所不講，而今之議者，以為迂闊而熟爛者也。惟陛下留神而察之。（仁宗嘉祐三年）

帝問王安石祖宗守天下，能百年無大變，粗致太平，以何道也。安石退而奏書，其略曰，太祖躬上智獨見之明，而周知人物之情偽，指揮付託，必盡其材，變置施設·必當其務·故能駕馭將帥訓齊士卒·外以扞夷狄·內以平中國·於是除苛政·止虐刑·廢彊橫之藩鎮·誅貪殘之官吏·躬以簡儉爲天下先·其於出政發令之間·一以安利元元爲事·太宗承之以聽武·眞宗守之以謙仁·以至仁宗英宗無有逸德·此所以享國百年而天下無事也·然本朝累世因循末俗之弊·而無親友羣臣之義·人君朝夕與處·非宦官卽女子·出而視事·又不過有司之細故·未嘗如古大有爲之君·與學士大夫討論先王之法·以措之天下也·一切因任自然之理勢·而精神之運·有所不加·名實之間·有所不察·君子非不見貴·然小人亦得厠其間·正論非不見容·然邪說亦有時而用·以詩賦記誦求天下之士·而無學校養成之法·以科名資格叙朝廷之位·而無官司課試之方·監司無檢察之人·守將非選擇之吏·轉徙之急·旣難於考績·而游談之衆·因得以亂眞·交私養望者·多得顯官·獨立營職者·或見排沮·故上下偸惰取容而已·雖有能者在職·亦無以異於庸人·農民壞於差役·而未嘗特見救邺·又不爲之設官以修

其水土之利。兵士雜於疲老而未嘗申敕訓諫。又不爲之擇將。而久其疆埸之權。宿衛則聚卒伍無賴之人。而未有以變五代姑息羈縻之俗。宗室則無教訓選舉之實。而未有以合先王親疏隆殺之宜。其於理財。大抵無法。故雖儉約而民不富。雖勤憂而國不彊。賴非夷狄昌熾之時。又無堯湯水旱之變。故天下無事過於百年。雖曰人事。亦天助也。伏惟陛下知天助之不可常。知人事之不可急。則大有爲之時。正在今日。（神宗熙寧元年）

帝相王安石。謂之曰。人皆以爲卿但知經術。不曉世務。安石對曰。經術所以經世務也。但後世所謂儒者。大抵多庸人。故流俗以爲經術不可施於世務耳。帝曰。然則所設施以何爲先。安石曰。變風俗。立法度。今之所急也。帝深納之。（熙寧二年）

程顥論時務十事。大略以爲聖人創法。皆本諸人情。極乎物理。聖人之所必爲者。行之有先後。用之有緩急。在講求設施如何耳。帝嘉納之。（同上）

御邇英閣·司馬光讀通鑑·至漢曹參代蕭何事·曰·參不變何法·得守成之道·故孝惠高后時·天下晏然·衣食滋殖·帝曰·漢常守蕭何之法不變·可乎·光曰·何獨漢也·使三代之君·常守禹湯文武之法·雖至今存可也·(同上)

呂惠卿進講·因言先王之法·有一歲一變者·月令季冬飾國典·以待來歲之宜·周禮始和布法於象魏·是也·有數歲一變者·唐虞五載修五禮·周禮十一歲修法則·是也·有一世一變者·刑罰世輕世重·是也·有數十世而變者·夏貢商助周徹·夏校商序周庠之類·是也·有雖百世不變者·尊尊親親·貴貴長長·尊賢使能·是也·臣前見司馬光以爲漢初之治·皆守蕭何之法·臣按何雖約法三章·其後乃爲九章·則何已不能自守其法矣·惠帝除挾書律三族令·文帝除誹謗妖言除祕祝法·皆蕭何法之所有·而惠與文除之·景帝又從而因之·則非守蕭何之法而治也·帝召問光·光曰·布法象魏·布舊法也·何名爲變·諸侯有變禮易樂者·王巡狩則誅之·王不自變也·刑新國用輕典·亂國用重典·是爲世輕世重·非變

也。且治天下。譬如居室。敝則修之。非大壞則不更造。大壞而更造。非得良匠美材則不成。今二者皆無。臣恐風雨之不庇矣（同上）

御崇政殿。策賢良方正及武舉制。策中禁切言者。篇末云。毋謂古人陳跡已久。而不可舉。本朝成法已定。而不可改。其惟改之而適中。舉之而得宜。不迫不迂。歸於至當。其悉以文陳。朕亦不憚於有爲焉。太原判官呂陶對策曰。陛下初即位。願不惑理財之說。不間老成之謀。不興疆場之事。陛下措意立法。自謂庶幾堯舜。然以陛下之心。如此天下之論。如彼。獨不反而思之乎。帝顧王安石取卷讀。未半。神色沮喪。帝覺之。使馮京竟讀。（熙甯三年）

慶州廣銳卒叛。轉運司以聞。帝以用兵爲憂。樞密使文彥博曰。朝廷行事務合人心。宜兼采衆論。不當有所偏聽。陛下厲精求治。而人心未安。蓋更張之過也。祖宗法制。未必皆不可行。但有廢墜不舉之處耳。馮京曰。府界溉汙田。又修差役。作保甲。人極勞疲。帝曰。詢訪鄰近百姓。皆以免役爲喜。蓋雖令出錢。而復其身役·無追呼刑責之虞·人自情願故也·彥博又言祖宗法制具在·不須更張·以失人心·王安石曰法制具在·則財用宜足·中國宜彊·今皆不然·未可謂之法制具在也·(熙甯四年)

呂誨初求致仕表言臣本無宿疾·偶値醫者·用術乖方·妄投湯劑·率情任意·差之指下·禍延四肢·寖成風痺·非祇憚跰躃之苦·又將虞心腹之變·雖一身之微·固不足恤·而九族之託·良以爲憂·蓋以身疾喻朝政也·疾亟·猶旦夕憤歎·以天下事爲憂·遂卒·(同上)

劉摯上疏曰自靑苗之議起·而天下始有聚歛之疑·靑苗之議未已·而均輸之法行·均輸之法方擾·而邊鄙之謀動·邊鄙之禍未艾·而漳河之役作·漳河之害未平·而助役之事興·其議財則市井屠販之人·皆召至政事堂·其征利則下至於歷日·而官自鬻之·推此而往·不可究言·輕用名器·混淆賢否·忠厚老成者擯之爲無能·俠小儇辯者·取之爲可用·守道憂國者·斥之爲流俗·敗常害民者·稱

之爲通變。凡政府謀議經畫。獨與一掾屬決之。然後落筆。同列預聞。反在其後。故奔走乞丐之人。其門如市。今西夏之款未入。反側之兵未安。三邊瘡痍流潰未定。河北大旱。諸路大水。民勞財乏。縣官減耗。聖上憂勤念治之時。而政事如此。皆大臣誤陛下。而大臣所用者。誤大臣也。疏奏。王安石欲竄摯領外。帝不許。但謫監倉。（同上）

司馬光上疏曰。方今朝之闕政。其大者有六而已。一曰廣散青苗錢。使民負債日重。而縣官無所得。二曰免上戶之役。斂下戶之錢。以養浮浪之人。三曰置市易司。與細民爭利。而實耗散官物。四曰中國未治。而侵擾四夷。得少失多。五曰團練保甲。教習凶器。以疲擾農民。六曰信狂狡之人。妄興水利。勞民費財。若其他瑣瑣米鹽之事。皆不足爲陛下道也。知青州滕甫言新法之害民者。陛下既知之矣。但一下手詔。自熙寧二年以來所行新法。有不便者。悉罷之。不聽。（熙寧七年）

詔以災異數見求直言及詢政事之未協於民者王安石率同列上疏言晉武帝五年彗出軫十年又有孛而其在位一十八年與乙巳占所期不合蓋天道遠先王雖有官占而所信者人事而已天文之變無窮上下傅會不無偶合周公召公豈欺成王哉其言中宗享國日久則曰嚴恭寅畏天命自度治民不敢荒寧其言夏商多歷年所亦曰德而已裨竈言火而驗復請以寶玉禳之公孫僑不聽則曰不用吾言鄭又將火僑終不聽鄭亦不火有如裨竈未免妄誕況今星工乎所傳占書又當世所禁謄寫譌謬尤不可知陛下盛德至善非特賢於中宗周召所言既閱而盡之矣豈須愚瞽復有所陳竊聞兩宮以此爲憂望以臣等所言力行開慰帝曰聞民間殊苦新法安石曰祈寒暑雨民猶怨咨此無庸恤帝曰豈若并祈寒暑雨之怨亦無耶安石不悅退而疾臥(熙甯八年)時民日夜引領以觀新政而議者猶以爲三年無改於父之道司馬光慨然爭之曰先帝之法其善者雖百世不變可也若王安石呂惠卿等所建爲天下害

非先帝本意者。改之當如救焚拯溺。猶恐不及。昔漢文帝除肉刑。斬右趾者棄市。笞五百者多死。景帝元年卽改之。武帝作鹽鐵榷酤均輸等法。昭帝罷之。唐代宗縱宦官求賂遺。置客省拘滯四方之人。德宗立。未三月罷之。德宗晚年爲宮市五坊小兒暴橫。鹽鐵日進羨餘。順帝卽位罷之。當時悅服。後世稱頌。未有或非之者也。況太皇太后以母改子。非子改父乎。於是衆議乃息。(神宗元豐八年)

以京西路提點刑獄彭汝礪爲起居舍人。執政有問新舊之政者。汝礪曰。政無彼此之辨。一於是而已。今所更大者。取士及差役法。行之而士民皆病。未見其可也。(哲宗元祐二年)

御邇英閣。顧臨讀寶訓至漢武籍南山。提封爲上林苑。哲宗曰。山澤之利當與衆共之。何用此爲。丁度言。臣事陛下二十年。每奉德音。未始不本於憂勤。此蓋祖宗家法耳。呂大防因推廣以進曰。三代以後。唯本朝百三十年中外無事。蓋由家法最善臣請舉其略自古人主事母后朝見有時如漢武帝五日一朝長樂宮祖宗以來事母后皆朝夕見此事親之法也前代大長公主用臣妾之禮本朝必先致恭仁宗以姪事姑之禮見獻穆大長公主此事長之法也帝曰今宮中見行家人禮大防曰前代宮闈多不肅宮人或與朝臣相見唐入閤圖有昭容位本朝宮禁嚴密內外整肅此治內之法也前代外戚多與政事常致敗亂本朝母后之族皆不預此待外戚之法也前代宮室多尙華侈本朝止用赤白爲飾此尙儉之法也前代人君雖在宮禁出輿入輦祖宗皆步自內庭出御後殿豈乏人之力哉亦欲涉歷廣庭稍冒寒暑耳此勤身之法也前代人主在禁中冠服苟簡祖宗以來燕居必以禮竊聞陛下昨郊禮畢具禮服謝太皇太后此尙禮之法也前代多深於用刑大者誅戮小者遠竄惟本朝用法最輕臣下有罪止於罷黜此寬仁之法也至於虛己納諫不好畋獵不尙玩好不用玉器不貴異味此皆祖宗家法所以致太平者陛下須遠師前代但盡行家法足

以爲天下帝深然之(元祐八年)

是月蘇軾赴定州時國事將變軾不得入辭既行上書言古之聖人將有爲也必先處晦而觀明處靜而觀動則萬物之情畢陳於前陛下聖智絕人春秋鼎盛臣願虛心循理一切未有所爲默觀庶事之利害與羣臣之邪正以三年爲期俟得其實然後應而作使既作之後天下無恨陛下亦無悔由此觀之陛下之有爲惟憂太早不患稍遲亦已明矣臣恐急進好利之臣輒勸陛下輕有改變故進此說敢望陛下留神社稷宗廟之福天下幸甚(同上)

帝之初即位也程頤知扶溝縣以檄至河南府留守韓宗師問朝事如何曰當與元豐大臣同若先分黨與他日可憂宗師曰何憂曰元豐大臣皆嗜利者使自變其已甚害民之法則善矣不然衣冠之禍未艾也至是其言乃驗宗師絳之子也(紹聖元年)

先是常安民因召對言元祐中進言者以熙寧元豐之政爲非而當時爲是今

日進言者以元祐之政爲非而熙甯元豐爲是皆偏論也願陛下公聽並觀無問新舊惟歸於當帝謂輔臣曰安民議論公正無所阿附(同上)

以資政殿學士提舉洞霄宮章惇爲尙書左僕射兼門下侍郞惇赴召沙縣陳瓘隨衆道謁惇素聞其名獨邀與同載訪當世之務瓘曰請以所乘舟喻偏重其可行乎或左或右其偏一也明此則行可矣惇默然瓘復曰天子待公爲政敢問將何先惇竚思良久曰司馬光姦邪所當先辨瓘曰公誤矣此猶欲平舟勢而移左以置右也果爾將失天下之望惇厲色曰光輔母后獨掌政柄不務纂紹先烈肆意大改成緒誤國如此非姦邪而何瓘曰不察其心而疑其跡則不爲無罪若指爲姦邪又復改作則誤國益甚矣乃爲惇極論熙豐元祐之事以爲元豐之政多異熙甯則先志固以變而行之溫公不明先志而用母改子之說行之太遽所以紛紛至今爲今日計唯當消朋黨持中道庶可救弊若又以熙豐元祐爲說無以厭服公論瓘辭辨慷慨議論勁正惇雖迕意亦頗驚異

遂有兼收元祐之語。留璀共飯而別。（同上）

遼耶律孟簡爲六部院太保。處事不拘文法。時多笑其迂。孟簡聞之曰。上古之時。無簿書法令而天下治。蓋簿書法令。適足以滋姦倖。非聖人致治之本也。旋改高州觀察使。（徽宗大觀元年）

國子祭酒楊時上言。蔡京用事二十年。以繼述神宗爲名。實挾王安石以圖身利。故推尊安石。安石著爲邪說。以塗學者耳目。而敗壞其心術者。不可縷數。姑即一二事明之。昔神宗嘗稱美漢文不作露臺。安石乃言陛下若能以堯舜之道治天下。雖竭天下以自奉不爲過。曾不知堯舜茅茨土階。則竭天下以自奉者。必非堯舜之道。其後王黻朱勔以應奉花石。竭天下之力。實安石自奉之說啟之也。其釋鳧鷖之末章。則謂以道守成者。役使羣衆。泰而不爲驕。宰制萬物。費而不爲侈。詩之言正謂能持盈。則神祇祖考安樂之而無後難耳。安石獨倡爲此說。以啟人主之侈心。後蔡京輩遂輕費妄用。以侈靡爲事。安石邪說之害如此·伏望追奪王爵·毀去配享之像·使邪說淫詞·不爲學者之惑·疏上·詔罷安石配享·降居從祀之列·時諸生習用王氏之學·以取科第·忽聞時言目爲邪說·羣論藉藉·於是中丞陳過庭諫議大夫馮澥上疏詆時·乃罷時祭酒·詔改給事中·時力辭·遂以徽猷閣待制致仕·時居九十日·凡所論列皆切於世道·而其大者·則闢王氏排和議·論三鎮不可棄云·(欽宗靖康元年)

時以旱故·詔羣臣言闕政·禮部尚書洪擬曰·法行之公·則人樂而氣和·行之乖·則人怨而氣偏·試以小事論之·近時監司守臣獻羨餘·則黜之·宣撫司獻則受之·是行法止及疎遠之人也·有自庶僚爲侍從·臥家視事·未嘗入謝·得美職而去·若鼓院官移疾廢朝·則斥罷之·是行法止及冗賤之官也·權貸立法甚嚴·犯者·籍家財以充賞·而大官有勢者·連營列陳·公行酤賣·則不敢問·是行法止及孤弱之家也·小事如此·推廣而言之·則怨多而和氣傷可知矣·疏奏·帝嘉納·(高宗紹興三年)

宗正少卿兼直史館范沖入見，帝云，以史事召卿，兩朝大典，皆爲姦臣所壞，若此時更不修定，異時何以得本末，沖因論熙寗創制，元祐復古，紹聖以降，弛張不一，本末先後，各有所因，不可不深究而詳論，帝云如何，對曰，臣聞萬世無弊者，道也，隨時損益者，事也，祖宗之法，誠有弊處，但當補緝，不可變更，仁宗時大臣，如呂夷簡之徒，持之甚堅，范仲淹等初不然之，議論不合，遂攻夷簡，仲淹坐此遷謫，及仲淹執政，猶欲伸前志，久而自知其不可行，遂已，王安石自任己見，盡變祖宗法度，上誤神宗，天下之亂，實兆於此，帝曰，極是，朕最愛元祐，帝又論王安石之姦，曰，至今猶有說安石是者，近日有人要行安石法度，不知人情何故直至如此，沖對曰，昔程頤嘗問臣安石爲害於天下者何事，臣對以新法，頤曰，不然，新法之爲害未爲甚，有一人能改之即已矣，安石心術不正，爲害最大，蓋已壞天下人心術，將不可變，臣初未以爲然，其後乃知安石順其利欲之心，使人迷其常性，久而不知，此所謂壞天下人心術，帝曰，安石至今豈可尚存王

爵(高宗紹興四年)
帝言謀國當先立一定之規周密備具按而行之若農服田力穡以底於成又曰弈者舉棋不定猶且不可況謀國而無定規(孝宗乾道六年)

進魏了翁爲華文殿待制知瀘州了翁應詔上章論十弊請復舊典以彰新化一復三省之典以重六卿二復二府之典以集衆議三復都堂之典以重省府四復侍從之典以來忠告五復經筵之典以熙聖學六復臺諫之典以公黜陟七復制誥之典以謹命令八復聽言之典以通下情九復三衙之典以彊主威十復制閫之典以黜私意疏列萬言先引故實次陳時弊分別利害粲若白黑
帝讀之感動(理宗紹定六年)

先是元主以安圖幼未更事召許衡於懷孟楊誠於益都俾議中書省事及衡至陳時務五事其一曰考之前代北方之有中夏者必行漢法乃可長久故後魏遼金歷年最多他不能者皆亂亡相繼史冊具載昭然可考夫陸行宜車水

行宜舟反之則不能行幽燕食寒蜀漢食熱反之則必有變以是論之國家之當行漢法無疑也然萬世國俗累朝勳舊一旦驅之下從臣僕之謀改就亡國之俗其勢有甚難者竊嘗思之寒之與暑固爲不同然寒之變暑也始於微溫積百有八十餘日而寒始盡暑之變寒其勢亦然是亦積之驗也苟能漸之摩之待以歲月未有不可變者此在陛下尊信而堅守之不雜小人不責近效不恤流言則致治之功庶幾可成矣其二曰中書之務不勝其煩然大要在用人立法二者而已近而譬之髮之在首不以手理而以櫛理食之在器不以手取而以匕取手雖不能而用匕與櫛是即手之爲也上之用人何以異此人莫不飲食也獨膳夫爲能調五味之和莫不睹日月也獨星官爲能步虧食之數者誠以得其法也古人有言曰爲高必因邱陵爲下必因川澤爲政必因先王之道今里巷之談動以古爲詬戲不知今日口之所食身之所衣皆古人遺法而不可違者豈天下之大國家之重而古之成法反可違也夫治人者法也守法

者人也人法相維上安下順而宰執優游於廊廟之上。不煩不勞。此所謂省也。其三曰。民生有欲。無主乃亂。上天眷命作之君師。此蓋以至難任之。非予之可安之地而娛之也。天下之大。兆民之衆。事有萬變。日有萬機。人君以一身一心而酬酢之。欲言之無失。豈易能哉。故有昔所言。而今日忘之者。今之所命。而後日自違者可否異同紛更變易。紀綱不得布。法度不得立。臣下無所持循。姦人因以爲弊。天下之人。疑惑驚眩。議其無法無信。此無他。至難之地。不以難處。而以易處故也。苟一言一行必求其然與其所當然。不牽於愛憎。不蔽於喜怒。慮心端。意熟思而審處之。雖有不中者鮮矣。人之情僞。有易有險。險者難知。易者易知。然又有衆寡之分也。寡則易知。衆則難知。故在上者難於知下。而在下者易於知上。其勢然也。處難知之地。御難知之人。欲其不見欺也。難矣。故人君惟無喜怒也。有喜怒則贊其喜以市恩。鼓其怒以張勢。惟無愛憎也。有愛憎則假其愛以濟私。藉其憎以復怨。甚至本無喜也。誑之使喜。本無怒也。激之使怒。本不足愛也．而妄譽之使愛．本無可憎也．而强短之使憎．若是則進者未必爲君子．退者未必爲小人．予者未必有功．奪者未必有罪．以至賞之罰之生之殺之．鮮有得其正者．人君不悟其受欺也．而反任之以防天下之欺．欺而至此．尙可防耶．雖然此特人主之不悟者也．猶可說也．如宇文士及之佞．太宗灼見其情而不能斥．李林甫妒賢嫉能．明皇洞見其姦而不能退．邪之惑人．有如此者．可不畏哉．夫上以誠愛下．則下以忠報上．感應之理然也．然考之往昔．有不可以常情論者．禹抑洪水以救民．啟又能敬承繼禹之道．其澤深矣．然一傳而太康失道．則萬姓仇怨而去者．何耶．漢高帝起布衣．天下景從．滎陽之難．紀信至捐生以赴急．則人心之歸可見矣．及天下已定．而沙中有謀反者．又何耶．竊嘗思之．禹啟愛民如赤子．而太康逸豫以滅德．是以失望．漢高以寬仁得天下．及其已定．乃以愛憎行誅賞．是以不平．古今人君．凡有恩澤於民．而民怨且怒者．皆類此也．其四曰．今國家但知歛財之巧．而不知生財之由．徒知防人之欺．而不知養人之善、誠能優重農民、勿擾勿害、毆游惰之人、而歸之南畝、課之種藝、懇諭而篤行之、十年之後、倉府之積、當非今日之比矣、自都邑而至州縣、皆設學校、使皇子以下、至於庶人之子弟、皆入於學、以明父子君臣之大倫、自洒掃應對以至平天下之要道、十年以來、上知所以御下、下知所以事上、上下和睦、又非今日之比矣、二者之行、萬目斯舉、否則他皆不可期也、其五曰天下所以定者、民志也、民志定而士安於士、農安於農、工商安於工商、則在上之人有可安之理矣、苟民不安於白屋、必求祿仕、士不安於卑位、必求尊榮、四方萬里、輻輳並進、各懷無厭無恥之心、在上之人可不爲寒心哉、臣聞取天下者尚勇敢、守天下者尚退讓、取也、守也、各有其宜、君人者不可不審也、夫審而後發、發無不中、否則觸事而遽喜怒之色見於貌、言出於口、人皆知之、徐考其故、知其無可喜者、則必悔其喜之失、無可怒者、則必悔其怒之失、甚至先喜而後怒、先怒而後喜、號令數變、喜怒不節之故也、先王潛心恭默、不易喜怒、其未發也、雖至近

莫能知其發也。雖至親莫能移。是以號令簡而無悔。則無不中節矣。元主嘉納之。（理宗咸淳元年）

史理氏曰。周唐以征伐得天下。左右羣臣。奉命惟謹。內不患輕。惟患外之輕也。故周則天子之地。僅九州之一。唐則節度使遍內地。大權在握而孰料內不敵外。周唐之天子。號令不行哉。秦魏以外臣登君位。恐臣則效外不患輕。惟患內之輕也。故秦則不建諸侯。惟立郡縣。魏則臣雖受封。有同幽縶。外不敵內。孤立無助。秦魏之國祚。得而即移矣。是外重內輕與外輕內重。均非有得無失之政體也。噫。我中國列聖列賢。研究政體。遺謀遺行。至纖至悉。可為後世法者。代不乏人。自有政體以來。千有餘載。政體之變遷更改。無慮數十次。然究其所謀所改者。均不出於外重內輕。內重外輕之二語。當其外重內輕。則有如周唐號令不行之慨。當其外輕內重。則有如秦魏孤立無助之慨。此吾國所以多擾亂之秋。寡治平之日也。即有盛

第二章　議立法無分新舊惟須合時變法須得人方無弊及新舊兩派之學說

世必內雖輕尚足以敵外重外雖輕尚足以敵內重輕重相維即君民相得之日也輕重一分治亂即分矣且夫天下事惟平則不爭不平則鳴平者秤也何謂平錘得兩端之中則平政亦惟平乃得理何謂平君臣民之權相等則平外重內輕臣有權君與民無權也則君民與臣爭外輕內重君有權臣與民無權也則臣民與君爭天下惟民爲最貴乃吾國惟最貴者最無權抑知民之好惡利病關於民之休戚者捷於影響代爲謀者終不如使自爲謀之中肯民所以應有權也秦魏之政不但民無權即臣亦無權實欲以一人而代理天下事南轅北轍國之所以易滅也周唐之政雖吝權於民尚畀權於臣所謂以少數制多數勝以一人而制天下故國祚延綿即永於秦漢矣倘有進周唐而上者君守決政之權臣得行政之權民與議政之權則治平定駕周唐而上之矣豈僅立憲富强已哉又豈僅與歐美各邦媲美已哉不然何得謂之平哉不平又何以爲政哉

第三章　議王覇之異佛老之害明儒教以興盛治並各派之學說

劉恕曰包犧以來聖王興利知者創物生民日用資而仰之然其祠冢苗裔自天子至於庶人莫不宗奉歷千餘年未有如孔子之盛者豈非君臣父子仁義禮樂之敎雖蠻貊之邦不可斯須捨乎劉向曰周室衰禮義廢孔子以三代之道敎導於後世繼嗣至今不絕者有隱行也（周敬王四十一年）

臣光曰甚哉秦之無道也殺其父而劫其子楚之不競也忍其父而婚其讎烏呼楚之君誠得其道臣誠得其人秦雖强烏得陵之哉善乎荀卿論之曰夫道善用之則百里之地可以獨立不善用之則楚六千里而爲讎人役故人主不務得道而廣有其勢是其所以危也（赧王二十三年）

荀子論之曰國者天下之利勢也得道以持之則大安也大榮也積善之源也不得道以持之則大危也大累也有之不如無之及其綦也索爲匹夫不可得也齊湣宋獻是也故用國者義立而王信立而覇權謀立而亡絜國以

呼禮義。而無以害之行一不義。殺一無罪。而得天下。仁者不爲也。擽然扶持心國且若是其固也。之所與爲之者之人。則舉義士也。之所以爲布陳於國家刑法者。則舉義法也。主之所極然帥羣臣而首鄉之者。則舉義志也。如是則下仰上以義矣。是綦定也。綦定而國定。國定而天下定。故曰以國濟義一日而白。湯武是也。是所謂義立而王也。德雖未至也。義雖未濟也。然而天下之理略奏矣。刑賞已諾信於天下矣。臣下曉然皆知其可要也。政令已陳。雖覩利敗。不欺其民。約結已定。雖覩利敗。不欺其與。如是則兵勁城固。敵國畏之。國一綦明。與國信之。雖在僻陋之國。威動天下。五伯是也。是所謂信立而霸也。絜國以呼功利。不務張其義。齊其信。唯利之求。內則不憚詐其民。而求小利焉。外則不憚詐其與。而求大利焉。內不修正其所以有。然常欲人之有。如是則臣下百姓。莫不以詐心待其上矣。上詐其下。下詐其上。則是上下析也。如是則敵國輕之。與國疑之。權謀日行。而國不免危削。綦之而亡。齊湣薛公是也故用彊齊非以修禮義也非以本政教也非以一天下也綿綿常以結引馳外爲務故强南足以破楚西足以詘秦北足以敗燕中足以舉宋及以燕趙起而攻之若振槁然而身死國亡爲天下大戮後世言惡則必稽焉是無他故焉唯其不由禮義而由權謀也三者明主之所謹擇也仁人之所務白也善擇者制人不善擇者人制之（三十一年）

廣川人董仲舒對策曰道者所繇適於治之路也仁義禮樂皆其具也故聖王已沒而子孫長久安甯數百歲此皆禮樂教化之功也夫人君莫不欲安存而政亂國危者甚衆所任者非其人而所繇者非其道是以政日以仆滅也夫周道衰於幽厲非道亡也幽厲不繇也至於宣王思昔先王之德興滯補敝明文武之功業周道粲然復興此夙夜不懈行善之所致也孔子曰人能弘道非道弘人故治亂廢興在於己非天降命不可得反其所操持誖謬失其統也爲人君者正心以正朝廷正朝廷以正百官正百官以正萬民正萬民以正四方四

方正遠近莫敢不壹於正而亡有邪氣奸其間者是以陰陽調而風雨時羣生和而萬民殖諸福之物可致之祥莫不畢至而王道終矣孔子曰鳳鳥不至河不出圖吾已矣夫自悲可致此物而身卑賤不得致也今陛下貴爲天子富有四海居得致之位操可致之勢又有能致之資行高而恩厚知明而意美愛民而好士可謂誼主矣然而天地未應而美祥莫至者何也凡以教化不立而萬民不正也夫萬民之從利也如水之走下不以教化隄防之不能止也古之王者明於此故南面而治天下莫不以教化爲大務立學堂以教於國設庠序以化於邑漸民以仁摩民以誼節民以禮故其刑罰甚輕而禁不犯者教化行而習俗美也聖王之繼亂世也掃除其跡而悉去之復脩教化而崇起之教化已明習俗已成子孫循之行五六百歲尚未敗也秦滅先聖之道爲苟且之治故立十四年而亡其遺毒餘烈至今未滅使習俗薄惡人臣嚚頑抵冒殊扞熟爛如此之甚者也竊譬之琴瑟不調甚者必解而更張之乃可鼓也爲政而不行

甚者必變而更化之、乃可理也、故漢得天下以來、常欲治而至今不可善治者、失之於當更化而不更化也、臣聞聖王之治天下也、少則習之學、長則材諸位、爵祿以養其德、刑罰以威其惡、故民曉於禮誼、而恥犯其上、武王行大誼、平殘賊、周公作禮樂以文之、至於成康之隆、囹圄空虛、四十餘年、此亦教化之漸而仁誼之流、非獨傷肌膚之效也、至秦則不然、師申商之法、行韓非之說、憎帝王之道、以貪狼爲俗、誅名而不察實、爲善者不必免、而犯惡者未必刑也、是以百官皆飾虛辭、而不顧實、外有事君之禮、內有背上之心、造僞飾詐、趨利無恥、是以刑者甚衆、死者相望、而姦不息、俗化使然也、今陛下并有天下、莫不率服、而功不加於百姓者、殆王心未加焉、曾子曰、尊其所聞、則高明矣、行其所知、則光大矣、高明光大、不在於他、在於加之意而已、願陛下因用所聞、設誠於內、而致行之、則三王何異哉、夫不素養士而欲求賢、譬猶不琢玉而求文彩也、故養士之大者、莫大虖太學、太學者、賢士之所關也、教化之本原也、今以一郡一國之衆。對亡應書者。是王道往往而絕也。臣願陛下興太學。置明師以養天下之士。數考問以盡其材。則英俊宜可得矣。今之郡守縣令。民之師帥所使承流而宣化也。故師帥不賢。則主德不宣。恩澤不流。今吏既亡教訓於下。或不承用主上之法。暴虐百姓。與姦爲市。貧窮孤弱。寃苦失職。甚不稱陛下之意。是以陰陽錯繆。氛氣充塞。羣生寡遂。黎民未濟。皆長吏不明。使至於此也。夫長吏多出於郎中中郎吏二千石子弟。選郎吏又以富訾。未必賢也。且古所謂功者。以任官稱職爲差。非謂積日累久也。故小材雖累日。不離於小官。賢材雖未久。不害爲輔佐。是以有司竭力盡知。務治其業。而以赴功。今則不然。累日以取貴。積久以致官。是以廉恥貿亂。賢不肖渾殽。未得其眞。臣愚以爲使諸列侯郡守二千石各擇其吏民之賢者。歲貢二人。以給宿衛。且以觀大臣之能。所貢賢者有賞。所貢不肖者有罰。夫如是。諸吏二千石皆盡心於求賢。天下之士可得而官使也。徧得天下之賢人。則三王之盛易爲。而堯舜之名可及也。毋以日月爲功。實試賢能爲上。量材而授官。錄德而定位。則廉恥殊路。賢不肖異處矣。臣聞衆少成多。積小致鉅。故聖人莫不以晻致明。以微致顯。是以堯發於諸侯。舜興乎深山。非一日而顯也。蓋有漸以致之矣。言出於己。不可塞也。行發於身。不可掩也。言行治之大者。君子之所以動天地也。故盡小者大。愼微者著。積善在身。猶長日加益而人不知也。積惡在身。猶火銷膏而人不見也。此唐虞之所以得令名。而桀紂之可爲悼懼者也。夫樂而不亂。復而不厭者。謂之道。道者萬世亡弊。弊者道之失也。先王之道。必有偏而不起之處。故政有眊而不行。舉其偏者以補其敝而已矣。三王之道所祖不同。非其相反。將以救溢扶衰。所遭之變然也。故孔子曰。無爲而治者。其舜乎。改正朔。易服色。以順天命而已。其餘盡循堯道。何更爲哉。故王者有改制之名。亡變道之實。然夏尚忠。殷尚敬。周尚文者。所繼之救。當用此也。孔子曰。殷因於夏禮。所損益可知也。周因於殷禮。所損益可知也。其或繼周者。雖百世可知也。此言百王之用。以此三者矣。夏因於虞。而獨不言所損益者、其道一而所上同也、道之大原出於天、天不變、道亦不變、是以禹繼舜、舜繼堯、三聖相受而守一道、亡救敝之政也、故不言其所損益也、由是觀之、繼治世者其道同、繼亂世者其道變、今漢繼大亂之後、若宜少損周之文致用夏之忠者、夫古之天下、亦今之天下、共是天下、以古準今、一何不相逮之遠也、安所繆盭而陵夷若是、意者有所失於古之道與、有所詭於天之理與、夫天亦有所分予、予之齒者去其角、傅其翼者兩其足、是所受大者不得取小也、古之所予祿者、不食於力、不動於末、是亦受大者不得取小、與天同意者也、夫已受大、又取小、天不能足、而況人乎、此民之所以囂囂苦不足也、身寵而載高位、家溫而食厚祿、因乘富貴之資力、以與民爭利於下、民安能如之哉、民日削月朘、寖以大窮、富者奢侈羨溢、貧者窮急愁苦、民不樂生、安能避罪、此刑罰之所以蕃而姦邪不可勝者也、天子大夫者、下民之所視效、遠方之所四面而內望也、近者視而放之、遠者望而效之、豈可以居賢人之位而為庶人行哉、夫皇皇求財利、常恐乏匱者，庶人之意也，皇皇求仁義，常恐不能化民者，大夫之意也，易曰，負且乘，致寇至，乘車者，君子之位也，負擔者，小人之事也，此言居君子之位而爲庶人之行者，患禍必至也，若居君子之位，當君子之行，則舍公儀休之相魯，無可爲者矣，春秋大一統者，天地之常經，古今之通誼也，今師異道，人異論，百家殊方，指意不同，是以上無以持一統，法制數變，下不知所守，臣愚以爲諸不在六藝之科，孔子之術者，皆絕其道，勿使並進，邪辟之說滅息，然後統紀可一，而法度可明，民知所從矣，（漢武帝建元元年）

班固曰，玄菟樂浪，本箕子所封，昔箕子居朝鮮，教其民以禮義田蠶織作，爲民設禁八條，相殺以當時償殺，相傷以穀償，相盜者男沒入爲其家奴，女爲婢，欲自贖者人五十萬，雖免爲民，俗猶羞之，嫁娶無所售，是以其民終不相盜，無門戶之閉，婦人貞信不淫辟，其田野飲食以籩豆，都邑頗放效吏，往往以杯器食，郡初取吏於遼東，吏見民無閉臧，及賈人往者，夜則爲盜，俗稍益薄。今於犯禁寖多至六十餘條。可貴哉仁賢之化也。然東夷天性柔順。異於三方之外。故孔子悼道不行。設浮桴於海。欲居九夷。有以也夫。(元封三年)

臣光曰。王霸無異道。昔三代之隆。禮樂征伐自天子出。則謂之王。天子微弱。不能治諸侯。諸侯有能率其與國同討不庭。以尊王室者。則謂之霸。其所以行之也。皆本仁祖義。任賢使能。賞善罰惡。禁暴誅亂。顧名位有尊卑。德澤有深淺。功業有鉅細。政令有廣狹耳。非若白黑甘苦之相反也。漢之所以不能復三代之治者。由人主之不爲。非先王之道不可復行於後世也。夫儒有君子有小人。彼俗儒者。誠不足與爲治也。獨不可求眞儒而用之乎。使漢得而用之。功烈豈若是而止邪。孝宣謂太子懦而不立。闇於治體。必亂吾家。則可矣。乃曰王道不可行。儒者不可用。豈不過哉。非所以訓示子孫。垂法將來者也。(宣帝甘露元年)

魏主詔曰。昔後漢荒君。信惑邪僞。以亂天常。自古九州之中。未嘗有此夸誕大言·不本人情·叔季之世·莫不眩焉·由是政教不行·禮義大壞·九服之內·鞠爲丘墟·朕承天緒·欲除僞定眞·復羲農之治·其一切盪除·滅其蹤跡·自今以後·敢有事胡神·及造像泥人銅人者·誅·有非常之人·然後能行非常之事·非朕孰能去此歷代之僞物·有司宣告征鎭諸軍刺史·諸有浮圖形像及胡經·皆擊破焚燒·沙門無少長·悉坑之·（宋文帝元嘉二十三年）

帝問爲政於劉瓛·對曰·政在孝經·凡宋氏所以亡·陛下所以得者·皆是也·陛下若戒前車之失·加之以寬厚·雖危可安·若循其覆轍·雖安必危矣·帝歎曰·儒者之言·可寶萬世·（齊高帝建元元年）

上謂傅奕曰·佛之爲教·玄妙可師·卿何獨不悟其理·對曰·佛乃胡中桀黠·誑耀彼土·中國邪僻之人·取莊老玄談·飾以妖幻之語·用欺愚俗·無益於民·有害於國·臣非不悟·鄙不學也·上頗善之·（唐高祖武德九年）

上問王珪曰·近世爲國者·益不及前古·何也·對曰·漢世尚儒術·宰相多用經術

士故風俗淳厚近世重文輕儒參以法律此治化之所以益衰也上然之(太宗貞觀二年)

上之初卽位也嘗與羣臣語及教化上曰今承大亂之後恐斯民未易化也魏徵對曰不然久安之民驕佚驕佚則難教經亂之民愁苦愁苦則易化譬猶飢者易爲食渴者易爲飲也上深然之封德彝非之曰三代以還人漸澆訛故秦任法律漢雜霸道蓋欲化而不能豈能之而不欲耶魏徵書生未識時務若信其虛論必敗國家徵曰五帝三王不易民而化昔黃帝征蚩尤顓頊誅九黎湯放桀武王伐紂皆能身致太平豈非承大亂之後邪若謂古人淳朴漸至澆訛則至於今日當悉化爲鬼魅矣上卒從徵言(貞觀四年)

上召天台山道士司馬承禎問以陰陽數術對曰道者損之又損以至於無爲安肯勞心以學術數乎上曰理身無爲則高矣如理國何對曰國猶身也順物自然而心無所私則天下理矣上歎曰廣成之言無以過也承禎固請還山上

許之。（睿宗景雲二年）

帝以新譯經五卷示宰相。因曰。凡爲君臣者。治人利物。卽是修行。梁武捨身爲寺家奴。此眞大惑。方外之說。亦有可觀。卿等試讀之。蓋存其教。非溺於釋也。（宋太宗太平興國八年）

日本國僧奝然自其國來入朝。言姓王氏。自始祖至今。凡六十四世。八十五王矣。文武僚吏。亦皆世官。帝謂宰相曰。此島夷耳。尚存古道。中國自唐季海內分裂。五代世數尤促。大臣子孫。皆鮮克繼父祖業。朕雖德不及往聖。然孜孜求理。未嘗敢自暇逸。冀上穹降鑒。使運祚悠遠。大臣亦世守祿位。卿等宜各盡心輔朕。無令遠夷獨享斯慶也。（雍熙元年）

遼主與蕭罕嘉努語從容。問曰。卿居外有異聞乎。罕嘉努對曰。臣惟知炒栗。小者熟。則大者必生。大者熟。則小者必焦。使大小均熟。始爲盡美。不知其他。罕嘉努嘗掌栗園。故託栗以諷諫。（仁宗景佑二年）

帝御邇英閣講詩匪風篇曰誰能烹魚溉之釜鬵帝曰老子謂治大國若烹小鮮義與此同否丁度對曰烹魚煩則碎治民煩則散非聖學深遠何以見古人求治之意乎（慶歷五年）

樞密使馬保忠言於遼主曰彊天下者儒道弱天下者吏道今之授官大率吏而不儒崇儒道則鄉黨之行修修德行則冠冕之緒崇自今非聖帝明王孔孟之教者望下明詔痛禁絕之遼主不聽（慶歷七年）

先是內出欹器一陳於邇英閣御坐前諭丁度等曰朕思古欹器之法試令宮人制之以示卿等命以水注之中則正滿則覆虛則欹率如家語荀卿淮南子之說帝曰日中則昃月盈則虧朕欲以中正臨天下當與列辟共守此道度拜曰臣等亦願無傾滿以事陛下因言太宗嘗作此器眞宗亦嘗著論帝製後述以賜度等（皇祐四年）

諫官司馬光言釋老之教無益治世而聚匿遊惰耗蠹良民是以國家著令有

擅造寺觀百間以上者聽人陳告科違制之罪仍卽時毀撤蓋以流俗戇愚積弊已深不可猝除故爲之禁限不使繁滋而已今若有公違法令擅造寺觀及百間以上則其罪已大幸遇赦恩免其罪犯可矣其棟宇瓦木猶當毀撤沒入縣官今既不毀又明行恩命賜之寵名是勸之也今立法以禁之於前而發赦以勸之於後恐自今以往姦猾之人將不顧法令依憑釋老之教以欺誘愚民聚斂其財廣營寺觀務及百間以冀後赦之恩不可復禁矣伏望追改前命更不施行（嘉祐七年）

帝御延英閣召侍讀侍講講論語讀史記呂公著講論語不知不愠曰古之人君令有未孚人心有未服則反身修德而不以愠怒加之如舜之誕敷文德文王之皇自敬德也劉敞讀史記至堯授舜以天下因陳說曰舜至側微堯越四岳禪之以位天地享之百姓戴之非有他道惟其孝友之德光於上下耳二人辭氣明暢帝竦體改容知其以義理諷也既退王珪謂敞曰公直言至此乎太

后聞之亦大喜(嘉祐八年)

帝嘗問治道體要張方平以簡易誠明爲對帝不覺前席曰朕昔奉朝請望侍從大臣以爲皆天下選人今多不然聞學士之言始知有人矣(英宗治平三年)

以翰林侍讀學士寶文閣學士呂公著兼端明殿學士帝從容與論治道遂及釋老公著問曰堯舜知此道乎帝曰堯舜豈不知公著曰堯舜雖知此而惟以知人安民爲難所以爲堯舜也帝又言唐太宗能以權智御臣下對曰太宗之德以能屈己從諫爾帝善其言(神宗元豐元年)

宣示賜新進士御書益稷篇梁克家言益稷首載治水播奏艱食末載君臣更相訓飭之意學者因宸翰以味經旨必知古人用心矣帝曰如所載無若丹朱傲等語見古者君臣儆戒之深允文曰舜與皐陶賡歌之詞舜則曰股肱喜元首起皐陶則曰元首明股肱良又繼以元首叢脞股肱惰之語君臣之間相稱

胥相警戒。自有次序如此。所以能致無爲之治。帝曰。然此篇首言民之粒食。則知務農爲治之本。至於告臣隣之言。則曰庶頑讒說。若不在時侯以明之。撻以記之。又曰格則承之庸之。否則威之。是古聖人待天下之人。未嘗不先之以敎。及其不格。則必以刑威之。今爲書生者多事虛文。而忽玆二事。是未究古聖人之用心也。（孝宗乾道八年）

詔經筵讀眞宗正說。史浩進讀正心篇。論黃帝無爲天下治。帝曰。所謂無爲者。豈晏安無所事事之謂乎。浩又讀剛斷篇。至漢武帝知郭解能使將軍爲言。其家不貧。帝曰。武帝可謂洞照事情。浩又讀大中篇。論爲政之道本乎大中。帝曰。勿渾渾而濁。勿察察而明。卽此理也。（淳熙八年）

鄭淸之同王暨進讀。帝曰。朕觀漢唐以下人主。鮮克有終者。皆由不知道。淸之言聖見高明。可謂推本之論。王暨講尙書。帝問曰。夏桀不道。成湯放之。可以鑒矣。紂何爲復循其覆轍。王暨曰。惟上智與下愚不移。殷鑒不遠。在夏后之世。紂不能鑒·遂至滅亡·所謂下愚不移者也·淸之曰·古人主不能以亂亡爲鑒·豈獨闇君庸主·漢武帝飫聞亡秦黷武之弊·而窮征四夷·唐元宗手鋤太平·逆韋之難·而敗於女寵·猶未足怪·太宗英明·創業親見隋煬征遼亡國·乃縱兵鴨綠·迄無成功·有累盛德·是皆不能以覆轍爲戒·正如聖語·由不知道·所以不能以道制欲·爾王暨曰·以古爲鑑·此言發於太宗·而身自違之·帝曰·非知之艱·行之爲艱·(理宗紹定元年)

臣寮言·請戒飭中外羣臣·各守禮義廉恥之維·堅安靜恬退之節·有不安意者·奏劾以聞·又言今日士大夫學術之未純·皆基於岐道法爲二致·宜明示意嚮以風在位·變易偏尙·即道以行法·遵法以爲政·則學爲有用之學·道爲常行之道·從之·(紹定二年)

元太原路轉運使呂俊副使劉子俊以贓抵罪·元主責耶律楚材曰·卿言孔子之道可行·儒者爲好人·何故乃有此輩·楚材對曰·君父教臣子·亦不欲令陷不

義。三綱五常。聖人之名教。有國家者。莫不欲之。如天之有日月也。豈得緣一夫之失。使萬世常行之道。見廢於吾朝乎。元主意乃解（嘉熙二年）

元呼必賚聞眞定路經歷官張德輝之賢。召至藩邸。問曰。孔子沒已久。今其性安在。德輝對曰。聖人與天地相終始。無往不在。殿下能行聖人之道。性卽在是矣。又問或云遼以釋廢。金以儒亡。有諸。對曰。遼事臣未周知。金季乃所親見。宰執中雖用一二儒臣。餘皆武弁世爵。及論軍國大事。又不使預聞。大抵以儒進者。三十之一。國之存亡。自有任其責者。儒何咎焉。呼必賚然之。因問德輝曰。祖宗法度具在。而未盡設施者甚多。將如之何。德輝指銀槃喻曰。創業之主。如製此器。精選白金良匠。規而成之。畀後人傳之無窮。當求謹厚者司掌。乃永爲寶用。否則不惟缺壞。亦恐有竊而去之者矣。呼必賚良久曰。此正吾心所不忘也。又問農家作苦。何衣食之不贍。對曰。農桑天下之本。衣食之所從出者也。男耕女織。終歲勤苦。擇其精者輸之官。餘麤惡者將以仰事俯育。而親民之吏。復橫

歟以盡之則民鮮有不凍餒者矣又訪中國人材德輝舉魏璠元裕李治等二十餘人德輝交城人也(淳祐七年)

元河北宣撫使張文謙奏杜瑛爲提舉學校官瑛辭遺書執政略曰先王之道不明異端邪說害之也橫流奔放天理不絕如綫今天子聖神俊乂輻湊言納計用先王之禮樂教化興明修復維其時矣若夫簿書期會文法末節漢唐猶不屑也執事者因陋就簡此焉是務良可惜哉夫善始者未必善終今不能遡流求源明法正俗育材興化以拯數百年之禍僕恐後日之弊將有不可勝言者矣時王文統用事識者憂之(景定元年)

宗學博士楊文仲在講筵嘗進讀春秋帝問五霸何以爲三王罪人文仲曰齊桓公當王霸升降之會而不能爲向上事業獨能開世變厲階臣考諸春秋桓公初年多書人及伐楚定世子之功既成然後書侯之辭迭見此所以爲尊王抑霸之大法然王豈徒尊哉蓋欲周王子孫率修文武成康之法度以扶持文

武成康之德澤則王迹不熄西周之美可尋如此方副春秋尊王之意帝曰先帝聖訓有曰絲竹亂耳紅紫眩目良心善性皆本有之又曰得聖賢心學之指要本領端正家族世守以是君國子民以是祈天永命以是詒謀燕翼大哉先訓朕朝夕服膺時帝以疾連不視朝文仲言聲色之事若識得破元無可好帝歛容端拱久之(理宗景定三年)

詔皇太子阿裕實哩達喇習學漢人文字以翰林學士李好文兼諭德歸暘爲贊善好文力辭上書宰相曰三代帝王莫不以教世子爲急務蓋帝王之治本於道聖賢之道存於經而傳經期於明道出治在於爲學關係至重要在得人自非德堪範模則不足以輔成德性非學臻閫奧則不足以啟迪聰明宜求道德之鴻儒仰成國家之盛事好文天資本下人望素輕必別加選掄庶幾國家有得人之效宰相以其書聞帝不允好文言欲求二帝三王之道必由於孔子其書則孝經大學論語孟子中庸乃摘其要略釋以經義又取史傳及先儒論

說有關治體而協經旨者加以己見倣眞德秀大學衍義之例爲書十一卷名曰端本堂經訓要義奉表以進帝聞之言於奇皇后曰向者太子學佛法頓覺開悟令乃使習孔子之敎恐壞太子眞性后曰吾雖居深宮不明道德嘗聞自古及今治天下者須用孔子之道舍之他求卽爲異端佛法雖好乃餘事耳不可以治天下安得使太子不讀書耶(元順帝至正九年)

史理氏曰人不能盡善非造化之功有所偏克己之力有不齊也於是偏於道而有過與不及者矣離於道而有假仁假義者矣叛於道而有作奸犯科者矣然其道特爲私欲所蔽非爲私慾所滅也猶可修也譬猶鑑爲塵所掩則暗水爲沙所淤則濁然拂其塵而淘其沙其明淸固自若也人苟鋤其私其道固在也彼旣不能自修而大聖人爲之修之則謂之敎其修之若何返其固有之道而已以何術修之禮以修其身體樂以修其性情刑以修其逸慾兵以修其奸宄凡所施爲無非修之使返其道所謂敎

也。君臣之教。百姓。師之教。弟子。父之教子。兄之教弟。夫之教婦。皆預有教之責也。君臣教於國。父兄教於家。君臣之教。代天行教。父兄之教。代君行教。皆教也。何謂道。總其綱爲仁義禮智信。此天賦人之道也。散其目爲三綱五常。日用起居當由之正路。此人行天之道也。修之若何。然後爲不離於道。中而已矣。仁尙易踐。仁而合於中。則不易踐。義尙易踐。義而合於中。則不易踐。禮尙易踐。禮而合於中。則不易踐。智尙易踐。智而合於中。則不易踐。信尙易踐。信而合於中。則不易踐。不中。卽非道也。故曰中也。大聖人又患人之不從文告也。於是反求之己。以修己者修人。隱微不敢忽。喜怒不敢過。言語不敢苟。風行草偃。一己修道。天下無一人不修道矣。人皆有道。天下猶有無道之事乎。此道學之所以有關於治術也。後世道不修。而道滅。異教乘隙而興。夫異端者。亦以勸人行善爲事也。特偏耳。以偏教人。天下有不亂者乎。欲修正道。必先闢異教。未有異教闢。而正道不修者也。

未有異教興而正道能修者也故孔子孟子韓子皆闢異教以修正道今異教之紛紜甚於楊墨佛老孔孟韓諸子久無其人果孰是修道行教者耶

第四章　議教化爲治之本刑法爲本之助二者相需爲理

賈誼上疏曰今庶人屋壁得爲帝服倡優下賤得爲后飾且帝之身自衣皁綈而富民牆屋被文繡天子之后以緣其領庶人孽妾以緣其履此臣所謂舛也夫百人作之不能衣一人欲天下亡寒胡可得也一人耕之十人聚而食之欲天下亡飢不可得也飢寒切於民之肌膚欲其亡爲姦邪不可得也商君遺禮義棄仁恩幷心於進取行之二歲秦俗日敗故秦人家富子壯則出分家貧子壯則出贅借父耰鉏慮有德色母取箕帚立而誶語抱哺其子與公併倨婦姑不相說則反脣而相稽其慈子耆利不同禽獸者無幾耳今其遺風餘俗猶尚未改棄禮義捐廉恥日甚可謂月異而歲不同矣逐利不耳慮非顧行也今其

甚者殺父兄矣而大臣特以簿書不報期會之間以爲大故至於俗流失世壞敗因恬而不知怪慮不動於耳目以爲是適然耳夫移風易俗使天下回心而鄉道類非俗吏之所能爲也俗吏之所務在於刀筆筐篋而不知大體陛下又不自憂竊爲陛下惜之豈如今定經制令君君臣臣上下有差父子六親各得其宜此業壹定世世常安而後有持循矣若夫經制不定是猶度江河亡維楫中流而遇風波船必覆矣凡人之智能見已然不能見將然夫禮者禁於將然之前而法者禁於已然之後是故法之所爲用易見而禮之所爲至難知也若夫慶賞以勸善刑罰以懲惡先王執此之政堅如金石行此之令信如四時據此之公無私如天地豈顧不用哉然而曰禮云禮云者貴絕惡於未萌而起教於微眇使民日遷善遠罪而不自知也孔子曰聽訟吾猶人也必也使毋訟乎爲人主計者莫如先審取舍取舍之極定於內而安危之萌應於外矣夫天下大器也今人之置器置諸安處則安置諸危處則危天下之情與器無以異在

天子之所置之湯武置天下於仁義禮樂·累子孫數十世·此天下所共聞也·秦王置天下於法令刑罰·禍幾及身·子孫誅絕·此天下之所共見也·是非其明效大驗耶·今言曰·聽言之道·必以其事觀之·則言者莫敢妄言·今或言禮誼之不如法令·教化之不如刑罰·人主何不引殷周秦事以觀之也·(漢文帝六年)

皇太子柔仁好儒·見上所用多文法吏·以刑繩下·常侍燕從容言陛下持刑太深·宜用儒生·上作色曰·漢家自有制度·本以霸王道雜之·奈何純任德教·用周政乎·且俗儒不達時宜·好是古非今·使人眩於名實·不知所守·何足委任·乃歎曰·亂吾家者太子也·(宣帝甘露元年)

犍爲郡於水濱得古磬十六枚·議者以爲善祥·劉向因是說上宜興辟雍·設庠序·陳禮樂·隆雅頌之聲·盛揖讓之容·以風化天下·如此而不治者·未之有也·或曰不能具禮·禮以養人爲本·如有過差·是過而養人也·刑罰之過·或至死傷·今之刑·非皋陶之法也·而有司請定法·削則削·筆則筆·救時務也·至於禮樂·則曰

不敢·是敢於殺人·不敢於養人也·爲其俎豆管弦之間小不備·因是絕而不爲·是去小不備而就大不備·惑莫甚焉·夫教化之比於刑法·刑法輕·是舍所重而急所輕也·教化所恃以爲治也·刑法所以助治也·今廢所恃·而獨立其所助·非所以致太平也·自京師有誖逆不順之子孫·至於陷大辟受刑戮者不絕·由不習五常之道也·夫承千歲之衰周·繼暴秦之餘敝·民漸漬惡俗·貪饕險詖·不閑義理·不示以大化·而獨驅以刑罰·終已不改·（成帝綏和元年）

第五倫上疏曰·臣嘗讀書記·知秦以酷急亡國·又目見王莽亦以苛法自滅·故勤勤懇懇·實在於此·又聞諸王主貴戚驕奢踰制·京師尚然·何以示遠·故曰其身不正·雖令不行·以身教者從·以言教者訟·上善之倫·雖天性峭直·然常疾俗吏苛刻·論議每依寬厚云·（章帝建初二年）

涿郡崔寔詣公車稱病·不對策·退而論世事·名曰政論·其辭曰·凡天下所以不治者·常由人主承平日久·俗漸敝而不悟·政寖衰而不改·習亂安危·怢不自睹·

或荒耽耆欲。不恤萬機。或耳蔽箴誨。厭僞忽眞。或猶豫歧路。莫適所從。或見信之佐。括囊守祿。或疎遠之臣。言以賤廢。是以王綱縱弛於上。智士鬱伊於下。悲夫。自漢興以來。三百五十餘年矣。政令垢翫。上下怠懈。百姓囂然。咸復思中興之救矣。且濟時拯世之術。在於補綻決壞。枝拄邪傾。隨形裁割。要措斯世於安甯之域而已。故聖人執權遭時定制。步驟之差。各有云設。不彊人以不能背急切而慕所聞也。蓋孔子對葉公以來遠。哀公以臨人。景公以節禮。非其不同所急異務也。俗人拘文牽古。不達權制。奇偉所聞。簡忽所見。烏可與論國家之大事哉。故言事者雖合聖聽。輒見掎奪。何者。其頑士闇於時權。安習所見。不知樂成。況可慮始。苟云率由舊章而已。其達者或矜名妒能。恥策非己。舞筆奮辭。以破其義。寡不勝衆。遂見擯棄。雖稷契復存。猶將困焉。斯賢智之論所以常憤鬱而不伸者也。凡爲天下者。自非上德。嚴之則治。寬之則亂。何以明其然也。近孝宣皇帝明於君人之道。審於爲政之理。故嚴刑峻法。破姦軌之膽。海內清肅。天下密如算計見效優於孝文及元帝即位多行寬政卒以墮損威權始奪遂為漢室基禍之主政道得失於此可鑒昔孔子作春秋褒齊桓懿晉文歎管仲之功夫豈不美文武之道哉誠達權救敝之理也聖人能與世推移而俗士苦不知變以為結繩之約可復治亂秦之緒干戚之舞可以解平城之圍夫熊經鳥伸雖延歷之術非傷寒之理呼吸吐納雖度紀之道非續骨之膏蓋為國之法有似理身平則致養疾則攻焉夫刑罰者治亂之藥石也德教者興平之粱肉也以刑罰治平是以藥石供養也方今承百王之敝值厄運之會自數世以來政多恩貸馭委其轡馬駘其銜四牡橫奔皇路險傾方將拑勒鞬輈以救之豈暇鳴和鑾調節奏哉昔文帝雖除肉刑當斬右趾者棄市笞者往往致死是文帝以嚴致平非以寬致平也山陽仲長統嘗見其書歎曰凡為人主宜寫一通置之坐側（桓帝元嘉元年）

臣光曰漢家之法已嚴矣而崔寔猶病其寬何哉蓋衰世之君率多柔懦凡

愚之佐唯知姑息是以權幸之臣有罪不坐豪猾之民犯法不誅仁恩所施止於目前姦宄得志紀綱不立故崔寔之論以矯一時之枉非百世之通義也孔子曰政寬則民慢慢則糾之以猛猛則民殘殘則施之以寬寬以濟猛猛以濟寬政是以和斯不易之常道矣(同上)

諸葛亮佐備治蜀頗尙嚴峻人多怨歎者法正謂亮曰昔高祖入關約法三章秦民知德今君假借威力跨據一州初有其國未垂惠撫且客主之義宜相降下願緩刑弛禁以慰其望亮曰君知其一未知其二秦以無道政苛民怨匹夫大呼天下土崩高祖因之可以弘濟劉璋暗弱自焉以來有累世之恩文法羈縻互相承奉德政不舉威刑不肅蜀土人士專權自恣君臣之道漸以陵替寵之以位位極則賤順之以恩恩極則慢所以致敝實由於此吾今威之以法法行則知恩限之以爵爵加則知榮榮恩並濟上下有節爲治之要於斯而著矣(獻帝建安十九年)

傅玄以魏末士風頹敝上疏曰臣聞先王之御天下教化隆於上清議行於下近者魏武好法術而天下貴刑名魏文慕通達而天下賤守節其後綱維不攝放誕盈朝遂使天下無復清議今未舉清遠有禮之臣以敦風節未退虛鄙之士以懲不恪臣是以猶敢有言上嘉納其言（晉武帝泰始元年）

王導遣八部從事行揚州郡國還同時俱見諸從事各言二千石官長得失獨顧和無言導問之和曰明公作輔甯使網漏吞舟何緣採聽風聞以察察為政導咨嗟稱善（元帝大興元年）

西涼公李暠手令戒諸子以為從政者當審慎賞罰勿任愛憎近忠正遠佞諛勿使左右竊弄威福毀譽之來當研覈真偽聽訟折獄必和顏任理慎勿逆詐億必輕加聲色務廣咨詢勿自專用吾蒞事五年雖未能息民然含垢匿瑕朝為寇讎夕委心膂粗無負於新舊事任公平坦然無類初不容懷有所損益計近則如不足經遠乃為有餘庶亦無愧前人也（安帝義熙元年）

上問宰相爲政，寬猛何先。權德輿對曰，秦以慘刻而亡，漢以寬大而興。太宗觀明堂圖，禁抶人背。是故安史以來，屢有悖逆之臣，皆旋踵自亡，由祖宗仁政結於人心，人不能忘故也。然則寬猛之先後可見矣。上善其言（唐憲宗元和六年）

邇英閣講周禮大荒大札，則薄征緩刑。楊安國曰，所謂緩刑者，乃過誤之民耳。當歲歉則赦之，閔其窮也。今衆持兵仗劫糧廩，一切寬之，恐不足以禁姦。帝曰，不然，天下皆吾赤子也。一遇饑饉，州縣不能存恤，餓莩所迫，遂致爲盜，又捕而殺之，不亦甚乎（宋仁宗至和元年）

帝諭曰，近世廢弛之弊，宜且糾之以猛，他日風俗變易，卻用寬政。譬之立表，傾則扶之，過則正之，使之適中而後已。虞允文曰，古人得衆在寬，救寬以猛。天地之心，生生不窮，故陰極於剝則復。帝曰，天地若無肅殺，何以能發生。梁克家曰，殺之乃所以生之，天地之心，歸於仁而已。帝曰，然（孝宗乾道七年）

有告統兵官掊尅不法者帝令付大理寺治之虞允文言恩威相須乃濟帝曰威克厥愛允濟愛克厥威允罔功蘇軾乃謂堯舜務以愛勝威朕謂軾之言未然梁克家曰先儒立論不可指爲一定之說如崔寔著政論務勸世主馭下以嚴大抵救弊之言各因其時爾帝曰昔人以嚴致平非謂深文峻法也紀綱嚴整使人不敢犯耳譬如人家父子兄弟森然法度之中不必須用鞭扑然後謂之嚴也(同上)

金世宗謂宰臣曰帝王之政固以寬慈爲德然如梁武帝專務寬慈以至綱紀大壞朕嘗思之賞罰不濫卽寬政也餘復何爲(淳熙十年)

元皇弟呼必賚次相州召隱士杜瑛問南征之策瑛從容對曰漢唐以還人君所恃以爲國者法與兵食三事而已國無法不立人無食不生亂無兵不守今宋皆蔑之殆將亡矣興之在聖朝若控襄樊之師委戈下流以擣其背大業可定矣皇弟悅曰儒者中有此人乎命從行以疾辭瑛時昇之子也(理宗開慶元

年）

先是徵元故臣既至帝御奉天門召問元政得失馬翼對曰元有天下以寬得之亦以寬失之帝曰以寬得之則聞之矣亦以寬失之則未之聞也元季君臣耽於逸樂馴至淪亡其失在縱弛實非寬也聖王之道寬而有制不以廢事爲寬簡而有節不以慢易爲簡施之適中則無弊矣（明太祖洪武二年）

有事於北郊尚書吳琳主事宋濂帥文學士以從國子學錄蕭執等十二人入見齋所帝患心不甯濂從容言曰養心莫善於寡欲審能行之則心清而身泰矣帝稱善者良久問帝王之學何書爲要濂舉大學衍義乃命書之揭之殿兩廡壁頃之御西廡諸大臣皆在帝指衍義中司馬遷論黃老事命濂講析濂因曰漢武溺方技謬悠之學改文景恭儉之風民力既敝然後嚴刑督之人主誠以禮義治心則邪說不入學校治民則禍亂不興刑法非所先也問三代歷數及封疆廣狹濂備陳之曰三代治天下以仁義故多歷年所又問三代以上所

讀何書·對曰·上古載籍未立·人不專講誦·君人者兼治教之責·率以躬行·則衆自化·嘗奉制詠鷹·令七舉足·即成·有自古戒禽荒之句·帝曰·卿可謂善陳矣·(明太祖洪武五年)

御史劉安言人君貴明不貴察·察非明也·人君以察爲明·天下多事矣·陛下臨御八年·而治理未臻·識者謂陛下之治·功損於明察·夫治可以緩圖·不可以急取·可以休養致·不可以督責成·以急切之心·行督責之政·何以圖治平哉·且朝廷者·四方之極也·內之君臣·國尚如此·則外而撫按守令之官·風從響應·上以苛察繩下·以苛察應·恐民窮爲起盜之源·食寡無强兵之理·今明天子綜核於上·百執事振刷於下·叢蠹之弊·十去其九·所少者元氣耳·伏望大包荒之量·重根本之圖·略繁文而先急務·簡細故而宏遠猷·不以一人之毀譽爲喜怒·不以一言之順逆爲行止·久任老成·優容言官·則君臣上下·一德一心·人人各安其位·事事各盡其才·雍熙太和之治·不難見矣·帝閱疏大怒·逮赴錦衣衛拷訊·給

事中胡堯時救之，并逮治，獄具，謫堯時攸縣主簿，安餘千縣典史，（世宗嘉靖八年）

黃道周方候補，遘疾求去，瀕行上疏，言臣自幼學易，以天道爲準，上下載籍，二千四百年，考其治亂，百不失一，陛下御極之元年，正當師之上九，其爻云，大君有命，開國承家，小人勿用，陛下見賢才不遽得，懲小人不易絕，蓋陛下有大君之實，而小人懷干命之心，臣入都以來，所見諸大臣，皆無遠猷，動尋苛細，治朝宁者，以督責爲要，談治邊疆者，以姑息爲上，第序仁義道德，則以爲迂昧而不經，奉刀筆簿書，則以爲通達而知務，一切磨勘，則葛藤終年，一意不調，而株連四起，陛下欲整頓綱紀，斥攘外患，諸臣用之以滋章法令，摧抑搢紳，陛下欲剔弊防奸，懲一警百，諸臣用之以借題修隙，歛怨市權，且外廷諸臣敢誑陛下者，必不在拘攣守文之士，而在權力謬巧之人，內廷諸臣敢誑陛下者，必不在錐刀泉布之微，而在阿柄神叢之大，惟陛下超然省覽，旁稽載籍，自古迄今，決無數米量薪可成遠大之猷吹毛數睫可奏三王之治者彼小人見事智每短於事前言每多於事後自二年以來以察去弊而弊愈多以威創頑而威滋殫是亦反申商以歸周孔捐苛細以崇惇大之時矣又言自古外患未弭則大臣一心以憂外患小人未退則大臣一心以憂小人今獨以遺君父而大臣自處於催科比較之末行事而事失則曰事不可爲用人而人失則曰人不足用此臣所謂舛也三十年來釀成門戶之禍今又取搢紳稍有器識者舉網投阱即緩急安得一士之用乎凡絕餌而去者必非鰌魚戀棧而來者必非駿馬以利祿豢士則所豢者必嗜利之臣以箠楚驅人則就驅者必駑駘之骨今諸臣之才具心術陛下其知之矣知其爲小人而又以小人矯之則小人之焰益張知其爲君子而更以小人參之則君子之功不立天下總此人才不在廊廟則在林藪帝益不懌斥道周爲民（莊烈帝崇禎五年）

第五章 議政俗隆汚由士大夫趨向而轉移士大夫趨向邪正由一二大臣

第五章 議政俗隆汚由士大夫趨向而轉移士大夫趨向邪正由一二大臣趨向而轉移

趨向而轉移

荀悅論曰世有三游德之賊也一曰游俠二曰游說三曰游行立氣勢作威福結私交以立强於世者謂之游俠飾辯辭設詐謀馳逐於天下以要時勢者謂之游說色取仁以合時好連黨類立虛譽以爲權利者謂之游行此三者亂之所由生也傷道害德敗法惑世先王之所愼也國有四民各修其業不由四民之業者謂之姦民姦民不生王道乃成凡此三游之作生於季世周秦之末尤甚焉上不明下不正制度不立綱紀弛廢以毀譽爲榮辱不核其眞以愛憎爲利害不論其實以喜怒爲賞罰不察其理上下相冒萬事乖錯是以言論者計薄厚而吐辭選舉者度親疎而舉筆善惡謬於衆聲功罪亂於王法然則利不可以義求害不可以道避也是以君子犯禮小人犯法犇走馳騁越職僭度飾華廢實競趨時利簡父兄之尊而崇賓客之禮薄骨肉之恩而篤朋友之愛忘修身之道而求衆人之譽割衣食之業以供饗宴

之好·苞苴盈於門庭·聘問交於道路·書記繁於公文·私務衆於官事·於是流俗成而正道壞矣·是以聖王在上·經國序民·正其制度·善惡要於功罪·而不淫於毀譽·聽其言而責其事·舉其名而指其實·故實不應其聲者·謂之虛·情不覆其貌者·謂之僞·毀譽失其眞者·謂之誣·言事失其類者·謂之罔·虛僞之行不得設·誣罔之辭不得行·有罪惡者無僥倖·無罪惡者不憂懼·請謁無所行·貨賂無所用·息華文·去浮辭·禁僞辯·絕淫智·放百家之紛亂·壹聖人之至道·養之以仁惠·文之以禮樂·則風俗定而大化成矣·(漢武帝元朔二年)

匡衡奏曰·比年大赦·使百姓得改行自新·天下幸甚·臣竊見大赦之後·姦邪不爲衰止·今日大赦·明日犯法·相隨入獄·此殆導之未得其務也·今天下俗貪財賤義·好聲色·上侈靡·親戚之恩薄·婚姻之黨隆·苟合徼幸·以身設利·不改其原·雖歲赦之·刑猶難使措而不用也·臣愚以爲宜壹曠然大變其俗·夫朝廷者·天下之一幹也·朝有變色之言·則下有爭鬭之患·上有自專之士·則下有不讓之

人上有克勝之佐·則下有傷害之心·上有好利之臣·則下有盜竊之民·此其本也·治天下者審所上而已·教化之流·非家至而人說之也·賢者在位·能者在職·朝廷崇禮·百僚敬讓·道德之行·由內及外·自近者始·然後民知所法·遷善日進·而不自知也·詩曰·商邑翼翼·四方之極·今長安天子之都·親承聖化·然其習俗無以異於遠方·郡國來者無所法則·或見侈靡而倣效之·此教化之原本·風俗之樞機·宜先正者也·臣聞天人之際·精祲有以相盪·善惡有以相推·事作乎下者象動乎上·陰變則靜者動·陽蔽則明者晻·水旱之災·隨類而至·陛下祗畏天戒·哀閔元元·宜省靡麗·考制度·近忠正·遠巧佞·以崇至仁·匡失俗·道德弘於京師·淑問揚乎疆外·然後大化可成·禮讓可興也·上說其言·(元帝永光二年)

詔羣公卿士各陳得失·御史中丞熊遠上疏·以爲胡賊猾夏·梓宮未返·而不能遣軍進討·一失也·羣官不以讎賊未報爲恥·務在調戲酒食而已·二失也·選官用人·不料實德·惟在白望·不求才幹·惟事請託·當官者以治事爲俗吏·奉法爲

苛刻盡禮爲諂諛從容爲高妙放蕩爲達士驕蹇爲簡雅三失也世之所惡者陸沈泥滓時之所善者翺翔雲霄是以萬機未整風俗僞薄朝廷羣司以從順爲善相違見貶安得朝有辨爭之臣士無祿仕之志乎古之取士敷奏以言今光祿不試甚違古義又舉賢不出世族用法不及權貴是以才不濟務姦無所懲若此道不改求以救亂難矣（晉元帝大興元年）

魏韓顯宗上言古者四民異居欲其業專志定也太祖道武皇帝創基撥亂日不暇給然猶分別士庶不令雜居工伎屠沽各有攸處但不設科禁久而混殽今聞洛邑居民之制專以官位相從不分族類夫官位無常朝榮夕悴則是衣冠皁隷不日同處矣借使一里之內或調習歌舞或講肄詩書縱羣兒隨其所之則必棄詩書而從歌舞矣然則使工伎之家習士人風禮百年難成士人之子效工伎容態一朝而就是以仲尼稱里仁之美孟母勤三從之訓此乃風俗之原不可不察朝廷每選人士校其一婚一宦以爲升降何其密也至於度地

　議政俗隆汚由士大夫趨向而轉移士大夫趨向邪正由一二大臣趨向而轉移

居民則清濁連甍何其略也今因遷徙之初皆是空地分別工伎在於一言何可疑而闕盛美(齊明帝建武元年)

陳頵遺王導書曰中華所以傾弊者正以取才失所先白望而後實事浮競驅馳互相貢薦言重者先顯言輕者後敘遂相波扇乃至陵遲加有莊老之俗傾惑朝廷養望者爲弘雅政事者爲俗人王職不卹法物墜喪夫欲制遠先由近始今宜改張明賞信罰拔卓茂於密縣顯朱邑於桐鄉然後大業可舉中興可冀耳導不能從(晉懷帝永嘉五年)

睿參佐多避事自逸錄事參軍陳頵言於睿曰洛中承平之時朝士以小心恭恪爲凡俗以偃蹇倨肆爲優雅流風相染以至敗國今僚屬皆承西臺餘弊養望自高是前車已覆而後車又將尋之也請自今臨使稱疾者皆免官睿不從(愍帝建興元年)

董昭上疏曰凡有天下者莫不貴尙敦樸忠信之士深疾虛僞不眞之人著以

其毀教亂治敗俗傷化也、近魏諷伏誅建安之末、曹偉斬戮黃初之始、伏惟前後聖詔、深疾浮僞、欲以破散邪黨、常用切齒、而執法之吏、皆畏其權勢、莫能糾擿、毀壞風俗、侵欲滋甚、竊見當今年少、不復以學問爲本、專更以交游爲業、國士不以孝悌清修爲首、乃以趨勢游利爲先、合黨連羣、互相褒歎、以毀訾爲罰戮、用黨譽爲爵賞、附己者則歎之盈言、不附者則爲作瑕釁、至乃相謂今世何憂不度邪、但求人道不勤、羅之不博耳、人何患其不己知、但當吞之以藥而柔調耳、又聞或有使奴客名作在職家人、冒之出入、往來禁奧、交通書疏、有所探問、凡此諸事、皆法之所不取、刑之所不赦、雖諷偉之罪、無以加也、帝善之（魏明帝太和四年）

詔曰、朕旲食厲志、庶幾治古、而承平之敝、澆競相蒙、人務交游、家爲激訐、更相附離、以沽聲譽、至陰招賄賂、陽託薦賢、又按察將命者、悉爲苛刻、構織罪端、奏鞫縱橫、以重多辟、至於屬文之人、類亡體要、詆斥前聖、放肆異言、以訕上爲能、

以行怪爲美・自今委中書門下御史臺采察以聞・(宋仁宗慶歷四年)

張方平上對曰・臣觀古今治亂之變・不在其他・只在上下之勢・合事無大不成・上下之勢離・事無小不敗・比年以來・朝廷頗引輕險之人・布之言路・達道干譽・利口爲賢・敗壞雅俗・遂成險薄・內則言事官・外則按察官・多發人閨門曖昧・年歲深遠・累經赦宥之事・而又諸色小人・下至吏胥僮僕・觀時得逞・敢於犯上・翔造詞說・朝廷便行・濟以愛憎・何所不至・故自將相而下・下至於卿大夫・惴惴危恐・一動一爲・輒曰恐致人言・苟且因循・求免謗咎・何暇展布心體・爲國立事哉・願陛下留神・務在通上下之情・欲上下之情合・在審於聽受而已・帝覽奏・益異之・書文儒二字以賜・(慶歷八年)

詔曰・朕欲聞朝政得失・兵農要務・邊防備禦・將帥能否・財賦利害・錢法是非・與夫讒人害政・姦道亂俗・及所以防微杜漸之策・悉對於篇・葉清臣在永興・條對詔書所問・其言多剴切・權貴・且曰・陛下欲抑奔競・此繫中書・若宰相裁抑奔競・

之流則風俗敦厚人知止足宰相用險佞之士則貪榮冒進浸成波靡向有職在營庫日趨走時相之門入則取街談巷言以資耳目出則竊廟謨朝論以驚流輩一旦皆擢職司以酬所任比日人士競踵此風出入權要之家時有三尸五鬼之號乃列館職或置省曹且臺諫爲天子耳目今則盡爲宰相肘腋宰相所惡則捃以微瑕公行擊搏宰相所喜則從而唱和爲之先容中書政令不平賞罰不當則箝口結舌未嘗敢言人主纖微過差或宮闈小事即極言過當用爲訐直供職未逾歲時遷擢已加常等宋禧爲御史勸陛下宮中畜犬設棘以爲守衞削弱朝體取笑外國不加訶譴擢爲諫官王逵兩爲湖南江西轉運使所至苛虐誅剝百姓徒配無辜特以宰相故舊不次拔擢遂有河東之行如此是長奔競也其他所列利害甚衆（同上）

詔曰自古爲治必戒苛察近歲風俗爭事傾危獄犴滋多上下睽急傷累和氣朕甚悼焉自今言事者非朝廷得失民間利病毋得以風聞彈奏違者坐之（皇

祐元年)

詔曰朕祗紹駿謨厲精庶政吁惟近歲薦至煩言以爲參顧問者間怵於私尸言職者或失於當涖官無匪懈之恪專覬謬恩薦士乖責實之誠時容私謝至於命令之下以及詔除之行論議所移綱條益紊爰申戒告以厲浚明苟述修省之方浸長澆浮之俗必從吏議以正邦彝時上封者言古之取士以德行故淳明朴茂之人用後世取士以辭章故浮薄纖巧之人進望條列弊事申戒百官故降是詔(至和二年)

詔曰朕樂與士大夫惇德明義以先天下而在位殊趨弗率朕旨或僞言詭行務以警衆取譽罔上而邀寵論事之官捜抉隱微無忠恕長厚之風託跡於公而原其本心實以合黨圖私甚可惡也中書門下其采端實之士明進諸朝察辨矯激巧僞者加放黜爲御史中丞趙槩言比年以來搢紳之論多險刻競浮宜行戒敕之故降是詔(嘉祐五年)

右司諫蘇轍始供職上言帝王之治必先正風俗風俗旣正中人以下皆自勉於爲善風俗一敗中人以上皆自棄而爲惡邪正盛衰之源未有不始於此先帝嗣位執政大臣變易祖宗法度惟有呂誨范鎭等明言其失二人旣已得罪臺諫有以一言及者皆紛然逐去由是風俗大敗臣願陛下永惟邪正盛衰之漸始於臺諫修其官則聽其言言有不當隨事行遣使風俗一定忠言日至則太平之治可立而待也(哲宗元祐元年)

詔曰朕惟天下治亂繫乎風俗之媺惡風俗媺惡繫乎士夫之好尚蓋士大夫者風俗之表而天下所賴以治者也故上有禮義廉恥之風則下有忠厚醇一之行上有險怪媮薄之習則下有乖爭陵犯之變朕嘗戢姦貪黜浮靡躬節儉以示天下而歷紀逾久治效未進意在位者未能率德改行以厚風俗故廉士失職貪夫長利將何以助朕興化致理無愧於古之賢臣乎(孝宗淳熙元年)

提舉玉隆萬壽觀李浩卒浩忠憤激烈言切時弊以此取忌於衆帝察其衷始

終全之爲大郡廉潔奉養如布衣時嘗論風俗不美者八事其略曰陛下求規諫而臣下專務迎合貴執守而臣下專務順從惜名器而僥倖之路未塞重廉恥而趨附之門尚開儒術可行而有險詖之徒下情當盡而有壅蔽之患期以氣節而偷惰者得以苟容責以實效而誕慢者得以自售帝嘉其直諫云(淳熙三年)

臣僚言祖宗之時士尚恬退張師德兩詣宰相之門遂遭譏議豈若今日紛至沓來臺諫之門猥雜尤甚日酬對亦且厭苦而無說以拒其來願明詔在廷止遏奔競其有素事干謁者宰執從而抑之臺諫從而糾之至於私第請謁之禮一切刪去果有職事非時自許相見庶幾在上者可以愛惜日力不爲賓客之所困在下者可以恪恭職業不爲人事之所牽從之(淳熙十五年)

知南康軍朱熹疏言今宰相臺省師傅賓友諫諍之臣皆失其職而陛下所與親密謀議者不過一二近習之臣此一二小臣者上則蠱惑陛下之心志使陛

下不信先王之大道．而說於功利之卑說．不樂莊士之讜言．而安於私褻之鄙態．下則招集天下士大夫之嗜利無恥者．文武彙分．各入其門．所喜則陰爲引援．擢置淸顯．所惡則密行訾毀．公肆擠排．交通貨賂．則所盜者皆陛下之財．命卿置將．則所竊者皆陛下之柄．陛下所謂卿相師傅賓友諫諍之臣．或反出入其門牆．承望其風旨．其幸能自立者．亦不過齪齪自守．而未嘗敢一言斥之．其甚畏公議者．乃略能警逐其徒黨之一二．既不能深有所傷．而終亦不敢明言．以擣其囊橐窟穴之所在．勢成威立．中外靡然向之．使陛下之號令黜陟．不復出於朝廷．而出於此一二人之門．名爲陛下之獨斷．而實此一二人者．陰執其柄．蓋其所壞．非獨壞陛下之紀綱．乃併爲陛下所以立紀綱者．而壞之．則民又安可得而恤．財又安可得而理．軍政何自而復．宗廟之讎．又何時而可雪耶．帝讀之大怒．諭趙雄令分晰．雄言於帝曰．士之好名者．陛下疾之愈甚．則人之譽之者愈衆．無乃適所以高之．不若因其長而用之．彼漸當事任．能否自見矣．帝

以爲然・乃置不問(淳熙七年)

侍御史林采右正言施康年上疏曰・臣聞習僞者名教之僇人・欺君者臣子之大罪・欺與僞實人材風俗之所深患・不可不察也・苟有人焉・方僞習之熾・則從之・及僞習之衰・則攻之・彼自以爲媒身干進之計・而不知墮於欺君之罪・臣嘗謂由慶元初迄今・人之趨向・一歸於正・謹守而隄防之權在二三執政大臣・其次在給舍・又其次在臺諫・設使朝廷未知其人・有所除授・給舍不繳駁・臺諫不論列・百執事從而指其人・聲其罪・可也・今乃不然・徒肆諸空言・遂使當世譁然指攻・僞爲釣取爵祿之資・凡投匭而上書・陛辭而進說・召見而賜對・其論一本於此・望下臣此章・播告中外・繼自今專事忠恪・毋肆欺謾・不惟可以昭聖朝公正之心・抑亦可以杜僞習淆亂之患・時韓侂胄欲去異己以快所私・然實京鏜創謀・及鏜死・侂胄亦厭前事之紛紜・欲稍更張・以消中外之議・且欲開邊釁・而往時廢退之人・又有以復讐之說進者・故言官遂有此疏・(甯宗嘉泰二年)

第六章　議禮樂名分爲亂世大防實可杜僭竊並論樂之有益於政俗

臣光曰。臣聞天子之職莫大於禮。禮莫大於分。分莫大於名。何謂禮。紀綱是也。何謂分。君臣是也。何謂名。公卿大夫是也。夫以四海之廣。兆民之衆。受制於一人。雖有絕倫之力。高世之智。莫不奔走而服役者。豈非以禮爲之紀綱哉。是故天子統三公。三公率諸侯。諸侯制卿大夫。卿大夫治士庶人。貴以臨賤。賤以承貴。上之使下。猶心腹之運手足。根本之制支葉。下之事上。猶手足之衞心腹。支葉之庇本根。然後能上下相保而國家治安。故曰天子之職莫大於禮也。文王序易。以乾坤爲首。孔子繫之曰。天尊地卑。乾坤定矣。卑高以陳。貴賤位矣。言君臣之位。猶天地之不可易也。春秋抑諸侯。尊王室。王人雖微。序於諸侯之上。以是見聖人於君臣之際。未嘗不惓惓也。非有桀紂之暴。湯武之仁。人歸之。天命之。君臣之分。當守節伏死而已矣。是故以微子而代紂。則成湯配天矣。以季札而君吳。則太伯血食矣。然二子甯亡國而不爲者。

誠以禮之大節不可亂也故曰禮莫大於分也夫禮辨貴賤序親疏裁羣物制庶事非名不著非器不形名以命之器以別之然後上下粲然有倫此禮之大經也名器既亡則禮安得獨在哉昔仲叔于奚有功於衞辭邑而請繁纓孔子以爲不如多與之邑惟名與器不可以假人君之所司也政亡則國家從之衞君待孔子而爲政孔子欲先正名以爲名不正則民無所措手足夫繁纓小物也而孔子惜之正名細務也而孔子先之誠以名物既亂則上下無以相保故也夫事未有不生於微而成於著聖人之慮遠故能謹其微而治之衆人之識近故必待其著而後救之治其微則用力寡而功多救其著則竭力而不能及也易曰履霜堅冰至書曰一日二日萬幾謂此類也故曰分莫大於名也嗚呼幽厲失德周道日衰紀綱敗壞下陵上替諸侯專征大夫擅政禮之大體什喪七八矣然文武之祀猶緜緜相屬者蓋以周之子孫尚能守其名分故也何以言之昔晉文公有大功於王室請隧於襄王襄

王不許。曰。王章也。未有代德而有二王。亦叔父之所惡也。不然。叔父有地而隧。又何請焉。文公於是懼而不敢違。是故以周之地則不大於曹滕。以周之民則不衆於邾莒。然歷數百年。宗主天下。雖以晉楚齊秦之彊。不敢加者。何哉。徒以名分尚存故也。至於季氏之於魯。田常之於齊。白公之於楚。智伯之於晉。其勢皆足以逐君而自爲。然而卒不敢者。豈其力不足而心不忍哉。乃畏奸名犯分而天下共誅之也。今晉大夫暴蔑其君。剖分晉國。天子既不能討。又寵秩之。使列於諸侯。是區區之名分復不能守而并棄之也。先王之禮於斯盡矣。或者以爲當是之時。周室微弱。三晉彊盛。雖欲勿許。其可得乎。是大不然。夫三晉雖彊。苟不顧天下之誅而犯義侵禮。則不請於天子而自立矣。不請於天子而自立。則爲悖逆之臣。天下苟有桓文之君。必奉禮義而征之。今請於天子而天子許之。是受天子之命而爲諸侯也。誰得而討之。故三晉之列於諸侯。非三晉之壞禮。乃天子自壞之也。烏呼。君臣之禮既壞矣。則

天下以智力相雄長遂使聖賢之後為諸侯者社稷無不泯絕生民之類糜滅既盡豈不哀哉（周威烈王二十三年）

楚欲圖周王使東周武公謂楚令尹昭子曰周不可圖也昭子曰乃圖周則無之雖然何不可圖武公曰西周之地絕長補短不過百里名為天下共主裂其地不足以肥國得其眾不足以勁兵雖然攻之者名為弒君然而猶有欲攻之者見祭器在焉故也夫虎肉臊而兵利身人猶攻之若使澤中之麋蒙虎之皮人之攻之也必萬倍矣裂楚之地足以肥國詘楚之名足以尊王今子欲誅殘天下之共主居三代之傳器器南則兵至矣於是楚計輟不行（赧王三十四年）

司馬光曰天生烝民其勢不能自治必相與戴君以治之苟能禁暴除害以保全其生賞善罰惡使不至於亂斯可謂之君矣是以三代之前海內諸侯何啻萬國有民人社稷者通謂之君合萬國而君之立法度班號令而天下

莫敢違者乃謂之王王德既衰彊大之國能帥諸侯以尊天子者乃謂之霸故自古天下無道諸侯力爭或曠世無王者固亦多矣秦焚書坑儒漢興學者始推五德生勝以秦爲閏位在木火之間霸而不王於是正閏之論興矣及漢室顛覆三國鼎峙晉氏失馭五胡雲擾宋魏以降南北分治各有國史互相排黜南謂北爲索虜北謂南爲島夷朱氏代唐四方幅裂朱邪入汴比之窮新（唐莊宗自以爲繼唐比朱梁於有窮篡夏新室篡漢）運歷年紀皆棄而不數此皆私己之偏辭非大公之通論也臣愚誠不足以識前代之正閏竊以爲苟不能使九州合爲一統皆有天子之名而無其實者也雖華夏仁暴大小強弱或時不同要皆與古之列國無異豈得獨尊獎一國謂之正統而其餘皆爲僭僞哉若以自上相授受者爲正邪則陳氏何所受拓跋氏何所受若以居中夏者爲正邪則劉石慕容苻姚赫連所得之土皆五帝三王之舊都也若以有道德者爲正邪則蕞爾之國必有令主三代之季豈無僻王是以正閏之論自古及今未有

能通其義確然使人不可移奪者也。臣今所述。止欲敘國家之興衰。著生民之休戚。使觀者自擇其善惡得失。以爲勸戒。非若春秋立褒貶之法。撥亂世反諸正也。正閏之際。非所敢知。但據其功業之實而言之。周秦漢晉隋唐。皆嘗混一九州。傳祚於後。子孫雖微弱播遷。猶承祖宗之業。有紹復之望。四方與之爭衡者。皆其故臣也。故全用天子之制以臨之。其餘地醜德齊。莫能相一。名號不異。本非君臣者。皆以列國之制處之。彼此均敵。無所抑揚。庶幾不誣事實。近於至公。然天下離析之際。不可無歲時日月。以識事之先後。據漢傳於魏而晉受之。晉傳於宋。以至於陳而隋取之。唐傳於梁以至於周而大宋承之。故不得不取魏宋齊梁陳後梁後唐後晉後漢後周年號。以紀諸國之事。非尊此而卑彼。有正閏之辨也。昭烈之於漢。雖云中山靖王之後。而族屬疏遠。不能紀其世數名位。亦猶宋高祖稱楚元王後。南唐烈祖稱吳王恪後。是非難辨。故不敢以光武及晉元帝爲比。使得紹漢氏之遺統也。（魏文帝

黃初二年）

臣光曰。夫民生有欲。無主則亂。是故聖人制禮以治之。自天子諸侯至於卿大夫士庶人。尊卑有分。大小有倫。若綱條之相維。臂指之相使。是以民服事其上。而下無覬覦。其在周易。上天下澤履。象曰。君子以辨上下。定民志。此之謂也。凡人君所以能有其臣民者。以八柄存乎己也。苟或捨之。則彼此之勢均。何以使其下哉。肅宗遭唐中衰。幸而復國。是宜正上下之禮以綱紀四方。而偷取一時之安。不思永久之患。彼命將帥。統藩維。國之大事也。乃委一介之使。徇行伍之情。無問賢不肖。惟其所欲與者則授之。自是之後。積習爲常。君臣循守。以爲得策。謂之姑息。乃至偏裨士卒。殺逐主帥。亦不治其罪。因以其位任授之。然則爵祿廢置殺生予奪。皆不出於上。而出於下。亂之生也。庸有極乎。且夫有國家者。賞善而誅惡。故爲善者勸。爲惡者懲。彼爲人下而殺逐其上。惡孰大焉。乃使之擁旄秉鉞。師長一方。是賞之也。賞以勸惡。惡其何所不至乎書云遠乃猷詩云猷之未遠是用大諫孔子曰人無遠慮必有近憂爲天下之政而專事姑息其憂患可勝校乎由是爲下者常盻盻焉伺其上苟得間則攻而族之爲上者常惴惴焉畏其下苟得間則掩而屠之爭務先發以逞其志非有相保養爲俱利久存之計也如是而求天下之安其可得乎迹其厲階兆於此矣蓋古者治軍必本於禮故晉文公城濮之戰見其師少長有禮知其可用今唐治軍而不顧禮使士卒得以陵偏裨偏裨得以陵將帥則將帥之陵天子自然之勢也由是禍亂繼起兵革不息民墜塗炭無所控訴凡二百餘年然後大宋受命太祖始制軍法使以階級相承小有違犯咸伏斧質是以上下有敘令行禁止四征不庭無思不服宇內乂安兆民允殖以迄於今皆由治軍以禮故也豈非詒謀之遠哉（唐肅宗乾元元年）

臣光曰臣聞垂能目制方圓心度曲直然不能以敎人其所以敎人者必規

矩而已矣聖人不勉而中不思而得然不能以授人其所以授人者必禮樂而已矣禮者聖人之所履也樂者聖人之所樂也聖人履中正而樂和平又思與四海共之百世傳之於是乎作禮樂焉故工人執垂之規矩而施之器是亦垂之功已王者執五帝三王之禮樂而施之世是亦五帝三王之治已五帝三王其違世已久後之人見其禮知其所履聞其樂知其所樂炳然若猶存於世也此非禮樂之功邪夫禮樂有本有文中和者本也容聲者末也二者不可以偏廢先王守禮樂之本未嘗須臾去於心行禮樂之文未嘗須臾遠於身興於閨門著於朝廷被於鄉遂比鄰達於諸侯流於四海自祭祀軍旅至於飲食起居未嘗不在禮樂之中如此數十百年然後治化周浹鳳凰來儀也苟無其本而徒有其末一日行之而百日捨之求以移風易俗誠亦難矣是以漢武帝置協律歌天瑞非不美也不能免哀痛之詔王莽建羲和考律呂非不精也不能救漸臺之禍晉武帝制笛尺調金石非不詳也不

能弭平陽之災·梁武帝立四器調八音·非不察也·不能免臺城之辱·然則韶夏濩武之音·具存於世·苟其餘不足以稱之·曾不能化一夫·況四海乎·是猶執垂之規矩·而無工與材·坐而待器之成·終不可得也·況齊陳淫昏之主·亡國之音·蹔奏於庭·烏能變一世之哀樂乎·而太宗遽云治之隆替·不由於樂·何發言之易·而果於非聖人也·如此·夫禮非威儀之謂也·然無威儀則禮不可得而行矣·樂非聲音之謂也·然無聲音則樂不可得而見矣·譬諸山·取其一土一石而謂之山則不可·然土石皆去·山於何在哉·故曰無本不立·無文不行·奈何以齊陳之音·不驗於今世·而謂樂無益於治亂·何異睹拳石而輕泰山乎·必若所言·則是五帝三王之樂·皆妄也·君子於其不知·蓋闕如也·惜哉·(太宗貞觀二年)

初黃巢之破長安也·魏州僧傳眞之師·得傳國寶·藏之四十年·至是傳眞乃詣晉行臺獻之·將佐皆奉觴稱賀·張承業在晉陽·聞之詣魏州諫曰吾王世世忠

於唐室救其患難所以老奴三十餘年為王捃拾財賦召補兵馬誓滅逆賊復本朝宗社耳今河北甫定朱氏尚存而王遽即大位殊非從來征伐之意天下其誰不解體乎王何不先滅朱氏復列聖之深仇然後求唐後而立之南取吳西取蜀汎掃宇內合為一家當是之時雖使高祖太宗復生誰敢居王上者讓之愈久則得之愈堅矣老奴之志無他但以受先王大恩欲為王立萬年之基耳王曰此非余所願奈羣下意何承業知不可止慟哭曰諸侯血戰本為唐家今王自取之誤老奴矣即歸晉陽邑邑成疾不復起(後梁均王龍德元年)

入內都知麥允言卒贈司徒安武節度使又詔允言有軍功特給鹵簿今後不得為例同知禮院司馬光言孔子謂惟器與名不可以假人夫爵祿尊卑之謂名車服等威之謂器今允言近習之臣非有元勳大勞過絕於人贈以三公之官給以一品鹵簿其為繁纓不亦大乎陛下欲寵秩其人適足增其罪累耳光池之子也(宋仁宗皇祐二年)

進士井研鄧若水上封事曰、行大義然後可以弭大謗、收大權然後可以固大位、除大姦然後可以息大難、寧宗皇帝晏駕、濟王當繼大位者也、廢黜不聞於先帝過失、不聞於天下、史彌遠不利其立、夜矯先帝之命、棄逐濟王、幷殺皇孫、而奉迎陛下、曾未半年、濟王竟不幸死於湖州、揆以春秋之法、非弒乎、非簒乎、非攘奪乎、當悖逆之初、天下皆歸罪彌遠、而不敢歸過於陛下者、何也、天下皆知倉卒之間、非陛下所得知、亦諒陛下必無是心也、亦料陛下必能掃清妖氛、以雪先帝濟王父子終天之恨、今踰年矣、而乾剛不決、成斷不行、無以大慰天下之望、昔之信陛下之必無者、今或疑其有、昔之信陛下之不知者、今或疑其知、陛下何忍以清明天日而身受此汚辱也、為陛下計、莫若遵太伯之至德、伯夷之清名、季子之高節、而後陛下之本心明於天下、此臣所謂行大義以弭大謗、策之上也、自古人君之失大權、鮮有不自廢立之際、而盡失之、當其廢立之間、威動天下、既立則眇視人主、是故强臣挾恩以陵上、小人怙强以無上、久則內外相爲一體·上喑默以聽其所爲·日朘月削·殆有人臣之所不忍言者·威權一去·人主雖欲固其位·保其身·有不可得·宣繒薛極·彌遠之肺腑也·王愈·其耳目也·盛章李知孝·其鷹犬也·馮樳·其爪牙也·彌遠欲行某事·害某人·則此數人者·相與謀之·曷嘗有陛下之意行乎其間乎·臣以爲不除此數凶·陛下非惟不足以弭謗·亦未可以必安其位·然則陛下何憚而久不爲哉·此臣所謂收大權·以定大位·策之次也·此而不行·又有一焉·曰除大姦·然後可以弭大難·李全·一流民耳·寓食於我·兵非加多·土地非加廣·勢力非特盛也·賈涉爲帥·庸人也·全不敢妄動·何也·名正而言順也·自陛下卽位·乃敢倔强·彼有辭以用其衆也·其意必曰·濟王先皇帝之子也·而彌遠放弒之·皇孫先皇帝之孫也·而彌遠戕害之·其辭直·其勢壯·是以沿淮數十萬之師·不敢睥睨其鋒·雖今暫無事·安知一日不羽檄飛馳·以濟王爲辭·以討君側之惡爲名·彌遠之徒·死有餘罪·不復可惜·宗社生靈·何辜焉·陛下今日誅彌遠之徒·則全無辭以用其衆矣·上而不得

則思其次次而不得則思其下悲夫奏上彌遠以筆橫抹之(理宗寶慶元年)

第七章　議爲政之體要救弊之良策

周公問太公何以治齊曰尊賢而尚功周公曰後世必有簒弑之臣太公問周公曰何以治魯周公曰尊尊而親親太公曰後世寖弱矣(周武王元年)

初太公封齊五月而報政周公曰何疾也曰吾簡其君臣禮從其俗及伯禽封魯三年而報政周公曰何遲也伯禽曰變其俗革其禮喪三年然後除之周公歎曰嗚呼後世其北面事齊矣夫政不簡不易民不能近平易近民民必歸之(成王七年)

李固對策曰人君之有政猶水之有隄防隄防完全雖遭雨水霖潦不能爲變政教一立暫遇凶年不足爲憂誠令隄防穿漏萬夫同力不能復救政教一壞賢智馳騖不能復還今隄防雖堅漸有孔穴譬之一人之身本朝者心腹也州郡者四支也心腹痛則四支不舉故臣之所憂在腹心之疾非四支之患也苟

堅隄防，務政教，先安心腹，整理本朝，雖有寇賊水旱之變，不足介意也。誠令隄防壞漏，心腹有疾，雖無水旱之災，天下固可以憂矣。(漢順帝陽嘉二年)

秘書監侍中荀悅作申鑒五篇奏之。悅，爽之兄子也。時政在曹氏，天子恭己，悅志在獻替，而謀無所用，故作是書。其大略曰：爲政之實，先屏四患，乃崇五政。僞亂俗，私壞法，放越軌，奢敗制，四者不除，則政末由行矣，是謂四患。興農桑以養其生，審好惡以正其俗，宣文教以彰其化，立武備以秉其威，明賞罰以統其法，是謂五政。人不畏死，不可懼以罪；人不樂生，不可勸以善。故在上者先豐民財，以定其志，是謂養生。善惡要乎功罪，毀譽効於準驗，聽言責事，舉名察實，無或詐僞以蕩衆心，故俗無姦怪，民無淫風，是謂正俗。榮辱者賞罰之精華也，故禮教榮辱以加君子，化其情也；桎梏鞭樸以加小人，化其形也。若教化之廢，推中人而墜於小人之域；教化之行，引中人而納於君子之塗，是謂章化。在上者必有武備，以戒不虞，安居則寄之內政，有事則用之軍旅，是謂秉威。賞罰政之柄也。人主不妄賞。非愛其財也。賞妄行。則善不勸矣。不妄罰。非矜其人也。罰妄行。則惡不懲矣。賞不勸。謂之止善。罰不懲。謂之縱惡。在上者能不止下爲善。不縱下爲惡。則國法立矣。是謂統法。四患既蠲。五政又立。行之以誠。守之以固。簡而不怠。疏而不失。垂拱揖讓。而海內平矣。(獻帝建安十年)

是時宮闕灰燼。(初平蘇峻)以建平園爲宮。溫嶠欲遷都豫章。三吳之豪。請都會稽。二論紛紜未決。王導曰。孫仲謀劉玄德俱言建康王者之宅。古之帝王。不以豐儉移都。苟務本節用。何憂彫弊。若農事不修。則樂土爲墟矣。且北寇游魂。伺我之隙。一旦示弱。竄於蠻越。求之望實。懼非良計。今特宜鎭之以靜。羣情自安。由是不復徙都。時兵火之後。民物彫殘。丹陽褚翜收集散亡。京邑遂安。(晉成帝咸和四年)

魏崔浩欲大整流品。明辨姓族。盧玄止之曰。夫創制立事。各有其時。樂爲此者。詎有幾人。宜加三思。浩不從。由是得罪於衆。(宋文帝元嘉八年)

散騎常侍賀琛啟陳四事·其一以爲今北邊稽服·正是生聚教訓之時·而天下戶口減落·關外彌甚·郡不堪州之控總·縣不堪郡之裒削·更相呼擾·惟事徵斂·民不堪命·各務流移·此豈非牧守之過歟·東境戶口空虛·皆由使命繁數·窮幽極遠·無不皆至·每有一使·所屬騷擾·駑困守宰·則拱手聽其漁獵·桀黠長吏·又因之重爲貪殘·縱有廉平·郡猶掣肘·如此·雖年降復業之詔·屢下蠲賦之恩·而民不得反其居也·其二以爲今天下所以貪殘·良由風俗奢靡使之然也·今之燕喜·相競誇豪·積果如丘陵·列肴同綺繡·露臺之產·不足周一燕之資·而賓主之間·裁取滿腹·未及下堂·已同臭腐·又畜妓之夫·無有等秩·爲吏牧民者·致貲巨億·罷歸之日·不支數年·率皆盡於燕飲之物·歌謠之具·所費事等丘山·爲歡止在俄頃·乃恨向所取之少·如復傅翼·增其搏噬·一何悖哉·其餘淫侈·著之凡百·習以成俗·日見滋甚·欲使人守廉白·安可得邪·誠宜嚴爲禁止·道以節儉·糾奏浮華·變其耳目·夫失節之嗟·民所自患·正恥不能及羣·故勉彊而爲之·苟以

純素爲先·足正彫流之弊矣·其三以爲陛下憂念四海·不憚勤勞·至於百司·莫不奏事·但斗筲之人·既得伏奏帷扆·便欲詭競求進·不論國之大體·心存明恕·惟務吹毛求疵·擘肌分理·以深刻爲能·以繩逐爲務·跡雖似於奉公·事更成其威福·犯罪者多·巧避滋甚·長弊增姦·實由於此·誠願責其公平之效·黜其讒慝之心·則下安上謐·無徼倖之患矣·其四·以爲今天下無事·而猶日不暇給·宜省事息費·事省則民養·費息則財聚·應內省職掌·各檢所部·凡京師治署邸肆·及國容戎備·四方屯傳邸治·有所宜除除之·有所宜減減之·興造有非急者·徵求有可緩者·皆宜停省·以息費休民·故畜其財者·所以大用之也·養其民者·所以大役之也·若言小事不足害財·則終年不息矣·以小役不足妨民·則終年不止矣·如此則難可以語富彊而圖遠大矣·武帝優假士人太過·牧守多侵漁百姓·使者干擾郡縣·又好親任小人·頗傷苛察·多造塔廟·公私費損·江南久安·風俗奢靡·故琛啟及之·上惡其觸實·大怒·召主書於前·口授敕書以責之·（梁武帝大

同十一年）

李克用以使引咨幕府曰不貯軍食何以聚衆不置軍器何以克敵不修城池何以扞禦利害之間請垂議度掌書記李襲吉獻議略曰國富不在倉儲兵彊不由衆寡人歸有德神固害盈聚歛甯有盜臣苛政有如猛虎所以鹿臺將散周武以興齊庫既焚晏嬰入賀又曰伏以變法不如養人改作何如舊貫韓建蓄財無數首事朱溫王珂變法如麻一朝降賊中山城非不峻蔡上兵非不多前事甚明可以爲戒且霸國無貧主彊將無弱兵伏願大王崇德愛人去奢省役設險固境訓兵務農定亂者選武臣制理者選文吏錢穀有鈎刑法有律誅賞由我則下無威福之弊近密多正則人無讒謗之憂順天時而絕欺誣敬鬼神而禁淫祀則不求富而國富不求安而自安外破元凶內康疲俗名高五霸道冠八元至於率閭閻定閒架增麴蘖檢田疇開國建邦恐未爲切（唐昭宗天復二年）

議者皆言宜速取幽薊．左拾遺直史館張齊賢上疏曰．聖人舉事．動在萬全．百戰百勝．不若不戰而勝．自古疆埸之難．非盡由戎翟．亦多邊吏擾而致之．若緣邊諸寨．撫御得人．但使峻壘深溝．畜力養銳．以逸自處．如是則邊鄙甯．輦運減．河北之民．獲休息矣．然後務農積穀．以實邊用．敵人之心．固亦擇利避害．安肯投諸死地而爲寇哉．臣聞家六合者．以天下爲心．豈止爭尺寸之土．角彊弱之勢而已．是故聖人先本而後末．安內以養外．內安本固．則遠人斂衽而至．伏望審擇通儒．分路採訪兩浙江南荆湖西川嶺南河東．凡僞命日賦斂苛重者．改而正之．諸州有不便於民者．委長吏聞奏．使天下皆知陛下之仁．戴陛下之惠．則契丹不足吞．燕薊不足取也．（宋太宗太平興國五年）

初刑部郎中知揚州王禹偁準詔上疏言五事．其一曰謹防邊．通盟好．使輦運之民．有所休息．方今北有契丹．西有繼遷．戍兵餽餉．固難寢停．關輔之民．倒懸尤甚．宜敕封疆之吏．致書遼人．請尋舊好．下詔赦繼遷罪．復與夏臺．彼必感恩內附·且使天下知陛下屈己而爲人也·其二曰·減冗兵·併冗吏·使山澤之饒·稍流於下·當乾德開寶之時·土地未廣·財賦未豐·然而擊河東·備北鄙·國用亦足·兵威亦彊·自後盡取東南數國·又平河東·土地財賦可謂廣矣·而兵威不振·國用轉乏·其義安在·兵冗而不盡銳·將衆而不自專故也·臣愚以爲急經制兵賦如開寶中·則可枕而治矣·開寶中設官至少·一州止有刺史一人·司戶一人·當時未嘗闕事·自後有團練推官一人·又有通判副使判官推官·而監庫監酒榷稅等又增四員·曹官之外·更益司理·問其租稅·減於曩日也·問其人民·逃於昔時也·冗吏耗於上·冗民耗於下·此所以盡山澤之利·而不能足也·夫山澤之利·不可棄也·亦不可盡·即如茶法·從古無稅·唐元和中·以用兵齊蔡·始建是法·唐史稱是歲得錢四十萬貫·東師以濟·今則數百萬矣·民何以堪·其三曰·艱難選舉·使入官不濫·太祖之世·每歲進士不過三十八人·經學五十人·諸侯不得奏辟·士大夫罕有資蔭·故有終身不獲一第·沒齒不獲一官者·先帝在位·將逾二

紀登第殆近萬人不無俊秀之才亦有容易而得臣愚以爲數百年之艱難故先帝濟之以泛取二十載之霈澤陛下宜糾之以舊章望以舉場還有司如故事至於吏部銓官亦非帝王躬親之事太祖以來始令後殿引見因爲常例以至先朝調選之徒多求僥倖宜以吏部還有司依格敕注擬其四曰沙汰僧尼使民無耗漢明之後佛法流入中國度人造寺歷代增加不蠶而衣不耕而食是五民之外又益一而爲六矣假使天下有萬僧日食米一升歲用絹一疋是至儉也猶月費三千斛歲用萬縑何況五七萬輩哉又富者窮極口腹一齋一衣貧民百家未能供給不曰民蠹其可得乎願深鑒治本亟行沙汰其五曰親大臣遠小人使忠良蹇諤之士知進而不疑姦詐憸巧之徒知退而有懼疏奏即召禹偁還朝既用其策以夏綏銀宥靜五州賜趙保吉翼日命禹偁守本官復知制誥（太宗至道三年）

太常博士秘閣校理國史院編修官謝絳上疏曰夫風雨寒暑之於天時爲大

信也。信不及於物。澤不究於下。則水旱爲沴。近日制命有信宿輒改。適行遽止。而欲風雨以信。其可得乎。天下之廣。萬幾之衆。不出房闥。豈能盡知。而在廷之臣。未聞被數刻之召。吐片言之善。朝夕左右。非恩澤即佞倖。上下皆蔽。其事不虛。昔兩漢日蝕水旱。有策免三公以示戒懼。陛下進用丞弼。極一時之選。而政道未茂。天時未順。豈大臣輔佐不明邪。陛下信任不篤邪。必若使之宜推心責成。以極其效。謂之不然。則更選賢者。比來姦邪者易進。守道者數窮。政出多門。俗喜由徑。聖心固欲盡得天下之賢。能分職受事。而宰相方考資進吏。無所建白。循依違之跡。行尋常之政。臣恐不足回靈意。塞至戒。古者穀不登。則虧膳。災屢至則降服。凶年不塗塈。願陛下詔自引咎。損太官之膳。避路寢之朝。許士大夫斥諱上聞。譏切時病。罷不急之役。省無名之歛。勿崇私恩。更進直道。誠動乎上。惠洽於下。豈有時澤之艱哉。絳濤之子(仁宗天聖五年)

范仲淹言。臣近親奉德音。以孔道輔曾言遷都西洛。臣謂未可也。國家太平。豈可有遷都之議．但西洛帝王之宅．負關河之固．邊方不寧．則可退守．宜漸營廩食．陝西有餘．可運而下．東路有餘．可運而上．數年之間．庶幾有備．太平則居東京通濟之地．以便天下．急難則居西洛險固之宅．以守中原．易曰王公設險以守其國．此之謂也．先王修德以服遠人．然安不忘危．故不敢去兵．陛下內惟修德．使天下不聞其過．外惟設險．使四夷不敢生心（景佑三年）

帝問執政積弊甚衆．何以裁救．富弼對曰．須以漸釐改．又問以寬爲治如何．吳奎對曰．聖人治人固以寬．然不可以無節．書曰寬而有制．從容以和（英宗治平元年）

初滕甫同修起居注．帝召問治亂之道．對曰．治亂之道．如黑白東西．所以變色易位者．朋黨汩之也．帝曰．卿知君子小人之黨乎．曰君子無黨．譬如草木綢繆相附者．必蔓草非松柏也．朝廷無朋黨．雖中主可以濟．不然．雖上聖亦殆．帝以爲名言（神宗熙甯二年）

遼有女子耶律常格．太師迪嚕之妹也．操行修潔．自誓不嫁．能詩文．不苟作．嘗作文以述時政．其略曰．君以民爲體．民以君爲心．人主當任忠賢．人臣當去比周．則政化平．陰陽順．欲懷遠．則崇恩尚德．欲彊國．則輕徭薄賦．四端。五典．爲治。教之本。六府。三事。實生民之命．淫侈可以爲戒．勤儉可以爲師．錯枉則人不敢詐．顯忠則人不敢欺．勿泥空門．勿飾土木．勿事邊鄙．妄費其金帛．滿當思溢．安必慮危．刑罰當罪．則民勸善．不寶遠物．則賢者至．建萬世磐石之業．制諸邦彊橫之心．欲率下。則先正身。欲治遠。則始朝廷．所言多切時弊．遼主雖善之．而不能用．時樞密使耶律伊遜方攬權．聞其才．屢求詩．常格遺以回文．伊遜知其諷己．銜之．（熙甯七年）

司徒開府儀同三司韓國公富弼卒．謚文忠．弼年八十．懷不能已．上疏論治道之要曰．臣聞自古致天下治亂者．不出二端而已．諛佞者進．則人主不聞有過．惟惡是爲．所以致亂．讜直者進．則人主日有開益．惟善是從．所以致治．臣自離朝廷·退居林下·間亦仰知時政·大率諛佞者競進·讜直者居外·雖有在朝者·蓋恐觸忤姦邪·亦皆結舌·不敢有所開陳·既上疏·又條陳時政之失·其略曰·今日上自輔臣·下及庶士·畏禍圖利·習成弊風·忠詞讜論·無復上達·致陛下聰明蔽塞·天下禍患已成·尚不知警懼改悔·惻艾補救日甚一日·殆將無及·陛下即位之初·邪臣納說·圖治之際·聽受失宜·自謂能拒絕衆人·不使異論得行·然後聖化可運·事功可成·此蓋姦人自謀利於苟悅而柄任之臣·欲專權自肆·以成己志·遂誤陛下放斥忠直·進用邪佞·忠言杜絕·諂諛日聞·去歲納邊臣妄議·大舉以討西戎·師徒潰敗·兩路騷然·當舉事之初·執政大臣·辜諫侍從·苟能犯顏極諫·則聖心自回·禍難自息矣·臣不知是時小大之臣·有爲陛下力爭其不可者乎·今久戍未解·百姓困窮·豈諱過恥敗·不思救禍之時·天地至仁·甯與羌夷校曲直勝負·願歸其侵地·休兵息民·朝廷之事·莫大於用人·夫輔弼之任·論議之職·皆當極天下之選·彼貪寵患失·柔從順媚者·豈可使之事一出於上·則下莫

任其責·小人因得以爲姦·事成則下得竊其利·事不成則君獨當其咎·豈上下同心·君臣一德之謂耶·又曰宮闈之臣·委之統制方面·皆非所宜·在外則挾權怙寵·陵轢上下·入侍左右·寵祿既過則驕·怨易起·勢位相及·猜奪隨至·立黨生禍·又曰興利之臣·虧損國體·爲上斂怨·至若爲塲以停民貨·造舍而藏舊屋·榷河舟之載·擅路糞之利·急於斂取·道路嗟怨·此非上所以與民之意也·竊恭儉好禮·與人言·雖幼賤必盡敬·氣色穆然·不見喜慍·其好善疾惡·蓋出於天性·常言君子與小人並處·其勢必不勝·君子不勝·則奉身而退·樂道無悶·小人不勝·則交結搆扇·千歧萬轍·必勝而後已·迨其得志·遂肆毒於善良·求天下不亂·不可得也·竊忠義之性·老而彌篤·家居一紀·斯須未嘗忘朝廷(元豐六年)

知同州唐重上疏曰·今急務有三·大患有五·急務大率以車駕西幸爲先·其次則建藩鎭·封宗子·守我土地·緩急無爲敵有·再欲通夏國之好·繼青唐之後·使相掎角·以緩敵勢·所謂大患者·法令滋彰·而官吏因緣爲姦·朝綱委靡·而士夫

相習誕謾軍政敗壞而將兵奔潰國用既竭而利源又失民心已離而調發方興欲救此者莫若於守祖宗成憲登用忠直大正賞刑選將帥之臣擇循良之吏天下大計無出於此（高宗建炎元年）

李綱上十議略曰爲今之計專務自守建藩鎭於要害之地置帥府於大河及江淮之南修城壁治器械教水軍習車戰使其進無抄掠之得退有邀擊之患則雖有出沒必不敢深入又謂天下形勢關中爲上襄鄧次之建康又次之今宜以長安爲西都襄陽爲南都建康爲東都以備巡幸其利有三一則藉巡幸之名使國勢不失於太弱二則不置定都敵人無所窺伺三則四方望幸姦雄無所覬覦又謂朝廷之尊卑繫於宰相之賢否唐至文宗可謂衰弱武宗得一李德裕而威令遂振德裕初相上言宰相非其人當亟廢罷至天下之政不可不歸中書武宗聽之故能削平僭僞號爲中興我朝自崇觀以來政出多門閹官恩倖女寵皆得以干預朝政所謂宰相者保身固寵不敢爲言以至法度廢

弛馴致靖康之禍願陛下察德裕之言而法武宗之任監崇觀之失以刷靖康之恥(同上)

李綱言今日中興規模有先後之序當修軍政變士風裕賢才寬民力改弊法省冗費誠號令信賞罰擇帥臣選監司俟吾政事既修然後可議興師(同上)

中書舍人劉觀上言今日之患在中國不在外敵在朝廷士大夫不在邊鄙盜賊願陛下委諫官御史取崇甯以來豎登富貴最無狀之人編爲一籍已死者著其惡未死者明其罪如以開邊用兵進以花石應奉進以刻剝聚歛進以交賄權官進類爲數十條纍其罪惡疏其名氏有司鏤版布告天下與衆棄之如此外敵莫不畏盜賊莫不服然後忠賢安於朝而中興之業可得而定帝嘉納之命臺諫具名以聞後不果行(同上)

起居郞胡寅上疏曰臣爲陛下畫七策爲中興之術其一曰罷和議而修戰略蓋和之所以可講者兩地用兵勢力相敵利害相當故也非彊弱盛衰不相侔

所能成也。使其可和。則淵聖執德不回。馴致禍敗。而陛下卑詞厚禮。避地稱臣。宜其少緩師矣。何乃累年而無效耶。若以爲彊弱絕不相侔。則自古徒步奮臂無尺寸之地。而爭帝王之圖者。彼何人哉。伏望陛下明照利害之源。罷絕和議。刻意講武。以使命之幣。爲養兵之費。此乃晉惠公征繕立圉之策。漢高祖迎太公呂后之謀。斷而行之。庶幾敵國知我有含怒必鬭之志。沙漠之駕。或有還期。其二曰置行臺以區別緩急之務。漢委蕭何以關中。唐委劉晏以東南。經制得人。加以歲月。量入爲出。何患無財。所謂宰相之任。代天理物。扶顚持危。其責甚重。非特早朝晚見。坐政事堂。弊弊然於文具無益之末。移那闕乏。以處親舊。濟其私欲而已也。其三曰務實效而去虛文。大亂之後。風俗靡然。不變之者。則在陛下。夫將帥之才。智必能謀。勇必能戰。庸奴下材。本無智勇。見敵輒潰。無異於賊。賜予過度。官職逾涯。將以收其心。適足致其慢。任將之虛文也。分屯所在。無所別擇。一切安養姑息之。惟恐一夫變色。教習擊刺。有如聚戲。紀律蕩然。雖其將帥不敢自保者·治軍之虛文也·詔音出於上·虐吏沮於下·誑以出力自保·則調發其丁夫·誘以犒設贍軍·則厚裒其錢穀·弓材弩料竹箭皮革干涉軍需之具·日日征求·因緣姦弊·乃復蠲其租稅·載之赦令·實不能免·苟以欺之者·愛民虛文也·望陛下留意實效·勿愛虛文·其四曰·大起天下之兵·御營正兵·厚其月廩·精加訓閱·陛下自將之·天子之軍既彊·則中國之變自弭·其五曰·定根本·自古圖王霸之業者·必定根本之地·建康固是六朝舊邦·但陛下之責·與晉元不同·陛下父兄在敵中無恙·其聞陛下登寶位也·必旦夕南望曰·吾有子弟·爲中國帝王·吾之歸庶有日矣·臣願陛下先命呂頤浩杜充分部諸將過江·廣斥堠·治盜賊·自以精兵二三萬爲與衛·於穩密州郡·速置營兵屋·以安存其老弱·陛下提兵渡江·而北遣使巡問父老·撫綏挻刃之餘民·至於荆襄·規模措置爲根本之地·猶漢高之於關中·光武之於河內·況巡歷往來·征伐四出·而所固守·必爭而勿失者·以荆襄爲重·陛下春秋方富·非如昔人白首舉事·誠能堅忍奮厲·

坐薪嘗膽·悠久爲之·而不能濟·陛下聰明洞照·必不謂然·其六曰·選宗室之賢才者·封建任使之·自南都以至維揚·誅竄之形·疑忌之意相尋繼見·雖其罪戾·或自貽戚·然亦恐未必盡出於治親齊家之美意·宜漸爲茅土之制·星羅棋列·以慰祖宗在天之靈·以續國家如綫之緒·使讎敵知趙氏之居中國者·尙如此其衆·既失而復得者·非特陛下一人而已·則其橫心逆謀·庶其少息·其七曰·存紀綱以立國體·今萬物之原·本於陛下·苟力行孝弟·則天下忠順者來矣·好賢遠佞·則天下名節者出矣·賞清白·則貪汚者屏矣·崇行義·則奔競者息矣·旌能實·則謬誕者懲矣·賞忠厚·則殘刻者遠矣·苟反此道·則頹波日慢·必至於靡爛而後已·至於文詞之麗·言語之工·倒置是非·移易黑白·誠不宜任以爲浮薄之勸也·靖康二年·著作郎顏博文佞諛張邦昌·則曰·非·湯·武·之·干·戈·同·堯·舜·之·禪·讓·及·爲·邦·昌·作·請·罪·表·則·曰·仲·尼·從·佛·肸·之·召·本·爲·興·周·紀·信·乘·漢·王·之·車·固·將·誑·楚·博文近世所謂能文之士也·其操術反覆如此·故廉恥道消·四維大壞·

則社稷隨之，陛下有何利焉，古人稱中興之治者，曰撥亂世反之正，今日之事，反正而興之在陛下，其遂淩遲不振，亦在陛下，疏入呂頤浩惡其切直，罷之，（建炎三年）

進士張九成對策曰，禍難之來，天所以開聖，願陛下以剛大爲心，無遽以驚憂自阻，彼劉豫者，素無勳德，殊乏聲稱，天下徒見其背叛於君親，而委身於强敵耳，黠雛經營，有若兒戲，今日之計，當先用越王之法，以驕之，使侈心肆意，無所忌憚，將見權臣爭强，簒奪之禍起矣，臣觀濱江郡縣，爲守令者，類無遠圖，陽羨惠山之民，何其被酷之深也，卒斂之民，種類閎大，秋苗之外，又有苗頭，苗頭未已，又行八折，八折未已，又曰大姓，大姓竭矣，又曰經實，經實均矣，又曰均敷，均敷之外，名字未易數也，流離奔竄，益以無聊，臣竊謂前世中興之主，大抵以剛德爲尚，去讒節慾，遠佞防姦，皆中興之本也，今閭巷之人，眦隸之伍，皆知有父兄妻子之樂，室家聚處之歡，陛下雖貴爲天下，富有四海，徒以金人之故，使陛

政治學 第三篇 國家政治議

下冬不得其溫·夏不得其清·昏無所定·晨無所省·問寢之私·何時可遂·在原之急·何時可救·日往月來何時可歸·望遠傷懷·何時可釋·每感時遇物想惟聖心雷厲·天淚雨流·思掃清鑾帳·以迎二聖之車·若夫小民則不然·是以搜攪小蟲·馳驅駿馬·道路之言·有若上誣聖德者·深察其源·蓋自彼閹人·私求禽馬·動以陛下爲名·國之不祥也·今此曹名字稍有聞·此臣之所憂也·賢士大夫宴見有時·宦官女子實居前後·有時者易疎·前後者難問·聖情荏苒·不知其非·不若使之安掃除之役·復門戶之司·凡交結往來者有禁·干與政事者必誅·陛下日御便殿·親近儒者·講詩書之指趣·論古今之成敗·將聞閹寺之言·如狐狸夜號·而鴟梟晝舞也(紹興二年)

給事中胡安國入對·帝曰·聞卿大名·何爲累召不至·安國再拜辭謝·進曰·臣聞保國·必先定計·定計必先定都·建都擇地·必先設險·設險分土·必先尊制·制國以守·必先恤民·夫國之有斯民·猶人之有元氣·不可不恤也。除亂賊。選縣令·輕賦歛更弊法省官吏皆郵民之事也而行此有道必先立政立政有經必先核實是非毀譽皆不亂眞此致理之大要也是非核實而後號令行人心順從惟上所命以守則固以戰則勝以攻則服天下定矣然後致此願人主志尚何如耳尚志所以立本也正心所以決事也養氣所以制敵也宏度所以用人也寬隱所以明德也具此五者帝王之能事備矣乞以核實而上十有五篇付宰相參酌施行(同上)

左通議大夫新知鄂州荆湖北路安撫使王庶復顯謨閣待制賜銀帛二百匹兩庶既老愈通習天下事前二日入對首言今日之患莫大於士風之委靡願振拔名節士以起其氣又論安危在修己治亂在立政成敗在用人帝韙其言庶因請曰臣肝膽未盡吐也願賜臣閒時得縷陳於前帝乃燕見之庶言益深嘗跪問曰陛下欲保江南無所復事如欲紹復大業都荆爲可荆州左吳右蜀利盡南海前臨江漢可出三川涉大河以圖中原曹操所以畏關羽也帝大異

之(紹興六年)

張浚上疏言當今時勢如養大疽於頭目心腹之間不決不止決遲則禍大而難測決疾則禍輕而易治惟陛下謀之於心斷之以獨謹察情僞預備倉卒庶幾社稷有安全之理不然日復一日後將噬臍此臣所以食不下咽而一夕不能安焉秦檜見之大怒(紹興十六年)

金主謂宰臣曰百姓上書陳時政其言猶有所補卿等位居機要略無獻替可乎夫聽斷獄訟簿書期會何人不能唐虞之聖猶務兼覽博照乃能成治正隆專任獨見故取敗亡朕早夜孜孜冀聞讜論卿等宜體朕意詔百司官吏凡上書言事或爲有司所抑許進表以聞朕將親覽以觀人材優劣(紹興三十二年)

劉珙起復同知樞密院事爲荊襄宣撫司珙凡六疏辭引經據禮詞甚切至帝以義當體國責之珙乃手疏別奏略曰天下之事有其實而不露其形者無所

爲而不成、無其實而先示其形者、無所爲而不敗、今德未加修、賢不得用、賦歛日重、民不聊生、將帥方割削士卒、以事苞苴、士卒方饑寒窮苦、而生怨謗、凡吾所以自治、而爲恢復之實者、大抵闊略如此、而乃外招歸正之人、內移禁衞之卒、規算未立、手足先露、其勢適足以速禍而致寇、且荆襄四支也、朝廷腹心元氣也、誠使朝廷施設得宜、元氣充實、則犂庭掃穴在反掌間耳、何荆襄之足慮、如其不然、則荆襄雖得臣輩百人、悉心經理、顧足恃哉、臣恐恢復之功未易可圖、而意外立至之憂、將有不可勝言者、唯陛下圖之、帝納其言、爲寢前詔（孝宗乾道七年）

帝謂宰臣曰、漢高祖初年、專意馬上之事、世祖增廣郊祀、亦在隴蜀既平之後、昔人規恢遠略、罔不在專、繁文末節、蓋未暇問、梁克家曰、高帝創業、世祖中興、今日之事、乃兼守成、祖宗二百年來、典禮畢備、當以時舉、帝曰、典禮何可盡廢、抑其浮華而已、自今卿等每事當先務實、稍涉浮文、必議蠲省（同上）

楊倓言近因奏事論及時政·蒙諭曰待敵當用詭道·在朝當用誠實·百餘年來·嘗患敵國强而中國弱·正緣反是·待敵既無奇策·動則爲敵所窺·在朝以術數相傾·以躁競取進·風俗之弊·當救正之·聖謨切中時宜·望宣付史館·從之·（淳熙元年）

朱熹奏言近年以來·刑法不當·輕重失宜·甚至係於人倫風化之重者·有司議刑·亦從流宥之法·則天理民彝·幾何不至於泯滅也·經總制錢·起於宣和末年·倉卒用兵·權宜措畫·自後立爲比較之說·甚至災傷檢放·倚閣錢米·已無所入·而經總制錢·獨不豁除·州縣之煎熬·何日而少紓·斯民之愁嘆·何時而少息哉·陛下即位二十有七年·而因循荏苒·無尺寸之效·可以仰酬聖志·嘗反覆思之·無乃燕閒淵蠖之中·虛明應物之地·天理有未純·人欲有未盡·天理未純·是以爲善未能充其量·人欲未盡·是以除惡不能去其根·一念之頃·公私邪正·朋分角立·交戰於其中·故體貌大臣非不厚·而便嬖側媚·得以被腹心之寄·寤寐英

豪非不切而柔邪庸繆得以竊廊廟之權非不欲聞公議正論而有時不容非不欲塈讒說殄行而未免誤聽非不欲報復陵廟讎恥而不免畏怯苟安非不欲愛養生民財力而未免嘆息愁怨凡若此類不一而足願陛下自今以往一念之頃則必謹而察之此爲天理邪爲人欲邪果天理也則敬以充之而不使其少有壅遏果人欲也則敬以克之而不使其少有凝滯推而至於言語動作之間用人處事之際無不以是裁之則聖心洞然中外融澈無一毫之私欲得以介乎其間而天下之事將惟陛下之所欲爲無不如志矣翌日除兵部郎官

(淳熙十五年)

金圖克坦鎰應詔上疏論爲政之術其急有二一曰正臣下之心竊見羣下不明禮義趨利者衆何以責小民之從化哉其用人也德器爲上才美爲下兼之者待以不次才下行美者次之雖有才能行義無取者抑而下之則臣下之趨向正矣二曰導學者之志教化之行興於學校今學者失其本眞經史雅奧委

而不習藻飾虛詞釣取祿利請令取士兼問經史故實使學者皆守經學不惑於近習之靡則善矣又曰凡天下之事叢來者非一端形似者非一體法制不能盡隱於形似乃生異端孔子曰義者天下之斷也記曰義爲斷之節望陛下臨制萬機事有異議少礙聖慮尋繹其端則裁斷有定而疑可辨矣時李元妃兄弟驕橫鎰言皆切時弊金主雖納其說而不能行（甯宗慶元六年）

時李全叛已著史彌遠尙視爲緩圖人不敢言權兵部侍郎李宗勉累疏及之又上言欲人謀之合莫若通下情人多好諂揣所悅意則侈其言度所惡聞則下其事上既壅塞下亦欺誣而成敗得失之機理亂安危之故將孰從而上聞哉不聞則不戒及其事至乃駭而圖之抑已晚矣欲財計之豐莫若節國用善爲國者常使財勝事不使事勝財今山東之旅坐糜我金穀湖南江右閩中之寇蹂踐我州縣浮用泛用又從而耗之則漏巵難盈蠹木易壞設有緩急必將窘於調度而事機失矣欲邦本之固莫若寬民力州縣之間聚歛者多椎剝之

風·浸以成習·民生窮蹙·怨憤莫伸·嘯聚山林·勢所必致·救焚拯溺·可不亟爲之謀哉·(理宗紹定二年)

樞密副都承旨兼右司郎官王伯大言·今天下大勢·如江河之決·日趨日下而不可挽·其始也搢紳之論·莫不交口誦詠·謂太平之期·可蹻足而待也·未幾而以治亂安危之機爲言矣·又未幾則直治安不言而直以危亂言矣·又未幾則置危亂不言·而直以亡言矣·嗚呼·以亡爲言·猶知有亡也·今也直亡而不言矣·人主之患·莫大乎處危亡而不知·人臣之罪·莫大乎知危亡而不言·陛下親政五年於茲·盛德大業·未能著見於天下·而招天下之謗議者·何其藉藉而未已也·議逸欲之害德·則天下將以陛下爲商紂周幽之主·議戚宦近習之撓政·則天下將以朝廷爲恭顯許史武韋仇魚之朝·議姦儔佞朋之誤國·則天下又將有漢黨錮元祐黨籍之事·數者皆犯前世危亡之轍·忠臣志士憤激言之·陛下雖日御治朝·日親儒者·日修詞飾色·而終莫能弭天下之議·言者多·聽者厭於

是厭轉而爲疑、疑增而爲忿、忿極而爲愎、則罪言黜諫之意、已藏伏於陛下之胸中、而凡迕己者、皆可逐之人矣、彼中人之性、利害不出於一身、莫不破崖絕角、以阿陛下之所好、其稍畏名義者、則包羞閔默、而有跋前疐後之憂、若其無所顧戀者、則皆攘袂遠引、不願立於朝矣、陛下試反身而自省曰、吾之制行、保無有屋漏在上、知之在下者乎、徒見嬖昵之多、選擇未已、排當之聲、時有流聞、則所謂精神之內守、血氣之順軌、未可也、陛下又試於宮闈之內而加省曰、凡吾之左右近屬、得無有因微而入、緣形而出、意所狎言、不復猜覺者乎、徒見內降干請、數至有司、裹言除官、每實人口、則謂浸潤不行、邪徑已塞、未可也、陛下又試於朝廷政事之間而三省曰、凡吾之諸臣、得無有讒說殄行、震驚朕師、惡直醜正、側言敗度者乎、徒見剛方峭直之士、昔者所進、今不知其亡、柔佞闒茸之徒、適從何來、遽集於此、則謂舉國皆忠臣、聖朝無闕事、未可也、夫以陛下之好惡取舍、無非有招致人言之道、及人言之來、又復推而不受、不知平日之際遇信任者肯爲陛下分此謗乎無也陛下誠能布所失於天下而不必爲之曲護凡人言之所不貸者一朝赫然而盡去之務使叢根盡去孽種不留如日月之更如風雨之迅則天下之謗自息矣陛下何憚何疑而不爲此哉（嘉熙元年）

兵部侍郎徐元杰暴卒史嵩之既去元老舊德次第收召及杜範入朝復延元杰議政多所裨益會元杰將入對先一日謁范鍾歸熱大作夜四鼓指爪忽裂以死三學諸生相繼伏闕上言昔小人傾君子者不過使之死於蠻煙瘴雨之鄉今蠻煙瘴雨不在嶺外而在朝廷詔付臨安府鞫治然獄迄無成劉漢弼亦每以姦邪未盡屏汰爲慮先以腫疾暴卒太學生蔡德潤等七十三人叩閽上書訟冤時杜範入相八十日卒漢弼元杰相繼暴亡時謂諸公皆中毒堂食無敢下筯者初嵩之從子璟卿嘗以書諫嵩之曰伯父秉天下之大政必能辨天下之大事膺天下之大任必能成天下之大功比所行漸不克終用人之法不

待薦舉·而改官者有之·譴責未幾·而旋蒙叙理者有之·丁艱未幾·遽被起復者有之·借曰有非常之才·有不次之除·醲恩異賞·所以收拾人材·而不知斯人者·果能運籌帷幄·獻六奇之策而得之乎·抑亦獻賂幕賓而得之乎·果能馳身鞍馬·竭一戰之勇而得之乎·抑亦效顰奴僕而得之乎·徒聞苞苴公行·政出多門·便嬖私昵·狼狽萬狀·祖宗格法·至今日而壞極矣·自開督府·東南民力困於供需·州縣倉卒·匱於應辦·輦金帛·輓芻粟·絡繹道路·一則曰督府·二則曰督府·不知所幹者何事·所成者何功·近者川蜀不守·議者多歸退師於鄂之失·何者·分戍立屯備邊禦敵·首尾相援·如常山之蛇·維揚則有范葵·廬江則有杜伯虎·金陵則有別之傑·為督府者·宜據鄂渚形勢之地·西可以援蜀·東可以援淮·北可以鎮荊襄·不此之圖·盡捐藩籬·深入堂奧·伯父謀身自困之計則安矣·其如天下蒼生何·是以饑民叛將·乘虛擣危·侵軼於沅湘·搖蕩於鼎澧·蓋江陵之勢苟孤·則武昌之勢未易守·荆州之路稍警·則江浙諸路焉得高枕而臥·況殺降失

信、則前日徹疆之計、不可復用矣、內地失護、則前日清野之策、不可復施矣、此隙一開、東南生靈、特几上之肉耳、宋室南渡之疆土、惡能保其金甌之無闕也、盍早爲之圖、上以寬九重宵旰之憂、下以慰雙親朝夕之望、不然師老財殫、績用不成、主憂臣辱、公論不容、萬一不畏强禦之士、繩以春秋之法、聲以討罪不效之咎、當此之時、雖優游菽水之養、其可得乎、異日國史載之、不得齒於趙普開國勳臣之列、而乃厠於蔡京誤國亂臣之徒、遺臭萬年、果何面目見我祖於地下乎、爲今之計、莫若盡去在幕之羣小、悉召在野之君子、相與改絃易轍、戮力王事、庶幾失之東隅、收之桑榆、如其見失而不知救、覩非而不知革、薰蕕同器、駑驥同櫪、天下大勢、駸駸日趨於危亡之域矣、伯父與璟卿親猶父子也、伯父無以少年而忽之、則吾族幸甚、天下生靈幸甚、我社稷幸甚、居無何璟卿暴卒、相傳嵩之致毒云、（淳祐五年）

元東平萬戶嚴忠濟襲爵數年、怠於政事、任用姦佞、經歷李昶曰、比年來裘馬相尙飲食無度·庫藏空虛·百姓匱乏·若猶循習故常·恐或生變·惟閣下接納正士·黜遠小人·去浮華·敦朴素·損騎從·省宴游·雖不能救已然之失·尙可以彌未然之禍·時元裁抑諸侯·法制寖密·忠濟縱侈自若·祖以親老求解職·不許·旋以父憂去官·(淳祐六年)

元主更新庶政·姚樞張文謙僧子聰·每擇時務所急者·白於皇弟呼必賚·因得入告·子聰爲書以進皇弟·其略曰·昔武王兄也·周公弟也·周公思天下善事·夜以繼日·坐以待旦·周八百餘年·周公之力也·君上兄也·大王弟也·思周公之故事而行之·千載一時·在乎今日·天下之大·非一人之可及·萬事之細·非一心之可察·當擇開國功臣之子孫·分爲京府州郡監守·督責舊官·以遵王法·仍差按察官·守定其升黜·從前官無定次·淸潔者無以遷·汙濫者無以降·可比附古例·定百官爵祿儀仗·使家足身貴·有犯於民·設科定罪·威福者君之權·奉命者臣之職·今百官自行威福·進退生殺·惟意之從·宜從禁治·天子以天下爲家·兆民

爲子·國不足取於民·民不足取於國·相須如魚水·有國家者·置府庫·設倉廩·亦以助民·民有身家·營產業·闢田野·亦以資國用也·今地廣民微·賦斂繁重·加以軍馬調發·使臣煩擾·官吏乞取·民不能堪·以致逃竄·宜比舊減半·或三分去一·就見在之民·以定差稅·關西河南·地廣土沃·宜設官招撫·不數年·民歸土闢·以資軍馬之用·官民所欠債負·宜依太宗皇帝聖旨·一本一利·官司歸還·凡賠償無名·虛契所負·及還過元本者·並行赦免·納糧宜輸近倉·當驛路州城·飲食祗待·宜計所費·以準差發·使臣到州郡·宜設館舍·不得居官衙民家·倉庫加耗甚重·宜令量度均爲一法·使錙銖圭撮·尺寸皆平·以存信去詐·伊喇中丞拘榷鹽鐵·諸產·商賈酒醋·貨殖諸事·以定宣課·已不爲輕·溫都爾哈瑪爾奏請於舊額加倍榷之·往往可取·民間科榷並行·民無所措手足·宜從舊制·辨榷更或減輕·罷繁碎·止科徵·無使獻利之徒·削民害國·今言利者衆·非圖以利國害民·實欲殘民以自利也·天下之民·未聞教化·見在囚人·宜從赦免·明施教令·使之知畏·

則犯者自少·教令既設·則不宜繁·因我朝舊例·增益民間所宜設者·十餘條足矣·教令既施·罪不至死者·皆提察然後決·犯死刑者·覆奏然後聽斷·笞箠之制·宜會古酌今·均爲一法·無得私置牢獄·嚴禁鞭背之刑·以彰好生之德·古者庠序學校未嘗廢·今郡縣卽有學·並非官置·宜從舊制·修建三學·設教授·開選擇才·以經義爲上·詞賦論策次之·兼科舉之設·已奉太宗皇帝聖旨·因而言之·易行也·開設學校·宜擇開國功臣子孫受教·選達材任用之·孔子爲百王師·立萬世法·今廟堂雖廢·存者尙多·宜令州縣祭祀·釋奠如舊儀·近代禮樂器具靡敝·宜令刷會·徵太常舊人·教引後學·使器備人存·漸以修之·實太平之基·王道之本·今天下廣遠·雖太祖皇帝威福之致·亦天地神明陰所祐也·宜訪名儒·循舊禮·尊祭上下神祇·和天地之氣·順時序之行·使神享民依·德極於幽明·天下賴一人之慶·見行遼歷·日月交食頗差·聞司天臺改成新歷·未見施行·宜因新君卽位·頒歷改元·今京府州郡置更漏·使民知時·國滅史存·古之常制·宜撰修金

史令一代君臣事業不墜於後世明君用人如大匠用材隨其巨細長短以施規矩繩墨君子不以言廢人不以人廢言大開言路所以成天下安兆民也當選左右諫臣使諷諭於未形忖畫於至密君子之心一於禮義小人之心一於利欲君子得位能容小人小人得志必排君子明君在上不可不察孔子曰遠佞人又曰惡利口之覆邦家者此之謂也皇弟納其言顧一時不能盡行(淳祐十一年)

元以姚樞爲中書左丞時或言中書政事大壞元主大怒大臣罪且不測樞上言自中統至今五六年間外侮內叛相繼不絕然能使官離債負民安賦役國用粗足政事更新皆陛下信用先王之法所致今創始治道正宜上答天意下結民心睦親族以固本定大臣以當國開經筵以格心立學校以育才則可以光先烈遺子孫邇者伏聞聰聽日煩朝廷政令日改月異遠近臣民不勝戰懼惟恐大本一廢遠業難成爲陛下之後憂耳元主怒始釋(景定四年)

元命尚書宋子貞陳時事・子貞上便宜十事・大略謂官爵人主之柄・選法宜盡歸吏部・律令國之紀綱・宜早刊定・監司總統一路・用非其才・不厭人望・宜選公廉有才德者爲之・今州縣官相傳以世・非法賦歛・民窮無告・宜遷轉以革其弊・又請建國學・教冑子・敕州縣提學・課試諸生・三年一貢舉・元主命中書次第行之・（景定五年）

時國勢危甚・太府寺丞陳仲微上封事・其略曰・襄陽之陷・其罪不專在於庸闒疲將孩兵也・君相當分受其責・以謝先皇帝在天之靈・天子若曰罪在朕躬・大臣宜言咎在臣等・宣布十年養安之往繆・深懲六年玩敵之昨非・救過未形・固已無及・追悔既往・尚愈於迷・或謂覆護之意多・尅責之辭少・或謂陛下乏哭師之誓・師相飾分過之言・甚非所以慰恤死義・祈天悔禍之道也・今代言乏知體之士・翹館鮮有識之人・吮脂茹柔・積習成痼・君道相業・兩有所虧・顧此何時・而在廷無謀國之人・在邊無折衝之帥・監之先朝宣和未亂之前・靖康既敗之後・

凡前日之日近冕旒朱輪華轂·俛首吐心·奴顏婢膝·即今日奉賊稱臣之人也·强力敏事·捷疾快意·卽今日叛君賣國之人也·爲國者亦何便於若人哉·迷國者進惂憂之欺·以逢其君·誤國者護恥敗之局·而莫能議·當國者昧安危之機·而莫之悔·臣常思之·今之所少·不止於兵·閫外之事·將軍制之·而一級半階·率從中出·斗粟尺布·退有後憂·平素無權·緩急有責·或請建督·或請行邊·或請築城·創閒駭聽·因諸閫有辭於緩急之時·故廟堂不得不掩惡於敗闕之後·有謀莫展·有敗無誅·上下包羞·噤無敢議·是以下至器仗甲馬·衰颯龐涼·不足以肅軍容·壁壘堡柵·折樊駕漏·不足以當衝突之騎·號爲帥閫·名存實亡也·城而無兵·以城與敵·兵不知戰·以將與敵·鬭不知兵·以國與敵·光景蹙近·目睫·矣惟君相幡然改悟·天下事尚可爲也·似道大怒·黜仲微江東提點刑獄·（度宗咸淳九年）

或問爲治於趙良弼·答曰·必有忍乃其有濟·人性易發而難制者·惟怒爲甚·必

克己然後可以制怒必順理然後可以忘怒能忍所難忍容所難容事斯濟矣(元世祖至元十九年)

第八章　議歷代君相賢否關於政俗理亂捷如影響

劉恕曰西周昭王始衰穆王盤游無度共懿孝夷陵遲至厲王而大壞宣王修振綱紀天下翕然宗周幽王無道平王東遷晉鄭夾輔諸侯賓從自桓王伐鄭師敗王傷天子威令下同列國吳楚越本南裔小國迭爲盟主而東周之王無中主之才歷二十世至赧王卒不振而亡滅詩云不弔昊天亂靡有定式月斯生俾民不甯言天下之亂月益甚也(周桓王十三年)

劉恕曰管氏之書大抵審輕重法術持度量權衡以鹽鐵錢幣粟帛馬牛金珠玉通商賈明券契以籠天下之權致鄰國之弱盡地利以成富强完兵械以臨不服賞罰防禁以全威權號令表儀以定毀譽仗王室之義爲諸侯之長操督責絕利孔其術類商鞅其言如韓非其寬厚曠大則過之固非王者

之佐矣。（襄王七年）

劉恕曰。子產從政一年。輿人誦之曰。孰殺子產。吾其與之。三年又誦之曰。子產而死。誰其嗣之。及作丘賦。國人又謗之。孔子爲司空司寇。得政已數年。攝行相事。民謗之三月而後誦之。彼一賢一聖。猶得民若此之難也。後之爲政。一日而見善惡者。興於愛憎之口。或出於狡獪之吏。因誘詐以惑衆聽。非至當之論也。（敬王二十四年）

荀子曰。衞成侯嗣君。聚歛計數之君也。未及取民也。子產取民者也。未及爲政也。管仲爲政者也。未及修禮也。故修禮者王。爲政者彊。取民者安。聚歛者亡。（赧王三十二年）

人謂子順曰。王不用子。子其行乎。答曰。行將何之。山東之國。將幷於秦。秦爲不義。義所不入。遂寢於家。新垣固請子順曰。賢者所在。必興化致治。今子相魏。未聞異政。而即自退。意者志不得乎。何去之速也。子順曰。以無異政。所以自退也。

且死病無良醫。今秦有吞食天下之心。以義事之。固不獲安。救亡不暇。何化之興。昔伊摯在夏。呂望在商。而二國不治。豈伊呂之不欲哉。勢不可也。當今山東之國。敝而不振。三晉割地以求安。二周折而入秦。燕齊楚已屈服矣。以此觀之。不出二十年。天下其盡爲秦乎。（五十六年）

臣光曰。燕丹不勝一朝之忿。以犯虎狼之秦。輕慮淺謀。挑怨速禍。使召公之廟不祀忽諸。罪孰大焉。而論者或謂之賢。豈不過哉。夫爲國家者。任官以才。立政以禮。懷民以仁。交鄰以信。是以官得其人。政得其節。百姓懷其德。四鄰親其義。夫如是。則國家安於磐石。熾如焱火。觸之者碎。犯之者焦。雖有彊暴之國。尚何足畏哉。丹釋此不爲。顧以萬乘之國。決匹夫之怒。逞盜賊之謀。功隳身戮。社稷爲墟。不亦悲哉。夫其膝行蒲伏。非恭也。復言重諾。非信也。靡金散玉。非惠也。刎首決腹。非勇也。要之。謀不遠而動不義。其楚白公勝之流乎。荆軻懷其豢養之私。不顧七族。欲以尺八匕首。彊燕而弱秦。不亦愚乎。故揚

子論之以要離爲蛛蝥之靡聶政爲壯士之靡荆軻爲刺客之靡皆不可謂之義又曰荆軻君子盜諸善哉(秦始皇二十五年)

臣光曰從衡之說雖反覆百端然大要合從者六國之利也昔先王建萬國親諸侯使之朝聘以相交饗宴以相樂會盟以相結者無他欲其同心戮力以保家國也鄉使六國能以信義相親則秦雖彊暴安得而亡之哉夫三晉者齊楚之藩蔽齊楚者三晉之根柢形勢相資表裏相依故以三晉而攻齊楚自絕其根柢也以齊楚而攻三晉自撤其藩蔽也安有撤其藩蔽以媚盜曰盜將愛我而不攻豈不悖哉(二十六年)

班固贊曰孔子稱斯民也三代之所以直道而行也信哉周秦之敝罔密文峻而姦軌不勝漢興掃除煩苛與民休息至於孝文加之以恭儉孝景遵業五六十載之間至於移風易俗黎民醇厚周云成康漢言文景美矣(漢景帝後三年)

班固論河間獻王曰、昔魯哀公有言、寡人生於深宮之中、長於婦人之手、未嘗知憂、未嘗知懼、信哉斯言也、雖欲不危亡、不可得已、是故古人以晏安為鴆毒、無德而富貴、謂之不幸、漢興至於孝平、諸侯王以百數、率多驕淫失道、何則、沈溺放恣之中、居勢使然也、自凡人猶繫於習俗、而況哀公之倫乎、夫唯大雅卓爾不羣、河間獻王近之矣、（武帝元光五年）

班固贊曰、漢承百王之弊、高祖撥亂反正、文景務在養民、至於稽古禮文之事、猶多闕焉、孝武初立、卓然罷黜百家、表章六經、遂疇咨海內、舉其俊茂、與之立功、興太學、修郊祀、改正朔、定歷數、協音律、作詩樂、建封禪、禮百神、紹周後、號令文章、煥然可述、後嗣得遵洪業、而有三代之風、如武帝之雄才大略、不改文景之恭儉、以濟斯民、雖詩書所稱、何有加也、（後元二年）

臣光曰、孝武窮奢極欲、繁刑重歛、內侈宮室、外事四夷、信惑神怪、巡游無度、使百姓疲敝、起為盜賊、其所以異於秦始皇者無幾矣、然秦以之亡、漢以之興者・孝武能尊先王之道・知所統守・受忠直之言・惡人欺蔽・好賢不倦・誅賞嚴明・晚而改過・顧託得人・此其所以有亡秦之失而免亡秦之禍乎・(同上)

班固贊宣帝曰・孝宣之治・信賞必罰・綜核名實・政事文學法理之士咸精其能・至於技巧工匠器械・自元成間鮮能及之・亦足以知吏稱其職・民安其業也・遭值匈奴乖亂・推亡固存・信威北夷・單于慕義・稽首稱藩・功光祖宗・業垂後嗣・可謂中興・侔德殷宗周宣矣・(宣帝黃龍元年)

班彪贊元帝曰・臣外祖兄弟金敞為元帝侍中・語臣曰・元帝多材藝・善史書・鼓琴瑟・吹洞簫・自度曲・被歌聲・分刌節度・窮極幼眇・少而好儒・及即位・徵用儒生・委之以政・貢薛韋匡・迭為宰相・而上牽制文義・優游不斷・孝宣之業衰焉・然寬弘盡下・出於恭儉・號令溫雅・有古之風烈・(元帝竟寧元年)

班彪贊成帝曰・臣姑充後宮為婕妤・父子昆弟侍帷幄・數為臣言・成帝善修容儀・升車正立・不內顧・不疾言・不親指・臨朝淵嘿・尊嚴若神・可謂穆穆天子

之容矣博覽古今容受直辭公卿奏議可述遭世承平上下和睦然湛於酒色趙氏亂內外家擅朝言之可為於邑建始以來王氏始執國命哀平短祚莽遂篡位蓋其威福所由來者漸矣(成帝綏和二年)

范曄論曰魏文帝稱明帝察察章帝長者章帝素知人厭明帝苛切事從寬厚奉承明德太后盡心孝道平徭簡賦而民賴其慶又體之以忠恕文之以禮樂謂之長者不亦宜乎(章帝章和二年)

司馬光曰教化國家之急務也而俗吏慢之風俗天下之大事也而庸君忽之夫惟明智君子深識長慮然後知其為益之大而收功之遠也光武遭漢中衰羣雄糜沸奮起布衣紹恢前緒征伐四方日不暇給乃能敦尚經術賓延儒雅開廣學校修明禮樂武功既成文德亦洽繼以孝明孝章遹追先志臨雍拜老橫經問道自公卿大夫至於郡縣之吏咸選用經明行修之人虎賁衞士皆習孝經匈奴子弟亦游太學是以教立於上俗成於下其忠厚清

修之士豈惟取重於搢紳亦見慕於衆庶愚鄙汙穢之人豈惟不容於朝廷亦見棄於鄉里自三代既亡風化之美未有若東漢之盛者也及孝和以降貴戚擅權嬖倖用事賞罰無章賄賂公行賢愚混淆是非顛倒可謂亂矣然猶緜緜不至於亡者上則有公卿大夫袁安楊震李固杜喬陳蕃李膺之徒面引廷爭用公義以扶其危下則有布衣之士符融郭泰范滂許邵之流立私論以救其敗是以政治雖濁而風俗不衰至有觸冒斧鉞僵仆於前而忠義奮發繼起於後隨踵就戮視死如歸夫豈特數子之賢哉亦光武明章之遺化也當是之時苟有明君作而振之則漢氏之祚猶未可量也不幸承陵夷頹敝之餘重以桓靈之昏虐保養姦回過於骨肉殄滅忠良甚於寇讎積多士之憤蓄四海之怒於是何進召戎董卓乘釁袁紹之徒從而構難遂使乘輿播越宗廟丘墟王室蕩覆烝民塗炭大命隕絕不可復救然州郡擁兵專地者雖互相吞噬猶未嘗不以尊漢爲辭以魏武之暴戾彊伉加有大功

於天下其蓄無君之心久矣乃至沒身不敢廢漢而自立豈其志之不欲哉猶畏名義而自抑也由是觀之教化安可慢風俗安可忽哉（獻帝建安二十四年）

干寶論曰昔高祖宣皇帝以雄才碩量應時而起性深阻有若城府而能寬綽以容納行數術以御物而知人善采拔於是百姓與能大象始構世宗承基太祖繼業咸黜異圖（內誅李豐夏侯玄外平毌丘儉文欽諸葛誕）用融前烈至於世祖遂享皇極仁以厚下儉以足用和而不弛寬而能斷掩唐虞之舊域班正朔於八荒於時有天下無窮人之諺雖太平未洽亦足以明民樂其生矣武皇既崩山陵未乾而變難繼起宗子無維城之助師尹無具瞻之貴朝爲伊周（楊駿衛瓘張華）夕成桀跖國政迭移於亂人禁兵外散於四方方岳無鈞石之鎮關門無結草之固戎羯稱制二帝失尊何哉樹立失權託付非才四維不張而苟且之政多也夫基廣則難傾根深則難拔理節則不亂膠結則不遷昔之有天下者所以能

長久用此道也周自后稷愛民十六王而武始君之其積基樹本如此其固今晉之興也其創基立本固異於先代矣加以朝寡純德之人鄉乏不貳之老風俗淫僻恥尙失所學者以莊老爲宗而黜六經談者以虛蕩爲辯而賤名檢行身者以放濁爲通而狹節信進仕者以苟得爲貴而鄙居正當官者以望空爲高而笑勤恪是以劉頌屢言治道傅咸每糾邪正皆謂之俗吏其倚杖虛曠依阿無心者皆名重海內若夫文王日昃不暇食仲山甫夙夜匪懈者蓋共嗤黜以爲灰塵矣由是毀譽亂於善惡之實情慝奔於貨欲之塗選者爲人擇官官者爲身擇利世族貴戚之子弟陵邁超越不拘資次悠悠風塵皆奔競之士列官千百無讓賢之舉子眞著崇讓而莫之省子雅制九班而不得用其婦女不知女工任情而動有逆于舅姑有殺戮妾媵父兄弗之罪也天下莫之非也禮法刑政於此大壞國之將亡本必先顚其此之謂乎故觀阮籍之行而覺禮教崩弛之所由察庾純賈充之爭而見師尹之多

僻考平吳之功而知將帥之不讓思郭欽之謀而寤戎狄之有釁覽傅玄劉毅之言而得百官之邪核傅咸之奏錢神之論而覩寵賂之彰民風國勢既已如此雖以中庸之才守文之主治之猶懼致亂況我惠帝以放蕩之德臨之哉懷帝承亂即位羈以彊臣愍帝奔播之後徒守虛名天下之勢既去非命世之雄才不能復取之矣（晉愍帝建興四年）

殷羡爲長沙相在郡貪殘庾冰與庾翼書屬之翼報曰殷君驕豪亦似由有佳兒（謂殷浩）弟故小令物情容之（翼冰弟也）大較江東之政以嫗煦豪彊常爲民蠹時有行法輒施之寒劣如往年偷石頭倉米一百萬斛皆是豪將輩而直殺倉督監以塞責山遐爲餘姚長爲官出豪彊所藏二千戶而衆共驅之令遐不得安席雖皆前宰之惛謬江東事去實此之由兄弟不幸橫陷此中自不能拔足於風塵之外當共明目而治之荊州所統二十餘郡唯長沙最惡惡而不黜與殺督監復何異耶（康帝建元元年）

殷浩之北伐也、中軍將軍王羲之以書止之、不聽、既而無功、復謀再舉、羲之遺浩書曰、今以區區江左、天下寒心、固已久矣、力爭武功、非所當作、自頃處內外之任者、未有深謀遠慮、而疲竭根本、各從所志、竟無一功可論、遂令天下將有土崩之勢、任其事者、豈得辭四海之責哉、今軍破於外、資竭於內、保淮之志非所復及、莫若還保長江、督將各復舊鎮、自長江以外、羈縻而已、引咎責躬、更為善治、省其賦役、與民更始、庶可以救倒懸之急也、使君起於布衣、任天下之重、當董統之任、而敗喪至此、恐闔朝羣賢、未有與人分其謗者、若猶以前事為未工、故復求之分外、宇宙雖廣、自容何所、此愚智所不解也、（穆帝永和八年）

臣光曰、晉自濟江以來、威靈不競、戎狄橫騖、虎噬中原、劉裕始以王師翦平東夏、（南燕）不於此際旌禮賢俊、慰撫疲民、宣愷悌之風、滌殘穢之政、使羣士嚮風、遺黎企踵、而更恣行屠戮、以快忿心、迹其施設、曾苻姚之不如、宜其不能蕩壹四海、成美大之業、豈非雖有智勇、而無仁義、使之然哉、（安帝義熙六年）

帝清簡寡欲嚴整有法度被服居處儉於布素游宴甚稀嬪御至少嘗得後秦高祖從女有盛寵頗以廢事謝晦微諫卽時遣出財帛皆在外府內無私藏嶺南嘗獻入筒細布一端八丈帝惡其精麗勞人卽付有司彈太守以布還之幷制嶺南禁作此布公主出適遣送不過二十萬無錦繡之物內外奉禁莫敢爲侈靡(宋武帝永初三年)

裴子野曰古者人君養子能言而師授之辭能行而傅相之禮宋之教誨雅異於此居中則任僕妾處外則近趨走太子皇子有帥有侍是二職者皆臺皁也制其行止授其法則導達臧否罔弗由之言不及於禮義識不達於今古謹勑者能勸之以吝嗇狂愚者或誘之以凶慝雖有師傅多以耆艾大夫爲之雖有友及文學多以膏粱年少爲之具位而已亦弗與游幼王臨州長史行事宣傳教命又有典籤往往專恣竊弄威權是以本根雖茂而端良甚寡嗣君冲幼世繼姦回雖惡物醜類天然自出然習則生常其流遠矣降及

太宗舉天下而棄之·亦昵比之爲也·嗚呼·有國有家·其鑑之矣·(文帝元嘉元年)

以彭城王義康爲侍中·都督揚南徐兗三州諸軍事·司徒錄尚書事·領南徐州刺史·王弘與義康二府並置佐領兵·共輔朝政·義康總內外之務·又以義恭爲都督荆襄等八州諸軍事·帝與義恭書誡之曰·汝性褊急·志之所滯·其欲必行·意所不存·從物回改·此最弊事·宜念裁抑·衞青遇士大夫以禮·與小人有恩·西門安于嬌性齊美·(西門豹性剛急·常佩韋以自緩·董安于性寬緩·常佩弦以自警)關羽張飛任偏同弊·行己舉事·深宜鑒此·凡訊獄多決·當時難可逆慮·此實爲難·至訊日虛懷盡慎·無以喜怒加人·能擇善者而從之·美自歸己·不可專意自決·以矜獨斷之明也·名器深宜慎惜·不可妄以假人·昵近爵賜·尤應裁量·吾於左右雖爲少恩·如聞外論不以爲非也·以貴淩物·物不服·以威加人·人不厭·此易達事耳·聲樂嬉游·不宜令過·蒲酒漁獵·一切勿爲·供用奉身·皆有節度·奇服異器·不宜興長·又宜數引見佐史·相見

不數則彼我不親不親無因得盡人情人情不盡復何由知衆事也（觀宋文帝此書則江左之治稱元嘉良有以也）（元嘉六年）

沈約論曰聖人立法垂制所以必稱先王蓋由遺訓餘風足以貽之來世也太祖經國之義雖弘隆家之道不足彭城王照不窺古徒見昆弟之義未識君臣之禮冀以家情行之國道主猜而猶犯恩薄而未悟致以呵訓之微行遂成滅親之大禍（殺彭城王義康）開端樹隙垂之後人太宗因易隙之情據已行之典翦落洪枝不待顧慮既而根本無庇幼主孤立神器以勢弱傾移靈命隨樂推回改斯蓋履霜有漸堅冰自至所由來遠矣（明帝泰始七年）

裴子野論曰夫噬虎之獸知愛己子搏狸之鳥非護異巢太宗保字螟蛉剿拉同氣既迷在原之天屬未識父子之自然宋德告終非天廢也夫危亡之君未嘗不先棄本枝嫗煦旁孽推誠嬖狎疾惡父兄前乘覆車後來并轡借使仲叔有國猶不失配天而他人入室將七廟絕祀曾是莫懷甘心翦落晉

武．背文明之託．而覆中州者賈后．太祖棄初甯之誓．而登合殿者元凶．禍福無門．奚其豫擇友于兄弟．不亦安乎（同上）

司馬光曰．人主之於其國．譬猶一身．視遠如視邇．在境如在庭．舉賢才以任百官．修政事以利百姓．則封域之內．無不得其所矣．是以先王黈纊塞耳．前旒蔽明．欲其廢耳目之近用．推聰明於四遠也．彼廢疾者宜養．當命有司均之於境內．今獨施於道路之所遇．則所遺者多矣．其爲仁也．不亦微乎．况赦罪人以撓有司之法．尤非人君之體也．惜也．孝文魏之賢君．而猶有是乎（齊武帝永明十一年）　按魏主給跛眇者衣食．赦爲盜者三人

初．陳顯達崔慧景之亂．人心不安．或問時事於上庸太守杜陵韋叡．叡曰．陳雖舊將．非命世才．崔頗更事．懦而不武．其赤族宜矣．定天下者．殆必在吾州將乎．乃遣二子自結於蕭衍（齊東昏侯永元二年）

臣光曰．梁高祖之不終也．宜哉．夫人君聽納之失．在於叢脞．人臣獻替之病．

在於煩碎。是以明主守要道以御萬機之本。忠臣陳大體以格君心之非。故身不勞而收功遠。言至約而爲益大也。觀夫賀琛之諫。未至於切直。而高祖已赫然震怒。護其所短。矜其所長。詰貪暴之主名。問勞費之條目。困以難對之狀。責以必窮之辭。自以蔬食之儉爲盛德。日昃之勤爲至治。君道既備。無復可加。羣臣箴規。舉不足聽。如此則自餘切直之言過於琛者。誰敢進哉。由是姦佞居前而不見(謂朱異周石珍)。大謀顚錯而不知(謂納侯景復與東魏和)。名辱身危。覆邦絕祀。爲千古所閔笑。豈不哀哉。(梁武帝大同十一年)

東魏使軍司杜弼作檄移梁朝曰。皇家垂統。光配彼天。唯彼吳越。獨阻聲教。元首懷止戈之心(東魏)。上宰薄兵車之命(高歡)。遂解縶南冠。喻以好睦。雖加謀長算。爰自我始。罷戰息民。彼獲其利。侯景豎子。自生猜貳。遠託關隴。依憑姦僞。逆主定君臣之分。僞相結兄弟之親(謂侯景降西魏)。豈曰無恩。終成難養。俄而易慮。親尋干戈。釁暴惡盈。側首無託(謂侯景不容於西魏)。以金陵逋逃之藪。江南流寓之地。甘辭卑禮。進孰圖身（以下皆言侯景歸梁之心跡）詭言浮說，抑可知矣，而僞朝大小，幸災忘義，主荒於上，臣蔽於下，連結姦惡，斷絕鄰好，徵兵保境，縱盜侵國，蓋物無定方，事無定勢，或乘利而受害，或因得而更失，是以吳侵齊境，遂得勾踐之師，趙納韓地，終有長平之役，矧乃鞭撻疲民，侵軼徐郡，築壘擁川，舍舟徼利，是以援枹秉麾之將，拔距投石之士，含怒作色，如赴私讎，彼連營擁衆，依山傍水，舉螳螂之斧，被蛣蜣之甲，當窮轍以待輪，坐積薪而候燎，及鋒刃纔交，塵埃且接，已亡戟棄戈，土崩瓦解，掬指舟中，衿甲鼓下，同宗異姓，縲紲相望，曲直既殊，強弱不等，獲一人而失一國，見黃雀而忘深阱，智者所不爲，仁者所不向，誠既往之難逮，猶將來之可追，（二語誘梁再與講和以擒侯景）侯景以鄙俚之夫，遭風雲之會，位班三事，邑啟萬家，揣身量分，久當止足，而周章向背，離披不已，夫豈徒然，意亦可見，彼乃授之以利器，誨之以慢藏，使其勢得容姦，時堪乘便，今見南風不競，天亡有徵，老賊姦謀，將復作矣，然推堅彊者難爲功，摧枯朽者易爲力，計其雖非孫吳名將，燕趙精兵，猶是久涉行陳，曾習軍旅，豈同剽輕之師，不比危脆之衆，拒此則作氣不足，攻彼則爲勢有餘，終恐尾大於身，踵粗於股，倔强不掉，狠戾難馴，呼之則反速而釁小，不徵則叛遲而禍大，會應遙望廷尉，（蘇峻事）不肯爲臣，自據淮南，（黥布事）亦欲稱帝，但恐楚國亡猨，禍延林木，城門失火，殃及池魚，横使江淮士子，荆揚人物，死亡矢石之下，夭折霧露之中，彼梁王者，操行無聞，輕險有素，射雀論功，盪舟稱力，年既老矣，耄又及之，政散民流，禮崩樂壞，加以用舍乖方，廢立失所，矯情動俗，飾智驚愚，毒螫滿懷，妄敦戒業，躁競盈胸，謬治淸淨，災異降於上，怨讟興於下，人人厭苦，家家思亂，履霜有漸，堅冰且至，傳險躁之風俗，任輕薄之子孫，朋黨路開，兵權在外，必將禍生骨肉，釁起腹心，彊弩衝城，長戈指闕，徒探雀鷇，無救府藏之虛，空請熊蹯，詎延晷刻之命，外崩中潰，今實其時，鷸蚌相持，我乘其弊，方使駿騎追風，精甲輝日，四七並列，百萬爲羣，以轉石之形，爲破竹之勢，當使鍾山渡江，靑蓋入洛，荆棘生於建業之宮，麋鹿游於姑蘇之館，但恐革車之所轔轢，劍騎之所蹂踐杞梓於焉傾折竹箭以此摧殘若吳之王孫蜀之公子歸欵軍門委命下吏當即授客卿之秩特加驃騎之號凡百君子勉求多福其後梁室禍敗皆如弼言（太淸元年）

召張玄素問以政道對曰隋主好自專庶務不任羣臣羣臣恐懼惟知稟受奉行而已莫之敢違以一人之智決天下之務借使得失相半乖謬已多下諛上蔽不亡何待陛下誠能謹擇羣臣而分任以事高拱穆淸而考其成敗以施刑賞何憂不治又臣觀隋末亂離其欲爭天下者不過十餘人而已其餘皆保鄉黨全妻子以待有道而歸之耳乃知百姓好亂者亦鮮但人主不能安之耳上善其言（唐高祖武德九年）

上與宰相論自古帝王或勤勞庶政或端拱無爲互有得失何爲而可杜黃裳對曰王者上承天地宗廟下撫百姓四夷夙夜憂勤固不可自暇自逸然上下有分紀綱有叙苟愼選天下賢才而委任之有功則賞有罪則刑選用以公賞

刑以信則誰不盡力何求不獲哉明主勞於求人而逸於任人此虞舜所以能無爲而治者也至於獄市煩細之事各有司存非人主所宜親也昔秦始皇以衡石程書魏明帝自案行尚書事隋文帝衞士傳飧皆無補於當時取譏於後來其耳目形神非不勤且勞也所務非其道也夫人主患不推誠人臣患不竭忠苟上疑其下下欺其上將以求理不亦難乎上深然其言(憲宗元和元年)

歐陽修論曰自古亂亡之國必先壞其法制而後亂從之此勢使然也五代之際是已文珂守恩皆漢大臣而周太祖以一樞密使頭子而易置之如更戍卒是時太祖未有無君之志而所爲如此者蓋習爲常事故文珂不敢違守恩不敢拒太祖既處之不疑而漢廷君臣亦置而不問豈非綱紀壞亂之極而至於此乎(後漢隱帝乾祐二年)

臣光曰或問臣五代帝王唐莊宗周世宗皆稱英武二主孰賢臣應之曰夫天子所以統治萬國討其不服撫其微弱行其號令壹其法度敦明信義以

兼愛兆民者也．莊宗既滅梁．海內震動．湖南馬氏．遣子希範入貢．莊宗曰．比聞馬氏之業．終為高郁所奪．今有兒如此．郁豈能得之哉．郁馬氏之良佐也．希範兄希聲聞莊宗言．卒矯其父命而殺之．此乃市道商賈之所為．豈帝王之體哉．蓋莊宗善戰者也．故能以弱晉勝彊梁．既得之．曾不數年．外內離叛．置身無所．誠由知用兵之術．不知為天下之故也．世宗以信令御羣臣．以正義責諸國．王環以不降受賞．劉仁贍以堅守蒙褒．嚴續以盡忠獲存．蜀兵以反覆就誅．馮道以失節被棄．張美以私恩見疎．江南未服．則親犯矢石．期於必克．既服．則愛之如子．推誠盡言．為之遠慮．其宏規大度．豈得與莊宗同日語哉．書曰．無偏無黨．王道蕩蕩．又曰．大邦畏其力．小邦懷其德．世宗近之矣．

（後周世宗顯德六年）

帝謂宰相曰．古之為君者．鮮能無過．朕常夙夜畏懼．防非窒欲．庶幾以德化人之義．如唐太宗受人諫疏．直詆其失．曾不愧恥．豈若不為之而使天下無間言

哉。為臣者或不終名節。陷於不義。蓋忠信之薄。而獲福亦鮮。斯可戒矣。(宋太祖開寶八年)

帝顧謂侍臣曰。今天下民籍幾何。翰林侍讀梅詢對曰。先帝作正說。蓋述前代帝王恭儉有節。則戶口充羨。賦歛無度。則版圖衰減。五季生齒彫耗。太祖受命。太宗眞宗繼聖承祧。休養百姓。今天下戶口之數。蓋倍於前矣。因詔三司及編修院檢討以聞。至是上之。(仁宗寶元二年)

遼主常問蕭罕嘉努曰。我國家刱業以來。孰為賢主。罕嘉努以穆宗對。遼主怪之曰。穆宗嗜酒。喜怒不常。視人如草芥。卿何以謂之賢。罕嘉努曰。穆宗雖暴虐。省徭輕賦。人樂其生。終穆之世。未有過近日秋山傷死者衆。臣故以穆宗為賢。遼主默然。(眞宗慶歷六年)

帝問執政唐明皇治致太平。末年何以至此。富弼曰。明皇初平內亂。厲精求理。為政得人。所以治安。末年任非其人。遂至禍亂。人主惟在擇人。決不可使姦人

當國事也·吳奎曰·明皇用王忠嗣·統制萬里可矣·安祿山之黠桀·亦令統制萬里·安得不兆亂乎·帝皆以為然（英宗治平元年）

蘇軾上書極論時政·其略曰·臣之所欲獻者·三言而已·曰結人心·厚風俗·存紀綱·人主所恃者·人心也·自古及今·未有和易同衆而不安·剛果自用而不危者·祖宗以來·治財用者·不過三司·今陛下又剏制置三司條例司·使六七少年日夜講求於內·使者四十餘輩·分行營幹於外·以萬乘之主而言利·以天子之宰而蓄財·君臣宵旰·幾一年矣·而富國之效·茫如捕風·徒聞內帑出數百萬緡·祠部度五千人耳·以此為術·人皆知其難也·臣願陛下結人心者·此也·國家之所以存亡者·在道德之淺深·不在乎彊與弱·歷數之所以長短者·在風俗之厚薄·不在乎富與貧·陛下當崇道德而厚風俗·不當急功利而貪富強·仁祖持法至寬·用人有序·專務掩覆過失·未嘗輕改舊章·考其成功·則曰未至·言乎用兵·則十出而九敗·言乎府庫·則僅足而無餘·徒以德澤在人·風俗知義·故升遐之日·

天下歸仁·議者見其末年吏多因循·事不振舉·乃欲矯之以苛察·濟之以智能·招來新進勇銳之人·以圖一切速成之效·未享其利·澆風已成·近歲樸拙之人愈少·巧進之士益多·唯陛下哀之·救之以簡易·爲法以清淨爲心·而民德歸厚·臣願陛下厚風俗者此也·（神宗熙甯二年）

呂大防奏曰·漢武帝好用兵·重斂傷民·昭帝嗣位·博采衆議·多行寢罷·明帝尚察·屢興慘獄·章帝易之以寬厚·天下悅服·未有以爲謗毀先帝者也·至如本朝·眞宗即位·弛放逋欠·以厚民財·仁宗即位·罷修宮觀·以息民力·亦未聞當時士大夫有以爲謗毀先帝者·自元祐以來·言事官有所彈擊·多以謗毀先帝爲辭·非惟中傷善類·兼欲搖動朝廷·意極不善·若不禁止·久將爲患·（哲宗元祐八年）

太后手書告天下曰·比以敵國興師·都城失守·祲纏宮闕·既二帝之蒙塵·誣及宗祊·謂三靈之改卜·衆恐中原之無統·姑令舊弼以臨朝·扶九廟之傾危·免一

城之慘酷，乃以衰癃之質，起於閒廢之中，迎置宮闈，進加位號，舉欽聖已還之典，成靖康欲復之心，永言運數之屯，坐視家邦之覆，撫躬獨在，流涕何從，緬維藝祖之開基，實自高穹之眷命，歷年二百，人不知兵，傳序九君，世無失德，雖舉族有北轅之釁，而敷天同左袒之心，乃眷賢王，越居近服，已徇羣臣之請，俾膺神器之歸，繇康邸之舊藩，嗣我朝之大統，漢家之厄十世，宜光武之中興，獻公之子九人，唯重耳之尙在，茲爲天意，夫豈人謀，尙期中外之協心，同定安危之至計，庶臻小愒，漸底不平（欽宗靖康二年）

李綱至太平州，聞帝登極，上時事略曰，和不可信，守未易圖，而戰不可必勝，又言恭儉者人上之常德，英哲者人主之全才，繼體守文之君，恭儉足以優於天下，至於興衰撥亂，則非英哲不足以當之，惟英故用心剛，足以斷大事而不爲小故所搖，惟哲故見善明，足以任君子而不爲小人所間，在昔人君，惟漢之高光，唐之太宗，本朝之藝祖太宗，克體此道，願陛下以爲法（高宗建炎元年）

初金制自祖宗以來優恤臣下樂則同享財則共用自金主初時詞臣韓昉教之稍學賦詩染翰及嗣位左右日進諂諛導之以宮室之壯侍衛之嚴入則端居九重出則警蹕清道視舊功大臣寖疎且非時莫得見盡改開國之故制由是宗戚思亂（紹興七年）

金主從容謂侍臣曰朕每閱貞觀政要見其君臣議論大可規法翰林學士韓昉曰皆由太宗溫言訪問房杜輩竭忠盡誠其書雖簡足以爲法金主曰太宗固一代賢君明皇何如昉曰唐自太宗以來唯明皇憲宗可數明皇所謂有始而無終者初以艱難得位用姚崇宋璟惟正是行故能成開元之治末年怠於萬機委政李林甫姦諛是用以致天寶之亂苟能愼終如始則貞觀之風不難追矣金主稱善又曰周成王何如昉曰古之賢君金主曰成王雖賢亦周公輔佐之力後世疑周公殺其兄以朕觀之爲社稷大計亦不當非也（紹興九年）

詔臺諫侍從兩省官指陳闕失帝顧輔臣議恢復劉珙曰復仇雪恥誠今日之

先務．然非內修政事．有十年之功．臣恐未可輕動也．廷臣或曰．漢之高光．皆起匹夫．不數年而取天下．安用十年．珙曰．高光身起匹夫．以其身蹈不測之危．而無所顧．陛下躬受宗社之寄．其輕重之際．豈兩君比哉．臣竊以爲自古中興之君．陛下所當法者．惟周宣王．宣王之事．見於詩者．始則側身修行．以格天心．中則任賢使能．以修政事．而於其終．能復文武之境．則其積累之功至此．自有不能已者．非一旦卒然僥倖之所爲也．帝深然之．（孝宗乾道三年）

永康陳同詣闕上書曰．吳蜀天地之偏氣．錢塘又三吳之一隅．當唐之衰．錢鏐以閭巷之雄．起王其地．自此不能獨立．常朝事中國．以爲重．及我宋受命．俶以全家入京師．而自獻其土．故錢塘終始五代．被兵最少．而二百年之間．人物日以蕃盛．遂甲於東南．及建炎紹興之間．爲六飛所駐之地．當時論者．固疑其不足以張形勢而事恢復矣．秦檜又從而備百司庶府．以講禮樂於其中．其風俗固已華靡．士大夫又從而治園圃臺榭．以樂其生於干戈之餘．上下晏安．而錢塘爲樂國矣・一隙之地・本不足以容萬乘而鎭壓・且五十年山川之氣・亦發洩而無餘・故穀粟桑麻絲枲之利・歲耗於一歲・禽獸魚鼈草木之生・日微於一日・公卿將相・大抵江浙閩蜀之人・而人材亦日以凡下・場屋之士以十萬數・文墨稍異・已足稱雄於其間矣・陛下據錢塘已耗之氣・用閩浙日衰之士・而欲鼓東南習安脆弱之衆・北向以爭中原・臣有以知其難也・荊襄之地・東通吳會・西連巴蜀・南極湖湘・北控關洛・左右伸縮・皆足以爲進取之機・今誠能開墾其地・洗濯其人・以發洩其氣而用之・使足以接關洛之氣・則可以爭衡於中國矣・今世之儒者・自以爲得正心誠意之學者・皆風痺不知痛癢之人也・舉一世安於君父之讐・方且低頭拱手以談性命・不知何者謂之性命乎・陛下接之而不任以事・臣於是服陛下之仁・今世之才臣・自以爲得富國强兵之術者・皆狂惑以肆叫呼之人也・不以暇時講究立國之本末・而方揚眉伸氣以論富彊・不知何者謂之富彊乎・陛下察之而不敢盡用・臣於是服陛下之明・陛下厲志復讐・足以

對天命·篤於仁愛·足以結民心·而又明足以照臨羣臣一偏之論·此百代之英主也·今乃委任庸人·籠絡小儒·以遷延大有爲之歲月·臣不勝憤悱·是以忘其賤而獻其愚·同郎陳亮更名書奏·帝感動·欲牓朝堂·以勵羣臣·用种放故事·召令上殿·將擢用之·曾覿知之·將見亮·亮恥爲覿所知·踰垣而逃·覿不悅·大臣尤惡其直言·交沮之·乃命都堂審察·宰相以上旨問以所欲言·落落不少貶·又不合·待命十日·復詣闕上書者再·帝欲官之·亮笑曰·吾欲爲社稷開數百年之基·寧用以博一官乎·遂歸(淳熙五年)

尚書右司郎中何萬言·今之風俗·視舊日侈·此家給人足·不能如往時也·本朝自淳化後·已號極治·仁宗深慮風俗易奢·景祐二年·詔天下士庶之家·非品官毋得起門屋·非宮室寺觀·毋得綵繪門宇·器用毋得純金及表裏用朱·非三品以上及宗室戚里家·毋得金棱器及用玳瑁器·非命婦毋得金爲首飾及眞珠裝綴首飾衣服·凡有牀褥之類·毋得用純錦繡·民間毋得乘檐子·其用兜子者·

舁無過四人。非五品以上。毋得乘鬧裝銀鞍。違者物主工匠。並以違制論。今請考其違戾於禮法者。開具名件。嚴爲禁戢。始自中都。以至四方。則用度有制。民力自寬。詔禮部參照景祐詔書。並見行條令。討論聞奏。(淳熙十二年)

皇太子嘗遣使辟宋工部侍郎倪堅於開元。既至。訪以古今成敗得失。堅對言。三代得天下以仁。其失也以不仁。漢唐之亡也。以外戚閹豎。宋之亡也。以姦黨權臣。太子嘉納之。(元世祖至元二十二年)

第四篇 地方吏治議

第一章 議民爲國本元首須先養後教與共好惡然後上下情通民氣振而

國本冏

成王問於尹佚曰。何德而民親其上。對曰。使之以時。而敬順之。忠而愛之。布令信而不食言。如臨深淵。如履薄冰。王曰。懼哉。對曰。天地之間。四海之內。善之則畜也。不善則讎也。夏殷之臣。讎桀紂而臣湯武。若何其不懼也。(周成王後元年)

王告召公曰、吾能弭謗矣、召公曰、是障之也、夫民慮之於心、而宣之於口、成而行之、胡可壅也、今王塞下之口、而遂上之過、恐爲社稷憂、王不聽（厲王三十三年）

桓公嘗田於麥丘、見邑人問其年、對曰八十三矣、公曰美哉壽乎、子以子之壽祝寡人、麥丘人曰、祝主君甚壽、金玉是賤、以人爲寶、公曰至德不孤、善言必再、吾子其復之、祝曰、祝主君無惡下問、賢者在傍、諫者得入、公曰善哉言必三曰無使羣臣百姓得罪於吾君、亦無使吾君得罪於羣臣百姓、公怫然作色曰、吾聞子得罪於父、臣得罪於君、未聞君得罪於臣也、子更之、邑人曰、子得罪於父、可因姑姊叔父而解、臣得罪於君、可因便僻左右而謝、昔桀得罪於湯、紂得罪於武王、此君得罪於臣、孰爲謝而赦之、公曰、寡人得吾子於此、社稷之福也、扶而載之、自御而歸、禮之於朝、封之以麥丘、而議政焉（惠王十年）

公曰、不幸而失仲父、二三大夫者能以國甯乎、管仲曰、鮑叔好直、賓胥無好善、

而皆不能以國絀齊戚能事而不能以足息孫在善言而不能以信默臣聞消息盈虛與百姓詘信然後能以國齊勿已者隰朋其可乎（襄王七年）

初晉饑公問救饑於箕鄭對曰信於君心則美惡不踰信於名則上下不干信於令則時無廢功信於事則民從事有業民知君心貧而不懼藏出如入何匱之有（二十三年）

臣光曰夫信者人君之大寶也國保於民民保於信非信無以使民非民無以守國是故古之王者不欺四海覇者不欺四鄰善為國者不欺其民善為家者不欺其親不善者反之欺其鄰國欺其百姓甚者欺其兄弟欺其父子上不信下下不信上上下離心以至於敗所利不能藥其所傷所獲不能補其所亡豈不哀哉昔齊桓公不背曹沫之盟晉文公不貪伐原之利魏文侯不棄虞人之期秦孝公不廢徙木之賞此四君者道非粹白而商君尤稱刻薄又處戰攻之世天下趨於詐力猶且不敢忘信以畜其民況為四海治平

之政者哉。(顯王十年)

孔斌相魏。改嬖寵之官。以事賢才。奪無任之祿。以賜有功。諸喪職者咸不悅。乃造謗言。文咨以告子順。子順曰。民之不可與慮始久矣。古之善爲政者。其初不能無謗。子產相鄭。三年而後謗止。吾先君之相魯。三月而後謗止。今吾爲政日新。雖不能及前賢。庸知謗乎。陳大計不用。退而以病致仕。(赧王五十六年)

賈誼說上曰。管子曰。倉廩實而知禮節。衣食足而知榮辱。民不足而可治者。自古及今。未之嘗聞。古之人曰。一夫不耕。或受之飢。一女不織。或受之寒。生之有時。而用之亡度。則物力必屈。古之治天下。至纖至悉。故其蓄積足恃。今背本而趨末者甚衆。是天下之大殘也。淫侈之俗。日日以長。是天下之大賊也。殘賊公行。莫之或止。大命將泛。莫之振救。生之者甚少。而靡之者甚多。天下財產何得不蹶。漢之爲漢幾四十年矣。公私之積。猶可哀痛。失時不雨。民且狼顧。歲惡不入。請賣爵子。既聞耳矣。安有爲天下阽危者若是。而上不驚者。世之有饑穰。天之行也禹湯被之矣即不幸有方二三千里之旱國胡以相恤卒然邊境有急數十百萬之衆國胡以餽之兵旱相乘天下大屈有勇力者聚徒而衡擊罷夫羸老易子齩其骨政治未畢通也遠方之能僭擬者並舉而爭起矣乃駭而圖之豈將有及乎夫積貯者天下之大命也苟粟多而財有餘何爲而不成以攻則取以守則固以戰則勝懷敵附遠何招而不至今毆民而歸之農皆著於本使天下各食其力末技游食之民轉而緣南畮則蓄積足而人樂其所矣可以爲富安天下而直爲此廩廩也竊爲陛下惜之上感誼言詔開籍田上親耕以率天下之民(漢文帝二年)

菑川人公孫弘對策曰臣聞上古堯舜之時不貴爵賞而民勸善不重刑罰而民不犯躬率以正而遇民以信也末世貴爵厚賞而民不勸深刑重罰而姦不止其上不正遇民不信也夫厚賞重刑未足以勸善而禁非必信而已矣是故因能任官則分職治去無用之言則事情得不作無用之器則賦歛省不奪民

時不妨民力則百姓富有德者進無德者退則朝廷尊有功者上無功者下則羣臣逡罰當罪則姦邪止賞當賢則臣下勸凡此八者治之本也故民者業之則不爭理得則不怨有禮則不暴愛之則親上此有天下之急者也禮義者民之所服也而賞罰順之則民不犯禁矣臣聞之氣同則從聲比則應今人主和德於上百姓和合於下故心和則氣和氣和則形和形和則聲和聲和則天地之和應矣故陰陽和風雨時甘露降五穀登六畜蕃嘉禾興朱草生山不童澤不涸此和之至也(武帝元光五年)

嚴安上書曰今天下人民用財侈靡車馬衣裘宮室皆競修飾調五聲使有節族雜五色使有文章重五味方丈於前以觀欲天下彼民之情見美則願之是教民以侈也侈而無節則不可贍離本而徼末矣末不可徒得故搢紳者不憚爲詐帶劍者夸殺人以矯奪而世不知愧是以犯法者衆臣願爲民制度以防其淫使貧富不相燿以和其心心志定則盜賊消刑罰少陰陽和萬物蕃也徐

樂上書曰臣聞天下之患在於土崩不在瓦解古今一也何謂土崩秦之末世是也陳涉無千乘之尊尺寸之地身非王公大人名族之後鄉曲之譽非有孔曾墨子之賢陶朱猗頓之富也然起窮巷奮棘矜偏袒大呼天下從風此其故何也由民困而主不恤下怨而上不知俗已亂而政不修此三者陳涉之所以爲賢也此之謂土崩故曰天下之患在乎土崩何謂瓦解吳楚齊趙之兵是也七國謀爲大逆號皆稱萬乘之君帶甲數十萬威足以嚴其境內財足以勸其士民然不能西攘尺寸之地而身爲禽於中原者此其故何也非權輕於匹夫而兵弱於陳涉也當是之時先帝之德未衰而安土樂俗之民衆故諸侯無境外之助此之謂瓦解故曰天下之患不在瓦解此二體者安危之明要賢主之所宜留意而深察也間者關中五穀數不登年歲未復民多窮困重之以邊境之事推數盡理而觀之民宜有不安其處者矣不安故易動易動者土崩之勢也故賢主獨觀萬化之原明於安危之機修之廟堂之上而銷未形之患也其

要期使天下無土崩之勢而已矣（元朔元年）

馬廖慮美業難終上疏曰昔元帝罷服官成帝御浣衣哀帝去樂府然而侈費不息至於衰亂者百姓從行不從言也夫改政易風必有其本傳曰吳王好劍客百姓多創瘢楚王好細腰宮中多餓死長安語曰城中好高結四方高一尺城中好廣眉四方且半額城中好大袖四方全匹帛斯言如戲有切事實前下制度未幾後稍不行雖或吏不循法良由慢起京師今陛下素簡所安發自聖性誠令斯事一竟則四海誦德聲薰天地神明可通況於行令乎太后深納之（章帝建初二年）

上問陸贄以當今切務贄以曏日致亂由上下之情不通乃上疏曰臣謂當今急務在於審察羣情若羣之所甚欲者陛下先行之所甚惡者陛下先去之欲惡與天下同而天下不歸者自古及今未之有也夫理亂之本繫於人心況乎當變故動搖之時在危疑向背之際人之所歸則植人之所去則傾陛下安可

不審察羣情同其欲惡使億兆歸趣以靖邦家乎又曰頃者竊聞輿議頗究羣情四方則患於中外意乖百辟又患於君臣道隔郡國之志不達於朝廷朝廷之誠不升於軒陛上澤闕於下布下情壅於上聞實事不必知知事不必實上下否隔於其際眞僞雜糅於其間欲無疑阻其可得乎又曰臣聞立國之本在乎得衆得衆之要在乎見情故仲尼以爲人情者聖王之田言理道所生也又曰易乾下坤上曰泰坤下乾上曰否損上益下曰益損下益上曰損夫天在下而地處上於位乖矣而反謂之泰者上下交故也君在上而臣處下於義順矣而反謂之否者上下不交故也上約己而裕於人人必說而奉上矣豈不謂之益乎上蔑人而肆諸己人必怨而叛上矣豈不謂之損乎（唐德宗建中四年）

帝謂壽王曰政教之設在乎得人心而不擾之得人心莫若示之以誠信不擾之無如鎭之以淸淨推是而行雖虎兕亦當馴柙況於人乎書云撫我則后虐我則仇信哉斯言也爾宜戒之（宋太宗淳化五年）

帝謂輔臣曰國家所謹儉約爲先節用愛人民俗自化張齊賢曰書稱大禹克儉於家老氏三寶儉居其一上之所好下必從之上好儉則國有餘財下不僭則家有餘貲自然廉讓興行盜賊鮮少(眞宗咸平元年)

御崇和殿閱張去華所著元元論及授田圖謂近臣曰經國之道必以養民務穡爲先朕常冀邊鄙稍甯兵革粗足則可以力行其事使吾民富庶也(咸平四年)

帝之初卽位也李沆日取四方水旱盜賊奏知參知政事王旦以爲細事不足煩上聽沆曰人主少年當使知民間疾苦不然血氣方剛不留意聲色犬馬則土木甲兵禱祠之事作矣吾老不及見此參政他日之憂也時西北用兵邊奏日聳便殿延訪或至旰昃王旦慨然謂李沆曰我輩安得坐致太平優游燕息乎沆曰國家强敵外患適足爲警懼異日天下晏然人臣率職未必高拱無事君奚念哉帝雅敬沆嘗問治道所宜先沆曰不用浮薄新進喜事之人此最爲

先帝問其人曰如梅詢曾致堯李夷庚等是矣帝深然之故終帝之世數人者卒不進用沆重厚淳質退公輒終日危坐治第封邱門內廳事前僅容旋馬或言其太隘沆曰此爲宰相廳事誠隘爲太祝奉禮廳事已寬矣常喜讀論語或問之沆曰我爲宰相如論語中節用而愛人使民以時兩句尙未能行聖人之言終身誦之可也（眞宗景德元年）

韓維奏治天下之道不必過求高遠在審人情而已識人情不難以己之心推人之情可見矣人情貧則思富苦則思樂勞困則思息鬱塞則思通陛下誠能常以利民爲本則人富矣常以愛民爲心則人樂矣役事之有妨農務者去之則勞困息矣法禁之無益治道者蠲之則鬱塞通矣又奏臣嘗請陛下深察盜賊之原罷非業之令寬訓練之程蓋爲保甲保馬發也臣非謂國馬遂不可養但官置監牧可矣非謂兵民遂不可教但於農隙一時訓練可矣至是起知陳州未行召兼侍讀加大學士（神宗元豐八年）

詔曰．朕初攬庶政．鬱於大道．夙夜祗畏．懼無以章先帝之休烈．而安輯天下之民．永惟古之王者．御治之始．必明目達聰．以防壅蔽．詩不云乎．訪予落止．此成王所以求助．而羣臣所以進戒．上下交儆．以遂文武之功．朕甚慕焉．應中外臣僚及民庶．並許實封直言．朝政闕失．民間疾苦．朕將親覽．以考求其中而施之．司馬光凡三奏．乞改前詔．於是始用其言也（同上）

劉珙自湖南召還．首論獨斷雖英主之能事．然必合衆智而質之以至公．然後有以合乎天理人心之正．而事無不成．若棄僉謀．徇私見．而有獨御區宇之心．則適以蔽其四達之明．而左右私昵之臣．將有乘之以干天下之公議者矣（孝宗乾道三年）

度支郎官劉師尹論頃年因軍須．額外創添賦入．請漸次裁改．以寬民力．帝曰．朕未嘗妄用一毫．以爲百姓病．又論漢宣帝時．吏稱其職．民安其業．帝曰．宣帝中興．只此數語．今吏不稱職．所以民未受實惠（乾道四年）

是歲劉珙免喪復除湖南過闕言曰人君能得天下之心然後可以立天下之事能循天下之理然後可以得天下之心然非至誠虛己兼聽並觀在我者空洞淸明而無一毫物欲之蔽亦未有能循天下之理者也因引其意以傳時事言甚切至帝加勞再三(乾道八年)

祕書危昭德疏言國之命在民民之命在士大夫士大夫不廉朘民膏血爲己甘朘民不堪命矣願陛下與二三大臣察利害之實究安危之本明詔郡國申嚴號令俾急其所急凡荒政之當舉者不可一日而遺念緩其可緩凡苛賦之肆擾者易爲此時之寬征固結人心乃所以延天命也(理宗寶祐三年)

彗星出柳光燭天長數十丈自四更見東方日高始滅丁丑避殿減膳詔天下直言考功郎官兼崇政殿說書趙景緯上封事曰今日求所以解天意者不過悅人心而已百姓之心卽天心也錮私藏而專天下之同欲則人不悅保私人而違天下之公議則人不悅閭閻之糟糠不厭而燕私之供奉自如則人不悅

百姓之膏血日朘·而符移之星火愈急·則人不悅·不公於己·而欲絕天下之私·則人不悅·不澄其源·而欲止天下之貪·則人不悅·夫必有是數者·斯足以召怨而致災·願陛下損內帑以絕壅利之謗·出嬪嬙以節用度之奢·弄權之貂寺·素爲天下之所共惡者·屏之絕之·毒民之恩澤侯·嘗爲百姓之所憤者·黜之棄之·擇忠鯁敢言之士·置之臺諫·以通關隔之壅·選慈惠忠信之人·使爲守宰·以保元氣之殘·又必稽乾淳以來·凡利源窠名之在百司庶府者·悉還其舊·以濟經用之急·公田派買不均之弊·聽民自陳·隨宜通變·以安田里之生·則人心悅而天意解矣·人之常情·懼心每發於災異初見之時·不能不潛移於諂諛交至之後·萬一過聽左右寬譬之言·曲爲他說以自解·毛舉細故以塞責·而弛恐懼之初心·則下怫人心·上違天意·國之安危·或未可知也·牟子才疏請罷公田·更七法·時臺諫士庶上書者·皆以爲公田不便·民間愁怨所致·於是賈似道上書力辯·乞避位·帝曰·言事易·任事難·自古然也·使公田之說不可·則卿建議之始·朕

已沮之矣·惟其公私兼濟·所以決意行之·今業已成矣·一歲之軍餉·仰給於此·若遽因人言罷之·雖可快一時之異議·如國計何·卿既任事·亦當任怨·禮義不愆何恤人言·卿宜安心·毋孤朕倚畀之意·知臨安府劉良貴以人言藉藉·自陳括田之勞·乞從罷免·不允·由是公論頓沮·(景定五年)

史理氏曰·夫在上者欲民之從其令·則示之以信·欲信之無流弊·則出之以慎·何也·蓋信以使民者·出一令則期於必行·布一政則期於必守·政令之有益者·而期必行必守·則善矣·設或不可行者·則將如之何哉·其行之乎·則有害於國·其更之乎·則失信於民·予故曰·欲信之無流弊·不可不出之以慎也·昔商鞅變秦法·令既具·未布·乃立三丈之木於國都市南門·曰能徙於北門者·與五十金·一人徙之·輒與五十金·然後下令·令乃行·溫公謂非信無以使民·誠哉是言也·周幽王失烽火之約於諸侯·而後遂以舉烽火徵兵·兵莫至·而敗無他·不信故也·齊桓公不背反地之盟於曹沬·而

諸侯聞之皆附焉無他信故也夫不信者無以使民卒至禍及其身信者民爲其使且稱覇於天下今商鞅之信著於從木吾知其必能使民而强秦國矣雖然君之使民乃必待要之以信而後民從其使則其使之也亦可知矣書有曰惟動丕應徯志釋之者曰丕大也徯待也言君欲出令則天下無不丕應固有先意而承志者也蓋古先聖王或使民勤農桑或使民敦孝弟郎或使之有所興作無非爲民也惟其爲民故令未出而民已丕應徯志豈令已出猶患民之不從而必要之以信哉商鞅則不然使民爲什伍而相收司連坐告姦者與斬敵首同賞不告姦者與降敵同罰事末利及怠貧者舉以爲收孥以此使民民肯從其使乎故慮民之莫從也以賞賜之信劫之一人從木不惜五十金之賞又慮士大夫之莫從也以刑法之信驅之太子犯法必刑其師傅民不得已而從其令其使民之法則善矣其如不仁何哉然則溫公謂非信無以使民者非乎曰有立乎信

之先者而信以成之則令行而禁止矣至鞅變法之弊不在信以使民而在虐以爲政也

第二章 議牧民之道及害民之政

初孟子師子思嘗問牧民之道何先子思曰先利之孟子曰君子所以教民者亦仁義而已矣何必利子思曰仁義固所以利之也上不仁則下不得其所上不義則下樂爲詐也此爲不利大矣故易曰利者義之和也又曰利用安身以崇德也此皆利之大者也（周顯王三十三年）

臣光曰子思孟子之言一也夫唯仁者爲知仁義之爲利不仁者不知也故孟子對梁王直以仁義而不及利者所與言之人異故也（同上）

魏西門豹爲鄴令文侯曰必就子之功而成子之名豹曰敢問有術乎文侯曰有之鄉邑老者敬之賢良師事之求其好掩人之美揚人之醜者參驗之夫幽莠之幼也似禾驪牛之黃也似虎白骨疑象武夫類玉此皆似之而非也（威烈

王十八年）

桓公問治民於管仲。對曰。牧民者。必知其疾。憂之以德。勿懼以罪。勿止以力。（惠王十年）

上問龔遂何以治渤海。息其盜賊。對曰。海瀕遐遠。不霑聖化。其民困於飢寒。而吏不恤。故使陛下赤子。盜弄陛下之兵於潢池中耳。臣聞治亂民猶治亂繩。不可急也。唯緩之然後可治。臣願丞相御史且無拘臣以文法。得一切便宜從事。上許焉（漢宣帝地節四年）

陳留太守薛宣遷左馮翊。宣爲郡所至有聲跡。宣子惠爲彭城令。宣嘗過其縣。心知惠不能。不問以吏事。或問宣何不敎戒以吏職。宣笑曰。吏道以法令爲師。可問而知。及能與不能。自有資材。何可學也。衆人傳稱以宣言爲然。（成帝陽朔元年）

卓茂爲密令。民嘗有言部亭長受其米肉遺者。茂曰。亭長爲從汝求乎。爲汝有事囑之而受乎將平居自以恩意遺之乎民曰往遺之耳茂曰遺之而受何故言邪民曰竊聞賢明之君使民不畏吏吏不取民今我畏吏是以遺之吏既卒受故來言耳茂曰汝爲敝民矣凡人所以羣居不亂異於禽獸者以有仁愛禮義知相敬事也汝獨不欲修之甯能高飛遠走不在人間邪吏顧不當乘威力彊請求耳亭長素善吏歲時遺之禮也民曰苟如此律何故禁之茂笑曰律設大法禮順人情今我以禮敎汝汝必無怨惡以律治汝汝何所措其手足乎一門之內小者可論大者可殺也（光武建武元年）

魏主嗣以郡縣豪右多爲民患悉以優詔徵之民戀土不樂內徙長吏逼遣之於是無賴少年逃亡相聚所在寇盜羣起嗣引八公議之曰朕欲爲民除蠹而守宰不能綏撫使之紛亂今犯者旣衆不可盡誅吾欲大赦以安之何如元城侯屈曰民逃亡爲盜不罪而赦之是爲上者反求於下也不如誅其首惡赦其餘黨崔宏曰聖王之御民務在安之而已不與之較勝負也夫赦雖非正可以

行權屈欲先誅後赦要爲兩不能去曷若一赦而遂定乎赦而不從誅未晚也嗣從之遣將軍于栗磾將騎一萬討不從命者所向皆平(東晉安帝義熙六年)

魏主問高祐曰何以止盜對曰昔宋均立德猛虎渡河卓茂行化蝗不入境況盜賊人也苟守宰得人治化有方止之易矣(齊武帝永明五年)

魏主戒高陽王雍曰作牧亦易亦難其身正不令而行所以易其身不正雖令不從所以難(建武二年)

詔曰凡在有生含靈稟性咸知善惡並識是非若臨以至誠明加勸導則俗必從化人皆遷善往以海內亂離德教廢絕吏無慈愛之心民懷姦詐之意朕思遵聖法以德化民王伽深識朕意誠心宣導李參等感寤自赴憲司明是率土之人非爲難教若使官盡王伽之儔民皆李參之輩刑厝不用其何遠哉(隋文帝開皇二十年)

柳宗元善文嘗作種樹郭橐駝傳曰橐駝之所種無不生且茂者或問之對曰橐駝非能使木壽且孳也凡木之性其根欲舒其土欲故既植之勿動勿慮去不復顧其蒔也若子其置也若棄則天全而性得矣他植者則不然根拳而土易愛之太恩憂之太勤旦視而暮撫已去而復顧甚者爪其膚以驗其生枯搖其本以觀其疎密而木之性日以離矣雖曰愛之其實害之雖曰憂之其實讎之故不我若也爲政亦然吾居鄉見長人者好煩其令若甚憐焉而卒以禍之旦暮吏來聚民而令之促其耕穫督其蠶織吾小人輟饔飧以勞吏之不暇又何以蕃吾生而安吾性邪凡病且怠職此故也(唐憲宗元和十年)

崔鄾在陝以寬仁爲治或經月不笞一人及至鄂嚴峻刑罰或問其故鄾曰陝土瘠民貧吾撫之不暇尚恐其驚鄂地險民雜夷俗慓狡爲姦非用威刑不能致治政貴知變蓋謂此也(文宗太和五年)

帝謂宰相曰朕念民耕稼之勤春秋賦稅軍國用度所出恨未能去之比令兩

稅三限外特加一月而官吏不體朝旨自求課最恣行撻罰督令辦集此一事尤傷和氣宜申儆之乃詔諸州長吏察訪屬縣有以催科用刑殘忍者論其罪又謂宰相曰民訴水旱即使檢覆立遣上道猶恐後時頗聞使者或逗留不發州縣慮賦歛違期日鞭箠民亦俟檢覆改種若此稽緩豈朕勤卹之意乎自今遣使檢覆災旱量其地之遠近事之大小立限以遣之(宋太宗太平興國八年)

帝謂宰相曰荊湖江浙淮南諸州每歲上供錢帛遣部民之高貲者護送至闕下民多質魯無馭下之術篙工檝師皆頑猾不逞恣爲侵盜民或破產以償官物甚無謂也乃詔自今直遣牙吏無復擾民(同上)

帝謂宰相曰刺史之任最爲親民苟非其人民受其禍昔秦彭守潁川教化大行境內乃有鳳凰麒麟嘉禾甘露之瑞宋琪曰秦彭一郡守政善而天應之若此況君天下者乎(雍熙元年)

京西轉運司合肥姚鉉上言。諸路官吏。或彊明涖事。惠愛及民者。則必立教條。除其煩擾。然所更之弊事。多不便於狡胥。俟其罷官。悉藏記籍。害公蠹政。莫甚於茲。應知州府軍監通判幕職州縣官。於所在有經畫利濟事。可經久者。歲終書歷。替日錄付新官。俾之遵守。不得妄信下吏。輒有改更。若灼然不便。州以上聞。幕職以下聞於長吏。俟報更正。語曰。舊令尹之政。必以告新令尹。此實聖人之格言。國家之急務也。從之（眞宗咸平元年）

帝謂輔臣曰。大藩長吏。尤難其人。要在洞達物情。遵守條詔。愛民抑暴而已。其或廉而肆虐。或察而滋章。或急掊斂以爲公。或曠職務以爲恕。如此則何由致治。（大中祥符八年）

右諫議大夫愼從吉爲給事中。權知開封府。帝召戒從吉曰。京府浩穰。凡事太速則誤。緩則滯。惟須酌中。有請屬一切拒之。又曰。府吏多與豪右協謀造弊。所宜深察。及從吉領府事。謗者甚多。帝以問輔臣。丁謂曰。從吉好言人過。故積衆

怨·帝曰·當官宜守常道·或彊爲善以取名·則毀譖必隨至矣·(同上)

知諫院歐陽修言·近日四方盜賊漸多·皆由國家素無豫備·而官吏賞罰不行也·今沂州軍賊王倫所過楚泰等州·連騎揚旗·如履無人之境·而巡檢縣尉反赴賊召·其衣甲器械·皆束手而歸之·此可謂心腹之大憂·請自今賊所經州縣奪衣甲官吏並追官勒停·巡檢縣尉仍除名勒從軍自效·俟破賊日則許敘之·右正言余靖言·今官吏弛事·細民聚而爲盜賊·不能禁止者·蓋賞罰不行也·若非大設隄防以矯前弊·則臣憂國家之患·不在西北而起於封域之內矣·乞朝廷嚴捕賊賞罰·及立被賊劫質亡失器甲除名追官之法·並從之(仁宗慶歷三年)

先是·知并州韓琦言·州縣生民之苦·無重於里正衙前·自兵興以來·殘剝尤甚·至有孀母改嫁·親族分居·或棄田與人以免上等·或非命求死以就單丁·規圖百端·苟脫溝壑之患·殊可痛傷·自今罷差里正衙前·只差鄉戶衙前·令於一縣

諸鄉中第一等選一戶物力最高者爲之於是下京畿河北河東陝西京西轉運使相度利害皆謂如琦所議便(至和二年)

歐陽修治郡簡而不擾所至民便之或問爲政寬簡而事不弛廢何也曰以縱爲寬以略爲簡則政事弛廢而民受其弊吾所謂寬者不在苛急簡者不在繁碎耳(神宗熙甯五年)

先是言者以爲役法行之歲久積至大弊鄉村鄉保正長最爲重役不專取物力薄厚而兼用人丁多寡不通輪一鄉點差而但取逐甲人戶官吏貪濁差募之際富者以賄賂幸免貧者以誅求受害被役一次輒至破產民巧爲規避遂有父亡母嫁兄弟析產求免役次非惟重困民力以虛邦本亦將有傷民教以壞風俗乞下有司稍革舊法專用物力及通輪一鄉差募保正長凡官吏因役事受財者重示懲誡又進士上書竊觀方今害民之法無如保甲之弊願更去保甲法復申元祐之制行戶長之法故有是旨仍許今後差物力高下單丁每

都不得過一人。即應充而居他鄉別縣。或城郭及僧道。並許募人充役。官司毋得追正身。餘如見行條法。時祠部員外郎林季仲亦奏乞總一鄉物力次第選差。其單丁許募人充役。於是頗採其說焉（高宗紹興五年）

辛棄疾誘賴文政殺之。茶寇平。遂上疏曰。比年李金賴文政等相繼竊發。皆能一呼嘯聚千百。殺掠吏民。至煩大兵翦滅。良由州以趣辦財賦為急。吏有殘民害物之狀。而州不敢問。縣以並緣科斂為急。吏有殘民害物之狀。而縣不敢問。田野之民。郡以聚斂害之。縣以科率害之。吏以乞取害之。豪民以兼幷害之。盜賊以剽奪害之。民不為盜。去將安之。夫民為邦本。而貪吏迫使之為盜。今年剿除。明年剗蕩。譬之木焉。日刻月削。不損則折。望陛下深思致盜之由。講求弭盜之術。無徒恃平盜之兵。申飭州縣。以惠養元元為意。帝獎諭之（孝宗淳熙二年）

帝語及臨安事。因曰。韓彥古在任時。盜賊屏跡。比其罷也。羣盜如相呼而來。以

此知治盜亦不可不嚴惜乎彥古所以治民者亦用治盜之術治盜當嚴治民當寬難以一律(乾道七年)

元呼必賚問張德輝曰典兵與宰民者爲害孰甚對曰軍無紀律縱使殘暴害固非輕若宰民者頭會箕歛以毒天下使祖宗之民如蹈水火爲害尤甚呼必賚曰然則奈何對曰莫若更遣族人之賢如昆布哈者使掌兵權勳舊如呼圖呼者使主民政若此則天下均受賜矣(理宗淳祐八年)

魏時亮言天下可憂在民窮能爲民紓憂者知府而已宜愼重其選治行卓越卽擢京卿若巡撫則人自激勸督學者天下名教所繫當擇學行兼懋者毋限以時教行望峻則召爲祭酒或入翰林以示風勵下部議不行(明穆宗隆慶二年)

給事中賈三近言善治者守法以宜民去其泰甚而已今廟堂之令不信於小民蠲租矣而催科愈急振濟矣而追逋自如卹刑矣而寃死相望正額之輸上

供之需。邊疆之費。雖欲損毫釐不可得。形格勢禁。莫可如何。且監司考課。多取振作集事之人。而輕寬平和易之士。守令雖賢。安養之心。漸移於苛察。撫字之念。日奪於征輸。民安得不困乞。戒有司務守法。而監司殿最。取且夕功。失惇大之體。詔俞允。(隆慶四年)

政治學終

財政學

相延學

集權資憲通史

代議部

吳縣曹恭翊滌新編纂

財政學

第一章　議生計以衣食爲本衣食以農桑爲本不可不勸農桑以厚民生

季康子欲以田賦使冉有訪諸仲尼仲尼不對私于冉有曰先王制土籍田以力而砥其遠邇賦里以入而量其有無任力以夫而議其老幼先王以爲足若欲犯法又何訪焉弗聽(周敬王三十六年)

鼂錯言于上曰聖王在上而民不凍飢者非能耕而食之織而衣之也爲開其資財之道也故堯有九年之水湯有七年之旱而國亡捐瘠者以蓄積多而備先具也今蓄積未及者地有遺利民有餘力生穀之土未盡墾山澤之利未盡出游食之民未盡歸農也夫寒之于衣不待輕暖飢之于食不待甘旨飢寒至身不顧廉恥人情一日不再食則飢終歲不製衣則寒夫腹飢不得食膚寒不

得衣雖慈父不能保其子君安能以有其民哉明主知其然也故務民于農桑薄賦歛廣蓄積以實倉廩備水旱故民可得而有也民者在上所以牧之民之趨利如水走下四方無擇也夫珠玉金銀飢不可食寒不可衣然而衆貴之者以上用之故也其爲物輕微易藏在于把握可以周海內而無飢寒之患此令臣輕背其主而使民易去其鄉盜賊有所勸亡逃者得輕資也粟米布帛生于地長于時聚于力非可一日成也數石之重中人弗勝不爲姦邪所利一日弗得而飢寒至是故明君貴五穀而賤金玉今農夫五口之家其服役者不下二人其能耕者不過百畮百畮之收不過百石春耕夏耘秋穫冬藏伐薪樵治官府給繇役春不得避風塵夏不得避暑熱秋不得避風雨冬不得避寒凍四時之間無日休息又私自送往迎來弔死問疾養孤長幼在其中勤苦如此尚復被水旱之災急政暴賦賦歛不時朝令而暮改有者半價而賣無者取倍稱之息于是有賣田宅鬻妻子以償債者矣而商賈大者積貯倍息小者坐列販賣

操其奇贏日游都市乘上之急所賣必倍故其男不耕耘女不蠶織衣必文采食必粱肉無農夫之苦有仟伯之得因其富厚交通王侯力過吏勢以利相傾千里游敖冠蓋相望乘堅策肥履絲曳縞此商人所以兼幷農人農人所以流亡者也方今之務莫若使民務農而已矣（漢文帝十二年）

或上言民之貧困以貨輕錢薄宜改鑄大錢事下四府議之太學生劉陶上議曰當今之憂不在乎貨在乎民飢竊見比年以來良苗盡于蝗螟之口杼軸空于公私之求民所患者豈謂錢貨之厚薄銖兩之輕重哉就使當今沙礫化爲南金瓦石變爲和玉使百姓渴無所飲飢無所食雖皇羲之純德唐虞之文明猶不能以保蕭牆之內也蓋民可百年無貨不可一朝有飢故食爲至急也議者不達農殖之本多言鑄冶之便蓋萬人鑄之一人奪之猶不能給況今一人鑄之則萬人奪之乎雖以陰陽爲炭萬物爲銅役不食之民使不飢之士猶不能足無厭之求也夫欲民殷財阜要在止役禁奪則百姓不勞而足陛下愍海

財政學

內之憂戚欲鑄錢齊貨以救其弊猶魚游沸鼎之中鳥棲烈火之上水木本魚鳥之所生也用之不時必至焦爛願陛下寬鍥薄之禁後冶鑄之議聽民庶之謠吟問路叟之所憂瞰三光之文耀視山河之分流天下之心國家大事粲然皆見無有遺憾者矣伏念當今地廣而不得耕民衆而無所食羣小競進秉國之位鷹揚天下鳥鈔求飽吞飢及骨並噬無厭誠恐卒有役夫窮匠起于版築之間投斤攘臂登高遠呼使愁怨之民響應雲合雖方尺之錢何有能救其危也遂不改錢（桓帝永壽三年）

燕王皝以牛假貧民使佃苑中稅其什之八自有牛者稅其七記室參軍封裕上書諫以為古者什一而稅天下之中正也降及魏晉仁政衰薄假官田官牛者不過稅其什六自有牛者中分之猶不取其七八也自永嘉以來海內蕩析武宣王綏之以德（慕容廆）華夷之民萬里輻湊襁負而歸之者若赤子之歸父母是以戶口十倍于舊無田者什有三四及殿下繼統南摧彊趙東兼高句麗北

取宇文拓地三千里·增民十萬戶·是宜悉罷苑囿·以賦新民·無牛者官賜之牛·不當更收重稅也·且以殿下之民·用殿下之牛·牛非殿下之有·將何在哉·是則戎旗南指之日·民誰不簞食壺漿·以迎王師·石虎誰與處矣·川瀆溝渠有廢塞者·皆應通利·旱則灌溉·潦則疏泄·一夫不耕·或受之飢·況游食數萬·何能得家給人足乎·今官司猥多·虛費廩祿·苟才不周用·皆宜澄汰·工商末利·宜立常員·學生三年無成·徒塞英儁之路·皆當歸之于農·皝乃下令·以民爲本·民以穀爲命·可悉罷苑囿·以給民之無田者·實貧者官與之牛·力有餘願得官牛者·並依魏晉舊法·溝渠各有益者·令以時修治·今戎事方興·勳伐既多·官未可減·俟中原平一·徐更議之·工商學生·皆當裁擇·其賜裕錢五萬·宣示內外·有欲陳孤過者·不拘貴賤·弗有所諱·（晉穆帝永和元年）

尚書奏復徵民綿麻之稅·張普惠上疏·以爲高祖廢大斗·去長尺·改重稱·以愛民薄賦·知軍國須綿麻之用·故於絹增稅棉八兩·於布增稅麻十五觔·民以稱

尺所減不啻棉蔴故鼓舞供調自茲以降所稅絹布浸復長闊百姓嗟怨聞於朝野宰輔不尋其本在於幅廣度長遽罷蔴棉既而尚書以國用不足復欲徵斂去天下之大信棄已行之成詔追前之非遂後之失不思庫中大有棉蔴而群臣共竊之也何則所輸之物或斤羨百銖未聞有司依律以罪州郡或小有濫惡則坐戶主連及三長是以在庫絹布踰制者多群臣受俸人求長闊厚重無復準極未聞以端幅有餘還求輸官者也今欲復調棉蔴當先正稱尺明立嚴禁無得放溢使天下知二聖之心愛民惜法如此則太和之政復見于神龜矣（梁武帝天監十七年）

上謂侍臣曰朕思養人之道未得其要公等爲朕陳之來濟對曰昔齊桓公出游見老而飢寒者命賜之食老人曰願賜一國之飢者賜之衣曰願賜一國之寒者公曰寡人之廩府安足以周一國之飢寒老人曰君不奪農時則國人皆有餘食矣不奪蠶桑則國人皆有餘衣矣故人君之養人在省其征役而已今

山東役丁歲則數萬役之則人大勞取庸於人則人大費臣願陛下量公家所須外餘悉免之上從之(唐高宗顯慶元年)

帝以軍儲不足謀於群臣豆盧革以下均莫知為計吏部尚書李琪上疏以為古者量入以為出計農而發兵故雖有水旱之災而無匱乏之憂近代稅農以養兵未有農富給而兵不足農捐瘠而兵豐飽者也今縱未能蠲省租稅苟除折納紐配之法農亦可以少休矣帝即敕有司如琪所言然竟不能行(後唐莊宗同光三年)

上問馮道今歲雖豐百姓贍足否道曰農家歲凶則死于流殍歲豐則傷于穀賤豐凶皆病者惟農家為然臣記進士聶夷中詩云二月賣新絲五月糶新穀醫得眼前瘡剜卻心頭肉語雖鄙俚曲盡田家之情狀農於四人之中最為勤苦人主不可不知也上悅命左右錄其詩常諷誦之(明宗天成四年)

廣西轉運使陳堯叟上言所部諸州土風本異地少蠶桑其民除耕水田外惟

代

議

種蔴苧周歲三收布出之時每端只售百錢蓋織者衆而市者少故也今臣以國家軍須所急布帛爲先因勸部民廣植蔴苧以錢鹽折變收市之未及二年已得三十七萬餘疋望自今許以所種蔴苧頃畝折桑棗之數諸縣令佐依例書歷爲課民以布赴官賣者免其算稅如此則布帛上供泉貨下流公私交濟其利甚博詔從之（宋眞宗咸平元年）

司馬光言竊惟農蠶者天下衣食之源人之所以仰生也是以聖王重之竊聞太宗嘗游金明池召田婦數十人於殿上賜席坐問以民間疾苦勞之以帛太宗興于側微民間事固無不知所以然者恐富貴而忘之故也眞宗乳母秦國夫人劉氏本農家也喜言農家之事眞宗自幼聞之及踐大位咸平景德之治爲有宋隆平之極景德農田敕至今稱爲精當自非大開言路使畎畝之民皆得上封事則此曹疾苦何由有萬分之一得達于天聽哉初熙甯六年立法勸民栽桑有不趨令則倣屋粟里布爲之罰至是楚邱民胡昌等言其不便詔罷

之且蠲所負罰金興平縣抑民田爲牧地民亦自言詔悉罷之（神宗元豐八年）

金太宗詔曰朕惟國家四境雖遠而兵革未息田野雖廣而畎畝未闢百工雖備而祿秩未均方貢雖修而賓館未贍是皆出乎民力苟不務本業而抑游手欲上下皆足其可得乎其令所在門吏敦勸農業（欽宗靖康元年）

趙鼎奏近久雨恐傷苗稼欲下臨安府祈晴孟庾沈與求曰多雨天氣久寒蠶損甚衆帝曰朕見令禁中養蠶庶使知稼穡艱難祖宗時于延春閣兩壁畫農家養蠶織絹甚詳元符間因改山水（高宗紹興五年）

王大寶言理財宜務本抑末農者天下之本也而邊賈逐末競利日繁宜抑之以助農如前日免行之令偶因曹泳建言廢罷請講明損益以復前制帝曰曹泳所建唯免行一事至今人以爲是民不可擾難以施行（孝宗乾道元年）

盱眙軍報淮北多蝗淮南郤仍歲豐稔帝曰近世士大夫多恥言農事農事乃國之根本士大夫好爲高論而不務實郤恥言之王淮等曰士大夫好高豈能

過孟子孟子之論必曰五畝之宅植之以桑百畝之田勿奪其時帝曰今士大夫微有西晉風豈知周禮與易言理財周公孔子未嘗不以理財爲務且不獨此士大夫諱言恢復不知其家有田百畝內五十畝爲人所據亦投牒理索否士大夫于家事則知之至于國事則諱言之何哉(淳熙四年)

臣僚言農田之有務假始于中春之初經于季秋之晦法所明載州縣不知守法農夫當耕耘之時而罹追逮之擾此其害農一也公事之追鄰保止及近鄰足矣今每遇鄉村一事追呼干連多至數十人經旬動月吏不得其所欲則未肯釋放此其害農二也丁夫工役止宜先及游手古者所謂夫家之征是也今則凡有科差州下之縣縣下之里胥里胥所能令者農夫而已修橋道造館舍則驅農爲之工役達官經由監司巡歷則驅農爲之丁夫此其害農三也有田者不耕而耕者無田農夫之所以甘心爲者猶曰賦歛不及也其如富民之無賴者不肯輸納有司均其數于租戶吏喜於舍强就弱又從而攘肌及骨此其

害農四也巡尉捕盜胥吏催科所至村疃雞犬爲空坐視而不敢較此其害農五也有詔州縣長吏常切加意毋致有妨農務（淳熙四年）

帝謂群臣曰昨臨安取到諸縣繭甚薄已令宮中繰絲驗之既而樞密使言及今歲雨暘帝曰今歲雨暘以時而繭反薄大麥亦穗短宮中所養蠶亦如此殊不可曉適諭三省令下佐體訪王佐等言陛下憂民軫念及此天下之幸庚申大雨帝曰雨恐妨麥已祈晴矣又曰曾聞王佐蠶繭今年何薄趙雄等言佐方取驗繭絲徧詢諸郡續聞帝曰聞今年民間養蠶甚多葉既艱得又食溼葉所以繭薄孟子謂五畝之宅植之以桑勿失其時則可以衣帛矣（淳熙八年）

山西巡撫都御史靳學顏應詔陳理財凡萬餘言言選兵鑄錢積穀最切其略曰宋初禁軍十萬總天下諸路亦不過十萬其後慶歷治平間增至百餘萬然其時財用不詘我朝邊兵四十萬其後雖增兵益戍而士兵多缺不若宋人十倍其初也然自嘉靖中卽以詘乏告何哉宋雖增兵而天下無養兵費我朝以

民養兵而新軍又一切仰太倉舊餉不減新餉日增費一也周豐鎬漢西都率有其名而無實我朝留都之設建官置衛坐食公帑費二也唐宋宗親或通名仕版或散處民間我朝分封列爵不農不仕吸民骨髓費三也有此三者儲蓄安得不匱臣又覩天下之民皇皇以匱乏爲慮者非布帛五穀不足也銀不足耳夫銀寒不可衣飢不可食不過貿遷以通衣食之用獨奈何用銀而廢錢錢益廢銀益獨行獨行則藏益深而銀益貴貨益賤而折色之辦益艱豪右乘其賤收之時其貴出之銀積于豪右者愈厚行于天下者愈少更踰數十年臣不知其所底止矣錢者泉也不可一日無計者謂錢法之難有二利不讎本民不顧行此皆非也夫朝廷以山海之產爲財以億兆之力爲工以賢士大夫爲役何本之費誠令民以銅炭贖罪而匠役則取之營軍一指麾間錢徧天下矣至不願行錢者獨奸豪爾請自今事例罰贖徵稅賜賚宗祿官俸軍餉之屬悉銀錢兼支上以是徵下以是輸何患其不行哉臣又聞中原者邊鄙之根本也百

姓者中原之根本也民有終身無銀而不能終歲無衣終日無食今有司夙夜不遑者乃在銀而不在穀臣竊慮之國家建都幽燕北無郡國之衞所恃為腹心股肱者河南山東江北及畿內八府之人心耳其人率鷙悍而輕生易動而難戢游食而寡積者也一不如意則輕去其鄉偶有所激則不愛其死往往一夫作難千人響應前事已屢驗矣弭之之計不過曰卹農以繫其家足食以繫其身聚骨肉以繫其心今試覈官廩之所藏每府得數十萬則司計者安枕可矣得三萬焉猶足塞轉徙者之望設不滿萬豈得無寒心臣竊意不滿萬者多也臣近者疏請積穀業蒙允行第恐有司從事不力無以塞明詔敢即臣說申言之其一曰官倉發官銀以糴也一曰社倉收民穀以充也官倉非甚豐歲不能舉社倉雖中歲皆可行唐義倉之開每歲自王公以下皆有入宋則準民間正稅之數取二十分之一以為社誠倣而推之就土俗合人情占歲候以通其變計每歲二倉之入以驗其功著為令而歲修之時其豐歉而斂散之在官倉

者民有大飢則以振在民倉者雖官有大役亦不聽貸借此藏富于民即藏富于國也今言財用者不憂穀之不足而憂銀之不足夫銀實生亂穀實弭亂銀之不足而泉貨代之五穀之不足則孰可以代者哉故曰明君不寶金玉而寶五穀疏入下所司議卒不能盡行也(明穆宗隆慶三年)

史理氏曰重本抑末古今一轍何謂本耕織是也何謂末茶鹽坑冶酒沽等是也然上之所重下之所避也上之所抑下之所趨也故上又設爲箝制之法輕征農以困商重征商以惜農一輕一重至今已極然則今農力宜舒商力宜蹙矣顧有大不然者何哉且夫人生莫急於衣食至茶鹽坑冶酒沽雖爲人生所不可乏之緩于衣食矣古者無所謂賣買也交易而已有衣食而無茶鹽則農與商交易有酒肉而無衣食則商與農交易然當時樸素苟不飢寒無他嗜欲故農利厚而商利薄不爲農驅商而人爭歸于農厥後俗日浮華食必海味衣必錦繡飾必珠玉更交易而爲賣買於

是一食之費或勝農夫終歲所獲一衣之資或過織婦終年所得則農利薄而商利厚民又去農而歸商然非重本抑末之義故設商律以制之設關市以征之困商即所以惜農故農力舒而商力蹙矣至漢唐以來又不然其商權非爲農而已也漢用兵四夷而始權及酤唐疲于亂而始權及茶宋自南渡國力不支而始權及雜斂度支不足輒巧立名目以權於商何可勝數然同一權也權之商而不權于農惜農民也雖未能爲農驅商實隱寓重本抑末之義至于今則又不然自中外通商富商大賈動藉洋商爲護符各關稅額任意偷漏度支入不敷出漢唐以來所未有所權各商非有大資本也征之不足于是官辦商業商一涉官則糜費甚鉅官既不能得利商又不能自辦待用甚亟又分派農民是征商並及于農農與商俱病矣噫古者用度寡而不專權于農有商爲代償工爲代給賈爲代貢故征商即所以惜農今則費鉅而權于商賈權之不給轉權給于農農

已自賦矣又代商償負代工給欠代賈責缺征商適所以病農此其異同之大者也

第二章 議天下財賦不在上卽在下人主須藏富于民否則轉爲敵資

厲王好利芮良夫諫曰夫利百物之所生也天地之所載也而或專之其害多矣匹夫專利猶謂之盜王而行之其歸鮮矣(周厲王三十年)

管仲嘗會國用三分二在賓客懼而復之公曰入者說出者譽粟盡則生貨散則聚君人者名之爲貴財安可有管仲曰此君之明也(惠王十九年)

趙文子問于叔向曰晉六卿其孰先亡對曰中行氏以苛爲察以欺爲明以刻下爲忠以計多爲功以聚斂爲良譬猶鞹革者大則大矣裂之道也(景王四年)

劉恕曰夫利者衆人之所趨人主之操柄上專之則民怨望下擅之則身鄙穢厲王近榮夷公而不知大難幽王用虢石父而國人皆怨故曰與其有聚歛之臣寗有盜臣不能不亡也(景王十四年)

晉藏寶臺災·三日三夜而止·公子晏束帛而賀·平公悖然作色曰·夫火燒國之重寶·士大夫趨車走馬而救之·子獨賀何也·晏曰·王者藏于天下·諸侯藏于百姓·農夫藏于囷庾·商賈藏于篋匱·今百姓之絕·而收大半之賦·是以天火燒之·昔桀賦歛無度·殘賊海內·故湯誅之·皇天降災·乃君之福也·公曰·自今已後請藏于百姓(景王十三年)

魏文侯出游·見路人反裘而負芻·文侯問之·對曰·臣愛其毛·文侯曰·若不知其裏盡而毛無所恃邪·明年東封上計·其入三倍·有司請賞·其吏解扁·文侯曰·此無異反裘而負芻者·吾地不加廣·民不加衆·而錢布三倍·何也·解扁曰·以冬伐木·春浮河而鬻之·文侯曰·民春耕·暑耘·以秋收歛·惟冬無事·乃伐林而積之·負軛而浮之河·是民不得休息也·民已弊矣·雖入三倍·將焉用之(威烈王十八年)

賈郭恣橫·貨賂公行·南陽魯褒作錢神論以譏之·曰·錢之爲體·有乾坤之象·親之如兄·字曰孔方·無德而尊·無勢而熱·排金門·入紫闥·危可使安·死可使活·貴

可使賤。生可使殺。是故忿爭非錢不勝。幽滯非錢不拔。怨仇非錢不解。令聞非錢不發。洛中朱衣當塗之士。愛我家兄皆無已已。執我之手。抱我終始。凡今之人惟錢而已。（晉惠帝元康九年）

初魏御史中尉甄琛表稱周禮山林川澤有虞衡之官。爲之厲禁。蓋取之以時。不使戕賊而已。故雖置有司。實爲民守之也。夫一家之長。必惠養子孫。天下之君。必惠養兆民。未有爲人父母而吝其醯醢。富有群生而權其一物者也。今縣官障護河東鹽池而收其利。是專養口腹而不及四體也。蓋天子富有四海。何患於貧。乞弛鹽禁。與民共之。錄尙書事彭城王勰尙書邢巒奏以爲琛之所陳。坐談則理高。行之則事闕。竊惟古之善治民者。必汚隆隨時。豐儉稱事。役養消息。以成其性命。苟任其自生。隨其飲啄。乃是芻狗萬物。何以君爲。是故聖人斂山澤之貨。以寬田疇之賦。收關市之稅。以助什一之儲。取此與彼。皆非爲身。所謂資天地之產。惠天地之民也。今鹽池之禁。爲日已久。積而散之。以濟軍國。非專爲供太官之膳羞給後宮之服玩既利不在己則彼我一也然自禁鹽以來有司多慢出納之間或不如法是使細民嗟怨負販輕議此乃用之者無方非作之者有失也一旦罷之恐乖本旨一行一改法若奕棋參論理要宜如舊式卒行琛議罷禁鹽池(梁武帝天監五年)

初蘇綽在西魏以國用不足制征稅法頗重既而歎曰今所爲者譬如張弓非平世法也後之君子誰能弛之蘇威聞其言每以爲己任至是奏減賦役務從輕簡隋主悉行之(陳宣帝太建十三年)

上謂侍臣曰君依于國國依于民刻民以奉君猶割肉以充腹腹飽而身斃君富而國亡故人君之患不自外來常由身出夫欲盛則費廣費廣則賦重賦重則民愁民愁則國危國危則君喪矣朕常以此思之故不敢縱欲也(唐高祖武德九年)

治中侍御史權萬紀上言宣饒二州銀大發采之歲可得數百緡上曰朕貴爲

財政學

天子所乏者非財也。但恨無嘉言可以利民耳。與其多得數百萬緡。何如得一賢才。卿未嘗進一賢才。退一不肖。而專言稅銀之利。昔堯舜抵璧于山。投珠于谷。漢之桓靈乃聚錢爲私藏。卿欲以桓靈俟我邪。是日黜萬紀使還家。(太宗貞觀十年)

馬周上疏曰。貞觀之初。天下饑歉。斗米直疋絹。而百姓不怨者。知陛下憂念不忘故也。今比年豐穰。匹絹得粟十餘斛。而百姓怨咨者。知陛下不復念之。多營不急之務故也。自古以來。國之興亡。不以蓄積多少。在於百姓苦樂。且以近事驗之。隋貯洛口倉。而李密因之。東都積布帛。而世充資之。西京府庫。亦爲國家之用。至今未盡。夫蓄積固不可無。要當人有餘力。然後收之。不可强歛以資寇敵也。(貞觀十一年)

以給事中杜黃裳爲江淮宣慰副使。上于行宮廡下貯諸道貢獻之物。牓曰瓊林大盈庫。陸贄以爲戰守之功。賞賚未行。而遽私別庫。則士卒怨望。無有鬬志。

上疏諫其略曰天子與天同德以四海爲家何必橈廢公方崇聚私貨降至尊而代有司之守辱萬乘以效匹夫之藏虧法失人誘姦聚慝以斯制事豈不過哉又曰頃者六師初降百物無儲外扞兇徒內防危堞晝夜不息殆將五旬凍餒交傷死亡相枕畢命同力竟夷大艱良以陛下不厚其身不私其欲絕甘以同卒伍輟食以啗功勞無猛制而人不攜懷所感也無厚賞而人不怨悉所無也今者攻圍已解衣食已豐而謠讟方興軍情稍阻豈不以勇夫恒性嗜利矜功其患難既與之同憂而好樂不與之同利苟異恬默能無怨咨又曰陛下誠能近想重圍之殷憂追戒平居之專欲凡在二庫貨賄盡令出賜有功每獲珍華先給軍賞如此則亂必靖賊必平徐駕六龍旋復都邑天子之貴豈當憂貧是乃散其小儲而成其大儲損其小寶而固其大寶也上即命去其牓（德宗興元元年）

王安石曰國用所以不足者由未得善理財之人耳司馬光曰善理財之人不

過頭會箕歛以盡民財民窮爲盜非國之福安石曰不然善理財者不加賦而國用足光曰天地所生財貨百物止有此數不在民則在官譬如雨澤夏澇則秋旱不加賦而國用足不過設法以陰奪民利其害甚于加賦此乃桑宏羊欺漢武帝之言史遷書之以見其不明耳（宋神宗熙甯元年）

第三章 議貧富不均則貧者愈貧富者愈富能均則國自富庶然均之不得其道其弊甚大

初董仲舒說武帝以秦用商鞅之法除井田民得賣買富者田連阡陌貧者無立錐之地邑有人君之尊里有公侯之富小民安得不困古井法雖難卒行宜少近古限民名田以贍不足塞幷兼之路去奴婢除專殺之威薄賦歛省繇役以寬民力然後可善治也及上即位師丹復建言今累世承平豪富吏民貲數鉅萬而貧弱愈困宜略爲限天子下其議丞相光大司空武奏請自諸侯王列侯公主名田各有限關內侯吏民名田皆毋過三十頃奴婢毋過三十人期盡

三年犯者沒入官時田宅奴婢賈爲減賤貴戚近習皆不便也詔書且須緩遂寢不行（漢成帝綏和二年）

扶風功曹馬融曰今科條品制四時禁令所以承天順民者備矣悉矣不可加矣然而天猶有不平之効民猶有咨嗟之怨者百姓屢聞恩澤之聲而未見惠和之實也古之足民者非能家贍而人足之量其財用爲之制度故嫁娶之禮儉則婚者以時矣喪祭之禮約則終者掩藏矣不奪其時則農夫利矣夫妻子以累其心產業以重其志舍此而爲非者有必不多矣（順帝陽嘉二年）

魏大旱詔諸臣極言無隱韓麒麟上表曰古先哲王儲積九稔逮于中代亦崇斯業入粟者與斬敵同功力田者與孝悌均賞今京師民庶不田者多游食之口參分居二自承平日久豐穰積年競相矜夸遂成侈俗富貴之家童妾袪衣工商之族僕隸玉食而農夫闕糟糠蠶婦乏裋褐故令耕者日少田有荒蕪穀帛罄于府庫寶貨盈于市里衣食匱于室麗服溢于路饑寒之本實在于斯愚

謂凡珍異之物皆宜禁斷吉凶之禮備爲格式勸課農桑嚴加賞罰數年之中必有盈贍往年校比戶貫租賦輕少臣所統齊州租粟纔可給俸略無入倉雖于民爲利而不可長久脫有戎役或遭天災恐供給之方無所取濟可減絹布增益穀租年豐多積歲儉出賑所謂私民之穀寄積于官官有宿積則民無荒年矣詔有司開倉賑貸聽民出關就食遣使者造籍分遣去留所過給糧廩所至三長贍養之(齊武帝永明五年)

監察御史張郇上言天下曠土甚多請依唐宇文融所奏遣官檢括土田帝曰此事未可遽行然今天下稅賦不均富者地廣租輕貧者地蹙租重由是富者益富貧者益貧茲大弊也王旦等曰田賦不均誠如聖旨但改定之法亦須馴致或命近臣專領委其擇人令自一州一縣條約之則民不擾而事必集矣(宋眞宗大中祥符六年)

金世宗謂宰臣曰何以使民棄末而務本以廣儲蓄令集百官議戶部尚書鄧

儼等曰。今風俗侈靡。宜使服用居室。各有差等。抑昏喪過度之禮。禁追逐無名之費。右丞伊喇履參知政事完顏守貞曰。人情見美則願。若不節以制度。將見奢靡無極。民之貧乏殆由此致。方今承平之際。正宜講究此事。爲經久法。金主然之。（光宗紹熙元年）

殿中侍御史謝方叔言。豪强兼幷之患。至今日而極。非限民名田不可。國朝駐蹕錢塘。百有二十餘年矣。外之境土日荒。內之生齒日繁。權勢之家日盛。兼幷之習日滋。百姓日貧。經制日壞。上下煎迫。若有不可爲之勢。夫百萬生靈生養之具。皆本于穀粟。而穀粟之產。皆出于田。今百姓膏腴。皆歸貴勢之家。租米有及百萬石者。小民百畝之田。頻年差充保役。官吏誅求百端。不得已則獻其產於巨室。以規免役。小民田入減。而保役不休。大官田日增。而保役不及。兼幷浸盛。民無以遂其生。于斯時也。可不嚴立經制。以爲之防乎。今日國用邊餉。皆仰和糴。然權勢多田之家。和糴不容以加之。保役不容以及之。敵人睥睨于外。盜賊窺伺于內居此之時·與其多田厚資不可長保·孰若捐金助國以紓目前·宜諭二三大臣·摭臣僚論奏·付之施行·定經制·塞兼并·陛下勿牽貴近之言以搖初意·大臣勿避仇勞之多而廢良策·則天下幸甚(理宗淳祐六年)

賈似道以國計困于造楮·富民困于和糴·思有以變法而未得其說·知臨安府劉良貴浙西轉運使吳勢卿·獻買公田之策·似道乃命殿中侍御史陳堯道右正言曹孝欽監察御史虞虙張希顏上疏·言三邊屯列·非食不飽·諸路和糴·非楮不行·既未免于廩兵·則和糴所宜廣圖·既不免于和糴·則楮弊未容縮造·爲今日計·欲便國便民·而辦軍食重楮價者·莫若行祖宗限田之制·以官品計頃·以品級計數·下兩浙江東西和糴去處·先行歸併詭析·後將官戶田產逾限之數·抽三分之一·回買以充公田·但得一千萬畝之田·則每歲可收六七百萬之米·其于軍餉·沛然有餘·可免和糴·可以餉軍·可以杜造楮弊·可平物價·可平富室·一事行而五利興矣·帝從之·詔置官田所·以劉良貴提領·通判陳言爲檢閱

副之良貴請下都省嚴立賞罰究歸併之弊給事中徐經孫條具其害似道諷御史舒有開劾罷之經孫嘗舉陳茂濂至是爲公田官分司嘉興聞經孫去國曰我不可以負徐公亦謝事終身不起浙西安撫魏克愚言取四路民田立限回買所以免和糴而益邦儲議者非不自以爲公忠然未見其利而適見其害徐經孫所奏江西買田之弊甚詳若浙西之弊則見有甚於彼者因歷述爲害者八事疏奏不省未幾帝手詔曰永免和糴無如買逾限之田爲良法然東作方興權俟秋成續議施行似道憤然上疏求去復諷何夢然陳堯道曹孝慶抗章留之且勸帝下詔慰勉帝乃趣似道出視事且曰當始於浙西諸路視之爲則似道具陳其制帝悉從之三省奉行唯謹似道首以己田在浙西者萬畝爲公田倡榮王與芮繼之趙立奎自陳投賣由是朝野無敢言者(景定四年)司農卿李鏞言經界嘗議修明矣而修明卒不行嘗令自實矣而自實卒不竟豈非上之任事者每欲避理財之名下之不樂其成者又每倡爲擾民之說故

甯坐視邑政之壞而不敢詰猾吏奸民之欺甯忍取下戶之苛而不敢受豪家大姓之怨蓋經界之法必多差官吏必悉集都保必徧走阡陌必盡量步畝必審定等色必細折計算奸弊轉生久不迄事乃若推排之法不過以縣統都以都統保選任富厚公平者訂田畝稅色載之圖册使民有定產產有定稅稅有定籍而已臣守吳門已嘗見之施行(度宗咸淳三年)

第四章　議清理財政之道設官管理之法須以簡御繁領於部臣不可多增使額以滋弊

蘇冕論曰設官分職各有司存政有恒而易守事歸本而難失經遠之理舍此奚據洎奸臣廣言利以邀恩多立使以示寵刻下民以厚斂張虛數以獻狀上心蕩而益奢人怨望而成禍使天下有司守其位而無其事受厚祿而虛其用宇文融首唱其端楊愼矜王鉷繼遵其軌楊國忠終成其亂仲尼云甯有盜臣而無聚歛之臣誠哉是言前車既覆後轍未改求達化本不亦難乎(唐玄宗天

寶七年）

時關東防秋兵大集國用不充李泌奏自變兩稅法以來藩鎮州縣多違法聚斂繼以朱泚之亂爭權率徵罰以爲軍資點募自防泚既平自懼違法匿不敢言請遣使以詔旨赦其罪但令革正自非於法應留使留州之外悉輸京師其官典逋負可徵者徵之難徵者釋之以示寬大敢有隱沒者重設告賞之科而罪之上喜曰卿策甚長然立法太寬恐所得無幾對曰茲事臣固熟思之寬則獲多而速急則獲少而遲蓋以寬則人喜於免罪而樂輸急則競爲蔽匿非推鞫不能得其實財不足濟今日之急而皆入於奸吏矣上曰善（德宗貞元三年）

召三司使陳恕等責以職事曠弛恕等對曰今國用軍須所費浩瀚諸州凡有災沴必盡蠲其租臣等每舉權利朝廷以侵民爲慮皆梲而不行縱使耿壽昌桑宏羊復生亦所不逮臣等才力駑下惟盡心簿領終不足上裨聖理帝曰卿等清而不通專守繩墨終不能爲國家度長絜短剖煩析滯只如京城倉庫主

吏當改職者簿領中一處節目未備卽十年五年不與決斷以至貧無資給轉死溝壑此卿等之過也豈不傷和氣哉恕等頓首稱罪（宋太宗至道元年）帝御文德殿百官入閤右司諫直史館孫何次當待制獻疏曰六卿分職邦家之大柄也故周之會府漢之尙書立庶政之根本提百司之綱紀令僕率其屬丞郎分其行二十四司粲然星拱六職舉而天下之事備矣有唐貞觀之風最爲稱首於時封疆甚廣經費尤多亦不聞別分利權改剏使額而軍須取足明皇北事奚契丹南征閤羅鳳召發既廣租調不充於是蕭炅楊釗始以他官判度支而宇文融爲租調地稅使雖利孔始開然版籍根本尙在南宮肅代之世物力蕭然於是有司之職盡廢而言利之臣攘臂於其間矣征稅多門本於專置使額故德宗之初首降詔書追行古制天下錢穀皆歸文昌咸謂太平可致而天未悔禍叛亂相仍經費不充使額又建於是裴延齡以利誘君甚於前矣憲穆而下或迫於軍期切於國計周救當時之急率以權宜裁定五代短促曾

不是思國家三聖相承垂統立制宜能三司使額還之六卿或曰祿百辟贍六軍皆是物也臣亦有其說夫鹽鐵者蓋筦權山海之謂也物非自集須假牢盆戶部者蓋均一征稅之謂也而財非自生須計田賦度支者蓋供億軍國之謂也而粟非自行須資漕運但檢押專一相沿當之耳今莫若謹擇戶部尚書一人專掌鹽鐵使事俾金部郎中員外分判之又擇侍郎二人分掌度支戶部事各以本曹郎中員外分判之則三使洎判官雖省猶不省也仍命左右司郎中員外總知帳分勾稽遺失則進無掊刻之虞退有詳練之名職守有常規程既定周官唐式可以復矣(眞宗咸平二年)

戶部判官右司諫孫何出爲京東轉運副使何上疏曰又三司掌錢刀籠天下貨財古之李悝耿壽昌劉晏第五琦之流雖名聚歛之臣頗負經通之略皆民不加賦兵有羨糧厥後三建使額分其利權胥吏千餘官僚兼倍各爲刑獄迭下符移行之於外滋章頗甚臣權溢計局嘗與丁謂朱台符共酌三部文移之

類可以減半，望擇近臣識治體幹敏者，與三部衆官減省。(咸平三年)

判度支趙不敵言，今一歲內外支用之數，大概五千五百萬緡有奇，又以一歲所入計之，若使諸路供億以時，別無蠲減拖欠，塲務入納無虧，則足以支一歲之用，然賦入之科名猥多，分隸於戶部之五司，如僧道免丁，常平免役坊塲酒課之類，則左右曹掌之，上供折帛經總無額，茶鹽香礬之類，則金部掌之，度支則督月樁，倉部則專糴本，催理雖散於五司，悉經於度支，稽之古人量入爲出之義，則度支一司，安可以不周知其所入之數哉，臣因置爲都籍，會稽寘名總爲揭貼，事雖方行，簿書草具，而條目詳備，固已粲然易考，望付之本曹，自茲爲始，歲一易之，庶幾有司得以久遵，不唯財賦易以稽考，抑使胥吏無所容姦，從之。(孝宗乾道四年)

臣僚言祖宗時有會計錄，備載天下財賦出入有帳，一州以司法掌之，一路以漕屬掌之，紹興七年，臣僚有請倣本朝三司之制，專舉提舉帳司總天下帳狀

以戶部左曹郎官兼之。積習既久。視爲文具。請詔戶部條畫申嚴措置。俾天下財賦有所稽考。不致失陷。從之。（淳熙二年）

戶部侍郎韓彥古言今日國家大政。如兩稅之入。民間合輸一石。不止兩石。納一匹不止兩匹。自正數之外。大率增倍。然則是欺而取之也。謂宜取州縣大都所入。稍倣唐制。分爲三等。視其用度多寡而爲之制。自上供所餘。則均之留州。留州所餘。則均之送使。送使所餘。則派分遞減。悉蠲於民。朝廷不利其羸焉。然則自朝廷至於郡縣。取於民者。皆有成數。整齊天下之帳目。外而責在轉運使。內而責在戶部。量入以爲出。歲攷能否而爲之殿最。州縣不得多取於民。朝廷亦不得多取於州縣。上下相恤。有無相通。無廢事。無傷財。貢籍之成。太平之基立矣。帝曰。彥古所陳。周知民隱。可擇一才力通敏者。先施行一郡。俟已就緒。當頒降諸路。倣而行之。（淳熙四年）

帝曰。易曰何以聚人曰財。周以冢宰制國用。周禮一書。理財居其半。後世儒者。

尙清談以論財爲俗務可謂不知本矣祖宗勤儉方全盛時財賦亦不足至變更鹽法浸及富商朘奉親之外未嘗一毫妄取亦無一毫妄費所以帑藏不至空虛緩急不取之民非小補也先是帝以諸路財賦浩煩令兩侍郎分路管認王佐請於次年四月將諸路監司守倅所起上供錢比較以定賞罰自是罕有逋欠（淳熙十年）

御史臺言至元中阿哈瑪特綜理財用立尙書省三載併入中書其後僧格用事復立尙書省事敗又併入中書粵自大德五年以來四方地震水災歲仍不登百姓重困頃又聞爲綜理財用立尙書省如是則必增置所司濫設官吏殆非益民之事也且綜理財用在人爲之若止命中書整飭未見不可帝曰卿言良是但此三臣願任其事姑聽其行（元成宗大德十一年）

第五章　議水利最有益於財政且可備邊通運及西北各河之經歷疏浚之方略黃河之流域牧地之肥瘠

司冀兗豫荆揚州大水螟傷稼詔問主者何以佐百姓度支尚書杜預上疏以爲今者水災東南尤劇宜敕兗豫等諸州留漢氏舊陂繕以蓄水餘皆決瀝令飢者盡得魚菜螺蜯之饒此目下日給之益也水去之後滇淤之田畝收數鍾此又明年之益也典牧種牛有四萬五千餘頭不供耕駕至有老不穿鼻者可分以給民使及春耕種穀登之後責其租稅此又數年以後之益也帝從之民賴其利（晉武帝咸甯四年）

詔曰近者澶濮等數州霖雨荐降洪河爲患朕以屢經決溢重困黎元每閱前書詳究經瀆至若夏后所載但言導河至海隨山濬川未嘗聞力制湍流廣營高岸自戰國專利堙塞故道小以妨大私而害公九河之制遂隳歷代之患弗弭凡縉紳多士草澤之倫有素習河渠之書深明疏導之策者並許詣闕上書附驛條奏朕當親覽用其所長時東魯逸人田告著纂禹元經十二篇帝聞之召見詢以治水之道善其對將授以官告固辭父年老求歸奉養帝從之（宋太

祖開寶五年)

國子博士李覺上言曰邊人蓄牧轉徙馳逐水草騰駒游牝順其物性由是浸以蕃滋暨乎市易之馬至於中國則縶之維之飼以枯藁離析牝牡制其生性元黃虺隤因而減耗宜然矣今國家縱未暇別擇牝馬以分畜牧宜且減市馬之半直賜畜駒之將卒增爲月給俟其後納馬即止焉則是貨不出國而馬有滋也大率牝馬二萬而駒牧其半亦可歲獲萬匹況復牝又生駒十數年間馬必倍矣昔猗頓窮士也陶朱公教以畜五牸乃適西河大畜牛羊於猗氏之南十年間其息無算況以天下之馬而生息乎帝覽而嘉之(太宗端拱元年)

著作佐郎聊城李垂上導河形勢書三篇并圖其略曰臣請自汲郡東推禹故道挾御河減其水勢出大伾上陽太行三山之間復西河故瀆北注大名西館陶南東北合赤河而至于海因于魏縣北析一渠正北稍西徑衡漳出邢洺如夏書過洚水稍東注易水合百濟會朝河而入于海大伾而下黃御混流薄山

障隄勢不能遠如是則載之高地而北行百姓獲利而契丹不能南侵矣禹貢所謂夾石碣石入于海孔安國曰河逆上此州界其始作自大伾西八十里曹公所開運渠東五十里引河水正北稍東十里破伯禹古隄徑牧馬陂從禹故道又東三十里轉大伾西通利軍北挾白溝復西大河北徑清豐大名西歷洹水魏縣東暨館陶南入屯氏故瀆合赤河而北至于海既而自大伾西新發故瀆西岸析一渠正北稍西五里廣深與汴等合御河道通大伾北即堅壤析一渠東西二十里廣深與汴等復東合大河兩渠分流則西三分水猶得注澶淵舊渠矣大都河水從西北大河故瀆東北合赤河而達于海然後於魏縣北發御河河西岸析一渠正北稍西六十里廣深與御河等合衡漳水又冀州北界深州西南三十里決衡漳西岸限水爲門西北注滹沱潦則塞之使東漸渤海旱則決之使西灌屯田此中國御邊之利也兩漢以下言水利者屢欲求九河故道而疏之今攷圖志九河並在平原而北且河壞澶滑未至平原而上已決

矣。則九河奚利哉。漢武舍大伾之故道。發頓邱之暴衝。則濫兗泛濟。接聞於世。夫平原而北。地勢浚下。泄水甚易。故滄德之間。舊障皆完。滑臺而北。地形高平。入海稍難。故齊棣之間。游波互出。若放河北下。則其利甚詳。惜哉。河朔平田膏腴千里。而縱容敵騎。刼掠其間。是授勝地於契丹。借敵兵爲虎翼。漢賈誼晁錯。不及此議者。以河水未東故也。唐戴冑馬周。不及此議者。以守在幽北故也。今大河盡東。全燕陷北。則禦邊之計。莫大於河。不然。則趙魏百城。富庶萬億。適足以誨盜而招寇矣。詔任中正陳彭年王曾詳定。中正等上言。詳垂所述。頗爲周悉。所言起滑臺而下。派之爲六。則沿流就下。湍急難制。恐水勢聚而爲一。不能各依所導。設或必成六派。則是更增六處河口。悠久難於隄防。亦慮入滹沱漳河。漸至二水淤塞。益爲民患。又築隄七百里。役夫二十一萬七千。工至四十日。侵占民田。頗爲煩費。其書並圖。雖興行匪易。而博洽可獎。望送史館。從之。（眞宗大中祥符五年）

判大名府賈昌朝言自九河盡滅獨存漯川而歷代徙決不常然不越鄆濮之北魏博之東即今澶滑大河歷北京朝城由蒲臺入海者也國朝以來開封大名懷滑澶鄆濮棣齊之境河屢決天禧三年至四年夏連決天臺山旁尤甚凡九載乃塞之景佑初潰於橫壠出至平原分金赤游三河經棣濱之北入海近歲海口壅閼淖不可浚是以去年河敗德博間者凡二十一今夏潰於商胡經北都之東至於武城遂貫御河歷冀瀛二州之城抵乾寧軍南達於海今橫壠故水尚存三分金赤游河皆已湮塞惟出雍京口以東大決民田乃至於海自古河決為害莫甚於此朝廷以朔方根本之地禦備契丹取財用以濟軍師者惟滄棣濱齊最厚自橫壠決財利耗半商胡之敗十失其八九況國家恃此大河內固京師外限戎馬祖宗以來留意河防條禁嚴切者以此今乃旁流散出甚至有可涉之處欲救其弊莫若東復故道盡塞諸口案橫壠以東至鄆濮間隄埽具在宜加完葺其堙淺之處可以時發近縣夫開道至鄆州東界謹繪漯

川橫壠商胡三河爲一圖上進惟陛下留省詔翰林學士郭勸人內內侍省都知藍元用與河北京東轉運使再行相度修復黃河故道利害以聞(仁宗慶歷八年)

歐陽修言唐之牧地西起隴右金城平涼天水外暨河曲之野內則岐豳涇寧東接銀夏又東至於樓煩以今攷之或陷沒蕃戎或已爲民田皆不可復得惟河東嵐石之間荒山甚多及汾河之側草地亦廣迹而求之則樓煩元池天池三監之地尙冀可得臣往年奉使嘗行威勝以東及遼州平定軍見其不耕之地甚多而河東一路山川深峻水草甚佳地勢高寒必宜馬性又京西路唐汝之間荒地亦廣請下河東京西轉運使遣官審度若可興置監牧則河北諸監尋可廢罷下其奏相度牧馬所吳奎等請如修奏(嘉祐五年)

元張文謙薦郭守敬習水利巧思絕人元主召見面陳水利六事其一中都舊漕河東至通州引玉泉山水以通舟歲可省僱車錢六萬緡通州以南於蘭榆

河口·徑直開引·由蒙村跳梁務至楊村運河·以避浮雞淘盤淺風浪遠轉之患·其二·順德達泉引入城中·分爲三渠·灌城東地·其三·順德灃河·東至古任城·失其古道·沒民田千三百餘頃·此水開修成河·其田即可耕種·自小王村徑滹沱·合入御河·通行舟栰·其四·磁州東北滏漳二水合流處·引水由滏陽邯鄲洺州永年下經雞澤·合入灃河·可灌田三千餘頃·其五·懷孟沁河·雖可澆灌·猶有漏堰·餘水東與丹河餘水相合·引東流至武涉縣·北合入御河·可灌田二千餘頃·其六·黃河自孟州西開引·少分一渠·經由新舊孟州中間·順河北岸下至溫縣·南復入大河·其間亦可灌田二千餘頃·每奏一事·元主嘆曰·任事者如此·人不爲素餐矣·授提舉諸路河渠·守敬請先引玉泉水以通漕運·廣濟河渠司王允中亦請開邢洺等處漳滏灃河達水以溉民田·並從之（理宗景定三年）

命達實爲招討使·佩金虎符·往求河源·達實受命而行·四閱月·始抵其地·還圖其形勢來上·言河出吐蕃朶甘思西鄙·有泉百餘泓·沮洳散渙·弗可逼視·方可

七八十里・履高山下瞰・燦若列星・以故名鄂端諾爾・鄂端・譯言星宿也・群流奔湊・近五七里・匯爲二巨澤・名諤博諾爾・自西而東・連屬呑噬・行一日・迤邐東騖・成川・號齊必勒河・又二三日・水西南來・名伊爾齊・與齊必勒河合・又三四日・水南來・名呼蘭・又水東南來・名伊拉齊・合流入齊必勒・其流浸大・始名黃河・然水猶清・人可涉・又一二日・岐爲八九股・名也孫斡倫・譯言九渡・通廣五七里・可度馬・又四五日・水渾濁・土人抱革囊・騎過之・自是兩山夾束・廣可一里二里・或半里・其深叵測・朶甘思東北有大雪山・名伊爾瑪布謨喇・其山最高・譯言騰格爾哈達・卽崑崙也・自八九股水至崑崙・行二十日・崑崙以西・山皆不穹峻・其東山益高・地益漸下・岸狹隘・有狐可一躍而越之處・行五六日・有水西南來・名納鄰哈喇・譯言細黃河也・又兩日・水南來・名奇爾穆蘇・二水合流入河・河水北行・轉西流・過崑崙北・向東北流・約行半月・至德州・地名筆齊里・始有州治官府・又四五日・至積石・卽禹貢之積石也・自發源至漢地・南北澗溪・細流旁貫・莫知紀極・

山皆草石至積石方林木暢茂世言河九折蓋彼地有二折焉(元世祖至元十七年)

第六章　議糴糶輕則病民重則病末及青苗之害備荒之策

計然曰知鬪則修備時用則知物二者形則萬貨之情可見矣故旱則資車水則資舟物之理也夫糶二十病農九十病末上不過八十下不減三十則農末俱利平糶齊物關市不乏治國之道也積著之理務完物無息幣以物相貿易貴上極則反賤賤下極則反貴財幣欲其行如流水推此類而修之十年國富(周敬王二十九年)

上謂王珪曰開皇十四年大旱隋文帝不許賑給而令百姓就食山東比至末年天下儲積可供五十年煬帝恃其富饒侈心無厭卒亡天下但使倉廩之積足以備凶年其餘何用哉(唐太宗貞觀二年)

是歲最爲豐稔上畋於新店入民趙光奇家問百姓樂乎對曰不樂上曰今歲

頗稔何爲不樂對曰詔令不信前云兩稅之外悉無他徭今非稅而誅求者殆過於稅後又曰和糴而實强取之曾不識一錢始云所糴粟麥納於道次今則遣致京西行營動數百里車摧馬斃破產不能支愁苦如此何樂之有每有詔書優恤徒空文耳恐聖主深居九重皆未知之也上命復其家（德宗貞元三年）

翰林學士盧攜上言以爲陛下初臨大寶宜深念黎元國家之有百姓如草木之有根柢若秋冬培溉則春夏滋榮臣竊見關東去年旱災自虢至海麥纔半收秋稼幾無冬菜至少貧者磑蓬實爲麪蓄槐葉爲虀或更衰羸亦難收拾常年不稔則散之鄰境今所在皆饑無所依投坐守鄉閭待盡溝壑其蠲免餘稅實無可徵而州縣以有上供及三司錢督趣甚急動加捶撻雖撤屋伐木賈妻鬻子止供所由酒食之費未得至於府庫也或租稅之外更有他徭朝廷儻不撫存百姓實無生計乞州縣應所欠殘稅並一切停徵以候蠶麥仍發所在義倉亟加賑給至深春之後有菜葉木牙繼以桑椹漸有可食在今數月之間尤

爲窘急、行之不可稽緩、勅從其言、而有司竟不能行、徒爲空文而已、（僖宗乾符元年）

自建隆以來、吳蜀江南荆湖南粤、皆號富强、相繼降附、太祖太宗、因其蓄藏、守以恭儉簡易、方是時、天下生齒尚寡、而養兵未甚蕃、任官未甚冗、佛老之徒未甚熾、百姓亦安其生、不爲巧僞放侈、故上下給足、府庫羨溢、承平既久、戶口歲增、兵籍益廣、吏員亦衆、佛老塞外、耗蠹中國、縣官之費、數倍昔日、百姓亦稍縱侈、而上下始困于財矣、權三司使李諮嘗言、天下賦調有常、今西北寢兵二十年、而邊餽如故、他用寖廣、戍兵雖未可減、其末作浮費、非本務者、宜一切裁損、以寬斂厚下、鹽鐵判官俞獻卿亦言、天下榖帛日益耗、物價日益高、人皆謂稻苗未立而和糴、桑葉未吐而和買、自荆湖江淮間、民愁無聊、轉運使務刻剝以增其數、歲益一歲、又非時調率、營造一切費用、皆出于民、是以物價益高、民力積困也、自天禧以來、日侈一日、又甚于前、匝不盈者漏在下、木不茂者蠹

在內陛下宜與公卿大臣朝夕圖議而救正之帝納其言命御史中丞劉筠提舉諸司庫務薛貽廓與三司同議裁減冗費(宋仁宗天聖元年)

右司諫范仲淹上疏曰祖宗時江淮饋運至少而養六軍又取天下今東南漕米歲六百萬石至于府庫財帛皆出于民如之饑年艱食如此願下各有司取祖宗歲用之數校之則奢儉可見矣祖宗欲復幽薊故謹內藏務先豐財庶于行師之時不擾于下今橫爲墮費或有急難將何以濟天之生物有時而國家用之無度天下安得不困江淮兩浙諸路歲有饋糧于租稅外復有入糴計東南數路不下二三百萬石故雖豐年穀價亦高至于造舟之費及饋運兵夫給受賞與每歲又五七百萬緡故郡國之民率不暇給國家以饋運數廣謂之有備然冗兵冗吏游惰工作充塞京都臣至淮南道逢羸兵自言三十人自漳州挽新船至無爲軍在道逃死止存六人去湖南猶四千餘里六人者比還本州尚未知全活乃知饋運之患其害人如此今宜銷冗兵銷冗吏禁游惰減工作

既省京師用度，然後減江淮饋運租稅，上供之外，可能高價入糴，國用不乏，東南罷糴，則米價不起，商人既通，則入中之法可以兼行矣（明道二年）

樞密直學士杜衍亦嘗建議曰，豪姓蓄賈，乘時賤收，水旱則稽伏而不出，須其翔踴，以牟厚利，而農民貴糴，九穀散于穰歲，百姓困于凶年，蓋緣常平倉制度不立，有名而無實，謂宜量州縣遠近戶口衆寡，時其饑熟，取賤出貴，嚴以賞罰，課責官吏，出納無壅，增損有宜，公糴未充，則禁爭糴，以規利者，糴畢而儲之，則察其以供軍爲名而假借者，夫香象珠璣，久藏府庫，非衣食之急，若州郡闕無錢，願斥賣以賜之，補助其乏（同上）

初，虞部郎中薛向言河北糴法之弊，以爲被邊十四州，悉仰食度支，歲費錢五百萬緡，得粟百六十萬斛，其實才直二百萬緡耳，而歲常虛費三百萬緡入于商賈蓄販之家，今既用見錢實價，革去三百萬虛估之弊矣，然必有以佐之，則其法可行，故邊穀貴則糴濱魏粟，漕黃御河，以給邊，新陳未交，則散糶減價以

財政學

救民乏軍食有餘則坐倉收糴以待不足使見錢行而三利舉則河北之穀不可勝食矣于是詔置河北都大提舉使糴糧草及催遣黃御河綱運公事以向爲之行並邊見錢和糴法（至和二年）

始張方平主計京師有三年糧而馬粟倍之至是馬粟僅足一歲而糧亦減半因建言今之京師古所謂陳留天下四衝八達之地非如雍洛有山河形勢足恃也特依重兵以立國耳兵恃食食恃漕運汴河控引江淮利盡南海天聖以前歲發民浚之故河行地中有張君平者以疏導京東積水始輟用汴夫其後淺妄者爭以裁減費役爲功河日以湮塞今仰而望河非祖宗之舊也遂畫漕運十四策宰相富弼讀方平奏帝前晝漏盡十刻侍御皆跛倚帝太息稱善弼曰此國計之大本非常奏也悉如所欲施行其後未期年京師有五年之蓄（嘉祐元年）

條例司言諸路常平廣惠倉錢穀斂散未得其宜故爲利未博今欲以見在斗

斛。遇貴量減市價糶。遇賤量增市價糴。可通融轉運司苗稅及前斛就使轉易者。亦許兌換。仍以見錢依陝西青苗錢例。願預借者給之。令隨稅輸納斗斛。半爲夏料。半爲秋料。內有願請本色或納時價貴願納錢者。皆從其便。如遇災傷。許展至次料豐熟日納。非惟足以待凶荒之患。民既受貸則兼幷之家不得乘新陳不接以邀倍息。又常平廣惠之物。收藏積滯。必待年凶物貴然後出糶。所及不過城市游手之人。令通一路有無。貴發賤斂。以廣蓄積。平物價。使農人得以趨時赴事。兼幷者不得乘其急。凡此皆以爲民。而公家無所利焉。是亦先王散惠興利。以爲耕斂補助之意也。欲量諸路錢穀多寡。分遣官提舉。每州選通判幕職官一員。典幹轉移出納。仍先自河北京東淮南三路施行。俟有頭緒。推之諸路。其廣惠倉儲量留給老疾病窮人外。餘並用常平轉移法。從之。初王安石既與呂惠卿議定。出示蘇轍。曰此青苗法也。有不便以告。轍曰以錢貸民。使出息二分。本以救民。非爲利也。然出納之際。吏緣爲姦。法不能禁。錢入民手。雖良民·不免妄用·及其納錢·雖富民·不免踰限·恐鞭箠·必用州縣之事·不勝煩矣·唐劉晏掌國計·未嘗有所假貸·有尤之者·晏曰·使民僥倖得錢·非國之福·使吏倚法督責·非民之便·吾雖未嘗假貸·而四方豐凶貴賤·知之未嘗逾時·有賤必糴·有貴必糶·以此四方無甚貴甚賤之病·安用貸爲·晏之所言·漢常平法耳·今此法具在·而患不修·公誠有意于民·舉而行之·晏之功可立俟也·安石曰·君言誠有理·當徐思之·由是逾月不言青苗·會京東轉運使王廣淵言方春農事興·而民苦乏·兼幷之家·得以乘急要利·乞留本道錢帛五十萬·貸之貧民·歲可獲息二十五萬·從之·其事與青苗法合·安石始以爲可用·召至京師·與之議·廣淵請施之河北·安石遂決意行之·次第及于諸路·(神宗熙甯二年)

司馬光又言青苗之弊·曰·平民舉錢出息·尚能蠶食下戶·況縣官督責之威乎·呂惠卿曰·青苗法·願則與之·不願固不彊·光曰·愚民知取債之利·不知還債之害·非獨縣官不彊·富民亦不彊也·昔太宗平河東·立和糴法·以給戍卒·時米斗

十錢民樂與官為市其後物貴而和糴不解遂為河東世患臣恐異日之青苗亦猶是矣帝曰陝西行之已久民不以為病光曰臣陝西人也見其病未見其利帝問坐倉糴米何如聽講者皆曰不便惠卿獨曰京師坐倉得米百萬石則減東南歲漕百萬石轉易為錢以供京師光曰東南錢荒而粒米狼戾今棄其有餘取其所無農末皆病矣侍講吳申起曰誠至論也初帝用儀鑾司官孫思道言行坐倉糴米法王安石以為善坐倉者以諸軍餘糧願糶入官者計價支錢復儲其米于倉也光以為民有米而官不用其米民無錢而官必使之出錢非通財利民之道故因問極言其害（同上）

司馬光言夫力者民之所生而有穀帛者民可耕桑而得至于錢者縣官之所鑄民之所不得私為也今有司立法惟錢是求歲豐則民賤糶其穀歲凶則伐桑棗殺牛賣田得錢以輸民何以為生乎此法卒行富室差得自寬貧者困窮日甚矣帝不聽（同上）

初孝宗頒朱熹社倉法于天下廣德軍官爲置倉民困於納息至以息爲本而息皆橫取於民至有自經者人以熹之法不敢議黃震曰堯舜三代聖人猶有變通安有先儒爲法不思救其弊耶況熹法社倉歸之於民而官不得與官雖不與終有納息之患震爲別買田六百畝以其租代社倉息約非凶年不貸而貸者不取息由是民得免於橫取（度宗咸淳二年）

第七章　議鹽茶稅大可補助歲入然須上不闕額下不病民並官賣民賣之利弊

齊桓公曰吾欲籍於臺雉樹木六畜及籍於人如何管子曰此隱情也唯官山海爲可海王之國謹正鹽筴則百倍歸於上人無以避數也鐵官之數及其餘輕重準此而行舉臂勝事無不服籍（周莊王十二年）

上封者言天下茶鹽課虧請更議其法帝以問三司使寇瑊瑊曰議者未知其要爾河北入中兵食皆仰給於商旅若官盡其利則商旅不行而邊民困於餽

運奐法豈可數更帝然之因謂輔臣曰茶鹽民所食而彊設法以禁之致犯法者衆但緣經費尚廣未能弛之又安可數更其法也泰州鹽課虧緡錢數十萬事連十一州詔殿中丞張奎往案之還奏三司發鈔稽緩非諸州罪因言鹽法所以足軍費非仁政所宜行若不得已令商人轉貿流通獨關市收其征則上下皆利孰與設重禁壅閼之爲民病有詔悉除所負奎臨濮人全義七世孫也

（宋仁宗天聖七年）

宋初鹽利皆歸縣官其解池引水而成者曰顆鹽淮浙蜀廣煮海井鹼而成者曰末鹽初皆通商貿易咸平中梁鼎請官自鬻解鹽未幾以公私煩擾復舊商販帝初卽位置計置司議茶鹽利害茶法變貼財而鹽則官自鬻利微而害博兩池積鹽爲阜其上生木合抱選人王景上言請通商平估以售少寬百姓之力太后以爲然命盛度王隨議更其制王隨與權三司使胡則畫通商五利上之曰方禁商時伐木造船以給輦運而兵民罷勞不堪其命今去其弊一利也

始以陸運既差帖頭、又役車戶、貧人懼役、連歲逋逃、今悉罷之、二利也、舟運有沉溺之患、綱利侵盜、雜以泥沙硝石、其味苦惡、疾生重腿、今皆得其眞鹽、三利也、國之錢幣、謂貨泉、蓋欲使之通流、而富室大家、多藏鏹不出、故民用皆蹙、今歲得商人六十餘萬、頗助經費、四利也、歲減鹽官兵卒畦夫傭作之給、五利也、詔罷三京二十八州軍榷法、聽商賈入錢若金銀、京師榷貨務給鈔、受鹽於解池、而申私販鬻之禁、詔下、蒲解之民、皆作感聖恩齋、自是蹤商賈流行、而歲課之入官者耗矣、（天聖八年）

自詔弛茶禁、論者復言不便、知制誥劉敞、翰林學士歐陽修、頗論其事、敞疏云、朝廷變更茶法、由東南來者、更言不便、大要謂先時百姓之摘山者、受錢於官、而今也顧使之納錢於官、受納之間、利害百倍、先是百姓冒法販茶者、被罰耳、今悉均賦於民、賦不時入、刑亦及之、是良民代冒法者受罪、子子孫孫、未見其已、先時大商富賈、爲國貿遷、而州郡收其稅、今大商富賈不行、則稅額不登、且之國用望朝廷因臣言求便國惠民之策修疏云臣聞議者謂茶之新法既行而民無私販之罪歲省刑人甚多此一利也然而爲害者五焉民舊納茶稅今變租錢一害也小商所販至少大商絕不通行二害也茶稅不登頓虧國用三害也往時官茶容民入糴故茶多而賤今民自買賣須用眞茶眞茶不多其價遂貴四害也河北和糴實要見錢不惟商旅得錢艱於移用兼自京師歲歲輦錢於河北理必不能五害也一利不足以補五害乞除前令許人獻說詳定精當庶不失祖宗舊制不聽（嘉祐五年）

臣僚言私鹽之不可禁者其弊三亭戶煎鹽入官官不以時給直往往寄居爲之干請而後予之至有分其大半者一也煎煉之初必須假貸於人而監司類多乘時放債以要其倍償之息及就場給直往往先已尅除其半而錢入於亭戶之手者無幾二也鹽司及諸場人吏類多積私鹽以規厚利亭戶非不畏法以有猾胥爲之表裏互相蒙庇三也請申嚴禁戢從之（孝宗乾道元年）

臣僚言閩中鹽筴之弊有五官糴浩瀚而本錢積壓不支間或支俵而官吏尅減計會糜費貧民下戶皆不樂供官而大半糶於私販一也綱運之人非巨室則官吏載縣官之舟籍縣官之重影帶私鹽出糶二也州縣斥賣多置坊局付之胥徒其權稱之減尅泥沙之雜和官皆不之問私價輕而官價重官民大半食私鹽故官糶不行三也巡尉未嘗警捕但日具巡歷中於官長月書所到寘於驛壁私販猾吏莫之誰何四也今之邑敷賣官食鹽與夫借鹽本錢者多是給虛券約冊到數日支給甚至拋敷賣之數付之耆保攤及僑戶其見在鹽卻封樁不得支出謂之長生鹽若人戶不願請鹽只納敷數之半以貼陪官將官鹽貯之別所以足後日之數謂之還魂鹽猾吏攬撲民戶貼陪錢請鹽出賣出息則與邑均分謂之請鈔鹽五也況閩中崇岡峻嶺淺灘惡瀨商旅興販流轉實難故鈔鹽之法不可行也宜講究利害以革前弊從之(乾道三年)

詔福建鹽行鈔法從轉運陳峴之請也仍支借十萬貫作本知福州陳俊卿移

書宰執曰・福建鹽法・與淮浙不同・蓋淮浙之鹽・行八九路・八十餘州・地廣數千里・故其利甚博・福建八州・惟汀邵劍建四州・可售・而地狹人貧・土無重貨・非可以他路比也・今欲改行鈔法・已奪州縣歲計・又欲嚴禁私販・必虧稅務常額・而貧民無業・又將起而爲盜・夫州縣闕用・則必橫歛農民・稅務既虧常額・則必重征商旅・盜賊既起・則未知所增三十萬緡之入・其足以償調兵之費否也・將來官鈔或滯不行・則必科下州縣・州縣無策・必至抑配民戶・本以利民・而反擾之・恐皆非變法之本意也・當時不能用・然鈔法果不行（乾道八年）

四川制置使胡元質言・鹽之爲害・尤甚於酒・蜀鹽取之於井・山谷之民・相地鑿井・深至六七十丈・幸而果得鹽泉・然後募工・以石甃砌・以牛草爲囊・數十人牽大繩以汲取之・自子至午・則泉脈漸竭・乃縋人於繩・令下以手汲取・投之於囊・然後引繩而上・得水入竈・以柴茅煎煮・乃得成鹽・又有小井・謂之卓筒・大不過數寸・深亦數十丈・以竹筒設機抽泉・盡日之內・所得無幾・又有鑿地不得鹽泉・

或得泉而水味淡薄·煎數斛之泉·不能得斤兩之鹽·其間或有開鑿既久·井老泉枯·舊額猶在·無由蠲減·或井大井損·無力修葺·數十年間·空抱重課·或井筒剎落·上石湮塞·彌旬累月·計不得取·或夏冬漲潦·淡水入井·不可燒煎·或貧乏無力·柴茅不繼·虛失泉利·或假貸資財·以爲鹽本·費多利少·官課未償·私債已重·如此之類·不可勝計·欲擇能吏·前往逐州·考覈鹽井盈虧之數·先與推排等第·隨其盈虧多寡而增損之·必使上不至於重虧國計·下實可以少舒民力·詔元質與李蘩共措置·條具奏聞·元質又言·簡州鹽額最爲重大·近蒙蠲減·折估錢五萬四千餘緡·但官司一時逐井除減·使實惠未及下戶·富厚之家·動煎數十井·有每歲減七千緡者·下等之家·不過一二十井·貨則無人承當·額徒虛欠·官司不免督責·望委制置司·再將向來已減之數·重行均減·其上戶至多者·每數不得減過二千貫·其餘類推·均及下戶·(淳熙四年)

復廣鹽客鈔法·詔曰·鹽者民食所資·向也官利其贏而自鬻·久爲民病·朕既遣

使諭之得其利害以歸復諜諸在廷僉言惟允始爲之更令許通商販而杜官鬻民固以爲利矣然利於民者官不便焉何者鹽之息厚凡官與吏之所爲妄費以濟其私者一出於此一旦絕之無所牟取必胥動以浮言將毀我裕民之政且朕知恤民而已浮言奚恤朕道監司守令皆以爲民朕有美意幷推而廣之顧撓而壞之可乎其罷官般官賣通行客鈔法以黃洽爲御史中丞自乾道五年以後不除中丞者十四年洽盡言無隱然所論列未嘗摭拾細故嘗奏言因言固可以知人輕聽亦至於失人故聽言不厭其廣廣則無壅擇言不厭其審審則無誤帝然之（淳熙十年）

司農卿李椿嘗言於制國用者曰今倉庾所用一月營一月之聚然藏所給一旬貸一旬之錢朝廷之與戶部遂分彼此告借之與索價有同市道此陽城所以惡裴延齡者願革而正之椿又論渡江以來茶法之弊謂官執空券市之園戶州縣歲額配之於民卒有賴文政之寇初廣西鹽法官自鬻之後改鈔法漕

財政學

計大窘乃盡以一路田租之米二十二萬斛令民戶折而輸錢至五倍其值米既爲錢二十餘州吏祿兵須稍無以給則又損其估以市於民曰和糴曰招糴民愈病而鈔亦弗售椿請改法從舊除民折和糴招糴官民俱便（同上）

第八章 議錢法須輕重相權因民所宜方能信用否則雖作於輕物價日貴且有礙於鈔幣

景王將鑄大錢單穆公曰古者民患輕則作重幣以行之爲母權子若不堪重則作輕而行之亦不廢重爲子權母小大利之今廢輕而作重民失其資能無匱乎絕民用以實王府猶塞川原而爲潢汙竭無日矣王弗聽（周景王二十一年）

賈誼諫曰法使天下公得雇租鑄銅錫爲錢敢雜以鉛鐵爲他巧者其罪黥然鑄錢之情非殽雜爲巧則不得贏而殽之甚微爲利甚厚夫事有召禍而法有起姦今令細民人操造幣之勢各隱屏而鑄作因欲禁其厚利微姦雖黥罪日

報其勢不止乃者民人抵罪多者一縣百數及吏之所疑搒笞奔走者甚衆夫縣法以誘民使入陷阱孰多於此又民用錢郡縣不同或用輕錢百加若干或用重錢平稱不受法錢不立吏急而壹之乎則大爲煩苛而力不能勝縱而弗呼乎則市肆異用錢文大亂苟非其術何鄉而可哉今農事棄捐而采銅者日蕃釋其耒耨冶鎔炊炭姦錢日多五穀不爲多善人怵而爲奸邪愿民陷而之刑戮刑戮將甚不詳柰何而忽國知患此吏議必曰禁之禁之不得其術其傷必大令禁鑄錢則錢必重重則其利深盜鑄如雲而起棄市之罪又不足以禁矣姦數不勝而法禁數潰銅使之然也銅布於天下其爲禍博矣故不如收之

(漢文帝前五年)

初上以貨重物輕改鑄四銖錢民多翦鑿古錢取銅盜鑄上患之江夏王義恭建議請以大錢一當兩何尙之議曰夫泉貝之興以估貨爲本事存交易豈假多鑄數少則幣重數多則物重多少雖異濟用不殊況復以一當兩徒崇虛價

第八章　議錢法須輕重相權因民所宜方能信用否則雖作於輕物價日貴且有礙於鈔幣

者。邪·若今制遂行·富人之貲自倍·貧者彌增其困·懼非所以使之均壹也·上卒從義恭議·（宋文帝元嘉二十四年）

元嘉中官鑄四銖錢·輪郭形制與五銖同·用費無利·故民不盜鑄·及上即位·鑄孝建四銖·形式薄小·輪郭不成·於是盜鑄者衆·雜以鉛錫翦鑿古錢·錢轉薄小·守宰不能禁·坐死免者相繼·盜鑄益甚·物價踊貴·朝廷患之·去春詔錢薄小無輪郭者·悉不得行·民間喧擾·是歲沈慶之建議·以爲宜聽民鑄錢·郡縣置錢署·樂鑄之家·皆居署內·平其準式·去其雜僞·去春所禁新品·一時旋用·今鑄悉依此格·萬稅三千·嚴檢盜鑄·丹陽尹顏竣駁之·以爲五銖輕重·定於漢武·魏晉以降·莫之能改·誠以物貨既均·改之僞生故也·今云去春所禁·一時施用·若巨細總行而不從·公鑄利己既深·情僞無極·私鑄翦鑿盡不可禁·財貨未贍·大錢已竭·數歲之間·悉爲塵土矣·今新禁初行·品式未一·須臾自止·不足以垂聖慮·唯府藏空匱·實爲重憂·今縱行細錢·官無益賦之理·百姓雖贍·無解官乏·唯簡費

去華·專在節儉·求贍之道·莫此爲貴耳·議者又以爲銅轉難得·欲鑄二銖錢·竣曰·議者以爲官藏空虛·宜更改鑄·天下銅少·宜減錢式·以救交弊·賑國舒民·愚以爲不然·今鑄二銖·恣行新細·於官無解於乏·而民間姦巧大興·天下之貨·將靡碎至盡·空嚴立禁·而利深難絕·不一二年·其弊不可復救·民懲大錢之改·兼畏近日新禁·市井之間·必生紛擾·遠利未聞·切患猥及·富商得志·貧民困窘·此皆甚不可者也·乃止·(孝武帝孝建三年)

魏洛陽及諸州鎮·所用錢各不同·商貨不通·尚書令任城王澄上言·以爲不行之錢·律有明式·指謂雞眼鐶鑿·更無餘禁·計河南諸州·令所行·悉非制限·昔來繩禁·愚竊惑焉·又河北既無新錢·復禁舊者·專以單絲之縑·疏縷之布·狹幅促度·不中常式·裂匹爲尺·以濟有無·徒成杼軸之勞·不免飢寒之苦·殆非所以救恤凍餒·子育黎元之意也·錢之爲用·貫繦相屬·不假度量·平均簡易·濟世之宜·謂爲深允·乞並下諸方州鎮·其太和與新鑄五銖·及古諸錢·方俗所便用者·但

內外全好雖有小大之異並得通行貴賤之差自依鄉價庶貨環海內公私無壅其雞眼鐶鑿及盜鑄毀大爲小生新巧僞不如法者據律罪之詔從之然河北少錢民猶用物交易而錢不入市（梁武帝天監十六年）

魏多細錢米斗幾直一千高道穆上表以爲在市銅價八十一錢得銅一斤私造薄錢斤贏二百既示之以深利又隨之以重刑抵罪雖多姦鑄彌衆今錢徒有五銖之名而無二銖之實置之水上殆欲不沈此乃因循有漸科防不切朝廷失之彼復何罪宜改鑄大錢文載年號以記其始則一斤所成止七十錢計私鑄所費不能自潤直置無利自應息心況復嚴刑廣設也金紫光祿大夫楊侃亦奏乞聽民與官並鑄五銖錢使民樂爲而弊自改魏主從之始鑄永安五銖錢（中大通元年）

監察御史沈畸言小錢之便于民久矣古者軍興錫賞不繼或以一當百或以一當十此權時之宜非可行于無事之日今當十之議固足以紓目前然不知

事有召禍法有起姦游手之民一朝鼓鑄無故有倍稱之息何憚而不爲雖日斬之勢不可遏所在鼓鑄不獨閭巷細民而多出於富人士大夫之家曾未期歲而東南之小錢盡矣錢輕故物重物重則貧下之民愈困此盜賊之所由起也伏乞速賜寢罷（宋徽宗崇寧五年）

張商英言當十錢自唐以來爲害甚明行之於今尤見窒礙蓋小平錢出門有限有禁故四方商旅物貨交易得錢者必入中求鹽鈔收買官告度牒而餘錢又流布在街市故官私內外交相利養自當十錢行一夫負八十千小車載四百千錢既爲經齎之物則告牒難售鹽鈔非操虛錢而得實價則難行重輕之勢然也今欲傳於內庫幷密院諸司借支應於封樁金銀物帛幷鹽鐵等下令以當十錢盜鑄僞濫害法半年更不行用令民間盡所有於所在州軍送納每十貫官支金銀物帛四貫文擇其僞鑄者送近便改鑄小平錢存其如樣者俟納錢足十貫作三貫文各撥還元借處然後京城作舊錢禁施行乃可議權貨

通商鈔法・(大觀四年)

高拱言錢法朝議夕更迄無成說・小民恐今日得錢・而明日不用・是以愈更愈亂・愈禁愈疑・望一從民便・勿多爲制・以亂人耳目・帝深然之・錢法稍通・(明穆宗隆慶四年)

第九章　議官吏擾商之害市易均輸之弊

西陵戍主杜元懿建言・吳興無秋・會稽豐登・商旅往來・倍多常歲・西陵牛埭稅・官格日三千五百・如臣所見・日可增倍・幷浦陽南北津柳浦四埭・乞爲官領攝一年・格外可增四百許萬・西陵戍前檢稅・無妨戍事・餘三埭自舉・腹心上以其事下會稽・會稽行事吳郡顧憲之議・以爲始立牛埭之意・非苟逼蹴以取稅也・乃風濤迅險・濟急利物耳・後之監領者・不達其本・各務己功・或禁遏他道・或空稅江行・案吳興頻歲失稔・今玆尤甚・去之從豐・良由飢棘・埭司責稅・依格弗降・舊格・新減尚未議・登格外加倍・將以何術・皇慈恤隱・振廩蠲調・而元懿幸災榷

利重增困瘼人而不仁古今共疾若事不副言懼貽譴詰必百方侵苦爲公賈怨元懿禀性苛刻已彰往劾任以物土譬以狼將羊其所欲舉腹心亦當虎而冠耳書云與其有聚歛之臣寧有盜臣此言盜公爲損蓋微歛民所害乃大也愚又以爲便宜者蓋謂便于公宜于民也竊見頃之言便宜者非能于民力之外用天分地率皆即日不宜于民方來不便于公名與實反有乖政體凡如此等誠宜深察上納之而止(齊武帝永明六年)

侍御史劉琦監察御史裏行錢顗等言薛向小人假以貨泉任其變易縱有所入不免奪商賈之利條例司檢詳文字蘇轍言昔漢武外事四夷內興宮室財用匱竭力不能支用賈人桑宏羊之說買賤賣貴謂之均輸雖曰民不加賦而國用饒足然法術不正吏緣爲姦掊克日深民受其病今此論復興衆口紛然皆謂其患必甚於漢何者方今聚歛之臣材智方略未見有桑宏羊比而朝廷破壞規矩解縱繩墨使得馳騁自由唯利是嗜其害必有不可勝言者矣權開

封府推官蘇軾亦言均輸徙貴就賤用近易遠然廣置官屬多出緡錢豪商大賈皆疑而不敢動以爲雖不明言販賣既已許之變易而不與商賈爭利未之聞也帝方惑於王安石言皆不行乃進向天章閣待制以手詔賜向然均輸法訖亦不能成（宋神宗熙甯二年）

帝問孫覺曰靑苗法行議者謂周官泉府民之貸者至輸息二十而五國事之財用取具焉覺條奏其妄曰成周賒貸特以備民之緩急不可徒與也故以國服爲之息說者不明鄭康成釋經乃引王莽計贏受息無過歲什一爲據不應周公取息重於莽時況載師任地漆林之征特重所以抑末作也今以農民乏絕將補耕助歛顧比末作而征之可乎國事取具蓋謂泉府所領若市之不售貨之滯於民用有買有予幷賒貸之法而舉之儻專取具於泉府則冢宰九賦將安用耶聖世宜講求先王之法不當取疑文虛說以圖治王安石覽之怒始有逐覺意（熙甯三年）

帝問王安石納免行錢如何。或云提湯餅人亦令出錢。有之乎。安石曰。若有之。爲經中書指揮。中書實無此文字。陛下治身無愧於堯舜。至於難壬人疾讒說。即與堯舜實異。帝又患置官多費。安石曰。擬置官司所以省費也。帝曰。即如此。何故財用不足。若言兵多。則今日兵比慶歷中極少。安石曰。陛下欲足用必先理財。理財即須斷而不惑。不爲左右小人異論所移。乃可以有爲。帝曰。古者什一而稅足矣。今取財百端。不可謂少。安石曰。古非特什一之稅而已。市有泉府之官。山林川澤有虞衡之官。有次布。總布。質布。廛布之類。甚衆。關市有征。而貨有不由關者。舉其貨。罰其人。古之取財。亦豈但什一而已。（熙甯七年）

中丞鄧綰言。凡民養生之具。日用而家有之。今欲盡令疏實。則家有告訐之憂。人懷隱匿之慮。商賈通殖貨利。交易有無。或春有之而夏已蕩析。或秋貯之而冬即散亡。公家簿書何由拘錄。遂詔罷手實法。（熙甯八年）

先是市易舊法。聽人賒錢。以田宅或金銀爲抵當。無抵當者三人相保則給之。

皆出息十分之二過期不輸息每月更罰錢百分之二貧民取官貨不能償積息罰愈多囚繫督責僅存虛數於是都提舉市易王居卿建議以田宅金帛抵當者減其息無抵當徒相保者不復給詔自正月七日以前本息之外所負罰錢悉蠲之凡數十萬緡負本息者延期半年衆議頗以爲愜（元豐二年）

第十章　議利臣每以致富動上聽必有耗財大端及民窮財盡卽節流亦無補故興利不如除弊

知諫院范鎭言竊以水旱之作由民之不足而怨民之不足由有司之重斂有司之重斂由官冗兵多與土木之費廣而經制不立也國家自陝西用兵增兵以來賦役煩重及近年不惜高爵重祿假借匪人轉運使復於常賦外進羨錢以助南郊其餘無名斂率不可勝計皆貪政也貪政之發發於掊克暴虐此民所以怨干天地之和而水旱作也臣欲乞使中書樞密院通知兵民理財大計與三司量其出入制爲國用天下民力庶幾少寬以副陛下憂勞之心自天聖

以來帝每以經費爲慮命官裁節臣下亦屢以爲言而有司不能承上之意牽於習俗卒無所建明議者以爲恨焉(宋仁宗至和二年)

司馬光居政府凡王安石呂惠卿所建新法剗革略盡衛尉丞畢仲游遺光書曰昔王安石以興作之說動先帝而患財不足也故凡政之可得財者無不舉蓋散青苗置市易斂役錢變鹽法者事也而欲興作患不足者情也蓋未能杜其興作之情而徒欲禁散斂變置之法是以百說而百不行今遂廢青苗罷市易蠲役錢去鹽法凡號爲利而傷民者一埽而更之則向來用事於新法者必不喜矣不喜之人必不但曰不可廢罷蠲去必操不足之情言不足之事以動上意雖致石而使聽之猶將動也如是則廢罷蠲去者皆可復行矣爲今之策當大舉天下之計深明出入之數以諸路所積之錢粟一歸地官使經費可支二十年之用數年之間又將十倍於今日使天子曉然知天下之餘於財也則不足之論不得陳於前然後新法永可罷而無敢議復者矣光得書聳然後竟

如其慮。(哲宗元祐元年)

自蔡京以豐亨豫大之說。勸帝窮極侈靡。久而帑藏空竭。言利之臣。殆析秋毫。宣和以來。王黼專主應奉。括剝橫賦。以羨爲功。所入雖多。國用日匱。至是宇文粹中上言。祖宗之時。國計所仰。皆有實數。量入爲出。沛然有餘。近年諸局務應奉司。妄耗百出。若非痛行裁減。慮智者無以善後。帝然其言。詔蔡攸就尚書省置講議財利司。除茶法已有定制。餘並講究條上。攸請內侍職掌事於宮禁。應裁省者。委童貫取旨。由是不急之物。無名之費。頗議裁省。(徽宗宣和六年)

帝謂大臣曰。國用匱乏之政。以所費處多。呂頤浩曰。用兵費財。最號不貲。故漢文帝不言兵。而天下富。帝曰。用兵與營造。最費國用。深可戒之。(高宗建炎三年)

權戶部侍郎王俁言兵革未息。屯戍方興。大計所入。充軍須者。十居八九。此國用所以常乏。當講究長策。細大不遺。斯爲盡善。敢略陳五事。一曰去冗食之兵。二曰損有餘之祿。三曰收隱漏之賦。四曰補消毀之實。五曰修平準之法。臣聞兵貴精不貴多。兵多而不精。則冗食者衆。冗食者衆。則勇怯不分。勇怯不分。則戰無必勝。是冗食之兵。不惟徒費糧餉。取敗之道。故治軍之法。戰兵之外。車御伙長牧人工匠之屬。皆有定數。舍是則爲冗食。今日財用所出。盡於養兵。然其間未嘗入隊。不堪披帶者。尙多有之。竭民力以養無用之人。不如委將帥自加澄汰。付之漕臣。籍荒閑之田。計口分受。官爲措貸。給與牛種。使之墾闢。仍且與減半支給錢糧。俟秋熟之時。便罷請給。一歲之後。量力租課。且以萬人爲率。每歲所減米十餘萬石。錢四十餘萬緡。絹布五萬餘匹。況又有租課所入。儲此以養戰士。非小補也。艱難以來。流品猥衆。進用殊常。而制祿之數。一循舊法。理宜不給。欲乞應內外文武官俸給等。以緡計者。自百千以上。每千減半。有兼職者。通計並俟事平日依舊。如此則裁損雖衆。不及小官。恕而易行。夫復何患。自軍興以來。十年於茲。財用所出。大財資之民力。其次則資之商賈。無不自竭以奉其上。唯是釋家者流。一毫不取。邑以千計。郡以萬計。不穡坐食。其隱漏租稅。暗損國計不知其幾何也宜酌古今之意權急緩之宜使之輸米贍軍人歲五斛依稅限進納凡居禪房及西北流寓者特與蠲免於以少舒民力不為過也自艱難以來饒虔兩司鼓鑄逐虧而江浙之民巧為有素銷毀殘寶習以成風其最者如建康之句容浙西之蘇湖浙東之明越鼓鑄器用供給四方無有紀極計一兩所費不過千數錢器成之日即市百金姦民競利靡所不鑄一歲之間計所銷毀無慮數十萬緡兩司所鑄未必稱是加以流入僞境不知幾何乞明詔有司申嚴銅禁屏絕私匠自今以始悉論如律除公私不可闕之物立定名色許人存留及後官鑄出賣外其餘一兩以上嚴立罪賞並令納官量給銅價令分撥赴錢監額外鼓鑄國家平昔無事之時在京則有平準務在外則有平貨務邊計之餘內裨國用無慮二十萬緡其效固已可見況今日師旅方興用度日廣欲乞先於行在置平準務次及諸路要會去處各置平貨務以廣利源誠非小補俟其就緒置使領之此五事儻有可采乞令有司講究條畫排斥浮

議·斷以必行·詔戶部工部勘當·其後頗施行之·（紹興五年）
先是御前置甲庫·凡乘輿所須圖畫什物有司不能供者·悉取於甲庫·故百工技藝精巧者·皆聚其間·日費無慮數百千·禁中既有內酒庫·而甲庫所釀尤勝·以其餘酤賣·頗侵戶部贍軍諸庫課額·以此軍儲常不足·吏部尚書張燾言甲庫萃工巧以蕩上心·酤良醞以奪官課·教坊樂工員增數百·俸給賜賚耗費不貲·皆可罷·帝曰·卿可謂責難於君·明日罷甲庫諸局·以酒庫歸有司·減樂工數百人·燾之從容補益·皆此類也·（紹興三十年）
殿中侍御史吳芾言·向來歲遣聘使·多以有用之財·博易無用之物·大率先行貨賂·厚結北使·方得與北商爲市·潛形遁迹·嘗慮彰露·間遭捃摭·復以賄免·不惟有累陛下清儉之德·亦啓敵人輕侮之心·今再通和好·尙慮將命之臣·或仍前例·有傷國體·爲害非細·詔使副嚴切覺察·如使副博易回日·令臺諫彈劾·（紹興三十二年）

給事中林機經筵講禹貢畢言孔子謂禹菲飲食而致孝乎鬼神惡衣服而致美乎黻冕卑宮室而盡力乎溝洫言其克勤於邦克儉於家者如此觀禹貢立爲經常之制亦其勤儉之德有以先之故此篇之末言咸則三壤成賦中邦而繼之以祗台德先不距朕行蓋有深意後世之君窮奢極侈若漢武帝常賦之外至于算及緡錢舟車所宜深戒常以大禹勤儉之德爲懷治效不難到也帝曰人主苟有貪心何所不至（孝宗乾道九年）

龔茂良言朝廷所急者財用數十年來講究措置靡有遺餘而有司乃以窘匱不給爲言臣因取其籍披尋本末源流具見積年出入之槩大抵支費日廣所入不足以當所出之數至紹興十七年所積盡絕每歲告缺不過二百萬緡至二十四年以後闕至三百萬緡而乾道元年二年闕六百餘萬緡爾後郤有增收趲錢色目粗可支吾有司失職無以爲計專指南庫兌貸給遣臣復講求南庫起置之因其間經常賦入蓋亦無幾而屬者支費浩瀚約計僅可備二三年

之用。若繼自今撙節調度。可無倉卒不急之患。因條具以聞。帝感悟。（淳熙二年）

起浙西提點刑獄。瑞安陳傅良為吏部員外郎。傅良自太學錄去朝十四年。鬢髮盡白。因輪對言曰。太祖垂裕後人。以愛惜民力為本。熙甯以來。用事者取太祖約束。一切紛更之。諸路上供歲額。增於祥符一倍。崇甯重修上供格。頒之天下。率增至十數倍。其他雜斂。則熙甯以常平寬剩禁軍闕額之類。別項封椿。而無額上供起於元豐。經制起於宣和。總制月椿起於紹興。皆迄今為額。折帛和買之類。又不與焉。茶引盡歸於都茶場。鹽鈔盡歸於權貨務。秋苗斗斛十八九歸於綱運。皆不在州縣。州縣無以供。則豪奪於民。於是取之斛面折變科敷抑配贓罰。而民困極矣。天命之永不永。在民力之寬不寬耳。豈不甚可畏哉。今天下之力。竭於養兵。而莫甚於江上之軍。都統司謂之御前軍馬。雖朝廷不得知。總領所謂之大軍錢糧。雖版曹不得與。於是中外之勢分。而事權不一。施行不專。雖欲寬民其道無繇誠使都統司之兵與向者在制置司時無異總領所之財與向者在轉運司時無異則內外爲一體內外一體則寬民力可得而議矣帝從容嘉納且勞之曰卿昔安在朕思見久矣遷秘書少監兼實錄編修官嘉王府贊讀（光宗紹熙元年）

金提舉榷貨司王三錫請榷油歲可入銀數萬果勒齊以用度方急勸金主行之高汝礪曰油者世所共用利歸於公則害及於民故古今皆置而不論亦厭苛細而重煩擾也若從三錫議是以舉世通行之貨爲榷貨私家常用之物爲禁物自古不行之法爲良法竊爲聖朝不取其害有不可勝言者金主重違果勒齊意令百官集議禮部尚書楊雲翼翰林侍讀學士趙秉文等皆以爲不可金主曰古所不行者而今行之是又生一事也其罷之（甯宗嘉定十二年）

元富人劉廷玉等以銀一百四十萬撲買天下課稅耶律楚材曰此貪利之徒罔上虐下爲害甚大奏罷之楚材嘗曰興一利不如除一害生一事不如省一

事任尚以班超之言平平耳千古之下自有定論後之負譴者方知吾言之不妄也（理宗嘉熙三年）

帝以軍興缺饟屢下廷議劉健等言天下之財其生有限今光祿歲供增數十倍諸方織作務爲新巧齋醮日費鉅萬太倉所儲不足饟戰士而內府取入動四五十萬宗藩貴戚之求土田奪鹽利者亦數千萬計土木日興科歛不已傳奉冗官之俸薪內府工匠之餼廩歲增月積無有窮期財安得不匱今陝西遼東邊患方殷湖廣貴州軍旅繼動不知何以應之望陛下絕無益之費躬行節儉爲中外倡而令群臣得畢獻其誠講求革弊之策天下幸甚（明孝宗弘治十四年）

戶部尚書侶鍾上天下會計之數言常入之賦以蠲免漸減常出之資以請乞漸增入不足當出正統以前軍國費省小民輸正賦而已自景泰至今用度日廣額外科率河南山東邊饟浙江雲南廣東雜辦皆昔所無民已重困無可復

增往時四方豐登邊境無調發州縣無流移今太倉無儲內帑殫絀而冗食冗費日加於前願陛下惕然省憂力加損節且敕廷臣共求所以足用之策帝命下羣臣議（弘治十五年）

時寵倖日多廩祿多耗戶部主事戴冠言古人理財務去冗食近京師勢要家子弟僮奴苟竊爵賞錦衣官屬數至萬餘次者係籍勇士投充監局匠役不可數計皆國家蠹也歲漕四百萬宿有贏餘近絀水旱所入不及前而歲支反過之此輩耗三之一陛下何忍以赤子膏血養無用之蠹乎兵貴精不貴多邊軍生長邊上習戰陣足以守禦今遇警輒發京軍而宣府調入京操之軍累經臣下論列堅不遣還不知陛下何樂于邊軍而不爲關塞慮也天子藏富天下務鳩聚爲帑藏是匹夫商賈計也逆瑾既敗所籍財產不歸有司而歸貯之豹房遂創新庫夫供御之物內有監司外有部司此庫何所用之疏入帝大怒貶廣東烏石驛丞（武宗正德十年）

御史姜思睿陳天下五大弊・曰加派病民・曰郵傳過制・曰搜剔愈精・頭緒愈亂・曰懲毖愈甚・頹廢愈多・曰督責愈急・蒙蔽愈深・忤旨切責・思睿應麟從子也・（莊烈帝崇禎四年）

第十章　議利臣每以致富動上聽必有耗財大端及民窮財盡即節流亦無補故興利不如除弊

財政學終

教育學

集權資憲通史

立言部

吳縣曹恭翊滌新編纂

教育學

第一章　議體育

周管子議沈樂反憂厚味薄德

桓公將飲管仲，掘新井而柴焉，十日齋戒，管仲至，公執爵，夫人執尊，觴三行，管仲出，鮑叔隰朋趨，及於途，曰，公怒，管仲反入，公不與言，進傅堂，曰，仲父不告寡人而出，何也，對曰，沈于樂者反于憂，厚于味者薄于德，公曰，仲父年長，寡人亦衰，願一朝安仲父也，對曰，壯而怠則失時，老而解則無名。順天之道。必以善終。君奈何偷乎。公再拜送之（周襄王元年）

胥臣議資善教可入

晉文公問於胥臣曰，吾欲使陽處父傅讙而教誨之，能善之乎，對曰，是在讙也，

質將善而賢良贊之則濟可俟若有違質教將不入何善之有公曰教無益乎對曰人生而學非學不入教者因體能質而利之者也(襄王二十三年)

狐丘丈人議身貴位高祿厚三者之謹

楚孫叔敖爲令尹狐丘丈人麄皮白冠來弔曰身已貴而驕人者民去之位已高而擅權者君惡之祿已厚而不知足者怨處之叔敖曰願聞餘教丈人曰位高而意益下官大而心益小祿厚而施益博謹此三者足以治楚矣(定王三年)

史佚議敬儉讓咨

晉叔向曰吾聞一姓不再興今有單子周其興乎昔史佚有言動莫若敬居莫若儉德莫若讓事莫若咨單子之貺我禮也皆有焉子孫必蕃後世不忘(靈王二十三年)

獻子議免身

范宣子家老死宣子謂獻子曰昔吾有嘗祏朝夕顧焉以相晉國且爲吾家今

吾觀汝專則不能謀則無與將若之何對曰軼也居處恭不敢安易敬學而好仁和于政而好其道謀于衆不以賈好私志雖衷不敢爲是必長者之由宣子曰可以免身(同上)

叔向議憂德之不建

韓宣子憂貧叔向賀之宣子曰吾有卿之名而無其實叔向曰若不憂德之不建而患貨之不足將弔不暇何賀之有宣子拜稽首曰起也將亡賴子存之(景王十七年)

宰予議夫子所欲

孔子常使宰予使楚昭王以安車象飾遺孔子宰予曰夫子貴義尚德清素好儉仕而有祿不以爲積不合則去退無吝心道行則樂其治不行則樂其身若夫觀目之靡麗窈窕之淫音夫子過之弗視遇之弗聽無以此爲也王曰夫子何欲而可對曰方今天下道德寢息其志欲興而行之誠有欲治之君能行其

性理學

道則夫子雖徒步以朝固猶爲之何必遠辱君之重貺乎王曰今乃知孔子之德大矣（敬王二十八年）

劉恕議有生之害莫大于自足

劉恕曰德義生于不足驕怠出于滿假自賢自伐以行爲足也矜誇陵人以功爲足也士則曰道業充矣而善日喪農則曰耕耘至矣而田疇荒工則曰伎巧高矣而繩墨拙商則曰財用盈矣而資產匱有生之害莫大於足也老子之言曰知足不辱知止不殆指名與貨貨可足也名不可止也君子進德而未嘗足小人志小而安乎止獨善之言不可以訓（三十年）

子思議道術之異及屈己富貴甯抗志貧賤

衞敬公嘗問子思曰道大而難明非吾所能也欲學術何如子思曰體道者逸而不窮任術者勞而無功古之篤道君子生不足以喜之利何足以動之死不足以禁之害何足以恐之故明於死生之分通於利害之變雖以天下易其脛

毛無所概于志矣是以與聖人居使窮士忘其貧賤使王公簡其富貴君無然也衛君曰善（貞定王十八年）

曾申謂子思曰屈己以伸道乎抗志以貧賤乎子思曰道伸吾所願也今天下王侯其孰能哉與其屈己以富貴而制於人不若抗志以貧賤而不愧於道（威烈王十八年）

子順議作之及自然

魏安釐王問天下之高士于子順子順曰世無其人也抑可以爲次其魯仲連乎王曰魯仲連彊作之者非體自然也子順曰人皆作之作之不止乃成君子作之不變習與體成則自然也（秦孝文王元年）

漢轅固議無曲學阿世

齊人轅固年九十餘謂公孫弘曰子務正學以言無曲學以阿世諸儒多疾毀固者（漢武帝元光五年）

性理學

琅邪王吉議養生

琅邪王吉諫昌邑王賀曰。休則俛仰屈伸以利形。進退步趨以實下。吸新吐故以練臧。專意積精以適神。于以養生。豈不長哉（昭帝元平元年）

桓譚議天道性命聖人難言

上信用讖文。桓譚上疏諫曰。凡人情忽於見事。而貴於異聞。觀先王之所記述。咸以仁義正道爲本。非有奇怪虛誕之事。蓋天道性命。聖人所難言也。自子貢以下。不得而聞。況後世淺儒能通之乎。今諸巧慧小才伎數之人。增益圖書。矯稱讖記。以欺惑貪邪。詿誤人主。焉可不抑遠之哉。臣譚伏聞陛下窮折方士黃白之術。甚爲明矣。而乃欲聽納讖記。又何誤也。其事雖有時合。譬猶卜數隻偶之類。陛下宜垂明聽。發聖意。屏羣小之曲說。述五經之正義。疏奏。帝不悅（光武帝中元元年）

范曄論曰。桓譚以不善讖流亡。鄭興以遜辭僅免。賈逵能傅會文致最差貴

顯世主以此論學悲哉（同上）

樊準議光武息馬論道孝明垂情古典

尚書郎南陽樊準以儒風寖衰上疏曰臣聞人君不可以不學光武皇帝受命中興東西誅戰不遑啓處然猶投戈講藝息馬論道孝明皇帝庶政萬機無不簡心而垂情古典游意經藝每饗射禮畢正坐自講諸儒並聽四方欣欣又多徵名儒布在廊廟每宴會則論難衎衎共求政化期門羽林介冑之士悉通孝經化自聖躬流及蠻荒是以議者每稱盛時咸言永平今學者益少遠者尤甚博士倚席不講儒者競論浮麗忘蹇蹇之忠習諓諓之辭臣愚以爲宜下明詔博求幽隱寵進儒雅以俟聖上講習之期太后深納其言詔公卿中二千石各舉隱士大儒務取高行以勸後進妙簡博士必得其人（殤帝延平元年）

范曄議道周性全

范曄論曰黃憲言論風旨無所傳聞然士君子見之者靡不服深遠去玼吝

性理學

將以道周性全無德而稱乎余曾祖穆侯以爲燾隤然其處順淵乎其似道淺深莫臻其分淸濁未議其方若及於孔氏其殆庶幾乎(安帝延光元年)

郭泰議蘧瑗顏回尙不能無過

陳留左原爲郡學生犯法見斥泰遇諸路爲設酒肴以慰之謂曰昔顏涿聚梁甫之巨盜段干木晉國之大駔卒爲齊之忠臣魏之名賢蘧瑗顏回尙不能無過況其餘乎愼勿恚恨責躬而已原納其言而去或有譏泰不絕惡人者泰曰人而不仁疾之已甚亂也原後忽更懷忿結客欲報諸生其日泰在學原愧負前言因遂罷去後事露衆人咸謝服焉(桓帝延熹七年)

史理氏曰人惟聖人無過其次雖賢者不能無過夫賢者之與聖人相去不過一間然一無過一有過豈聖人能使己無過而賢者有心爲過哉蓋聖人者其性情合於中故行事無過賢者或失於不及其性情已不及而欲其行事無不及不可得也故持身接物皆失於不及則過矣推而如冉

有之自晝宰予之晝寢楊子之爲我莫不由情性之不及也賢者或失於太過其性情既太過而欲其行事無太過不可得也故舉措云爲皆失於太過則過矣推而如子路之兼人文子之三思墨子之兼愛莫不由性情之太過也然賢者有過未嘗不知知之未嘗復行也今人之過不及賢者多矣不但不改且多方解釋百計彌縫曰無使人知我之有過也何其愚哉夫子不曰人嘗無過而曰過勿憚改其稱顏子不曰無過而曰不貳過蓋人非聖人孰能無過朝有過而爲盜蹠夕改焉不害其爲善良過之己及知者己得而改之過之己不及知者必待人之告己也而改之顧曰無使人知殊不知欲蓋而彌彰也人有病則必使醫者診之然後其病可愈而曰吾無病無使醫者知也則欲其病之愈也難矣人之有過猶病之在身也病不醫而不愈而謂過不改而可無過乎

荀爽議豐子孫致老壽

荀爽曰昔者聖人建天地之中而謂之禮衆禮之中昏禮爲首陽性純而能施陰體順而能化以禮濟樂節宣其氣故能豐子孫之祥致老壽之福及三代之季淫而無節陽竭於上陰隔於下故周公之戒曰時亦罔或克壽傳曰截趾適屨孰云其愚何與斯人追欲喪軀誠可痛也（桓帝延熹九年）

晉裴頠議崇有

初何宴等祖述老莊立論以爲天地萬物皆以無爲本無也者開物成務無往而不存者也陰陽恃以化生賢者恃以成德故無之爲用無爵而貴矣王衍之徒皆愛重之由是朝廷士大夫皆以浮誕爲美弛廢職業裴頠著崇有論以釋其蔽曰夫利欲可損而未可絕有也事務可節而未可全無也蓋有飾爲高談之具者深列有形之累盛陳空無之美形器之累有徵空無之義難檢辯巧之文可悅似象之言足惑衆聽眩焉溺其成說雖頗有異此心者辭不獲濟屈於所習因謂虛無之理誠不可蓋一唱百和往而不反遂薄綜世之務賤功利之

用高浮游之業卑經實之賢人情所徇名利從之於是文者衍其辭訥者贊其旨立言藉於虛無謂之玄妙處官不親所職謂之雅遠奉身散其廉操謂之曠達故砥礪之風彌以陵遲放者因斯或悖吉凶之禮忽容止之表瀆長幼之序混貴賤之級甚者至於祼裎褻慢無所不至士行又虧矣夫萬物之有形者雖生於無然生以有爲已分則無是有之所遺者也故養既化之有非無用之所能全也治既有之罪非無爲之所能修也心非事也而制事必由於心然不可謂心爲無也匠非器也而制器必由於匠然不可謂匠非有也是以欲收重淵之鱗非偃息之所能獲也隕高墉之禽非靜拱之所能捷也由此而觀濟有者皆有也虛無奚益於已有之羣生哉然習俗已成頠論亦不能救也（晉惠帝元康七年）

李充議見形與及道

王導掾李充以時俗崇尚浮虛乃著學箴以爲老子云絕仁棄義民復孝慈豈

仁義之道絕然後孝慈乃生哉蓋患乎情仁義者寡而利仁義者衆將寄責於聖人而遺累乎陳跡也凡人見形者衆及道者鮮逐跡愈篤離本愈遠故作學箴袪其蔽曰名之攸彰道之攸廢乃損所隆乃崇所替非仁無以長物非義無以齊恥仁義固不可遠去其害仁義者而已（東晉成帝咸康四年）

顏含議命性

郭璞嘗遇顏含欲爲之筮含曰年在天位在人修己而天不與者命也守道而人不知者性也自有性命無勞蓍龜致仕二十餘年年九十三而卒（同上）

司馬光議老莊與神仙分合

光論曰老莊之書大指欲同死生輕去就而爲神仙者服餌修鍊以求輕舉鍊草石爲金銀其爲術正相戾矣是以劉歆七略敘道家爲諸子神仙爲方技其後復有符水禁呪之術至謙之遂合而爲一至今循之其訛甚矣崔浩不喜佛老之書而信謙之之言其故何哉昔臧文仲祀爰居孔子以爲不智

如謙之者其爲爰居亦大矣詩三百一言以蔽之曰思無邪君子之於擇術可不愼哉（宋營陽王景平元年）

宋顧覬之議人稟命有定分非智力可移

吏部尙書顧覬之常以爲人稟命有定分非智力可移唯應恭己守道而闇者不達妄意僥倖徒虧雅道無關得喪乃以其意命弟子原著定命論以釋之（孝武帝大明二年）

齊范縝議無因果

竟陵王子良篤好釋氏招致名僧講論佛法道俗之盛江左未有或親爲衆僧賦食行水世頗以爲失宰相體范縝盛稱無佛子良曰君不信因果何得有富貴貧賤縝曰人生如樹花同發隨風而散或拂簾幌墜茵席之上或關籬牆落糞溷之中墜茵席者殿下是也落糞溷者下官是也貴賤雖復殊途因果竟在何處子良無以難縝又著神滅論以爲形者神之質神者形之用也神之於形

猶利之於刀。未聞刀沒而利存。豈容形亡而神在哉。此論出。朝野諠譁。難之終不能屈。(齊武帝永明二年)

北魏裴延儁言孔釋兼存則內外俱周

時魏主專尚釋氏。不事經籍。中書侍郎河東裴延儁上疏。以爲漢光武。魏武帝。雖在戎馬之間。未嘗廢書。先帝遷都行師。手不釋卷。良以學問多益。不可暫輟故也。陛下升法坐。親講大覺。凡在瞻聽。塵蔽俱開。然五經治世之模楷。應務之所先。伏願經書互覽。孔釋兼存。則內外俱周。眞俗斯暢矣。(梁武帝天監八年)

宋蘇澄議帝王養生

上召道士蘇澄入見。謂曰。朕作建隆觀。思得有道之士居之。師豈有意乎。對曰。京師浩穰。非所安也。幸其所居。謂曰。師年逾八十。而容貌甚少。盍以養生之術救朕。對曰。臣養生不過精思練氣耳。帝王養生則異於是。老子曰。我無爲而民自化。我無欲而民自正。無爲無欲。凝神太和。昔黃帝唐堯享國永年。用此道也。

帝悅厚賜之（宋太祖開寶二年）

王昭素議養身莫如寡欲

處士酸棗王昭素爲國子博士致仕昭素少篤學有志行帝問以治世養身之術昭素曰治世莫若愛民養身莫若寡欲帝愛其語書於屏風間留月餘數求歸故有是命年八十九卒於家（開寶三年）

陳摶議吐納養生無術可傳

帝遣使送華山隱士陳摶至中書省宋琪等從容問摶曰先生得元默修養之道可以化人乎對曰摶山野之人於時無用亦不知神仙黃白之事吐納養生之理無術可傳於人假如白日上升亦何益於世主上龍顏秀異博達古今眞有道仁聖之主也正君臣同德興化致治之秋勤行修練無出於此琪等表上其言帝益喜賜摶號希夷先生令有司增葺所止臺觀帝屢與屬和詩什數月遣還（太宗雍熙元年）

性理學

眞宗議孔釋異跡同道

始太宗作聖教序帝亦繼作又嘗著釋氏論以爲釋氏戒律之書與周孔荀孟跡異道同(眞宗咸平二年)

傅晁廻議命

傅晁廻嘗曰自然之分天命也樂天不憂知命也推理安常委命也何必逆計未然乎(景祐元年)

程灝議異端害道

程灝十五六時與弟頤聞周惇頤論學遂厭科舉慨然有求道之志泛濫於諸家出入於釋老者幾十年反求諸六經而後得之其言曰道之不明異端害之也昔之害近而易知今之害深而難辨昔之惑人也乘其迷暗今之惑人也因其高明是皆正路之榛蕪聖門之蔽塞闢之而後可以入道灝卒文彥博表其墓曰明道先生弟頤序之曰孟軻死聖人之學不傳先生生於千四百年之後

得不傳之學於遺經自孟子之後一人而已（神宗元豐八年）

程頤議不知學將爲富貴所移

程頤一日講顏子不改其樂既畢文義乃復言曰陋巷之士仁義在躬人主崇高奉養備極苟不知學安能不爲富貴所移且顏子王佐才也而簞食瓢飲季氏魯國蠹也而富於周公魯君用舍如此非後世之鑑乎文彥博呂公著等入侍聞其講說輒相與歎曰眞侍講也彥博對帝恭甚或謂頤曰君之倨視潞公如何頤曰潞公三朝大臣事幼主不得不恭頤以布衣爲上師傅其敢不自重此頤與潞公所以不同也（哲宗元祐元年）

高宗議由內察外以已爲逆未爲

制曰朕惟周衰聖人之道不得其傳世之學者違道以趨利捨己以爲人其欲聞仁義德道之說者孰從而聽之間有老師大儒不事章句不習訓傳自得於正心誠意之妙則曲學阿世者又從而排陷之卒使流離顚仆其禍於斯文甚

矣爾程頤潛心大業無待而興方退居洛陽子弟從之孝弟忠信及進侍帷幄拂心逆旨務引君以當道由其內察其外以所已爲而逆所未爲則高明自得之學可信不疑而浮僞之徒自知其學問文采不足表見於世乃竊其名以自售外示恬默中實奔競外示樸魯中實姦猾外示嚴正中實回僻遂使天下聞其風而疾之是不幸焉爾朕錫以贊書寵以延閣所以振耀褒顯之者以明上之所與在此而不在彼也（高宗紹興元年）

胡安國議士以孔孟爲師不易之論

胡安國奏曰士以孔孟爲師不易之至論然孔孟之道不傳久矣自程頤始發明之而後其道可學而今使學者師孔孟而禁不得從頤之學是入室而不由戶也夫頤之文與諸經語孟則發其微旨而知求仁之方入德之序鄙言怪語豈其文哉頤之行則孝弟顯於家忠誠動於鄉非其道義一介不以取予高視闊步豈其行哉自嘉祐以來頤與兄灝及邵雍張載皆以道德名世如司馬光

呂大防莫不薦之頤有易春秋傳雍有經世書載有正蒙書惟灝未及著書望下禮官討論故事加此四人封爵載在祀典比於荀揚之列仍詔館閣裒其遺書以羽翼六經使邪說不得作而道術定矣（紹興七年）

張浚議人主之學以一心爲本

帝手書召判建康府張浚既見帝改容曰久聞公名今朝廷所賴惟公浚言人主以務學爲先人主之學以一心爲本一心合天何事不濟所謂天者天下之公理而已必兢業自持使清明在躬則賞罰舉措無一不當人心自歸强鄰自服帝竦然曰當不忘公言（紹興三十二年）

劉珙議明理正心立萬事之綱

劉珙嘗從容言於帝曰世儒多病漢高帝不悅學輕儒生臣竊以爲高帝之聰明英偉其所不悅特腐儒之俗學耳誠使當世之士有以聖王之學告之臣知其必將竦然敬信而其功烈之所就不止於是而已蓋天下之事無窮而應事

之綱在我惟其移於耳目動於意氣而私欲萌焉則其綱必弛而無以應夫事物之變是以古之聖王無不學而其學也必求多聞必師古訓蓋將以明理正心而立萬事之綱則雖事物之來千變萬化而在我常整而不紊矣惜乎當時學絕道喪未有以是告高帝者帝亟稱善（孝宗乾道三年）

徐霖議志貴潔淨

御筆授徐霖宣教郎徐霖辭曰向爲身死而不敢欺其君父今以官高而自眩於生平失其本心何以暴其忠志又曰志貴乎潔忠尙乎精卽有敗則自陷於垢汙矣（理宗淳祐七年）

元中山王議人心猶印板

元立皇子燕王珍戩爲太子中山王恂輔之太子問恂以心之所守恂曰嘗聞許衡言人心猶印板然本不差雖摹千年板皆不差本既差矣摹之於紙無不差者太子曰善（度宗咸淳九年）

明王守仁議周程二子之後惟陸氏接孟氏之傳

總督兩廣兼巡撫兵部尚書新建伯王守仁病甚疏乞骸骨舉鄖陽巡撫林富自代不俟命竟歸行至南安卒年五十七喪過江西軍民無不縞素哭送者守仁天資異敏年十七謁上饒婁諒與論朱子格物大指還家日端坐講讀五經不苟言笑游九華歸築室陽明洞中汎濫二氏學數年無所得謫龍場窮荒無書日繹舊聞忽悟格物致知當自求諸心不當求諸事物喟然曰道在是矣遂篤信不疑其爲教專以致良知爲主謂宋周程二子後惟象山陸氏簡易直捷有以接孟氏之傳而朱子集注或問之類乃中年未定之說學者翕然從之羅欽順致書曰聖門設教文行兼資博學於文厥有明訓如謂學不資於外求但當反觀內省則正心誠意四字亦何所不盡必於入門之際加以格物之功哉守仁得書亦以書報大略謂理無內外性無內外故學無內外講習討論未嘗非內也反觀內省未嘗遺外也反覆二千餘言欽順再以書辨曰格物者格其

心之物也格其意之物也格其知之物也正心者正其物之心也誠意者誠其物之意也致知者致其物之知也自有大學以來未有此論夫謂格其心之物格其意之物格其知之物凡爲物也三謂正其物之心誠其物之意致其物之知其爲物也一而已矣就三而論以程子格物之訓推之猶可通也以執事格物之訓推之不可通也就一而論則所謂物者果何物耶如必以爲意之用雖極安排之巧終無可通之日也又執事論學書有云吾心之良知卽所謂天理致吾心良知之天理於事物則事事物物皆得其理矣致吾心之良知者致知也事事物物各得其理者格物也審如所言則大學當云格物在致知不當云致知在格物與物格而後知至矣書未達守仁已歿（明世宗嘉靖七年）

第二章　議德育

周周公議自用之淺及六謙德

周公問伯禽于其傅對曰其爲人寬而好自用以愼周公曰嗚呼以人惡爲美

德乎。彼其寬也。出無辨矣。君子力如牛。不與牛爭力。走如馬。不與馬爭走。知如士。不與士爭知。爭者鈞之氣也。其好自用。所以窶小也。不察不聞。卽物少至。少至則淺。淺者賤人之道也。彼其愼。所以淺也。我文王之子。武王之弟。今王之叔父。于天下不賤矣。然吾執贄而見者十人。還贄而相見者三十人。貌執之士百有餘人。欲言而請畢事者千有餘人。僅得三人焉。人皆以我爲越踰好士。故士至。汝無教之以魯國驕人。仰祿之士猶可驕也。正身之士不可驕也。周公謂伯禽曰。吾聞德行寬裕。守之以恭者榮。土地廣大。守之以儉者安。祿位尊盛。守之以卑者貴。人衆兵彊。守之以畏者勝。聰明徇知。守之以愚者善。博聞彊記。守之以淺者益。六者謙德。利而勿利也。(周成王後元年)

周公曰。不如吾者。不與處。累我也。與我齊者。不與處。無益我也。惟賢于己者。可與處也。(同上)

郭偃議君子無不濟

郭偃曰衆口禍福之門君子省衆而動監戒而謀謀度而行故無不濟（襄王七年）

劉恕曰管仲始困時與鮑叔分財多自予曰鮑叔不以我爲貪知吾貧也夫富盛而廉渝則民斯下矣貧窶而貪常人不學而能也君子固窮潔身遠利守死善道則異於是鮑叔仰伯國之才而妄其貪汚之行故天下不多管仲之賢而多鮑叔能知人管仲之德蓋不及其才也（同上）

叔向議比別之異

叔向見司馬侯之子撫而泣之曰自其父之死吾蔑與比而事君昔其父始之我終之我始之夫子終之無不可籍偃曰君子有比乎叔向曰君子比而不別比德以贊事比也引黨以封己利己而亡君別也（景王十七年）

孔子議不逢時君子之殆

孔子論詩至正月之六章矍然曰不逢時之君子豈不殆哉從上依世則廢道

違上離俗則危身世不與善己獨由之則曰非妖則孽也故賢者不遇時常恐不終焉（敬王三十六年）

又議衆攻寡貴下賤無不得

孔子歎曰銅鞮伯華而無死天下其定矣子路曰其爲人若何孔子曰其幼也敏而好學其壯也勇而不屈其老也有道而能以下人子路曰有道又誰下哉孔子曰以衆攻寡無不消也以貴下賤無不得也周公制天下之政而下士豈無道哉欲得士也（同上）

成回議行年七十恭敬以待天命

成回學于子路三年恭敬不已子路問其故對曰人比于鳥上畏鷹鸇下畏網羅夫爲善者少而讒者多若身不死安知禍罪不施行年七十常恐行節之虧恭敬以待天命子路曰君子哉（同上）

曾參議孝衰于妻子

曾參有疾謂曾元曾華曰飛鳥以山爲卑而增巢其巔魚鼈以淵爲淺而蹷穴其中然所以得者餌也君子苟能無以利害義則辱安從至乎爲官怠于成病加于少愈禍生于懈惰孝衰于妻子察此四者終如始也（元王八年）

李克議貴富智勿爲人惡之道

李克謂魏文侯曰貴者賤惡之富者貧惡之知者愚惡之文侯曰三者勿惡可乎李克曰貴而下賤則衆勿惡也富能分貧則窮士弗惡也知而敎愚則童蒙弗惡也文侯曰寡人雖不敏請守斯語（威烈王十八年）

田子方議貧賤驕人

魏文侯子擊出遭田子方于道下車伏謁子方不爲禮子擊怒謂子方曰富貴者驕人乎貧賤者驕人乎子方曰亦貧賤者驕人耳富貴者安敢驕人國君而驕人則失其國大夫而驕人則失其家失其國者未聞有以國待之者也失其家者未聞有以家待之者也夫士貧賤者言不用行不合則納履而去耳安往

而不得貧賤哉子擊乃謝之(二十三年)

漢任延議爲臣之道

帝戒武威太守任延曰善事上官無失名譽延對曰臣聞忠臣不和和臣不忠履正奉公臣子之節上下雷同非陛下之福善事上官臣不敢奉詔帝歎息曰卿言是也(漢光武建武十二年)

馬援誡兄子書

馬援兄子嚴敦並喜譏議通輕俠援前在交趾還書戒之曰吾欲汝曹聞人過失如聞父母之名耳可得聞口不可得言也好論議人長短妄是非政法此吾所大惡也寧死不願聞子孫有此行也龍伯高敦厚周愼口無擇言謙約節儉廉公有威吾愛之重之願汝曹效之杜季良豪俠好義憂人之憂樂人之樂父喪致客數郡畢至吾愛之重之不願汝曹效也效伯高不得猶爲謹敕之士所謂刻鵠不成尙類鶩者也效季良不得陷爲天下輕薄子所謂畫虎不成反類

狗者也（建武二十五年）

崔駰戒竇憲書

崔駰以書戒竇憲曰傳曰生而富者驕生而貴者傲生富貴而能不驕傲者未之有也今寵祿初隆百僚觀行豈可不庶幾夙夜以永終譽乎昔馮野王以外戚居位稱爲賢臣近陰衞尉克己復禮終受多福外戚所以獲譏於時垂愆於後者蓋在滿而不挹位有餘而仁不足也漢興以後迄於哀平外家二十保族全身四人而已書曰鑒於有殷可不愼哉（章帝章和二年）

華嶠議司馬遷排死節否正直不叙殺身成仁之美

華嶠論曰固之序事不激詭不抑抗贍而不穢詳而有體使讀之者亹亹而不厭信哉其能成名也固譏司馬遷是非頗謬於聖人然其論議常排死節（謂言龔勝竟夭天年之類）否正直（謂言王陵汲黯之戇之類）而不叙殺身成仁之爲美（謂不立忠義傳）則輕仁義賤守節甚矣（和帝永元四年）

司馬光議君子出處

臣光論曰古之君子邦有道則仕邦無道則隱隱非君子之所欲也人莫己知而道不得行羣邪共處而害將及身故深藏以避之王者舉逸民揚仄陋固爲其有益於國家非以徇世俗之耳目也是故有道德足以尊主智能足以庇民被褐懷玉深藏不市則王者當盡禮而致之屈己以訪之克己以從之然後能利澤施於四表功烈格於上下蓋取其道不取其人務其實不務其名也其或禮備而不至意勤而不起則姑內自循省而不敢彊致其人曰豈吾德之薄而不足慕乎政之亂而不可輔乎羣小在朝而不敢進乎誠心不至而憂其言之不用乎何賢者之不我從也苟其德已厚矣政已治矣羣小遠矣誠心至矣彼將扣關而自售又安有勤求而不至者哉荀子曰耀蟬者務在明其火振其木而已火不明雖振其木無益也今人主有能明其德則天下歸之若蟬之歸明火也或者人主恥不能致乃至誘之以高位脅之

以嚴刑使彼誠君子邪則位非所貪刑非所畏終不可得而致也可致者皆貪位畏刑之人也烏足貴哉若乃孝弟著於家庭行誼隆於鄉曲利不苟取仕不苟進潔己安分優游卒歲雖不足以尊主庇民是亦清修之吉士也王者當褒優安養俾遂其志若孝昭之待韓福光武之遇周黨以勵廉恥美風俗斯亦可矣固不當如范升之詆毀又不可如張楷之責望也至於飾僞以邀譽釣奇以驚俗不食君祿而爭屠沽之利不受小官而規卿相之位名與實反心與跡違斯乃華士少正卯之流其得免於聖王之誅幸矣尙何聘召之有哉(順帝永建二年)

李固與黃瓊書

李固與黃瓊書曰君子謂伯夷隘柳下惠不恭不夷不惠可否之間聖賢居身之所珍也誠欲枕山棲谷擬跡巢由斯則可矣若當輔政濟民今其時也自生民以來善政少而亂俗多必待堯舜之君此爲士行其志終無時矣嘗聞語曰

嶢嶢者易缺皦皦者易汙盛名之下其實難副近魯陽樊君被徵初至朝廷設壇席猶待神明雖無大異而言行所守亦無所缺而毀謗布流應時折減者豈觀聽望深聲名太盛乎是故俗論皆言處士純盜虛聲願先生弘此遠謨令衆人歎服一雪此言耳（同上）

梁商爲子辭位書

帝以梁商少子虎賁中郎將梁不疑爲步兵校尉商上書曰不疑童孺猥處成人之位昔晏平仲辭鄁殿以守其富公儀休不受魚飧以定其位臣雖不才亦願固福祿於聖世上乃以不疑爲侍中奉車都尉（永和四年）

徐穉與郭泰書

或勸郭泰仕泰曰吾夜觀乾象晝察人事天之所廢不可支也吾將優游卒歲而已然猶周旋京師誨誘不息徐穉以書戒之曰大木將顚非一繩所維何爲栖栖不遑甯處泰感寤曰謹拜斯言以爲師表（桓帝延熹七年）

申屠蟠議戰國處士橫議國王致爲擁篲卒有坑儒之禍

夏馥聞張儉亡命歎曰孽自己作空汙良善一人逃死禍及萬家何以生爲乃自翦須變形入林慮山中隱姓名爲冶家傭親突煙炭形貌毀瘁積二三年人無知者黨禁未解而卒申屠蟠獨歎曰昔戰國之世處士橫議列國之王至於擁篲先驅卒有坑儒燒書之禍今之謂矣乃絕迹於梁碭之間因樹而屋自同傭人居二年滂等果羅黨錮之禍唯蟠超然免於評論（靈帝建甯二年）

臣光曰天下有道君子揚於王庭以正小人之罪而莫敢不服天下無道君子囊括不言以避小人之禍而猶或不免黨人生昏亂之世不在其位四海橫流而欲以口舌救之臧否人物激濁揚清撩虺蛇之頭踐虎狼之尾以至身被淫刑禍及朋友士類殲滅而國隨以亡不亦悲乎夫唯郭泰既明且哲以保其身申屠蟠見幾而作不俟終日卓乎其不可及已（同上）

魏羊衜駮胡綜賓友目

吳立子登爲皇太子以諸葛恪爲太子左輔張休爲右弼顧譚爲輔正陳表爲翼正都尉而謝景范愼羊衜等皆爲賓客於是東宮號爲多士太子使侍中胡綜作賓友目曰英才卓越超踰倫匹則諸葛恪精識時機達幽究微則顧譚凝辯宏達言能釋結則謝景究學甄微游夏同科則范愼羊衜私駁綜曰元遜才而疏（恪）子嘿精而狠（譚）叔發辯而浮（景）孝敬深而陋（愼）卒以此言爲恪等所惡其後四人皆敗如衜所言（魏明帝太和三年）

王昶戒子姪書

太原王昶爲人謹厚名其兄子曰默曰沈名其子曰渾曰深爲書戒之曰吾以四者爲名欲使汝曹顧名思義不敢違越也夫物速成則疾亡晚就而善終朝華之草夕而零落松柏之茂隆寒不衰是以君子戒於闕黨也夫能屈以爲伸讓以爲得弱以爲彊鮮不遂矣夫毀譽者愛惡之原而禍福之機也孔子曰吾之於人誰毀誰譽以聖人之德猶尚如此況庸庸之徒而輕毀譽哉人或毀己

當退而求之於身若己有可毀之行則彼言當矣若己無可毀之行則彼言妄矣當則無怨於彼妄則無害於身又何反報焉諺曰救寒莫如重裘止謗莫如自修斯言信矣(靑龍四年)

晉陸喜議出處有五等

或謂吳郡陸喜曰薛瑩於吳士當爲第一乎喜曰瑩在四五之間安得爲第一夫以孫皓無道吳國之士沈默其體潛而勿用者第一也避尊居卑祿以代耕者第二也侃然體國執政不懼者第三也斟酌時宜時獻微益者第四也溫恭修愼不爲諂首者第五也過此以往不足復數故彼上士多淪沒而遠悔吝中士有聲位而近禍殃觀瑩之處身本末又安得爲第一乎(晉武帝太康三年)

衞玠議情恕理遣

太子洗馬衞玠美風神善淸談常以爲人有不及可以情恕非意相干可以理遣故終身不見喜慍之色(懷帝永嘉六年)

趙主議大丈夫行事

趙主石勒曰，大丈夫行事，宜磊磊落落，如日月皎然，終不效曹孟德司馬仲達，欺人孤兒寡婦，狐媚以取天下也（成帝咸和七年）

宋明帝議居貴之道

上詔曰，人居貴要，但問心若爲耳，大明之世，巢徐二戴（巢尚之徐爰戴法興戴明寶四人）位不過執戟，權亢人主，今袁粲作僕射領選，而人往往不知有粲，粲遷爲令，居之不疑，人情向粲淡然，亦復不改常日，以此居貴位要任，當有致憂兢否，夫貴高有危殆之懼，卑賤有塡壑之憂，有心於避禍，不如無心於任運，存亡之要，巨細一揆耳，（宋明帝泰始七年）

唐袁誼議世家

袁利貞族孫誼，爲蘇州刺史，自以其先自宋太尉淑以來，盡忠帝室，謂瑯琊王氏雖奕世台鼎，而爲歷代佐命，恥與爲比，嘗曰，所貴於名家者，爲其世篤忠貞，

才行相繼故也彼鬻婚姻求祿利者又烏足貴乎時人是其言(唐高宗開耀元年)

宋楊徽之議溫仲舒等搏擊取貴使後輩務趨競

楊徽之純厚淸介尤疾非道干進者嘗言溫仲舒寇準用搏擊取貴仕使後輩務習趨競禮俗浸薄世謂其知言(宋眞宗咸平二年)

張詠議事君之道

張詠嘗言事君之道廉不言貧勤不言苦忠不言已效公不言已能可以事君矣又嘗語人曰吾榜中得人最多謹重有雅望無如李文靖深沈有德鎭服天下無如王公面折廷爭素有風采無如寇公至於當方面則詠不敢辭(大中祥符八年)

史理氏曰世人恒以事君爲難居則曰吾何以事君而可得君心何以事君而可爲良臣何以事君而可致君爲堯舜故雖以子路之賢猶問事君

定公之貴，猶問臣事君，殊不知人能終身孝以事親者，即日日忠以事君。也。豈必出仕而後爲事君哉。且人有五常，曰仁義禮智信，而鮮能兼之，惟孝則五者具備，以之事天則上帝降，以之事神，則鬼神享，孝者天與神猶可事，而況君乎，古之取士，首重孝悌，次之及其事君，人皆稱美之曰忠，後世取士，或以才，或以藝，及其事君，人皆詬病之曰不忠，吾以爲忠不足美，亦當美其孝耳，惟孝所以忠，不忠不足詬，亦當詬其不孝耳，惟不孝所以不忠。夫人事幼稚之君，指鹿爲馬者有之，構無爲有者有之，未免失於欺，事優柔之君，或面折廷諍，或封還詔書，未免失於慢，事英明之君，君以爲非則非，君以爲是則是，未免失於諂，惟孝者其性情渾厚，厚則必不忍欺其君，其心地恪恭，恭則必不忍慢其君，其稟賦摯愛，摯則必不忍諂其君。故大學曰，孝者所以事君也，昔潁考叔有獻於公，公賜之食，對曰，小人有母，未嘗君之羹，請以遺之，遂悟莊公，使母子如初，君子謂愛其母施及莊公。唐劉元佐之母謂元佐曰。汝本寒微。天子富貴汝至此。必以死報之。故元佐終身不失臣節。考叔以孝於親。思遺母以食。而得忠於鄭莊公。元佐以孝於親。不忘母之訓。而得忠於唐德宗。此二人之智。如出一人。王陵聚黨屬漢。楚執其母。欲以招之。其母因使者語陵曰。漢王長者。終得天下。無以我故而持二心。徐庶母爲曹操所獲。庶遂辭備詣操。陵以母使無二心於漢。忠於漢而不失孝於母。庶以母爲魏所獲。孝於母而不失忠於魏。此二人之事。又如出一轍。使考叔與元佐未能孝其母。則考叔未必能忠於鄭。元佐未必能忠於唐。使陵與庶未能孝其母。則陵未必屬漢。庶未必歸魏。此四人者。皆移孝作忠者也。若夫內則二人在堂。而盡孺慕之孝。外則天子當陽。而竭匪躬之忠。入爲孝子。出爲忠臣。愈孝則愈忠。愈忠則愈孝。此固家庭之餘慶。亦朝廷之盛事也。

仁宗議功臣罕能保全

帝曰朕覽舊史每見功臣罕能保始終者若裴寂劉文靜皆佐命元功不免誅辱王曾對曰寂等之禍良由功成而不知退也（仁宗天聖四年）

孫固議以愛親心愛君則無不盡

右光祿大夫知樞密院事孫固卒太皇太后及帝皆出聲泣輟視朝三日贈開府儀同三司謚溫靖固宅心誠粹不喜矯亢嘗曰人當以聖賢為師一節之士不足學也又曰以愛親之心愛其君則無不盡矣傅堯俞曰司馬公之清節孫公之惇德蓋所謂不言而信者世以為篤論（哲宗元祐五年）

程頤議入朝見嫉世俗常態

初程頤表請歸田里言道大則難容節孤則易躓入朝見嫉世俗之常態名高毀甚史冊之明言如臣至愚豈免衆口又曰前日朝廷不知其不肖使之勸學人主不用則亦已矣若復無恥以苟祿位孟子所謂是為壟斷也儒者進退當如是乎及崇福命下頤即承領敕牒但稱疾不拜假滿百日亟尋醫訖不就職

(元祐七年)

劉奉世議唯知事君不愧

劉奉世罷奉世爲人簡重有法度常曰家世唯知事君內省不愧怍士大夫公論而已得喪常理也譬如寒暑加人雖善攝生者不能無病正須安以處之時以章惇用事力乞外乃罷爲眞定府路安撫使兼知成德軍(紹聖元年)

范純仁議忠恕二字一生用不盡

范純仁性寬簡不以聲色加人義之所在則挺不少屈自爲布衣至宰相廉儉如一所得奉賜皆以廣義莊嘗言吾平生所學得之忠恕二字一生用不盡以至立朝事君接待僚友親睦宗族未嘗須臾離此也每戒子弟曰人雖至愚責人則明雖有聰明恕己則昏苟能以責人之心責己恕己之心恕人不患不到聖賢地位也親族有請教者純仁曰唯儉可以助廉唯恕可以成德其人書之坐隅(徽宗建中靖國元年)

金主議敬親戚尊耆老接賓客皆出自然

金主與親王宰執論古今興廢事曰．經籍之興．其來久矣．垂教後世．無不盡善．今之學者．既能誦之．必須行之．然知而不能行者．多矣．女直舊風．最爲純直．雖不知書．然其祭天地．敬親戚．尊耆老．接賓客．信朋友．禮義款曲．皆出自然．其善與古書所載無異．汝輩當習學之．舊風不可忘也．（孝宗淳熙三年）

王淮議古人以射爲重

定進士習射日分．王淮曰．孔子射於矍相之圃．觀者如堵牆．古人以射爲重．後世乃廢而不講．帝曰．古者有文事．必有武備．後世不知其意．所以朕舉行之．（淳熙十年）

元高智耀議儒家與巫醫之別

元主召西夏人高智耀入見．智耀言．儒者所學．堯舜禹湯文武之道．自古有國家者．用之則治．不用則否．養成其材．將以資其用也．宜蠲免徭役．以教育之．元

主問儒家何如巫醫智耀對曰儒以綱常治天下豈方技所得比元主曰善前此未有以是告朕者詔復海內儒士徭役無有所與(理宗淳祐十一年)

庫庫議儒足以致治

翰林學士承旨庫庫卒年五十一謚文忠庫庫在帝左右論思獻納多所匡救以重望居高位而雅好儒士甚於飢渴以故四方士大夫翕然萃於其門達官有怙勢者言曰儒有何好君酷愛之庫庫曰世祖以儒足以致治命裕宗學於贊善王恂今祕書所藏裕宗倣書當時御筆於學生之下親署御名習書謹呈其敬愼若此世祖嘗暮召我先人坐寢榻下陳說四書及古史治亂至丙夜不寐世祖喜曰朕所以令卿從許平仲學正欲卿以嘉言入告朕耳卿益加懋敬以副朕志今汝言不愛儒寧不念聖祖神宗篤好之意乎且儒者之道從之則君仁臣忠父慈子孝人倫咸得國家咸治違之則人倫咸失國家咸亂汝欲亂而家吾弗能禦汝愼勿以斯言亂吾國也儒者或身若不勝衣言若不出口然

腹中貯儲有過人者·何可易視也·既而出為江浙行省平章政事·明年·復以翰林學士承旨召還·時中書平章政事闕員·近臣欲有所薦用·以言覘帝意·帝曰·平章已有人·今行半途矣·近臣知帝意在庫庫·不復薦人·至京七日·感熱疾卒·家貧無以為斂·帝聞震悼·賜賻銀五錠·其所負官中營運錢·臺臣奏以罰布為之代償·(元順帝至正五年)

第三章 議智育

劉恕議聖人以命籠羣愚而息爭端

劉恕論曰·世之賤者衆而貴者鮮·愚者多而賢者少·物情艱於自知·不遇則生怨懟·故知者彊名曰命·以杜無妄之求·中人安於擯棄·俟時而不競·蓋聖人以此籠羣愚而息爭端也·夫謂之命·則有命之者·安可生而默定哉·紂據禹湯之資·不善守而亡之·民斯為下矣·其能不曰命哉·(商紀)

商 商容議君子臨事懼臨衆果

畢公至殷民曰此吾新君也商容曰非也視其爲人嚴乎將有急色故君子臨事而懼見太公至民曰是吾新君也容曰視其爲人虎據而鷹趾當敵將衆威怒自倍見利卽前不顧其後故君子臨衆果于進退見周公至民曰是吾新君也容曰視其爲人忻忻休休志在除賊是非天子周之相國故聖人臨衆知之見武王至民曰是吾新君也容曰然聖人爲海內討惡見惡不怒見善不喜顏色相副是以知之（周武王元年）

周管仲議聲情生身口年

管仲復于桓公曰無翼而飛者聲也無根而固者情也無方而富者生也任之重者莫如身塗之畏者莫如口期而遠者莫如年（惠王十年）

東郭垂議君子有三色

桓公與管仲謀伐莒未發而聞于國管仲曰國必有聖人公曰日之役者有倚杵而上視者意其是邪令役者無得相代少頃東郭垂至管仲曰子言伐莒者

對曰然。君子善謀。小人善意。臣竊意之也。臣聞君子有三色。優然樂喜者。鐘鼓之色。愀然愁悴者。衰絰之色。悖然充滿者。兵革之色。臣望君之在臺上。有兵革之色。君呿而不唫。所言者莒也。舉臂而指。所當者莒也。臣意諸侯之未服者惟莒乎。臣故言之。桓公尊祿而厚禮之。公起兵伐莒（十四年）

漁人之議

晉文公出田逐獸。入大澤。迷不知其所。公問漁者曰。道安從出。漁者曰。鴻鵠保河海。厭而徙于小澤。必有九矰之憂。黿鼉保深淵。厭而出之淺渚。必有羅網釣射之憂。君之至此。何太遠也。公曰。善哉。出澤。謂從者曰。記漁者名。漁者曰。君尊天事地。敬社稷。固四國。慈愛萬民。薄賦歛。輕租稅。則臣亦與焉。何以名爲。若君不敬社稷。不固四國。外失禮于諸侯。內逆民心。一國流亡。漁者雖得厚賜。不能保也。遂辭不受。曰。君亟歸國。臣亦反漁所矣（襄王二十三年）

季子三笑之言

海鳥曰爰居止于魯東門之外三日．臧文仲使國人祭之．展禽曰．禘郊祖宗報五者．國之典祀也．社稷山川之神．及前哲令德之人．天之三辰．地之五行．九州名山川澤．非是不在祀典．今海鳥至而祀之．難以爲仁且智矣．夫廣川之鳥獸．恒知避其災．今玆海有災乎．是歲海多大風．文仲曰．信吾過也．季子之言．不可不法．書以爲三筴．（二十七年）

醫人之言

晉平公有疾．秦景公使醫和視之．曰．君惑以生蠱．若不死．必失諸侯．趙文子曰．醫及國家乎．對曰．上醫醫國．其次醫人．固醫官也．文子曰．何實生之．對曰．物莫伏于蠱．蠱莫嘉于穀．食穀者晝選男德．以象穀明．宵靜女德．以伏蠱慝．今君一之．是不饗穀而食蠱也．文子曰．君其幾乎．對曰．諸侯服不過三年．不服不過十年．過是晉之殃也．（景王四年）

師曠議平公再自誣

晉平公出田見乳虎伏而不動顧謂師曠曰吾聞伯王之主出則猛獸伏不敢起對曰鵲食猬猬食駿鸃駿鸃食豹豹食駮駮食虎夫駮狀似駮馬君驂駮馬乎公曰然師曠曰今虎爲駮馬非爲君之德義奈何一自誣乎平公異日出朝有鳥環而不去公謂師曠曰吾聞伯王之主鳳下之對曰東方有鳥名曰珂文身朱足憎鳥而愛狐君必衣狐裘以出朝乎公曰然師曠曰君奈何再自誣乎(十三年)

孔子操

晉趙簡子召鳴犢舜華而任之以政使人聘孔子孔子行及河聞殺鳴犢舜華回輿而還爲操曰周道衰微禮樂陵遲文武既墜吾將焉師周游天下靡邦可依鳳鳥不識珍寶梟鴟眷然顧之慘焉心悲巾車命駕將適唐都黃河洋洋攸攸之魚臨津不濟還轅息鄹傷予道窮哀彼無辜翱翔于衛復我舊廬從吾所好其樂只且遂反于衛復行如陳(敬王二十八年)

竇犨議人化

簡子歎曰。雀雉。黿鼉魚鼈。莫不能化。唯人不能。哀夫。竇犨曰。君子哀無人。不哀無賄。哀無德。不哀無寵。哀名之不令。不哀年之不登。夫范中行氏不恤庶難。欲擅晉國。今其子孫將耕于齊。宗廟之犧。爲畎畝之勤。人之化也。何日之有。(三十年)

孔子丘陵操

孔子不求仕。作丘陵之歌曰。登彼丘陵。峛施其阪。仁道有邇。求之若遠。遂迷不復。自嬰屯蹇。喟然回慮。題彼泰山。鬱確其高。梁甫回連。枳棘充路。陟之無緣。將伐無柯。患茲蔓延。惟以永歎。涕霣潺湲。(三十六年)

孔子與子夏議書之理

子夏讀書畢。孔子問曰。吾子何爲于書。子夏曰。書之論事。昭昭若日月焉。所受于夫子者。不敢忘。退而窮居河濟之間。深山之中。壤室蓬戶。彈琴瑟以歌先王之風。有人亦樂之。無人亦樂之。上見堯舜之道。下見三王之義。可以忘死生矣。孔子愀然變容曰。嘻。子殆可與言書矣。雖然。見其表。未見其裏。闚其門。未入其中。顏回曰。何謂也。孔子曰。丘常悉心盡志以入其中。則前有高岸。而後有大谿。塡塡正立而已。六誓可以觀義。五誥可以觀仁。甫刑可以觀誡。洪範可以觀度。禹貢可以觀事。皋陶謨可以觀治。堯典可以觀美。(同上)

子貢議隱括之旁多枉木良醫之門多病者

東郭子惠問于子貢曰。夫子之門何雜也。對曰。隱括之旁多枉木。良醫之門多病者。砥礪之旁多頑鈍。夫子修道以俟天下。是以來者不止也。(同上)

常樅以柔剛爲遺敎

常樅有疾。老子問焉。曰。先生疾甚矣。無遺敎以語弟子乎。樅張其口曰。吾舌存乎。老子曰。然。吾齒存乎。老子曰。亡。樅曰。子知之乎。老子曰。舌以其柔。齒以其剛。樅曰。天下之事盡矣。無以復語子。(同上)

子貢議夫子子產之別

魯季康子問子貢曰昔子產死鄭人捨珠珮琴瑟不御牧童不歌巷哭三日孔子死魯人不能如是何也對曰子產之于夫子如浸水之于天雨浸水所及則生不及則死故人愛之天雨降物無不生物豈有謝于天乎（四十一年）

子思議雜習之害

子上雜所習請于子思子思曰先人有訓焉學必繇聖所以致其材也礪必繇砥所以致其刃也故夫子之教必始于詩書而終于禮樂雜說不與焉又何請子上名白子思子也（威烈王十八年）

揚子議儀秦鳳鳴鶩翰

張儀與蘇秦皆以縱橫之術游諸侯致位富貴天下爭慕效之又有魏人公孫衍者號曰犀首亦談說顯名其餘蘇代蘇厲周最樓緩之徒紛紛徧于天下務以辯詐相高不可勝紀而儀秦衍最著孟子論之曰或謂公孫衍張儀豈不大

丈夫哉。一怒而諸侯懼。安居而天下熄。孟子曰。是惡足為大丈夫哉。君子立天下之正位。行天下之正道。得志則與民由之。不得志則獨行其道。富貴不能淫。貧賤不能移。威武不能屈。是之謂大丈夫。揚子法言曰。或問儀秦學乎鬼谷術而習乎縱橫言。安中國者各十餘年。是夫。曰。詐人也。聖人惡諸。曰。孔子讀而儀秦行。何如也。曰。甚矣鳳鳴而鷙翰也。然則子貢不為歟。曰。亂而不解。子貢恥諸。說而不富貴。儀秦恥諸。或曰。儀秦其才矣乎。跡不蹈已。曰。昔在任人。帝而難之。不以才乎。才乎才。非吾徒之才也。（椒十五半）

公孫龍議臧三耳

趙平原君好士。食客嘗數千人。有公孫龍者。善為堅白同異之辨。平原君客之。孔穿自魯適衛。與公孫龍論臧三耳。龍甚辯析。子高弗應。俄而辭出。明日復見平原君。平原君曰。疇昔公孫之言信辯也。先生以為何如。對曰。然。幾能令臧三耳矣。雖然。實難。僕願得又問於君。今謂三耳甚難而實非也。謂兩耳甚易而實是也。不知君將從易而是者乎。其亦從難而非者乎。平原君無以應。明日謂公孫龍曰。公無復與孔子高辯事也。其人理勝于辭。公辭勝于理。終必受詘。鄒衍過趙。平原君使與公孫龍論白馬非馬之說。鄒子曰。不可。夫辯者。別殊類使不相害。序異端使不相亂。抒意通指。明其所謂。使人與知焉。不務相迷也。故勝者不失其所守。不勝者得其所求。若是故辯可爲也。及至煩文以相假。飾辭以相悖。巧譬以相移。引人使不得及其意。如此害大道。夫繳紛爭言而競後息。不能無害君子。衍不爲也。座皆稱善。公孫龍由是遂絀。（十七年）

漢劉歆議九家之術

劉歆以爲九家皆起於王道既微。諸侯力政。時君世主。好惡殊方。是以九家之術。蠭出並作。各引一端。崇其所善。以此馳說。取合諸侯。其言雖殊。譬如水火相滅。亦相生也。仁之與義。敬之與和。相反而皆相成也。易曰。天下同歸而殊塗。一致而百慮。今異家者。推所長。窮知究慮。以明其指。雖有蔽短。合其要歸。亦六經之支葉流裔使其人遭明王聖主得其所折中皆股肱之材已仲尼有言禮失而求諸野方今去聖久遠道術缺廢無所更索彼九家者不猶愈於野乎若能修六藝之術而觀此九家之言舍短取長則可以通萬方之略矣（漢成帝綏和二年）

沙門議修煉精神以至爲佛

初帝聞西域有神其名曰佛因遣使至天竺求其道得其書及沙門以歸其書大抵以虛無爲宗貴慈悲不殺以爲人死精神不滅隨復受形生時所行善惡皆有報應故所貴修煉精神以至爲佛善爲宏闊勝大之言以勸誘愚俗精於其道者號曰沙門於是中國始傳其術圖其形像而王公貴人獨楚王英最先好之（明帝永平八年）

桓譚議揚子必傳

王邑嚴尤聞揚雄死謂桓譚曰子常稱揚雄書豈能傳於後世乎譚曰必傳顧（

君與譚不及見也凡人賤近而貴遠親見揚子雲祿位容貌不能動人故輕其書昔老聃著虛無之言兩篇薄仁義非禮學然後世好之者尚以為過於五經自漢文景之君及司馬遷皆有是言今揚子之書文義至深而論不詭於聖人則必度越諸子矣（王莽天鳳五年）

魏虞喜議費禕之寬簡元遜之疏忽可為世鑒

吳召諸葛恪於武昌呂岱戒之曰世方多難子每事必十思恪曰昔季文子三思而後行夫子曰再思可矣今君令恪十思明恪之劣也岱無以答

虞喜論曰夫託以天下至重也以人臣行主威至難也兼二至而管萬機能勝之者鮮矣呂侯國之元耆志度經遠甫以十思戒之而便以示劣見拒此元遜之疏機神不俱者也若因十思之義廣諮當世之務聞善速於雷動從諫急於風移豈得隕身殿堂死於凶豎之刃世人奇其英辯造次可觀而哂呂侯無對為陋不思安危終始之慮是樂春藻之繁華忘秋實之甘口也昔

魏人伐蜀。蜀人禦之。精嚴垂發。而費禕方與來敏對棊。意無厭倦。敏以爲必能辦賊。言其明略內定。貌無憂色也。況長甯以爲君子臨事而懼。好謀而成。蜀爲蕞爾之國。而方向大敵。所規所圖。唯守與戰。何可矜己有餘。晏然無戚。斯乃禕性之寬簡。不防細微。卒爲降人郭循所害。豈非兆見於彼。而禍成於此哉。往聞長甯之甄文偉。今覩元遜之逆呂后。二事體同。皆足以爲世鑒也。

魏邵陵厲公嘉平三年

梅陶議陶侃用法得法外意

尚書梅陶與親人曹識書曰。陶公機神明鑒似魏武。忠順勤勞似孔明。陸抗諸人不能及也。謝安每言陶公雖用法。而恒得法外之意。(晉成帝咸和九年)

晉范甯議王弼何晏罪甚桀紂

范甯好學。性質直。常謂王弼何晏之罪。深於桀紂。或以爲貶之太過。甯曰。王何蔑棄典文。幽沈仁義。游辭浮說。波蕩後生。使縉紳之徒。翻然改轍。以至禮壞樂崩中原傾覆遺風餘俗至今爲患桀紂縱暴一時適足以喪身覆國爲後世戒豈能迴百姓之視聽哉故吾以爲一世之禍輕歷代之患重自喪之惡小迷衆之罪大也(晉穆帝升平五年)

宋徐積議功才須將以德

徐積嘗語蘇軾曰自古皆有功獨稱大禹之功自古皆有才獨稱周公之才以其有德以將之故爾軾然其言(宋神宗元豐八年)

畢仲游議抱石救溺

蘇軾在翰林頗以言章規切時政畢仲游以書戒之曰夫言語之累不獨出口者爲言其形於詩歌贊於賦頌託於碑銘著於序記者皆言語也今知畏於口而未畏於文是其所是則見是者喜非其所非則蒙非者怨喜者未必能濟君之謀而怨者或已敗君之事矣官非諫臣職非御史而好是非人危身觸諱以遊其間殆猶抱石而救溺也軾不能從(哲宗元祐二年)

高宗議欲明道見理非學問不可

中書舍人洪擬轉對，論帝王之學，中叙董仲舒王吉之言，末以章句書藝為非帝王之事。帝曰：人欲明道見理，非學問不可。惟能務學，則知古今治亂成敗，與夫君子小人善惡之跡，善所當為，惡所當戒。正心誠意，率由於此。范宗尹曰：人主欲以此為先務。因奏仇士良告其徒之言，帝然之（高宗紹興元年）

高宗議飛昇長生之不確

帝謂宰執曰：賀允中嘗於經筵問朕所好之意，朕謂之曰：朕之所好，非世俗之所謂道也。若果然飛昇，則秦皇漢武當得之；若果能長生，則二君至今不死。朕惟治道貴清淨，故恬淡寡慾，清心省事，所謂為道日損，期與一代之民同躋仁壽，如斯而已。當降出碑本以賜卿等（紹興二十八年）

孝宗議史官要識要學要才

劉珙進讀三朝寶訓，至太宗謂太祖實錄或云多漏落，當命官重修，因歎史官才難。蘇易簡曰。大凡史官宜去愛憎。近者扈蒙修史。蒙爲人怯懦多疑忌。故其史傳多有脫落。帝曰。善惡無遺。史臣之職。琪曰。史官以學識爲先。文采次之。苟史官有學識。安得怯懦疑忌。帝曰。史官要識。要學。要才。三者兼之。（孝宗乾道三年）

又議諳歷物情世故豈止讀書須有用乃可

梁克家言朱熹博學有守。而安於靜退。屢召不起。執政俱稱之。或曰。熹學問淹該。但泥於所守。差少通耳。帝曰。士大夫雖該博。然亦須諳練疏通。如朕在潛邸。但知讀書爲文。及卽位以來。今十有餘年。諳歷物情世故。豈止讀書爲文。須有用。乃可耳。朱熹今以疾辭。然安貧樂道。廉退可嘉。特改宣教郎主管台州崇道觀。熹以求退得進。於義未安。再辭。踰年乃拜命。（乾道九年）

元博果密議人與天地爲參

彗星入紫微垣。抵斗魁。光芒尺許。帝夜召博果密入禁中。問所以銷天變之道。

博果密曰。風雨自天而至。人則棟宇以待之。江河為地之限。人則舟楫以通之。天地有所不能者。人則為之。此人所以與天地參也。且父母怒。人子不敢疾怨。起敬起孝。故易曰。君子以恐懼修省。詩曰。敬天之怒。三代聖王。克謹天戒。鮮不有終。漢文之世。同日山崩者二十有九。日食地震。頻歲有之。善用此道。天亦悔禍。海內乂安。此前代之龜鑑也。（元始祖至元三十年）

西僧丹巴議佛法如燈籠

皇太子德壽薨。皇后遣人問西僧丹巴曰。我夫婦崇信佛法。以師事汝。止有一子。甯不能延其壽也。對曰。佛法如燈籠。風雨至則可蔽。若燭盡則無如之何也。一時稱其敏給。（成宗大德九年）

吳澄議善惡異報

作佛事。命僧八百人及唱優百戲。導帝師游京城。先是英宗在上都。使左丞蘇蘇召翰林吳澄撰金字藏經序。澄曰。主上寫經祈福。甚盛舉也。若用以追薦。臣所未知蓋福祿利益雖人所樂聞而輪廻之事彼習其學者猶或不言不過謂爲善之人死則上通高明其極品與日月齊光爲惡之人死則下淪汙穢其極下與沙蟲同類其徒遂爲薦拔之說以惑世人今列聖之神上同日月何庸薦拔且國初以來寫經追薦不知幾舉若未效是無佛法矣若已效是誣其祖矣撰爲文辭不可以示後世請俟駕還奏之會南皮之變事得寢及帝即位佛事益盛（泰定帝泰定元年）

明周洪謨議釋教三身

禮科給事中張九功請正祀典疏下禮部周洪謨等言釋迦牟尼文佛生西方中天竺國宗其教者以本性爲法身德業爲報身并眞身爲三既已誕妄道家以老子爲師又設玉淸元始天尊上淸天上道君二像而老子自爲上淸太上老君蓋倣釋氏而又失之者也自今宜罷齋醮祭告北極中天星主紫微大帝乃北極五星設像祭告雷聲普化天尊道家以六月二十四日爲示現之日遣

官詣顯靈宮致祭．夫南郊有星辰壇．風雲雷雨山川壇．亦有秋報．則此祭當罷．祖師三天扶教輔元大法師眞君漢張道陵．非祀典．大小青龍神者．記云有僧名盧寓西山．有二童子來侍．時久旱．童子入潭．化二青龍．遂得雨．後賜盧號感應禪師．宣德中建寺．加二龍封號．然近日祈禱無驗．皆宜罷．梓潼帝君姓張．名亞子．道家謂掌文昌府事．及人間祿籍．景泰中因京師舊廟闢而新之．歲以二月三日生辰．遣祭．天下學校亦有祠祀之者．夫梓潼顯靈於蜀．廟食爲宜．文昌六星．與之無涉．宜勅罷免．其祠在天下學校者．俱令拆毀．北極佑聖眞君．乃元武七宿．圖志以爲淨樂王太子．修煉武當山．功成飛昇．此道家附會之說．宜遵洪武間例．三九月用素羞致祭．餘皆停免．崇恩眞君．隆恩眞君者．道家以崇恩姓薩．名堅．從林靈素輩學法．有驗．隆恩則玉樞火府天將王靈官．又從薩傳符法．每年換袍服．費不貲．宜罷免．金闕上帝．玉闕上帝者．閩縣靈濟宮祀徐溫子知證知諤．文皇帝嘗弗豫．禱神輒應．立廟京師．加封眞君．後累加爲上帝．朔望令節·遣官祀·及時薦新·四時換袍服·神父聖帝神母元君及金玉闕元君·即二徐父母及其配·皆宜削號罷祀·東嶽泰山之神·廟在泰安州·又南郊及山川壇有合祭·今朝陽門外有廟祭·實爲煩瀆·京師都城隍之神·以五月十一日爲誕辰·夫城隍非人·鬼安有誕辰·祀之非宜·皆當罷免·議·上命修建齋醮·遣官祭告·並東嶽眞武城隍廟靈濟宮祭祀俱仍舊·二徐眞君及其父母妻革去帝號·仍舊封·餘如所議行之·（明孝宗弘治元年）

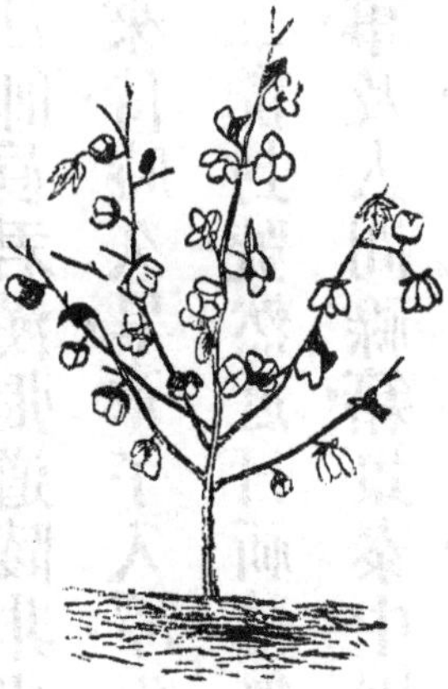

教育學終

兵政學

集權資憲通史

代議部

兵政學

第一章 議兵備不修則無尙武精神然弛兵於下須防太阿倒持故修兵備須得居重馭輕之勢

吳縣曹恭翊滌新編纂

魯季武子爲三軍．叔孫穆子曰．天子作師．公帥之以征不德．元侯作師．卿帥之以承天子．諸侯有卿無軍．帥教衞以贊元侯．伯子男有大夫無卿．帥賦以從諸侯．今我小國侯也．處大國之間．爲元侯之所以怒大國．無乃不可乎．弗從．遂作中軍．自是齊楚伐討于魯．（周靈王十年）

公孫弘奏言十賊彍弩．百吏不敢前．請禁民毋得挾弓弩便．上下其議．侍中吾丘壽王對曰．臣聞古者作五兵．非以相害．以禁暴討邪也．秦兼天下．銷甲兵折鋒刃．其後民以耰鉏箠梃相撻擊．犯法滋衆．盜賊不勝．卒以亂亡．故聖王務化而省禁防知其不足恃也禮曰男子生桑弧蓬矢以舉之明示有事也大射之禮自天子降及庶人三代之道也愚聞聖王合射以明教矣未聞弓矢之爲禁也且所以爲禁者爲盜賊之以攻奪也攻奪之罪死然而不止者大姦之於重誅固不避也臣恐邪人挾之而吏不能止良民以自備而抵法禁是擅賊威而奪民救也竊以爲大不便書奏上以難弘弘詘服焉（漢武帝元朔五年）

陸贄論關中形勢以爲王者蓄威以昭德偏廢則危居重以馭輕倒持則悖王畿者四方之本也太宗列置府兵分隸禁衛大凡諸府八百餘所而在關中者殆五百焉舉天下不敵關中則居重馭輕之意明矣承平漸久武備浸微雖府衛具存而卒乘罕習故祿山竊倒持之柄乘外重之資一舉滔天兩京不守尙賴西邊有兵諸牧有馬每州有糧故肅宗得以中興乾元之後繼有外虞悉師東討邊備既弛禁戎亦空吐蕃乘虛深入爲寇故先皇帝莫與爲禦避之東遊是皆失居重馭輕之權今朔方太原之衆遠在山東神策六軍之兵繼出關外

儻有賊臣啗寇微犯亭障此愚臣所竊憂也陛下儻過聽愚計所遣神策六軍李晟等及節將子弟悉可追還明勅涇隴邠甯但令嚴備封守仍云更不徵發人心不搖邦本自固上不能用(唐德宗建中四年)

杜牧作書名曰罪言又注孫子爲之序以爲兵者刑也刑者政事也爲夫子之徒實仲由冉有之事也不知自何代何人分爲二道文武離而俱行因使縉紳之士不敢言兵或恥言之苟有言者世以爲粗暴異人人不比數嗚呼忘失根本斯最爲甚禮曰四郊多壘此卿大夫之辱也歷觀自古樹立其國滅亡其國未始不由兵也主兵者必聖賢才能多博識之士乃能有功議於廊廟之上兵刑已成然後付之於將漢祖言指縱者人也獲兎者犬也此其是也彼爲相者曰兵非吾事吾不當知君子曰勿居其位可也(高宗儀鳳二年)

遼聖宗獵於平地松林太后誡曰前聖有言欲不可縱吾兒爲天下主馳騁田獵萬一有銜蹶之變適遺予憂其深戒之遼舊俗其富以馬其强以兵縱馬於

兵政學

野弛兵於民有事而戰彍騎介夫卯命辰集馬逐水草人仰湩酪挽彊射生以給日用糗糧芻茭不煩挽運以是制勝所向無前遼主歲時射獵以示不忘本俗雖奉太后命戒不能改(宋太宗至道三年)

初濮州有盜夜入城略知州王守信監軍王昭度知黃州王禹偁聞之以爲國家武備不修故盜賊竊發近輔因奏書曰易曰王公設險以守其國又曰重門擊柝以待暴客傳曰備預不虞古之善教也自五季亂離各據城壘繕治兵甲豆分瓜剖七十餘年太祖太宗削平僭僞當時議者乃令江淮諸郡毀城隍收兵甲撤武備者三十餘年書生領州大郡給二十人小郡減五人以充常從號曰長吏實同旅人名爲郡城蕩若平地雖則尊京師而抑郡縣爲彊幹弱枝之術亦匪得其中道也救弊之道在乎從宜漢高懲暴秦郡縣之失封建其子弟及七國勢彊文景乃行削奪唐德宗乘安史厭兵遂有貞元姑息之政憲宗覩齊蔡巨猾遂有元和討賊之議蓋見幾而作爲社稷遠圖疾若轉規不可膠柱

今江淮諸郡大患有三城池隳圮一也甲仗不完二也兵不服習三也濮賊之興慢防可見望陛下特行神斷參之廟算如且因而修治不欲張皇凡江浙荆湖淮南福建等郡約民戶衆寡城池大小竝許置本城守捉軍士三五百人勿令差出止於城中閱習弓劍然後漸葺城壘繕完甲胄郡國張侮禦之備長吏免剽略之虞疏奏帝嘉納之（眞宗咸平三年）

吏部員外郎廖綱言古者天子必有親兵實自將之所以備不虞而強主威使無太阿倒持之悔漢北軍唐神策之類是也祖宗軍制尤嚴加三衙四廂所統之兵關防周盡今此軍稍廢所恃以備非常者諸將外衛之兵而已臣願稽舊制選精銳十數萬人以爲親兵直自將之居則以爲衛動則爲中軍此強榦弱枝之道最今日急務昔段秀實嘗爲唐德宗言譬猶猛虎所以百獸畏者爪牙也爪牙廢則孤豚特犬皆能爲敵正謂是也願陛下留神毋忽（高宗紹興元年）

第二章　議兵之勝敗係於將將莫忌於自大不相統屬忌功不相援救及選將馭將之術並歷代將帥之得失

陳壽曰關羽張飛稱萬人敵爲世虎臣羽報效曹公飛義釋嚴顏並有國士之風然羽剛而自矜飛暴而無恩以短取敗理數之常也（魏文帝黃初二年）

魏右民郎陽平路思令上疏以爲師出有功在於將帥得其人則六合唾掌可清失其人則三河方爲戰地竊以比年將帥多寵貴子孫銜杯躍馬志逸氣浮軒眉扼腕以攻戰自許及臨大敵憂怖交懷雄圖銳氣一朝頓盡乃令羸弱在前以當寇强壯居後以衛身兼復器械不精進止無節以當負險之衆敵數戰之虜欲其不敗豈可得哉夫德可感義夫恩可勸死士今若黜陟幽明賞罰善惡簡練士卒繕修器械先遣辯士曉以禍福如其不悛以順討逆如此則何異厲蕭斧而伐朝菌鼓洪爐而燎毛髮哉弗聽（梁武帝大通元年）

太子問於賀若弼曰楊素韓擒虎史萬歲皆稱良將其優劣何如弼曰楊素猛

將非謀將韓擒虎闘將非領將史萬歲騎將非士將太子曰然則大將誰也弼拜曰唯殿下所擇弼意自許也（隋文帝元年）

侯君集之破高昌也私取珍寶爲有司所劾中書侍郎岑文本上疏曰臣聞命將出師主於克敵苟能克敵雖貪可賞若其敗績雖廉可誅是以漢之李廣利陳湯晉之王濬隋之韓擒虎皆負罪譴人主以其有功咸受封賞由是觀之將帥之臣廉愼者寡貪求者衆是以黃石公軍勢曰使智使勇使貪使愚故智者樂立其功勇者好行其志貪者急趨其利愚者不計其死伏願錄勞忘過雖非清貞之臣猶得貪愚之將上乃釋之（唐太宗貞觀十四年）

太學生宋城魏元忠上封事以爲理國之要在文與武今言文者則以辭華爲首而不及經綸言武者則以騎射爲先而不及方略是皆何益於理亂哉故陸機著辯忘之論無救河橋之敗養由基射穿七札不濟鄢陵之師此已然之明效也古語有之人無常俗政有理亂兵無强弱將有巧拙故選將當以智略爲

本勇力爲末今朝廷用人類取將門子弟及死事之家彼皆庸人豈足當閫外之任李左車陳湯呂蒙孟觀皆出貧賤而立殊功未聞其代爲將也（高宗儀鳳二年）

元忠奏曰夫賞罰者軍國之切務苟有功不賞有罪不誅雖堯舜不能以致理議者皆云近日征伐虛有賞格而無事實蓋由小才之吏不知大體徒惜勳庸恐虛倉庫不知士不用命所損幾何黔首雖微不可欺罔豈得懸不信之令設虛賞之科而望其立功乎自蘇定方征遼東李勣破平壤賞絕不行勳仍淹滯不聞斬一臺郎戮一令史以謝勳人大非川之敗薛仁貴郭待封等不卽重誅曩使早誅仁貴等則自餘諸將豈敢失利於後哉臣恐土蕃之平非旦夕可冀也又出師之要全資馬力臣請開畜馬之禁使百姓皆得畜馬若官軍大舉委州縣長吏以官錢增價市之則皆爲官有彼胡虜恃馬力以爲彊若聽人間市而畜之乃損彼之彊爲中國之利也先是禁百姓畜馬故元忠言之上善其言

召見令直中書省仗內供奉。（同上）

時兩河用兵久不決。陸贄以兵窮民困。乃上奏。其略曰。克敵之要。在乎將得其人。馭將之方。在乎操得其柄。將非其人者。兵雖衆不足恃。操失其柄者。將雖材不爲用。又曰。將不能使兵。國不能馭將。非止費財翫寇之弊。亦有不戢自焚之災。又曰。人搖不寍。事變難測。是以兵貴拙速。不貴巧遲。若不淸於本而務救於末。則救之所爲。乃禍之所起也。（德宗建中四年）

臣光曰。論者多疑維州之取捨。不能決牛李之是非。臣以爲昔荀吳圍鼓。鼓人或請以城叛。吳弗許。曰。或以吾城叛。吾所甚惡也。人以城來。吾獨何好焉。吾不可以欲城而邇姦。使鼓人殺叛者而繕守備。是時唐新與吐蕃修好。而納其維州。以利言之。則維州小而信大。以害言之。則維州緩而關中急。然則爲唐計者。宜何先乎。悉怛謀在唐則爲向化。在吐蕃不免爲叛臣。其受誅也。又何矜焉。且德裕所言者利也。僧孺所言者義也。匹夫徇利而忘義。猶恥之

兵政學

況天子乎譬如鄰人有牛逸而入於家或勸其兄歸之或勸其弟攘之勸歸者曰攘之不義也且致訟勸攘者曰彼嘗攘吾羊矣何義之拘牛天畜也鬻之可以富家以是觀之牛李之是非端可見矣（武宗會昌三年）

蕭達蘭留意人才時耶律昭坐兄國留事流西北部達蘭與語愛之禮致門下答曰爲今之計莫若賑窮薄賦給以牛種使遂耕穫置游兵以防盜掠頒俘獲以助伏臘散畜牧以就便地期以數年富彊可望然後簡練精兵以備行伍何守之不固何動之不克哉然必去其難制者則餘種自畏若舍大而謀小避彊而攻弱非徒虛費財力亦不足以服其心此二者利害之機不可不察昭聞古之名將安邊立功在德不在衆故謝元以八千破苻堅十萬休格以伍隊敗曹彬十萬良由恩結士心得其死力也閣下膺非常之遇專方面之寄宜遠師古人以就勳業上觀乾象下盡人謀察地形之險易料敵勢之虛實慮無遺策利施後世矣達蘭從其言卒能成功（宋太宗至道二年）

初安陽陳貫喜言兵咸平中大將楊瓊王榮喪師貫上書言前日不斬傅潛張昭遠使瓊輩畏死不畏法令不嚴其制後當益弛請立法凡合戰而奔者主校皆斬大將戰死裨校無傷而還與奔軍同軍衂城圍別部力足救而不至者以逗遛論如此則誅罰明而士卒厲矣帝嘉納之又嘗上形勢選將練兵論三篇大略言地有要害今北邊既失古北之險然自威魯城東距海三百里其地沮澤墝埆所謂天隙天陷非敵所能輕入由威魯西極狼山不百里地廣平利馳突此必爭之地先居則佚後趨則勞宜有以待之昔李漢超守瀛州敵不敢視關南尺寸地今將帥大槩用恩澤進雖謹重可信然卒與敵遇不知所以爲方略故敵勢益張兵折於外者二十年此選將得失之效也國家收天下材勇以備禁旅賴賜予廩給而已恬於休息久不識戰當以衛京師不當以戍邊戍邊當募土人隸本軍又籍丁民爲府兵使北面捍遼西面捍戎不獨審練敵情熟習地勢且皆樂戰鬬無驕心(眞宗景德元年)

鄜延鈐轄張亢上疏言舊制諸路部署鈐轄都監各不過三兩員今每路多至十四五員少亦不減十員權均勢敵不相統制凡有議論互執不同請約故事別擬使名每路軍馬事止三兩員領之又曰昨延州之敗蓋由諸將自守不相爲援請令邊城預定其法凡賊入寇某處爲聲援某城寨相近出敢死士某處設都同巡檢則各扼其要害又令鄰路將取某救應仍須暗以旂幟爲號昨劉平救延州前鋒軍馬陷賊寨者四指揮平竟不知又趙瑜領軍馬間道先進而趙振與王達等趨寨門至高頭平報賊張青蓋駐山東振麾兵掩襲乃其子瑜也臣在山外策應未嘗用本指揮旂號自以五行支干別爲引旂若甲子日本軍相遇則先者張青旂後者以緋旂應之此是干相生也其干相尅支相生支干相生相尅亦如之蓋兵馬出入則百步之外不能相認若不預立號必誤軍期又曰兵官務要張皇邊事劉平之敗正由貪功輕進鎭戎軍最近賊境每探馬至不問賊之多少部署鈐轄知軍都監皆出至邊壕則賊已去矣蓋權均勢

埒不肯相下若其不出則恐得怯懦之罪又比來諸班諸軍有授諸司使副至侍禁殿直者亦有白身試武藝而得官者而諸路弓箭手生長邊陲父祖效命累世捍賊乃無進擢之路何以激勸邊民初亢請乘驛入對詔令手疏上之其後多施用者（仁宗康定元年）

种師道罷爲中太一宮使中丞許翰言師道名將沈毅有謀不可使解兵柄帝謂其老難用翰曰秦始皇老王翦而用李信兵辱於楚漢宣帝不老趙充國而卒能成金城之功自呂望以來以老將收功者雖一二數師道智力未衰雖老可用也帝不納（欽宗靖康元年）

環慶經略使王似言方今用兵之際關陝六路帥請皆用武臣呂頤浩曰臣少識种諤盼小而爲西夏信服今之武帥類皆鬬將非智將罕見如諤之比杜充曰方今艱難帥臣不得坐運帷幄當以冒矢石爲事帝曰王似未知武臣少能知義理若文臣中有智勇兼資練達邊事如范仲淹者豈必親臨矢石何爲多

兵政學

藉武帥（高宗建炎三年）

翰林學士汪藻上馭將三說一曰示之以法二曰運之以權三曰別之以分然臣復有私憂過計者自古以兵權屬人久未有不爲患者蓋予之至易收之至難不早圖之後悔無及國家以三衙官管兵而出一兵必待樞密院之符祖宗於茲蓋有深意今諸將之驕樞密院已不能制臣恐賊平之後方勞聖慮自古偏霸之國提兵者未嘗乏人豈以四海之大而寥寥如此意偏裨之中必有英雄特爲二三大將抑之而不得伸爾謂宜精擇偏裨十餘人各授以兵數千直屬御前而不隸諸將合爲數萬以漸銷諸將之權此萬世計也是時諸將中劉光世尤橫故汪藻有是言（建炎四年）

帝謂輔臣曰議者多言諸大將不宜益兵漢高祖定天下諸將兵至十數萬未嘗以爲疑故能成功今劉光世韓世忠兵纔各五萬張俊不滿三萬議者已患其多此不知時宜也席益曰方用兵之時御諸將當如高祖削平之後待功臣

當如光武前三日詔以忠銳第九將史康民第十將王林所部益俊軍又令第二將張守忠受俊節制故言者及之(紹興三年)

右迪功郎新監廣州寶口場鹽稅吳伸再上書請伐劉豫且言今兵權所付不過二三人其有道家所忌則趙括之徒可憂其有戰勝而驕則武安君之禍可戒又言古人師克在和今陛下將士雖衆孰講廉藺之歡則將帥之賢愚不卜而可知也今之主將無非營私背公蠹國害民之徒廣回易擅榷酤所至州郡則恣無厭之求民力爲之耗減廣收無用之兵以益請糧之數則財賦之得失不卜而可知也今國家所賴者止知有西北之兵不知有東南之士又況諸軍無非潰亡之徒子女既足金帛亦豐邊境暫甯則偷安以干廩食至於臨敵豈不潰亡此士卒之能否不卜而可知也今重兵皆在江南而輕兵獨當淮右萬一敵人掠我淮甸對壘江旁縱未南渡兩軍相持積以歲月必有存亡夫金人雖強實不足慮劉豫雖微其禍可憂臣以爲先擒劉豫則金人自定金人反覆

陛下知之詳矣．今又割中原以假劉豫．是幷吞之謀已兆．而危亡之禍將及．豈可不爲之計．今使命將至不可中輟．萬一厚有需求．臣願陛下陽許陰違．俟其還報．乘其不疑．一怒親征．劉豫可擒也．（同上）

自張浚召還．而川陝宣撫處置副使王似．盧法原人望素輕．頗不爲都統制吳玠所憚．帝聞之．賜三人璽書．略曰．羊祜雖居大府．必任王濬以專征伐之圖．李愬雖立殊勳．必禮裴度以正尊卑之分．傳聞敵境．尙列屯兵．宜益務於和衷．用力除於外患．時玠爲檢校少保．位遇寖隆．故有是詔．（同上）

祠部員外郎范同言．師克在和．大抵剛果豪健之士．以氣相高．始由小嫌．寖成大釁．然古之賢將．急公家．棄私讐．捨怨忘憤．終成令名者．蓋不乏人．陛下拔用才傑．禮遇勳賢．備極榮寵．固將憑藉忠力．掃除腥穢．一淸寰宇．恢復祖宗之業．而道途竊議．以爲將帥忘輯睦之義．記纖介之怨．或享高位而忌嫉．軋己或持勳勞而排抑新進．審如是．他日必有重貽聖慮者．欲望明示至意．及其細微．易於改圖使之視春秋諸卿以爲戒追漢唐名將而踵其跡豈惟社稷是賴而勳名寵位尤享始終亦陛下保全之德也詔劄與諸將帥先是劉光世韓世忠久不叶而岳飛自列校拔起頗爲世忠與張俊所忌故同及之（紹興四年）

帝與輔臣論淮西事因曰兵無不可用在主將得人耳趙奢用趙兵大破秦軍而趙括將之則大敗樂毅用燕兵破齊而騎劫代之則爲田單所敗豈不在主將得人乎秦檜曰陛下論兵可謂得其要矣（紹興六年）

王庶辭帝戒以張浚待諸將多用術數且狎昵自取輕侮呂祉以傲肆自大取敗皆可爲戒帝因論王伯之道不可兼行當以三王爲法今之諸將不能恢復疆宇他日朕須親行不殺一人庶幾天下可定（紹興八年）

金主如上京時降將酈瓊爲金人所用知金將南伐語其同列曰瓊向從大軍南伐每見元帥國王親臨陳督戰矢石交集而王免冑指麾三軍意氣自若用兵制勝皆與孫吳合可謂命世雄材矣至於親冒鋒鏑進不避難將士視之孰

敢愛死乎宜其所向無前日闢國千里也江南將帥才能不及中人每當出兵必身居數百里外謂之持重或督召軍旅易置將校僅以一介之士持虛文諭之謂之調發制敵決勝委之偏裨是以智者解體愚者喪師幸一小捷則露布飛馳增加俘級以爲己功斂怨將士縱或親臨亦必遠遁而又國政不綱纔有微功已加厚賞或有大罪乃置而不誅不卽覆亡已爲天幸何能振耶瓊所指元帥爲宗弼也宗弼聞之召問江南成敗誰敢相拒者瓊曰江南軍勢怯弱皆敗亡之餘又無良帥何以禦敵吾以大軍臨之彼君臣方且心破膽裂將哀鳴不暇蓋傷弓之鳥可以虛弦下也宗弼喜以爲知言(紹興九年)

權禮部侍郎孫道夫言仁宗景祐初采古兵法及舊史成敗爲神武秘略以賜邊臣訓迪有方故一時爪牙有古良將風願下文館重加讐正偏賜將帥以繼仁宗故事豈無曹瑋王德用狄青之徒爲時出乎時金人渝盟有端而中外疑信未決道夫獨憂之故數以武事爲言(紹興二十八年)

魯地悉定。吳國公聞之。遣使與察罕特穆通好。謂左右曰。察罕雖假義師。圖恢復乃與博囉爭不解。屢格君命。此豈忠臣之爲乎。又聞其好名。如田豐爲人傾側。察罕待如心腹。則闇於知人矣。古之名將。洞察幾微。智謀宏遠。使人不可測度。察罕豈知此乎。吾今遣人往與通好。觀其所處如何。然後議之（元順帝至正二十年）

第三章　議養兵有兩宗旨攻取者先兵權建本者尙德化尙德化則戰無不克先兵權則有時而敗及爲將之道

武王將伐紂。問於太公曰。吾欲不戰而知勝。不卜而知吉。爲之有道乎。對曰。得衆人之心。以圖不道。則不戰而知勝矣。以賢伐不肖。則不卜而知吉矣。彼害之我利之。雖非吾民。可得而使也（周武王元年）

晉厲公將伐鄭。使苦成叔及欒黶興齊魯之師。范文子曰。諸侯皆叛。則晉可爲也。唯有諸侯。故擾擾焉。諸侯難之本也。得鄭憂滋長焉用鄭郤至曰。然則王者多憂乎文子曰我王者乎寡德而求王者之功故多憂楚共王帥東夷救鄭晉人欲爭鄭范文子曰能內睦而後圖外盍姑謀睦乎今司寇之刀鋸日弊而斧鉞不行內猶有不刑而況外乎唯厚德者能受多福無德而服者衆必自傷今勝荆與鄭吾君將伐智而多力怠教而重歛大其私暱奪諸大夫田而益婦人諸臣之委室而徒退者將幾人戰若不勝晉國之福也戰若勝其產將害大盍無戰乎(簡王十一年)

楚申包胥使於越勾踐問曰吾欲與吳徼天之衷請問戰奚以而可包胥曰戰不智則不知民之極無以銓度天下之衆寡不仁則不能與三軍共饑勞之殃不勇則不能斷疑以發大計(敬王四十一年)

楚春申君以荀卿爲蘭陵令荀卿者趙人名況嘗與臨武君論兵於趙孝成王之前王曰請問兵要臨武君對曰上得天時下得地利觀敵之變動後之發先之至此用兵之要術也荀卿曰不然臣所聞古之道凡用兵攻戰之本在乎一

民弓矢不調則羿不能中六馬不和則造父不能以致遠士民不親附則湯武不能以必勝也故善附民者是乃善用兵者也故兵要在乎附民而已臨武君曰不然兵之所貴者勢利也所行者變詐也善用兵者感忽悠闇莫知所從出孫吳用之無敵於天下豈必待附民哉荀卿曰不然臣之所道仁人之兵王者之志也君之所貴權謀勢利也仁人之兵不可詐也彼可詐者怠慢者也露袒者也君臣上下之間滑然有離德者也故以桀詐桀猶巧拙有幸焉以桀詐堯譬之以卵投石以指橈沸若赴水火入焉焦沒耳故仁人之兵上下一心三軍同力臣之於君也下之於上也若子事父弟事兄若手臂之扞頭目而覆胸腹也詐而襲之與先驚而後擊之一也且仁人用十里之國則將有百里之聽用百里之國則將有千里之聽用千里之國則將有四海之聽必將聰明警戒和傳而一故仁人之兵聚則成卒散則成列延則若莫邪之長刃嬰之者斷銳則若莫邪之利鋒當之者潰圜居而方止則若盤石然觸之者角摧而退耳且夫

兵政學

暴國之君將誰與至哉彼其所與至者必其民也其民之親我歡若父母其好
我芬若椒蘭彼反顧其上則若灼黥若仇讎人之情雖桀跖豈有肯爲其所惡
賊其所好者哉是猶使人之子孫自賊其父母也彼必將來告夫又何可詐也
故仁人用國日明諸侯先順者安後順者危敵之者削反之者亡詩曰武王載
發有虔秉鉞如火烈烈則莫我敢遏此之謂也孝成王臨武君曰善請問王者
之兵設何道何行而可荀卿曰凡君賢者其國治君不能者其國亂隆禮貴義
者其國治簡禮賤義者其國亂治者彊亂者弱是彊弱之本也上足仰則下可
用也上不足仰則下不可用也下可用則彊下不可用則弱是彊弱之常也齊
人隆技擊其技也得一首者則賜贖錙金無本賞矣是事小敵毳則偷可用也
事大敵堅則渙焉離耳若飛鳥然傾側反覆無日是亡國之兵也兵莫弱是矣
是其去賃市傭而戰之幾矣魏氏之武卒以度取之衣三屬之甲操十二石之
弩負矢五十個置戈其上冠冑帶劍贏三日之糧日中而趨百里中試則復其

戶利其田宅是其氣力數年而衰而復利未可奪也改造則不易周也是故地雖大其稅必寡是危國之兵也秦人其生民也陿隘其使民也酷烈劫之以勢隱之以阸忸之以慶賞鰌之以刑罰使民所以要利於上者非鬭無由也使以功賞相長五甲首而隸五家是最爲衆彊長久之道故四世有勝非幸也數也故齊之技擊不可以遇魏之武卒魏之武卒不可以遇秦之銳士秦之銳士不可以當桓文之節制桓文之節制不可以當湯武之仁義有遇之者若以焦熬投石焉兼是數國者皆干賞蹈利之兵也傭徒鬻賣之道也未有貴上安制綦節之理也諸侯有能微妙之以節則作而兼殆之耳故招延募選隆勢詐上功利是漸之也禮義教化是齊之也故以詐遇詐猶有巧拙焉以詐遇齊譬之猶以錐刀墮泰山也故湯武之誅桀紂也拱挹指麾而彊暴之國莫不趨使誅桀紂若誅獨夫故秦誓曰獨夫紂此之謂也故兵大齊則制天下小齊則制鄰敵若夫招延募選隆勢詐上功利之兵則勝不勝無常代翕代張代存代亡相爲

兵政學

雌雄耳夫是謂之盜兵君子不由也孝成王臨武君曰善請問爲將荀卿曰知莫大於棄疑行莫大於無過事莫大於無悔事至無悔而止矣不可必也故制號政令欲嚴以威慶賞刑罰欲必以信處舍收藏欲周以固徙舉進退欲安以重欲疾以速窺敵觀變欲潛以深欲伍以參遇敵決戰必行吾所明無行吾所疑夫是之謂六術無欲將而惡廢無怠勝而忘敗無威內而輕外無見其利而不顧其害凡慮事欲熟而用財欲泰夫是之謂五權將所以不受命於主有三可殺而不可使處不完可殺而不可使擊不勝可殺而不可使欺百姓夫是之謂三至凡受命於主而行三軍三軍既定百官得序羣物皆正則主不能喜敵不能怒夫是之謂至臣慮必先事而申之以敬慎終如始始終如一夫是之謂大吉凡百事之成也必在敬之其敗也必在慢之故敬勝怠則吉怠勝敬則滅計勝欲則從欲勝計則兇戰如守行如戰有功如幸敬謀無曠敬事無曠敬吏無曠敬衆無曠敬敵無曠夫是之謂五無曠慎行此六術五權三至而處之以

恭敬無曠。夫是之謂天下之將。則通於神明矣。臨武君曰。善。請問王者之軍制。荀卿曰。將死鼓。御死轡。百吏死職。上大夫死行列。聞鼓聲而進。聞金聲而退。順命爲上。有功次之。令不進而進。猶令不退而退也。其罪惟均。不殺老弱。不獵禾稼。服者不禽。格者不赦。奔命者不獲。凡誅。非誅其百姓也。誅其亂百姓者也。百姓有扞其賊。則是亦賊也。以其順刃者生。傃刃者死。奔命者貢。微子開封於宋。曹觸龍斷於軍。商之服民。所以養生之者無異周人。故近者歌謳而樂之。遠者竭蹶而趨之。無幽閒辟陋之國。莫不趨使而安樂之。四海之內若一家。通達之屬。莫不從服。夫是之謂人師。詩曰。自西自東。自南自北。無思不服。此之謂也。王者有誅而無戰。城守不攻。兵格不擊。上下相喜則慶之。不屠城。不潛軍。不留衆。師不越時。故亂者樂其政。不安其上。欲其至也。臨武君曰。善。陳囂問荀卿曰。先生議兵。常以仁義爲本。仁者愛人。義者循理。然則又何以兵爲。凡所爲有兵者。爲爭奪也。荀卿曰。非汝所知也。彼仁者愛人。愛人。故惡人之害之也。義者循

議養兵有兩宗旨攻取者先兵權建本者尙德化尙德化則戰無不克先兵權則有時而敗及爲將之道

兵政學

理·循理故惡人之亂之也·彼兵者·所以禁暴除害也·非爭奪也·（秦昭襄王五十二年）

潁川鼂錯上言兵事曰·兵法曰·有必勝之將·無必勝之民·繇此觀之·安邊境·立功名·在於良將·不可不擇也·臣又聞用兵臨戰合刃之急者三·一曰得地形·二曰卒服習·三曰器用利·兵法步兵車騎弓弩長戟矛鋋劍楯之地·各有所宜·不得其宜者·或十不當一·士不選練·卒不服習·起居不精·動靜不集·趨利弗及·避難不畢·前擊後解·與金鼓之指相失·此不習勒卒之過也·百不當十·兵不完利·與空手同·甲不堅密·與袒裼同·弩不可以及遠·與短兵同·射不能中·與無矢同·中不能入·與無鏃同·此將不省兵之禍也·五不當一·故法曰·器械不利·以其卒予敵也·卒不可用·以其將予敵也·將不知兵·以其卒予敵也·君不擇將·以其國予敵也·四者兵之至要也·（漢文帝前十一年）

袁紹與操書·辭語驕慢·操謂荀彧郭嘉曰·今將討不義·而力不敵·何如·對曰·劉

項之不敵。公所知也。漢祖惟智勝項羽。故羽雖彊。終爲所擒。今紹有十敗。公有十勝。紹雖彊無能爲也。紹繁禮多義。公體任自然。此道勝也。紹以逆動。公奉順以率天下。此義勝也。桓靈以來。政失於寬。紹以寬濟寬。故不攝。公糾之以猛。上下知制。此治勝也。紹外寬內忌。用人而疑之。所任唯親戚子弟。公外易簡而內機明。用人無疑。唯才所宜。不問遠近。此度勝也。紹多謀少決。失在後事。公得策輒行。應變無窮。此謀勝也。紹高議揖讓以收名譽。士好言飾外者多歸之。公以至心待人。不爲虛美。士之忠正遠見而有實者皆願爲用。此德勝也。紹見人饑寒。恤念之形於顏色。其所不見。慮或不及。公於目前小事。時有所忽。至於大事。與四海接。恩之所加。皆過其望。雖所不見。慮無不周。此仁勝也。紹大臣爭權。讒言惑亂。公御下以道。浸潤不行。此明勝也。紹是非不可知。公所是進之以禮。所不是正之以法。此文勝也。紹好爲虛勢。不知兵要。公以少克衆。用兵如神。軍人恃之。敵人畏之。此武勝也。操笑曰。如卿所言。孤何德以堪之。(獻帝建安二年)

議養兵有兩宗旨攻取者先兵權建本者尙德化尙德化則戰無不克先兵權則有時而敗及爲將之道

初帝問賈詡曰吾欲伐不從命以一天下吳蜀何先對曰攻取者先兵權建本者尙德化吳蜀雖蕞爾小國依山阻水劉備有雄才諸葛亮善治國孫權識虛實陸議見兵勢據險守要汎舟江湖皆難卒謀也用兵之道先勝後戰量敵論將故舉無遺策臣竊料之未見萬全之勢也臣以爲當今宜先文後武帝不納軍竟無功(魏文帝黃初四年)

姜維數出兵蜀人愁苦中散大夫譙周作仇國論以諷之曰或問往古能以弱勝彊者其術如何曰吾聞之處大無患者常多慢處小有憂者常思善多慢則生亂思善則生治理之常也故周文養民以少取多勾踐恤衆以弱斃彊此其術也或曰曩者項彊漢弱相與戰爭項羽與漢約分鴻溝各歸息民張良以爲民志已定則難動也率兵追羽終斃項氏豈必由文王之事乎曰當商周之際王侯世尊君臣久固民習所專深根者難拔據固者難遷當此之時雖漢祖安能杖劍鞭馬而取天下乎及秦罷侯置守之後民疲秦役天下土崩或歲易主

或月易公鳥驚獸駭莫知所從於是豪彊並爭虎裂狼分疾搏者獲多遲後者見吞今我與彼皆傳國易世矣既非秦末鼎沸之時實有六國並據之勢故可爲文王難爲漢祖夫民之疲勞則騷擾之兆生上慢下暴則瓦解之形起諺曰射幸數跌不如審發是故智者不爲小利移目不爲意似改步時可而後動數合而後舉故湯武之師不再戰而克誠重民勞而度時審也如遂極武黷征土崩勢生不幸遇難雖有智者將不能謀之矣（姜維以數戰亡蜀卒如譙周之言）（高貴鄉公甘露二年）

酉陽夷寇江夏太守楊珉請督將謀之諸將爭獻方略騎督朱伺獨不言珉曰朱將軍何以不言伺曰諸人以舌擊賊伺惟以力耳珉又問將軍前後擊賊何以常勝伺曰兩敵共對惟當忍之彼不能忍我能忍是以勝耳珉善之（晉懷帝永嘉元年）

魏辛雄自軍中上疏曰凡人所以臨陣忘身觸白刃而不憚者一求榮名二貪

兵政學

重賞。三畏刑罰。四避禍難。非此數者。雖聖王不能使其臣。慈父不能厲其子矣。明主深知其情。故賞必行。罰必信。使親疏貴賤勇怯賢愚。聞鐘鼓之聲。見旌旂之列。莫不奮激競赴敵場。豈厭久生而樂速死哉。利害懸於前。欲罷不能耳。（梁武帝普通七年）

第四章　議用兵必預謀須熟知彼己及戰又臨機應變謀隨勢轉然後能以弱寡勝強衆

周發問太公曰。仁賢已亡。殷可伐乎。太公曰。先謀後事者昌。先事後謀者亡。夏條可折。冬冰可結。難得而易失也。（商紀）

孫子曰。夫解雜亂紛糾者不控拳。救鬭者不搏撠。批亢擣虛。形格勢禁。則自爲解耳。（周顯王十六年）

范雎曰。以秦國之大。士卒之勇。以治諸侯。譬若走韓盧而搏蹇兎也。而閉關十五年。不敢窺兵於山東者。是穰侯爲秦謀不忠。而大王之計亦有所失也。夫穰侯越韓魏而攻齊剛壽非計也齊湣王南攻楚破軍殺將再辟地千里而齊尺寸之地無得焉者豈不欲得地哉形勢不能有也今王不如遠交而近攻得寸則王之寸也得尺亦王之尺也今夫韓魏中國之處而天下之樞也王若用霸必親中國以爲天下樞以威楚趙楚彊則附趙趙彊則附楚楚趙皆附齊必懼矣齊附則韓魏因可虜也王曰善乃與謀兵事（赧王四十五年）

諸將問韓信曰兵法右倍山陵前左水澤今者將軍令臣等反背水陣竟以勝此何術也信曰此在兵法顧諸君不察耳兵法不曰陷之死地而後生置之亡地而後存且信非得素拊循士大夫也此謂驅市人而戰之其勢非置之死地使人人自爲戰今予之生地皆走甯尚可得而用之乎諸將皆服（漢高祖三年）

荀悅論曰夫立策決勝之術其要有三一曰形二曰勢三曰情形者言其大體得失之數也勢者言其臨時之宜進退之機也情者言其心志可否之實

兵政學

也。故策等事同而功殊者三術不同也。初張耳陳餘說陳涉以復六國。自爲樹黨。酈生亦說漢王所以說者同而得失異者。陳涉之起天下皆欲亡秦而漢楚之分。未有所定。今天下未必欲亡項也。故立六國於陳涉。所謂多己之黨而益秦之敵也。且陳涉未能專天下之地也。所謂取非其有以與於人。行虛惠而獲實福也。立六國於漢王所謂割己之有而以資敵。設虛名而受實禍也。此事同而異形者也。及宋義待秦趙之斃。與昔卞莊刺虎同說者也。施之戰國之時。鄰國相攻。無臨時之急則可也。戰國之立其日久矣。一戰勝敗未必以存亡也。其勢非能急於亡敵國者也。進乘利。退自保。故累力待時。乘敵之斃。其勢然也。今楚趙所起。其與秦勢不並立。安危之機。呼吸成變。進則成功。退則受禍。此同事而異勢者也。伐趙之役。韓信軍於泜水之上而趙不能敗。彭城之難。漢王戰於睢水之上。士卒皆赴入睢水。而楚兵大勝。何則。趙兵出國迎戰。見可而進。知難而退。懷內顧之心。無出死之計。韓信軍孤在水上士卒必死無有二心此信之所以勝也漢王深入敵國置酒高會士卒逸豫戰心不固楚以彊大之威而喪其國都士卒皆有憤激之氣救敗赴亡之急以決一旦之命此漢之所以敗也且韓信選精兵以守而趙以內顧之士攻之項羽選精兵以攻而漢以怠惰之卒應之此同事而異情者也故曰權不可豫設變不可先圖與時遷移應物變化設策之機也（同上）

時曹操與袁紹相爭沮授說紹曰北兵雖衆而勁果不及南南軍穀少而資儲不如北南幸於急戰北利在緩師宜徐持久曠以日月紹不從（獻帝建安五年）

操欲還許以致紹師荀彧報書曰紹悉衆聚官渡欲與公決勝敗公以至弱當至彊若不能制必爲所乘是天下之大機也今穀食雖少未若楚漢在滎陽成皋間也是時劉項莫肯先退者以爲先退則勢屈也公以十分居一之衆畫地而守之搤其喉而不得進已半年矣情見勢竭必將有變此用奇之時不可失

也操從之(同上)

初夏侯淵戰雖數勝魏王操常戒之曰爲將當有怯弱時不可但恃勇也將當以勇爲本行之以智計但知任勇匹夫敵耳(建安二十四年)

燕平狄將軍慕容霸上書於燕王儁曰石虎窮凶極暴天之所棄餘燼僅存自相魚肉今中國倒懸企望仁恤若大軍一振勢必投戈儁猶豫未決以問五材將軍封奕對曰用兵之道敵彊則用智敵弱則用勢是故以大吞小猶狼之食豚也以治易亂猶日之消雪也大王自上世以來積德累仁兵彊士練石虎極其暴殘死未瞑目子孫爭國上下乖亂中國之民墜於塗炭延頸企踵以待振拔大王若揚兵南邁先取薊城次指鄴都宣耀威德懷撫遺民彼孰不扶老提幼以迎大王凶黨將望旗冰碎安能爲害乎儁從之(東晉穆宗永和五年)

燕大司馬慕容恪圍段龕於廣固諸將請急攻之恪曰用兵之勢有宜緩者有宜急者不可不察若彼我勢敵外有彊援恐有腹背之患則攻之不可不急若

我彊彼弱無援於外力足制之者當羈縻守之以待其斃兵法十圍五攻正謂此也（永和十二年）

晉攻南燕勝之秦遣使謂劉裕曰秦已遣鐵騎十萬屯洛陽晉軍不還當長驅而進裕謂使者曰語汝姚興我克燕之後息兵三年當取關洛今能自送便可速來劉穆之尤之裕笑曰此是兵機非卿所解故不相語耳夫兵貴神速彼若審能赴救必畏我知甯容先遣信命逆設此言是自張大之辭也晉師不出爲日久矣羌見伐齊殆將內懼自保不暇何能救人耶（安帝義熙五年）

魏主伐夏以輕騎三萬倍道先行羣臣咸諫曰統萬城堅非朝夕可拔今輕軍討之進不可克退無所資不若與步兵攻具一時俱進帝曰用兵之術攻城最下必不得已然後用之今以步兵攻具皆進彼必懼而堅守若攻不時拔食盡民疲外無所掠進退無地不如以輕騎直抵其城彼見步兵未至意必寬弛吾羸形以誘之彼或出戰則成擒矣所以然者吾之軍士去家二千餘里又隔大

兵政學

河所謂置之死地而後生者也故以之攻城則不足決戰則有餘矣遂行（宋文帝元嘉四年）　按夏卒爲魏所滅

隋欲伐周諸將競勸梁主舉兵與尉遲迥連謀攻隋梁主疑未決會柳莊使隋還曰昔袁紹劉表王淩諸葛誕皆一時雄傑據要地擁彊兵然功業莫就禍不旋踵者良由魏晉挾天子保京都仗大順以爲名故也今尉遲迥雖曰舊將昏耄已甚司馬消難王謙常人之下者非有匡合之才周朝將相多爲身計競效節於楊氏以臣料之迥等終當覆滅隋公必移周祚未若保境息民以觀其變梁主深然之衆議遂止（陳宣帝太建十二年）

初王世充侵竇建德黎陽建德襲彼殷州以報之自是二國交惡及唐兵逼洛陽世充遣使求救於建德劉彬說建德曰天下大亂唐得關西鄭得河南夏得河北共成鼎足之勢今唐舉兵臨鄭自秋涉冬唐兵日增鄭地日蹙唐強鄭弱勢必不支鄭亡則夏不能獨立矣不如解仇除忿發兵救之夏擊其外鄭攻其

內破唐必矣唐師既退徐觀其變若鄭可取則取之幷二國之兵乘唐師之老天下可取也建德從之遣使詣世充許以赴援（唐高祖武德三年）

先是建德遣秦王世民書請退軍潼關返鄭侵地復修前好世民集將佐議之郭孝恪曰世充窮蹙垂將面縛建德遠來助之此天意欲兩亡之也宜據武牢之險以拒之伺間而動破之必矣薛收曰世充保據東都府庫充實所將之兵皆江淮精銳即日之患但乏糧食耳以是之故爲我所持求戰不得守則難久建德親帥大衆遠來赴援亦當極其精銳若縱之至此兩寇合從轉河北之粟以饋洛陽則戰爭方始偃兵無日混一之期未有涯也今宜分兵守洛陽深溝高壘世充出兵愼勿與戰大王親帥驍銳先據成皋厲兵訓士以待其至以逸待勞決可克也建德既破世充自下不過兩旬二主就縛矣世民善之（武德四年）

上嘗言吾自少經略四方頗知用兵之要每觀敵陣則知其彊弱常以吾弱當

其彊彊當其弱彼乘吾弱逐奔不過數十百步吾乘其弱必出其陣後反擊之無不潰敗所以取勝多在此也(同上)

張巡行兵不依古法教戰陣令諸將各以其意教之人或問其故巡曰今與胡虜戰雲合鳥散變態不恒數步之間勢有同異臨機應猝在於呼吸之間而動詢大將事不相及非知兵之變者也故吾使兵識將意將識士情投之而往如手之使指兵將相習人自爲戰不亦可乎自興兵器械甲仗皆取之於敵未嘗自修每戰將士或退散巡立於戰所謂諸將曰我不離此汝爲我還決之將士莫敢不還死戰卒破敵又推誠待人無所疑隱臨敵應變出奇無窮號令明賞罰信與衆共甘苦寒暑故下爭致死力(唐肅宗至德二年)

西川諸將勸王建乘李茂貞之衰攻取鳳翔建以問判官節度馮涓涓曰兵者凶器殘民耗財不可窮也今梁晉虎爭勢不兩立若併而爲一舉兵向蜀雖諸葛亮復生不能敵矣鳳翔蜀之藩蔽不如與之和親結爲婚姻無事則務農訓

兵保固疆埸有事則覘其機事觀釁而動可以萬全建曰善茂貞雖庸才然有强悍之名遠近畏之與全忠力爭則不足自守則有餘使爲吾藩蔽所利多矣乃與茂貞修好(昭宗天祐元年)

帝屏人問康延孝以梁事對曰梁朝地不爲狹兵不爲少然迹其行事終必敗亡何也主既暗懦趙張兄弟擅權內結宮掖外納貨賂官之高下唯視賂之多少不擇才德不校勳勞段凝智勇俱無一旦居王彥章霍彥威之右自將兵以來專率歛行伍以奉權貴每出一軍不能專任將帥常以近臣監之進止可否動爲所制近又聞欲數道出兵令董璋引陝虢澤潞之兵自石會關趣太原霍彥威以汝洛之兵自相衛邢洺寇鎭定王彥章張漢傑以禁軍攻鄆州段凝杜晏球以大軍當陛下決以十月大舉臣竊觀梁兵聚則不少分則不多願陛下養勇蓄力以待其分兵帥精騎五千自鄆州直抵大梁擒其僞主旬月之間天下可定矣帝大悅(後唐莊宗同光元年)

兵政學

梁人欲大舉數道入寇・帝深以爲憂・召諸將會議・宣徽使李紹宏等皆請以與之約和・以河爲境・休兵息民・俟財力稍集・更圖後舉・帝不悅曰・如此吾無葬地矣・乃罷諸將・獨召郭崇韜問之・對曰・陛下不櫛沐・不解甲十五餘年・其志欲以雪國家之恥也・今已正尊號・河北庶士・日望升平・始得鄆州尺寸之地・不能守而棄之・安能盡有中原乎・臣恐將士解體・將來食盡衆散・雖畫河爲境・誰爲陛下守之・臣嘗細詢康延孝以河南之事・度己料彼・日夜思之・成敗之機・決在今歲・梁今悉以精兵授段凝・據我南鄙・又決河自固・謂我猝不能渡・恃此不復爲備・使王彥章侵逼鄆州・其意冀有姦人動搖・變生於內耳・段凝本非將才・不能臨機決策・無足可畏・降者皆言大梁無兵・陛下若留兵守魏・固保楊劉・自以精兵與鄆州合勢・長驅入汴・彼城中旣空虛・必望風自潰・苟僞主授首・則諸將自降矣・不然・今秋穀不登・軍糧將盡・若非陛下決志・大功何由可成・諺曰・當道築室・三年不成・帝王應運・必有天命・在陛下勿疑耳・帝曰・此正合朕志・丈夫得則

爲王失則爲虜吾行決耳司天奏今歲天道不利深入必無功帝不聽(同上)
戶部郎中張洎奏曰敵騎南馳長驅深入咸嬰城自固莫敢出戰敵人莞然自得出入燕趙若踐無人之境及其因利乘便攻取城壁國家嘗以一邑之衆當敵人一國之師既衆寡不侔亦敗亡相繼其故無它蓋分兵之過也臣請悉聚河朔之兵於緣邊建三大鎭各統十萬之衆鼎跱而守仍環舊城廣剏新寨俾士馬便於出入後列烽火謹朝夕之候選精騎爲報探之兵千里之遙若視掌內敵之動靜我必先知仍命親王出臨魏府控河朔之要爲前軍後屏自餘郡縣則選在城丁壯授以戈甲俾官軍統攝而城守焉三鎭分峙隱若長城大軍雲屯虎視燕趙臣知契丹雖精兵利甲終不敢越三十萬之衆南侵貝冀矣(宋太宗端拱二年)
知制誥田錫奏兵書曰事莫密於間賞莫重於間契丹自有諸國未審陛下曾探凡有幾國與之爲讎若悉知之可以用重賞行間諜間諜若行則契丹自亂

契丹自亂則邊鄙自甯・昔李靖用間破突厥心腹之人・如漢之成湯傳介子之流・則不勞師徒・自然歸化・此可綏陛下憂邊之心也・又設如人欲理身先理心・心無邪則身自正・欲理外則理內・內既理則外自安・臣謂邊上動由朝廷動之・邊上靜由朝廷靜之・任賢相於內・則綱紀正・委良將於外・則邊鄙安矣・(同上)

李綱等同對於福甯殿・議所以用兵者・綱奏曰・金人張大其勢・然兵實不過六萬・又大半皆契丹渤海部落・吾勤王之師集城下者二十餘萬・固數倍之矣・彼以孤軍入重地・猶虎豹自投檻穽中・當以計取之・不可與角一旦之力・爲今之策・莫若扼關津・絕糧道・禁抄掠・分兵以復畿北郡邑・俟彼游騎出則擊之・以重兵臨敵營・堅壁勿戰・如周亞夫所以困七國者・待其糧盡力疲・然後以將帥檄取誓書・復三鎭・縱其北歸・中渡而後擊之・此必勝之計也・帝然之・(欽宗靖康元年)

岳飛初補承信郎・以戰功遷秉義郎・後奪官・至是歸張所・所曰・汝能敵幾何・飛

曰勇不足恃用兵在先定謀欒枝曳柴以敗荆莫敖采樵以致絞皆謀定也所矍然曰君殆非行伍中人借補修武郎閤門宣贊舍人充中軍統領因進說曰國家都汴恃河北以爲固苟憑據要衝峙列重鎭則京師根本之地固矣招撫能提兵壓境飛唯命是聽所壯之借補武經郎（高宗建炎元年）

起居舍人趙雄請置局議恢復詔以雄爲中書舍人知烏程縣余端禮言謀敵制勝之道有聲有實敵弱者先聲後實以讋其氣敵强者先實後聲以俟其機漢武乘匈奴之困親行邊陲威振朔方而漠南無王庭者讋其氣而服之所謂先聲而後實也越謀吳則不然外講盟好內修武備陽行成以種蠡陰結援於齊晉教習之士益衆而獻遺之禮益密用能一戰而覇者伺其機而圖之所謂先實而後聲也今日之事異於漢而與越相若願陰設其備而密爲之謀觀變察時則機可投矣古之投機者有四有投隙之機有擣虛之機有乘亂之機有承弊之機因其內釁而擊之若匈奴困於三國之攻而漢宣出師此投隙之機

兵政學

也。因其外患而伐之。若吳夫差牽於黃池之役。而越兵入吳。此擣虛之機也。敵國不道。因其離而舉之。若晉之降孫皓。此乘亂之機也。敵人勢窮。躡其後而殲之。若漢高祖之追項羽。此乘弊之機也。機之未至。不可以先。機之已至。不可以後。以此備邊安若泰山。以此應敵動如破竹。惟所欲為無不如志。帝曰卿可謂通事體矣。（孝宗乾道六年）

史理氏曰。兵者險易異形。強弱異勢。衆寡異備。至守戰之異。尤不可同年而語。夫守兵己不欲用兵也。彼侵己。己禦之。不得已也。此之謂應兵。應兵者勝。戰兵或爭憾小故。不忍憤怒。或利人土地貨寶。或恃國家之大。矜人民之衆。欲威敵國。此之謂縱兵。縱兵者敗。故謀攻篇曰。知彼知己。百戰不殆。言戰兵之不可不慎也。知兵哉孫子也。楚莊王伐陳。使人視之。還曰。城高畜多。王曰。民怨上矣。遂入陳。晉厲公伐鄭。楚救鄭。郤至曰。楚鄭相顧。莫有鬬心。不可失也。敗楚師於鄢陵。漢高伐魏。問魏將於酈食其。曰吾無患矣。遂定魏地。息侯伐鄭。大敗而還。君子譏其不度德量力。唐房琯討安祿山。曰賊雖多。安能當我。效古法馬步夾攻之。敗績於陳濤斜。且夫知彼者。知糧道之遠近。兵力之厚薄。地勢之險易。知己者。知出師之有名與否。將帥能調遣與否。士卒能用命與否。必彼之所恃者。皆出於己下。己之所恃者。皆加於彼上。然後出於戰。楚莊知陳之民怨。晉厲知楚之無鬭心。漢高知魏之將不才。故其戰皆勝。息侯不度己之德力。唐房琯自詡己之兵法。故其戰皆敗。勝敗之跡。用兵之明效大驗也。夫今之用兵者。非不知各國軍令嚴肅也。槍礮堅利也。鐵甲迅速也。精益求精。愈出愈奇。誠無敵之兵也。亦非不知己之將怠兵弱。器純餉絀不足恃也。可謂知彼知己矣。然而百戰而百殆。夫孫子所謂百戰不殆者。非知彼知己。即操必勝之權也。蓋知彼強於己。則不與戰。己強於彼。然後戰。故百戰不殆也。今既知彼強己弱。猶與之戰。是以國與敵也。欲不殆難矣。雖然。此豈用兵者之過哉。勢也。

第四章　議用兵必預謀須熟知彼己及戰又臨機應變謀隨勢轉然後能以弱寡勝強衆

兵政學

己不戰而彼戰戰固殆不戰亦殆自古兵事未有若今日之棘手者也豈知彼知己所能免兵禍哉又豈孫子所及料哉

第五章　議兵必不得已而後用之勝敗爲兵家之常如好用兵雖勝亦危

齊桓公曰吾士不練吾兵不實請修兵管仲曰內奪民用士勸于勇亂之本也公不聽令四封之內修兵關市之征侈之以勇授祿既而朝之爭祿刎頸者不絕管仲謂公曰與其厚兵不如厚于人（周莊王十二年）

晉宋齊秦次於城濮陳於莘北與楚子玉戰楚師敗績文公始伯退而有憂色曰吾聞能以戰勝安者惟聖人若夫詐勝之徒未嘗不危（襄王二十年）

秦之始伐趙也魏王問於大夫皆以爲秦伐趙於魏便孔斌曰何謂也曰勝趙則吾因而服焉不勝趙則吾承敝而擊之子順曰不然秦自孝公以來勝未嘗屈今又屬其良將何敝之承大夫曰縱其勝趙於我何損鄰國之羞國之福也子順曰秦貪暴之國也勝趙必復他求吾恐于時魏受其師也先人有言燕雀

處屋子母相哺呴呴焉相樂也自以爲安矣竈突炎上棟宇將焚燕雀顏不變不知禍之將及己也今子不悟趙破患將及己可以人而同於燕雀乎（赧王五十六年）

羊祜以疾入朝遣張華就問籌策祜曰孫皓暴虐已甚於今可不戰而克若皓不幸而沒吳人更立令主雖有百萬之衆長江未可窺也將爲後患矣帝欲使祜臥護諸將祜曰取吳不必臣行但既平之後當勞聖慮耳功名之際臣不敢居若事了當有所付授願審擇其人也（晉武帝咸甯四年）

帝嘗謂近臣曰朕每讀老子至佳兵者不祥之器聖人不得已而用之未嘗不三復以爲規戒王者雖以武功克定終須文德致治朕每退朝不廢觀書意欲酌前世成敗而行之以盡損益也（宋太宗太平興國六年）

曹彬等未還趙普手疏諫曰伏自大發驍雄往平幽薊百萬家之生聚飛輓是供數十州之土田耕桑半失茲所謂以明珠而彈雀爲鼷鼠而發機所失者多

所得者少況旬朔之間便涉秋序內地先困邊廷早涼彼則弓勁馬肥我則人疲師老恐當此際或誤指呼願頒明詔速議抽軍（太宗雍熙三年）

張方平上書言臣聞好兵猶好色也傷生之事非一而好色者必死賊民之事非一而好兵者必亡夫惟聖人之兵皆出於不得已故其勝也享安全之福其不勝也必無意外之患後世用兵皆得已而不已故其勝也則變遲而禍大其不勝也則變速而禍小是以聖人不計勝負之功而深戒用兵之禍何者興師十萬日費千金內外騷動殆於道路者七十萬家內則府庫空虛外則百姓窮匱飢寒逼迫其後必有盜賊之憂死傷愁怨其終必致水旱之報上則將帥擁衆有跋扈之心下則士衆久役有潰叛之志變故百出皆由用兵至於興事首議之人冥謫尤重蓋以平民無故緣兵而死怨氣充積也必有任其咎者是以聖人畏之重之非不得已不敢用也昔仁宗皇帝覆育天不無意於兵元昊乘間竊發延安麟府涇原之間敗者三四所喪動以萬計而海內宴然兵休事已

而民無怨言何者天下臣庶知其無好兵之心天地鬼神諒其有不得已之實故也陛下即位以來繕甲治兵伺候鄰國羣臣察見此指多言用兵其始也弼臣執國命者無憂深思遠之心樞臣當論國者無慮害持難之識在臺諫之職者無獻替納忠之議從微之著遂成厲階既而薛向爲橫山之謀韓絳效深入之計陳升之呂公弼等陰與協力師徒喪敗財用耗屈較之寶元慶歷之敗不及十一然而天怒人怨邊兵叛背京師騷然陛下爲之旰食者累月何則用兵之端陛下作之是以吏士無怨敵之意而不直陛下也尚賴祖宗積累之厚皇天保佑之深故使兵出無功感悟聖意然淺見之士方且以敗爲恥力欲求勝於是王韶作禍於熙河章惇造釁於梅山熊本發難於渝瀘然此等皆殘殺已降俘纍老弱困弊腹心而取空虛無用之地以爲武功使陛下受此虛名而忽於實禍勉彊砥礪奮於功名故沈起劉彝復發於安南使十餘萬人暴露瘴毒死者十而五六道路之人斃於輸送貲糧器械不見敵而盡以爲用兵之意必

且少衰而李憲之師復出於洮州矣數年以來公私窘乏內府累世之積掃地無餘州縣征稅之儲上供殆盡百官廩俸僅而能繼南郊賞給久而未辦以此舉動雖有智者無以善其後矣且飢疫之後所在盜賊蠭起京東河北尤不可言若軍事一興橫歛隨作民窮而無告其勢不爲大盜無以自全邊事方深內患復起則勝廣之形將在於此此老臣所以終夜不寐臨食而歎至於慟哭而不能自已也臣聞凡舉大事必順天心今自近歲日食星變地震山崩水旱疫癘連年不解天心之所向背可以見矣而陛下方且斷然不顧興事不已譬如人子得過於父母惟有恭順靜默引咎自責庶幾可解今乃紛然詰責奴婢恣行箠楚以此事親未有見赦於父母者然而人臣進說於君因其旣厭而止之則易爲力迎其方銳而折之則難爲功今陛下盛意於用兵勢不可回臣非不知而獻言不已者誠見陛下聖德寬大聽納不疑故不敢以衆人好勝之常心望於陛下且意陛下宅日親見用兵之害必將哀痛悔恨而追咎左右大臣未

嘗一言·臣亦將老且死·見先帝於地下·亦有以藉口矣·惟陛下哀而察之·其詞蓋蘇軾所為也·帝頗為感動·迄不能從·至永樂之敗·果如其言（神宗元豐四年）

第六章　議兵多則縻費少則堪虞最好寓兵於農否則多而不精不如精而不多

公曰·齊國寡甲兵·管子曰·制重罪贖以犀甲一戟·輕罪贖以鞼楯一戟·小罪讁以金分訟而不勝者出一束箭·乃矯箭為矢·鑄金為刃·甲兵大足（周莊王十二年）

開封府推官監察御史館陶王沿為河北轉副使·沿上言·本朝制兵·未幾於古·自契丹通好三十年·二邊地常屯重兵·坐耗國用·而未知所以處之·請教河北彊壯·以代就糧禁卒之闕·罷招廂軍·以其冗者隸作屯田·行之數年·當漸消減而彊壯悉為精兵矣（宋仁宗天聖六年）

侍御史知雜事何郯言·陝西新置保捷兵士年五十以上·及短弱不及等之人·

如不願在軍者許令自陳減放歸農此等久習武藝今若放罷亦須置籍拘管仍乞以所居鄉社相近處如河北義勇團作指揮置人員節級管轄其邊郡每歲以此軍番遞防守處亦令比歲減數非時邊上或有警急其罷放之人尚可追集守城郤代精兵出戰於是又無廢闕方今財力大屈此亦省費之一端樞密使龐籍獨以其言爲是省兵之議實剏發之（皇祐元年）

有上封者論河北義勇有事則與戰陳無事散歸田里以時講習無待儲廩得古寓兵於農之意惜其束於列郡止以爲守城之備誠能於刑冀二州分東西兩路命二郡守臣分領寇至即兩路義勇之師翔進赴援傍出掩擊使其腹背受敵則河北二十餘所常伏銳兵矣議下河北路帥臣等時大名府李昭亮定州龐籍眞定府錢明逸高陽關王贄等上議曰唐澤潞留後李抱眞籍戶丁男三選其一農隙則分曹角射歲終都試以示賞罰三年皆善射舉部內得勁卒二萬既無廩費府庫益實乃繕甲兵爲戰具遂雄視山東是時天下稱昭義步

兵·冠於諸軍·此近代之顯效·而或者謂民兵祇可城守·難備戰陳·誠非通論·但當無事時便分兩路置官統領·以張用兵之勢·外使敵人疑而生謀·內有搖動衆心非計之得·姑令在所點集訓練·三二年間·武藝稍精·漸習行陳·遇有警·得將臣如抱眞者統馭制其陳隊·示以賞罰·何戰之不可哉·至於部分布列·量敵應機·繫於臨時便宜·亦難預圖·況河北本皆邊胡之地·自置義勇·州縣以時按閱·耳目已熟·行固無疑·詔如所議·歲閱以新舊籍并闕數聞·(嘉祐四年)

初宰相韓琦言古者籍民爲兵·數雖多而贍養至薄·唐置府兵·最爲近之·天寶以後·廢不能復·今之義勇·河北幾十五萬·河東幾八萬·勇悍純實·出於天性·而物力資產·父母妻子之所係·若稍加簡練·與唐之府兵何異·陝西當西事之初·亦嘗三丁選一丁爲弓手·其後刺爲保捷正軍·及夏國納欵·朝廷揀放·於今所存者無幾·河北河東陝西三路·皆西北控禦之地·事當一體·請於陝西諸州·亦點義勇·止刺手背·一時不無小擾·終成長利·詔從之·方遣籍陝西義勇·得十五

萬六千八百七十三人。於是知諫院司馬光累奏以爲不可。（英宗治平元年）命供備庫副使孟淵等十九人往開封府界及京東西淮南路募兵。司馬光言國家患在兵不精。不患不多。夫兵少而精。則衣糧易供。公私充足。一人可以當十。遇敵必能取勝。多而不精。則衣糧難贍。公私困匱。十人不足當一。遇敵必致敗亡。此利害之明。如白黑。不爲難知也。邊鄙之臣。無他材略。但求添兵。在朝之臣。又恐所給之兵。不副所求。他日邊事或敗。歸咎於己。是以不顧國家之匱乏。只知召募取其虛數。不論疲輭。無所施用。此羣臣容身保位。苟且目前之術。非爲朝廷深謀遠慮經久之畫也。臣願陛下速降指揮。應在京及諸路。並宜罷招禁軍。但選擇將帥。訓練舊有之兵。以備禦四夷。不患不足。（治平二年）熙河路都大經制司言。蘭州西市城川原地極肥美。兼據邊面。須多選募彊壯。以備戍守。熙河民兵。惟西關最得力。又地接皐蘭。歲入特厚。芻粟充衍。人馬驍勇。今既復蘭州。遂可廣行選募。欲乞除留置官莊地。幷募弓箭手人給二頃。緣置州城難得耕牛器用若募新人必種植不時乞依熙河舊例許涇原秦鳳環慶及熙河路弓箭手投換仍帶舊戶田土耕種二年即收入官別招弓箭手從之(神宗元豐四年)

時給事中兼直學士院汪藻亦言願往何州居止自東晉以來中原失據故江南北僑立州郡納其流亡之人比金人南侵多驅兩河之民列之陳行號爲簽軍被其刼質以來蓋非得已今年建康鎮江爲將臣所招逋歸者無慮萬人此其情可見莫若用六朝僑寓法分浙西諸縣皆以兩河州郡名之假如金壇謂之南相州許相州之人皆就金壇而居其他類此俟其南侵徐以其職招之彼既知所居各有定處粗成井邑父兄骨肉親戚故舊皆在亦何爲而不歸我哉況浙西州縣昨經殺戮之後戶絕必多如令有司籍定田產頃畝以僑寓之人計口而給俟安居料其丁壯敎以戰陳皆精兵也必爭先用命永無潰散與夫從彼驅虜反爲我敵者其利害豈止相萬哉(高宗建炎四年)

兵政學

翰林學士汪藻言，古者兩敵相持，所貴機會，此勝負存亡之分也，金師既退，國家非暫都金陵不可，而都金陵非盡得淮南不可，淮南之地，金人決不能守，若爲劉豫經營，不過留簽軍數萬人而已，蓋可驅而去也，淮南近經兵禍，民去本業，十室而九，其不耕之田，千里相望，流移之人，非朝夕可還，國家欲保淮南，勢須屯田，則此田皆可耕墾，臣愚以爲正二月間，可便遣劉光世或呂頤浩率所部招安人馬，過江營建寨柵，使之分地而耕，既固行在藩籬，且清東西羣盜，此萬世一時也，疏奏未克行，中興後言屯田者，蓋自此始(同上)

國子司業劉爚言，兩淮之地，藩蔽江南，干戈盜賊之後，宜加經理，必於招集流散之中，就爲足食足兵之計，臣觀淮東，其地平博膏腴，有陂澤水泉之利，而荒蕪實多，其民勁悍勇敢，習邊鄙鬭戰之事，而安集者少，誠能經畫郊野，招集散亡，約頃畝以授田，使無廣占拋荒之患，列溝洫以儲水，且備戎馬馳突之虞，爲之具田器，貸種糧，相其險易，聚爲室廬，聯以什伍，教以擊刺，或鄉爲一團，里爲

一社·建其長·立其副·平居則耕·有警則守·有餘力則戰·帝嘉納之·進國子祭酒·

（寧宗嘉定五年）

金主以元已破太原河北·事勢非復昔比·詔百官議所以爲長久之利者·翰林學士承旨圖克坦鎬等·以謂制兵有三·一曰戰·二曰和·三曰守·今欲戰則兵力不足·欲和則敵人不從·唯有守耳·河朔州郡既殘破·不可一概守之·宜取願就遷徙者屯於河南陝西·其不願者·許自推其長·保聚險阻·刑部侍郎溫屯呼哈勒等曰·河北諸郡·宜令諸郡選才幹衆所推服·能糾民遷徙者·願之河南·或晉安河中·及諸險隘·量給衣食·授以曠土·盡力耕稼·置僑治之官·撫循教戰·漸圖恢復·宣徽使依喇光祖等曰·太原雖暫失·頃亦可復·當募土人威望服衆者·假以方面重權·能克復一道·即以本道總管授之·能捍州郡·即以長佐授之·必各保一方·使百姓復業·廷臣多用光祖議·而河中行省完顏伯嘉亦上書曰·中原之有河東·如人之有肩背·古人云·不得河東·不可爲雄·萬一失之·恐未易取也·

兵政學

（嘉定十二年）

史理氏曰兵者國之爪牙以防不虞者也食者國之根柢以固人心者也根柢固則爪牙强兵有戎馬千羣甲士數十萬而無食則與無兵同食有千斯倉萬斯箱而無兵則爲寇齎糧徒爲他人之資耳故先王寓兵於農食與兵合爲一其無事也負耒耜以致力南畝自爲餬口計則爲農及其有事也執干戈以敵愾疆塲自爲保身家計則爲兵惟其爲己餬口也故耕耘穫藏櫛風沐雨手足胼胝而不稍怨惟其爲己保身家也故致其果毅惟恐居後至死不退此所以足食足兵而無敵天下也噫今天下兵與農析爲二矣夫兵之飢寒無關農夫也乃農夫終歲勞苦除貢賦稅給軍饟外僅得餬口而已而兵則坐而得食也故農夫怠農之疾苦無與於兵也乃兵則以骨肉與刀刃相搏生死未可知耳而農則可保其身家也故兵不進雖然農苟足以供兵之食則兵即爲之禦患難亦無怨也兵苟能

爲民禦患難民即爲之力耕種亦無辭也無如農爲吏胥乾沒民窮財盡而兵之食不能供矣兵爲將領侵削枵腹待斃而民之患難不能禦矣是食不足由吏胥兵不足由將領無惑乎民有菜色也無怪乎兵甲數十萬而不得一卒之用也今欲足食足兵惟有合兵與農爲一欲合兵與農爲一未有若屯田之善者也西北諸行省荒地甚衆或使防軍或招游民墾種之籽種農具口糧皆爲之具老幼男女器物財用皆實其中以古耦耕法行之二人爲耦治田十畝凡千六百人治田八千畝擇賢嗇夫一人以董敎之復選其强壯給以器械敎之擊刺平日則督其耕種以收一樹百穫之利暇則增修堡壘堅壁淸野以爲守戰之備姦民歸誠則收羅之將寇賊均化爲屯卒即有寇矣衆志成城有進無退賊有不斃者乎豈患兵食之不足哉雖然亦顧其行之何如耳昔湯武以兵定天下因井田而制軍賦有稅有賦稅以足食賦以足兵故王天下此屯田之濫觴也齊桓用

第六章　議兵多則糜費少則堪虞最好寓兵於農否則多而不精不如精而不多

兵政學

管子言作內政以寓軍令故霸諸侯此屯田之幾兆也趙充國屯湟中棗祗屯許昌鄧艾屯淮南積穀養士卒破衆賊此屯田之效驗也夫屯田濫觴於湯武幾兆於齊桓效驗於趙充國棗祗鄧艾行之一郡一邑則可如趙充國棗祗鄧艾之破賊行之一行省則可如齊桓之霸行之天下則可如湯武之王豈曰小補云哉

第七章 議用兵有地理形勢方能得利歷代備邊擴境之勝敗即係於佔形勢之優劣

隋主問取陳之策於高熲對曰江北地寒田收差晚江南水田早熟量彼收穫之際微徵士馬聲言掩襲彼必屯兵守禦足得廢其農時彼既聚兵我便解甲再三若此彼以爲常後更集兵彼必不信猶豫之頃我乃濟師陸登而戰兵氣益倍又江南土薄舍多茅竹所有儲積皆非地窖若密遣行人因風縱火待彼修立復更燒之不出數年自可財力俱盡隋主用其策陳人始困於是楊素賀

若弼及光州刺史高勱虢州刺史崔仲方等爭獻平江南之策·仲方上書曰·今唯須武昌以下·蘄和除方吳海等州·更帖精兵·密營度計·益信襄荊基郢等州·速造舟楫·多張形勢·爲水戰之具·蜀漢二江·是其上流·水路衝要·必爭之所·賊雖流頭荊門延洲公安巴陵隱磯夏首蘄口湓城置船·然終聚漢口峽口·以水戰大決·若賊必以上流有軍·令精兵赴援者·下流諸將·即須擇便橫度·如擁衆自衞·上江諸軍·鼓行以前·彼雖恃九江五湖之險·非德無以爲固·徒有三吳百越之兵·非恩不能自立矣（陳長城公禎明元年）

周世宗謂宰相曰·朕每思致治之方·未得其要·寢食不忘·又自唐晉以來·吳蜀幽并·皆阻聲教·未能混一·宜命近臣著爲君難爲臣不易論及開邊策各一篇·朕將覽焉·比部郎中王朴獻策·以爲中國之失吳蜀幽并·皆由失道·今必先觀所以失之之原·然後知所以取之之術·其始失之也·莫不以君暗臣邪·兵驕民困·姦黨內熾·武夫外橫·因小致大·積微成著·今欲取之·莫若反其所爲而已矣·

夫進賢退不肖所以收其才也恩隱誠信所以結其心也賞功罰罪所以盡其力也去奢節用所以豐其財也時使薄歛所以阜其民也俟羣才既集政事既治財用既充士民既附然後舉而用之功無不成矣彼之人觀我有必取之勢則知其情狀者願爲間諜知其山川者願爲鄉導民心既歸天意必從矣凡攻取之道必先其易者唐與吾接境幾二千里其勢易擾也擾之當以無備之處爲始備東則擾西備西則擾東彼必奔走而救之奔走之間可以知其虛實彊弱然後避實擊虛避彊擊弱未須大舉且以輕兵擾之南人懦怯聞小有警必悉師以救之師數動則民疲而財竭不悉師則我可以乘虛取之如此江北諸州將悉爲我有既得江北則用彼之民行我之法江南亦可取也得江南則嶺南巴蜀可傳檄而定南方既定則燕地必望風內附若其不至移兵攻之席捲可平矣惟河東必死之寇不可以恩信誘當以彊兵制之然彼自高平之敗力竭氣沮必未能爲邊患宜且以爲後圖俟天下既平然後伺間一舉可擒也今

士卒精練甲兵有備·羣下畏法·諸將効力·期年之後·可以出師·宜自夏秋·蓄積實邊矣·上欣然納之·時羣臣多守常偷安·所對少有可取者·惟朴神峻氣勁·有謀能斷·凡所規畫·皆稱上意·上由是重其器識·未幾遷左諫議大夫·知開封府事·(後周世宗顯德二年)

先是賀令圖與其父懷浦及薛繼昭等相繼上言·契丹主年幼·國事決於其母·韓德讓·寵倖用事·國人疾之·請乘其釁·以取幽薊·帝始有北伐意·詔議親征·參知政事李至上言曰·臣愚以爲京師天下根本·陛下不離輦轂·恭守宗廟·示敵人以閑暇·慰億兆之仰望者·策之上也·大名河朔之衝·或暫駐鑾輅·揚言自將·以壯軍威者·策之中也·若乃遠提師旅·親抵邊陲·北有敵兵可虞·南有中原爲慮·則曳裾之懇功·斷鞅之狂愚·臣雖不肖·恥在二賢後也·(宋太宗雍熙三年)

涇原安撫使王堯臣言備禦之策·凡五事·其一·鎮戎軍接賊界·天都山止百餘

兵政學

里。西北則有三川。定川劉璠等寨。皆漢蕭關故地。最是賊衝。其寨主監押。當令本路主帥舉辟才勇班行。若謂昨來懷敏之敗。定川諸寨。不足捍禦。遂爲棄地。則兩路更無保障。賊馬可以直抵城下矣。其東南師子攔馬平泉三堡。俟春當益營築。爲涇渭之屏蔽。不爾其勢不攻而自下。一路隔絕。更無岸候。鎮戎遂爲孤壘矣。其二渭州龍竿羊牧隆城靜邊得勝四寨。在六盤山外。內則爲渭州藩籬。外則爲秦隴襟帶。土地饒沃。生齒繁多。請建置爲軍。擇路分都監一員知軍。專提舉四寨。及令修濬城塹。添屯軍馬。及時聚蓄糧草。以爲備禦。其三原州西至環州。定邊寨與敏珠爾密藏等族。一帶蕃部相接。其首領至多。素無保聚。不相爲統。向背離合。所守不常。須擇武臣知環原二州。相爲表裏。使招輯蕃部。但不爲賊用。庶少減涇原之患。其四儀州地控山險。州城低薄。壕塹淺狹。三分軍民。二分在外。賊至雖能城守。居民必大遭剽掠。亦宜預慮之。其五涇州雖爲次邊。然緣河大川道路平易。實近裏控扼之會。其張郵直八州路。宜營作關柵。或

斷爲塹以遏奔衝。望下韓琦范仲淹相度施行。從之。（仁宗慶歷三年）

喻汝礪曰。近聞遷都之議。始以爲汴都天下根本。舍汴都而都金陵。是一舉而擲中州之地以資於敵矣。夫以諸葛亮之才而不能軋曹操。李克用之勇而不能抗朱溫者。蓋曹魏朱梁先定中原。庸蜀晉陽。竭然一方。安足以當其彊大。臣謂中原決不可舍以爲興王之資。汴都決不可遷以蹈金人之計。（高宗建炎元年）

衞膚敏在維揚。數爲帝言。揚州非駐蹕地。請早幸建康。帝思其言。復召入。膚敏言爲今之計。莫若暫圖少安於錢塘。徐詣建康。然長江數千里。皆當守備。如陸口直濡須。夏口直赤壁。姑孰對歷陽。牛渚對橫江。以至西陵柴桑石頭北固。皆三國南朝以來戰爭之地。至於上流。壽陽武昌九江合肥諸郡。自吳而後。必遣信臣提重兵以守之。而江陵襄陽尤爲要害。此尤不可以不扼險以爲屯戍兵也。今敵騎近在淮壖。則屯戍之設。固未能遽。爲宜分降詔書於沿江守土之臣。

使之扼險屯兵廣爲守備許行鬻爵之法使豪民得輸粟以贍軍許下募兵之令使土人得出力以自効又重爵賞以誘之則人人效命守備無失而敵騎必遁矣敵騎既退則可以廣設屯戍如前所陳遲以歲月國體少安可以漸致中興之盛矣上頗納其言(建炎三年)

和州防禦使馬擴上言臣今輙以機速利害畫爲三策願陛下幸巴蜀之地用陝右之兵留重臣以鎭江南委健吏以撫淮甸破敵人之計回天下之心是爲上策都守武昌襟帶荆湖控引川廣招集義兵屯布上流扼據形勢密約河南諸路豪傑許以得地世守用爲屏翰是爲中策駐蹕金陵備禦江口通達漕運亟製戰艦精習水軍厚激將士以幸一勝觀敵事勢預備遷徙是爲下策若貪顧江湖陂澤之險納探報之虛言緩經營之實績倚長江爲可恃幸敵人之不來猶豫遷延候至秋冬使敵人再舉驅集舟檝江淮千里數道並進然後悔其已晚是爲無策累數千言皆切事機(同上)

言者論朝廷暫駐江左蓋非得已當爲攘卻復之圖頃歲駐蹕揚州有兵數十萬可以一戰而斥堠不明金人奄至卒以奔走踰江入越此宰相黃潛善汪伯彥之過也前年移蹕建康是時兵練將勇食足財豐據江上不測之險當敵人疑懼之秋可以守矣而舟師不設金人未至先已奔走避海而南此呂頤浩之過也往者不可諫來者猶可追陛下今歲戰守之策安所從出萬一事起倉猝大臣復欲棄土地遺人民委府庫脫身奔走此豈安國家定社稷之謀乎臣愚以爲有江海則必資舟楫戰守之具有險阻則必資郡縣固守之力有兵將則必駕馭馴擾不可爲將帥自衛之資有財賦則必轉運灌輸不可爲盜賊侵據之用伏望委任大臣早賜措畫（高宗紹興元年）

尚書右僕射朱勝非上經營淮北五事一謂國家屯軍二十萬月費二百萬緡尚無變通必致坐困逆豫方行什一稅法聚以資敵若王師不出豫計得行今當渡江取彼所積以實邊圉淮南既實民力自寬二謂逆豫招到淮北山寨及

知名賊二十六項·所以然者·彼謂官兵不敢出·逆賊能驟來耳·宜分爲三軍·聲言取徐邳·而實取淮陽·聲言趣京師·而實取陳蔡·聲言入濱海·而實取青密·使豫聞之·必分兵拒守·然後大軍出廬壽·直搗宋亳·豫必成擒矣·三廬賊并力南下·今敵使既行·未有要約·不若先破豫兵·去其一助·四大軍一出·所得金帛·當明諭將帥·悉以賞軍·五淮北有土豪助順者·就以爲守將·俾自爲備·則兵勢益張·如此則不三二年·中原可定·帝納之·(紹興二年)

觀文殿學士提舉臨安府洞霄宮李綱言·今劉豫悉兵南下·其境內必虛·倘命信臣乘此機會·擣潁昌以臨畿甸·電發霆擊·出其不意·則豫必大震懼·呼還醜類·以自營救·王師追躡·必有可勝之理·非惟牽制南牧之兵·亦有恢復中原之兆·此上策也·朝廷或以茲事體大·則鑾輿駐蹕江上·勢須號召上流之兵·順流而下·旌旗金鼓·千里相望·以助聲勢·則敵人雖衆·豈敢南渡·仍召大將·率其全師·進屯淮南要害之地·設其邀擊·絕其糧道·豫必退遁·保全東南·徐議攻討·此

中策也。萬一有借親兵之名。爲順動之計。委一二大將。捍敵於後。則臣恐車駕號令不行。敵得乘間深入。州縣望風奔潰。其爲患有不可勝言者。此最下策也。往歲金人南渡。意在侵掠。既得子女玉帛。時方暑。則勢必還師。今劉豫使之渡江而南。必謀割據。將何以爲善後之計哉。今日爲退避之計。則不可。朝廷措置得宜。將士用命。則安知敵非送死於我。顧一時機會。所以應之何如耳。望降出臣章。與二三大臣熟議。初張俊之謫福州也。綱亦寓居焉。俊服其忠義。除前隙。更相親善。及俊召入。綱因以奏疏附進。帝曰。綱去國數年。無一字到朝廷。今有此奏。豈非以朕總師親臨大江。合綱之意乎。所陳亦今日急務。可降詔獎諭。（紹興四年）

李綱入辭。退上疏言。今日主兵者之失。大略有四。兵貴精不貴多。多而不精。反以爲累。將貴謀不貴勇。勇而不謀。將致敵擒。陳貴分合。合而不能分。分而不能合。皆非善置陳者。戰貴設伏。使直前而有中道邀擊之虞。卽非善戰者。願明詔之·使知古人用兵之深意非小補也·朝廷近來措置恢復·有未盡善者五·有宜預備者三·有當善後者二·今降官告·給度牒·賣戶帖·理積欠·以至折帛·博糴·預借·和買·名雖不同·其取於民則一·而不能生財節用·覈實懋遷·一也·議者欲因糧於敵·而不知官軍抄掠·甚於寇盜·恐失民心·二也·金人專以鐵騎勝中國·而吾不務求所以制之·三也·今朝廷與諸路之兵·盡付諸將·外重內輕·四也·兵家之事·行詭道·今以韓世忠岳飛爲京東京西宣撫·未有其實·而以先聲臨之·且中軍既行·宿衛單弱·肘腋之變·不可不慮·則行在當預備·江南荊湖之衆盡出·敵或乘間擣虛·則上流當預備·海道去京東不遠·乘風雨而來·一日千里·而蘇秀明越·全無水軍·則海當預備·假使異時王師能復京東西地·則當屯以何兵·守以何將·金人來援·何以待之·萬一不能保·則兩路生靈·盡就屠戮·而兩河之民·絕望於本朝·勝猶如此·當益思善後之計(紹興五年)

張俊以敵勢未衰·而劉豫復據中原·爲謀叵測·奏請親行邊塞·部分諸將·以觀

機會帝許之朝論以爲邊防未備空闕之處尚多俊獨謂楚漢交兵之際漢駐兵殽澠則楚不敢越境而西蓋大軍在前雖有他歧捷徑敵人畏我之議其後不敢踰越而深入故太原未陷則黏罕之兵不復濟河亦以此耳而論者多以前後空闕爲憂曾不議其糧食所自來師徒所自歸豈必環數千里之地盡以兵守之然後可以安乎俊既白於帝又以告之同列惟帝深以爲然(同上)

韓世忠奏已還軍楚州帝因諭淮陽取之不難但未易守張守曰必淮陽未可進故世忠退師張俊曰昔西伯戡黎祖伊恐奔告于受以要害之地不可失也淮陽今劉豫要害之地故守必堅帝曰取天下須論形勢若先據形勢則餘不勞力而自定矣正如奕碁布置大勢既當自有必勝之理(紹興六年)

帝謂大臣曰中外議論紛然以敵逼江爲憂殊不知今日之勢與建炎不同建炎之間我軍皆以保江南杜充書生遣偏將輕與敵戰得乘間猖獗今韓世忠屯淮東劉錡屯淮西岳飛屯上流張俊方自建康進兵前渡敵窺江則我兵皆

兵政學

乘其後今虛鎭江一路以檄呼敵渡江亦不敢來其後卒如帝所料（紹興十一年）

劉子羽嘗獻時宜八事論淮甸郡縣不必盡守故城各隨其所在據險置寨守以偏將敵長驅深入則我綴其後二三大將浮江上下爲之聲援論荆襄宜合爲一路置帥公安益兵聚糧爲戰守計論三衙寡弱未振宜益增禁衛論守江宜輕戍江北重戍江南論舟船當講求訓練使大艦利於控扼小舟利於走集論江南剽悍可用請別立統帥論江淮陝蜀之兵當互爲聲援論募兵請於荆粤收集諸盜後皆不行（紹興十五年）

史彌遠訪將才於趙葵葵以兄范對遂以范爲淮東提刑兼知滁州范曰弟而薦兄不順以母老辭上書彌遠曰淮東之事日異月新然有淮則有江無淮則長江以北港汊蘆葦之處敵人皆可潛師以濟江面數千里何從而防哉今或謂巽詞厚惠可以啗賊不知陷彼款兵之計或謂斂師退屯可以綏賊而不知

成彼深入之謀·或欲行淸野以嬰城·或欲聚烏合而浪戰·或以賊詞之乍順乍逆而爲喜懼·或以賊兵之乍進乍退而爲寬緊·皆失策也·失策則失淮·失淮則失江·而其失有不可勝悔者矣·夫有遏敵之兵·有游擊之兵·有討賊之兵·今寶應之逼山陽·天長之逼盱眙·須各增戍兵萬人·遣良將統之·賊來則堅壁以挫其鋒·不來則耀武以壓其境·而又觀釁伺隙·偏師掩其不備·以示敢戰·使雖欲深入而畏吾之擣其虛·此遏寇之兵也·盱眙之寇素無儲蓄·金人亦無以養之·不過分兵擄掠而食·當量出精兵·授以勇技·募土豪出奇設伏·以剿殺之·此游擊之兵也·維揚金陵合肥各募二三萬人·人物必精·將校必勇·器械必利·教閱必熟·紀律必嚴·賞罰必公·必人人思親其上而死其長·信能行此·半年而可以强國·一年而可以討賊矣·賊既不能深入擄掠·無所獲·而又懷見討之恐·則必反而求贍於金·金無餘力及此·則必怨之·怒之·吾於是可以嫁禍於金人矣·或謂揚州不可屯重兵·恐速賊禍·是不然·揚州國之北門·一以統淮·一以蔽江·一

兵政學

以守運河豈可無備哉善守者敵不知所攻今若設寶應天長二屯以扼其衝復重二三帥閫以張吾勢賊將不知所攻而敢犯我揚州哉朝廷乃召范亶議仍令知池州(理宗寶慶三年)

權工部侍郎趙范入見帝問曰近日何者爲急范奏曰事有本末有緩急獎廉退去姦邪此國之本務國未富兵未強此今日之急務也大農課額大虧於昔要必有由至於兵之未強則緣諸邊近年築城太多遂分兵力國家之兵衆則不少散則不多若能散能聚可守可戰使江淮表裏皆有可恃之勢則戎馬侵突足以禦之矣帝問元議和事范曰爲羈縻之策則可言和海上之盟其初堅如金石緣倚之太重備之不至迄以取禍此近事之可鑒者帝曰和豈可恃耶

詔趙葵措置沿邊備禦緩急調遣並聽便宜(理宗紹定六年)

詔宰執曰近聞北騎之來往往儲糗糧立寨柵以爲因利乘便之計守臣邊將欲攖城退守則有老師費財之患欲開關接戰又有兵連禍結之憂今朕欲於

兩淮沿江各令立一項游擊軍以備不時調遣設若緩急隨宜應援使大軍偏師擣虛此正李廣縱部曲逐水草號飛將軍之遺意也又聞邊疆之外皆平原曠野北騎奔突邊臣每有迅雷不及掩耳之患今朕欲令極邊州郡開浚水道去城百里之間三里一溝五里一洫使北騎不得長驅而入邊民亦可爲耕鑿之計此正古者立方田開溝澮以限戎馬之遺意也邊防之事久注朕懷茲與卿等共籌之（淳祐十二年）

蘭溪處士金履祥以襄樊之師日急進牽制擣虛之策請以重兵由海道直趨燕薊則襄樊之師不攻而自解聞者以爲迂闊然履祥所敍海舶經由之郡縣以及巨洋別隝難易遠近後驗之無或爽者（度宗咸淳六年）

元張宏範言於史天澤曰今規取襄陽周於圍而緩於攻者計待其自斃也然夏貴乘江漲送衣糧入城我無禦之者而江陵歸峽行旅休卒道出襄陽者相繼有自斃之時乎若築萬山以斷其西立栅灌子灘以絕其東則速斃之道也

兵政學

天澤從之遂城萬山徙宏範於鹿門自是襄樊道絕糧援不繼(同上)

寍海布衣葉兌以經濟自負獻書吳國公列一綱三目言天下大計其略曰臣聞取天下者必有一定之規模韓信初見高祖畫楚漢成敗孔明臥草廬與先主論天下三分形勢者是也今之規模宜北絕李察罕南併張九四撫溫台取閩越定都建康拓地江廣進則據兩淮以規中原退則畫長江而自守夫長江天塹所以限南北也金陵古稱龍蟠虎踞帝王之都誠宜建都於此守淮以爲藩屏守江以爲門戶如高祖之關中光武之河內以此爲基藉其兵力資財以攻則克以守則固百察罕能如我何哉且江之所備莫急上流吳魏所爭在蘄春於皖即今江州之境今義師既克江州足蔽全吳況自滁和至廣陵皆吾有又足以遮蔽建康襟帶江州匪直守江兼可守淮矣張氏傾覆可坐而待淮東諸軍亦將來歸北略中原李氏可併孫權不足爲也今聞察罕妄自尊大致書明公如曹操之召孫權竊以元運將終人心不屬而察罕欲效操所爲事勢不

侔宜如魯肅計鼎足江東以觀天下之釁此其大綱也至其目有三張九四之地南包杭越北跨通泰而以平江為巢穴昔田豐說袁紹襲許以曹公李泌欲先襲范陽以傾祿山殷羨說陶侃急攻石頭以制蘇峻皆先傾敵巢穴今欲攻張氏莫若聲言掩取杭嘉湖越而大兵直擣平江平江城固難以驟拔則以鎖城法困之鎖城者於城外矢石不到之地別築長圍長圍之外分命將卒四面立營屯田固守斷其出入之路分兵略定屬邑收其稅糧以贍軍中彼坐守空城安得不困平江既下巢穴已傾杭越必歸餘郡解體此上計也張氏重鎮在紹興懸隔江海所以數攻不克者以彼糧道在三江斗門也若一軍攻平江斷其糧道一軍攻杭州決其援兵紹興必拔所攻在蘇杭所取在紹興所謂多方以誤之者也紹興既拔杭城勢孤湖秀風靡然後進攻平江犁其心腹江北餘孽隨而瓦解此次計也方國珍狼子野心不可馴狎往年大兵聚婺州彼即奉書納款後遣夏煜陳顯道招諭彼復狐疑不從顧遣使從海道報元謂江東委

之納款·誘令張昇齋詔而來·且遣韓叔義爲說客·欲說明公奉詔·彼既降我·而反欲招我降元·其反覆狡猾如是·宜興師問罪·然彼以水爲命·一聞兵至·挈家航海·中原步騎·無如之何·彼則寇掠東西·捕之不得·招之不可·夫上兵攻心·彼言杭越一平·即當納土·不過欲款我師耳·攻之之術·宜限以日期·責其歸順·彼自方國璋之殁·自知兵不可用·又叔義還稱我師之盛·氣已先挫·今因陳顯道以自通·正可協之而從也·事宜速不宜緩·宣諭之後·更置官吏·拘集舟艦·潛攻其兵權·消未然之變·三郡可不勞而定·福建本浙江一道·倚山瀕海·兵脃城陋·兩浙既平·彼心計浙江四道·三道既已歸附·吾孤守一道·安歸哉·下之一辯士力耳·如復稽送款·則大兵自溫處入·奇兵自海道·福州必不支·福州下·旁郡迎刃解矣·威聲已震·然後進取兩廣·猶反掌耳·吳國公奇其言·欲留用之·力辭·賜銀幣襲衣以歸·(元順帝至正二十年)

吳王命平章常遇春取湖廣襄陽諸郡·王嘗遇徐達等·論襄漢形勢·曰·安陸襄

陽跨連荆蜀乃南北之襟喉英雄必爭之地今道不取將貽後憂況沔陽新附城中人民多陳氏舊卒壤地相連易於扇動譬之樹木安陸襄陽爲枝沔陽爲榦榦若有損枝葉亦何有焉今宜增兵守沔陽庶幾不失其宜至是遂命遇春將兵往討之（至正二十五年）

第七章　議用兵有地理形勢方能得利歷代備邊擴境之勝敗即係於佔形勢之優劣

兵政學終

國際學

集權資憲通史

代議部

國際學

吳縣曹恭翊濂新編纂

第一章 議外族未服前備邊之策

潁川鼂錯言兵事曰臣聞大小異形彊弱異勢險易異備也夫卑身以事彊小國之形也合小以攻大敵國之形也以蠻夷攻蠻夷中國之形也今匈奴地形技藝與中國異上下山阪出入溪澗中國之馬弗與也險道傾仄且馳且射中國之騎弗與也風雨罷勞飢渴不困中國之人弗與也此匈奴之長技也若夫平原易地輕車突騎則匈奴之衆易橈亂也勁弩長戟射疏及遠則匈奴之弓弗能格也堅甲利刃長短相雜遊弩往來什伍俱前則匈奴之兵弗能當也材官騶發矢道同的則匈奴之革笥木薦弗能支也下馬地鬬劍戟相接去就相薄則匈奴之足弗能給也此中國之長技也以此觀之匈奴之長技三中國之

長技五・陛下又興數十萬之衆・以誅數萬之匈奴・衆寡之計・以一擊十之術也・今降胡義渠蠻夷之屬來歸誼者・其衆數千・飲食長技與匈奴同・賜之堅甲絮衣・勁弓利矢・益以邊郡之良騎・令明將能知其習俗和輯其心者・以陛下之明將約之・即有險阻・以此當之・平地通道・則以輕車材官制之・兩軍相爲表裏・各用其長技・衡之以衆・此萬全之術也・帝嘉之・錯又上言曰・臣聞秦起兵而攻胡粵者・非以衞邊地而救民死也・貪戾而欲廣大也・故功未立而天下亂・且夫起兵而不知其勢・戰則爲人禽・屯則卒積死・夫胡貉之人・其性耐寒・楊粵之人・其性耐暑・秦之戍卒不耐其水火・戍者死於邊・輸者僨於道・秦民見行如往棄市・因以謫發之・名曰謫戍・先發吏有謫及贅壻賈人・後以嘗有市籍者・又後以大父母父母嘗有市籍者・後入閭取其左・秦以威刼而行之・之之徼也・胡人衣食之業・不著於地・其勢易以擾亂邊境・往來轉徙・時至時去・此胡人之生業・而中國之所以離南晦也・今胡人數轉牧行獵於塞下・以候備塞之卒・卒少則入・陛下

不救則邊民絕望而有降敵之心救之少發則不足多發遠縣纔至而胡又已去聚而不能爲費甚大罷之則胡復入如此連年則中國貧苦而民不安矣今遠方之卒守塞一歲而更不知胡人之能不如選常居者家室田作且以備之以便爲之高城深塹要害之處通川之道調立城邑毋下千家先爲室屋具器乃募民免罪拜爵復其家各予夏衣稟食能自給而止胡人入驅而能止其所驅者以其半予之縣官爲贖其民如是則邑里相救助赴胡不避死欲全親戚而利其財也此與東方之戍卒不習地勢而心畏胡者功相萬也上從其言募民徙塞下錯又言曰臣聞古之徙民者相其陰陽之和嘗其水泉之味然後營邑立城製里割宅先爲築室家置器物焉民至有所居作有所用此民所以輕去故鄉而勸之新邑也生死相卹墳墓相從種樹畜長室屋完安此所以使民樂其處而有長居之心也臣又聞古之制邊縣以備敵也使五家爲伍伍有長十長一里里有假士四里一連連有假五百十連一邑邑有假候皆擇其邑之

國際學

賢材有護習地形知民心者居則習民於射法出則教民於應敵故卒伍成於內則軍政定於外服習以成勿令遷徙如此而勸以厚賞威以重罰則前死不還踵矣所徙之民非壯有材者但費衣糧不可用也雖有材力不得良吏猶亡功也陛下絕匈奴不與和親臣竊意其冬來南也壹大治則終身創矣欲立威者始於折膠來而不能困使得氣去後未易服也(漢文帝前十一年)

鄧隲欲棄涼州陳國虞詡言於太尉張禹曰先帝開拓土宇劬勞後定而今憚小費舉而棄之此不可一也涼州既棄即以三輔爲塞則園陵單外此不可二也諺曰關西出將關東出相烈士武臣多出涼州土風壯猛便習兵事今羌胡所以不敢入據三輔爲心腹之害者以涼州在後故也涼州士民所以推鋒執銳蒙矢石於行陳父死於前子戰於後無反顧之心者爲臣屬於漢故也今推而捐之割而棄之民庶安土重遷必引領而怨曰中國棄我於夷狄雖赴義從善之人不能無恨如卒然起謀因天下之飢敝乘海內之虛弱豪雄相聚量材

立帥驅氐羌以爲前鋒席捲而東雖賁育爲卒太公爲將猶恐不足當禦如此則函谷以西園陵舊京非復漢有此不可三也禹曰微子之言幾敗國事禹從詡議於是辟西州豪傑爲掾屬拜牧守長吏子弟爲郎以安慰之（安帝永初四年）

初護羌校尉段熲既定西羌而東羌先零等種猶未服度遼將軍皇甫規中郎將張奐招之連年既降又叛桓帝詔問熲曰先零東羌造惡反逆而皇甫規張奐各擁强衆不時輯定欲命熲移兵東討未識其宜可參思術略熲上言曰臣伏見先零東羌雖數叛逆而降於皇甫規者已二萬許落善惡既分餘寇無幾今張奐躊躇久不進者當慮外離內合兵往必驚且自冬踐春屯結不散人畜疲羸有自亡之勢欲更招降坐制强敵耳臣以爲狼子野心難以恩納勢窮雖服兵去復動唯當長矛挾脅白刃加頸耳計東種所餘三萬餘落近居塞內路無險折非有燕齊秦趙從橫之勢而久亂幷涼累侵三輔西河上郡已各內徙

國際學

安定北地復至單危自雲中五原西至漢陽二千餘里匈奴諸羌並擅其地是爲癰疽伏疾留滯脅下如不加誅轉就滋大若以騎五千步萬人車三千輛三冬二夏足以破定無慮用費爲錢五十四億如此則可令羣羌破盡匈奴長服內徙郡縣得反本土伏計永初中諸羌反叛十有四年用二百四十億永和之末復經七年用八十餘億費耗若此猶不誅盡餘孽復起於茲作害今不暫疲民則永甯無期臣庶竭駑劣伏待節度帝許之悉聽如所上（靈帝建甯元年）

帝以魏寇爲憂咨訪羣臣御史中丞何承天上表以爲凡備匈奴之策不過二科武夫盡征伐之謀儒生講和親之約今欲近跡衞霍自非大田淮泗內實靑徐使民有贏儲野有積穀然後發精卒十萬一舉蕩夷則不足爲也若但欲遣軍追討報其侵暴則彼必輕騎犇走不肯會戰徒興巨費不損於彼報復之役將遂無已斯策之最末者也安邊固守於計爲長臣竊以曹孫之霸才均智敵江淮之間不居各數百里何者斥候之郊非耕牧之地故堅壁淸野一俟其來

整甲繕兵一乘其弊保民全境不出此塗要而歸之其策有四一曰移遠就近今青兗舊民及冀州新附在界首者三萬餘家可悉徙置大峴之南一實內地二曰多築城邑以居新徙之家假其經用春夏佃牧秋冬入保寇至之時一地千家堪戰之士不下二千其餘羸弱猶能登陴鼓譟足抗羣虜三萬人矣三曰纂偶車牛以載糧械計千家之資不下五百耦牛爲車五百輛參合鈎連以衞其衆設使城不可固平行趨險賊所不能干有急徵發信宿可聚四曰計丁課仗凡戰士二千隨其便能各自仗素所服習銘刻由己還保輸之於庫出行請以自新弓簳利鐵民不得者官以漸充之數年之內軍用粗備矣近郡之師遠屯淸濟功費既重嗟怨亦深以臣料之未若即用彼衆之易也今因民所利導而帥之兵彊而敵不戒國富而民不勞比於優復隊伍坐食糧廩者不可同年而較矣(建甯二十二年)

淮西民賈元友上書陳代魏取陳蔡之策上以其書示劉勔勔上言元友稱虜

主幼弱內外多難天亡有期臣以爲虜自去冬蹈藉王土磐據數郡百姓殘亡今春以來連城圍逼國家未能復境何暇滅虜元友所陳率多夸誕狂謀皆無事實言之甚易行之甚難臣竊尋元嘉以來傖荒遠人多干圖議負擔歸闕皆勸討虜從來信納皆貽後悔境上之人唯視强弱王師至彼必壺漿候塗裁見退兵便抄截蜂起此前後所見明驗非一也上乃止（史言劉勔諳識邊情）（晉武帝泰始四年）

第二章　議外族已服後羈縻之術及所以能羈縻之故

北匈奴遣使貢馬司徒掾班彪曰臣聞孝宣皇帝敕邊守尉曰匈奴大國多變詐交接得其情則卻敵折衝應對入其數則反爲輕欺今北單于見南單于來附懼謀其國故數乞和親今既未獲助南則亦不宜絕北羈縻之義禮無不答謂可頗加賞賜略與所獻相當報答之辭令必有適帝從之（漢明帝永平十八年）

班超久在絕域、以任尙代爲都護、尙謂超曰、君侯在外國三十餘年、而小人猥承君後、任重慮淺、宜有以誨之、超曰、年老失智、君數當大位、豈班超所能及哉、必不得已、願進愚言、塞外吏士、本非孝子順孫、皆以罪過徙補邊屯、而蠻夷懷鳥獸之心、難養易敗、今君性嚴急、水清無大魚、察政不得下和、宜蕩佚簡易、寬小過、總大綱而已、超去、尙私謂所親曰、我以班君當有奇策、今所言平平耳、尙後竟失邊和、如超所言(和帝永元十四年)

先是、魏王操召代郡太守裴潛爲丞相理曹掾、操美治代之功、潛曰、潛於百姓雖寬、於諸胡爲峻、今繼者必以潛爲治過嚴、而事加寬惠、彼素驕恣、過寬必弛、既弛、將攝之以法、此怨叛所由生也、以勢料之、代必復叛、於是操深悔還潛之速、後數十日、代郡上谷烏桓無臣氏等果反、操以其子鄢陵侯彰討之(獻帝建安二十三年)

魏主徵陸俟爲懷荒鎮大將、未期歲、高車諸莫弗訟俟嚴急無恩、復請前鎮將郎孤魏主以孤代之倓既至言於帝曰不過期年郎孤必敗高車必叛帝曰卿何以知其然也倓曰高車不知上下之禮故臣臨之以威制之以法欲以漸訓導使知分限而諸莫弗惡臣所爲訟臣無恩稱孤之美臣以罪去孤獲還鎮悅其稱譽益收名聲專用寬恕待之無禮之人易生驕慢不過期年無復上下孤所不堪必將復以法裁之如此則衆心怨懟必生禍亂矣（宋文帝元嘉十年）

上曰朕於戎狄所以能取古人所不能取臣古人所不能臣者皆順衆人之所欲故也又曰朕所以能及此者止由五事耳自古帝王多疾勝己者朕見人之善若己有之人之能行不能兼備朕常棄其所短取其所長人主往往進賢則欲寘諸懷退不肖則欲推諸壑朕見賢者則敬之不肖者則憐之賢不肖各得其所人主多惡正直陰誅顯戮無代無之朕踐祚以來正直之士比肩於朝未嘗黜責一人自古貴中華賤夷狄朕獨愛之如一故其種落皆依朕如父母此五者朕所以成今日之功也（唐太宗貞觀二十一年）

第三章　議外族與國民雜處之害

班固論曰，孝武之世，圖制匈奴，患其兼從西國，結黨南羌，乃表沙曲，列四郡，開玉門，通西域，以斷匈奴右臂，隔絕南羌月氏，單于失援，由是遠遁，而幕南無王庭。遭值文景玄默，養民五世，財力有餘，士馬彊盛，故能睹犀布瑇瑁，則建珠厓七郡，感蒟醬竹杖，則開牂牁越巂，聞天馬蒲萄，則通大宛安息，自是殊方異物，四面而至，於是開苑囿，廣宮室，盛帷帳，美服玩，設酒池肉林，以饗四夷之客，作魚龍角抵之戲，以觀視之，及賂遺贈送，萬里相奉，師旅之費，不可勝計，至於用度不足，乃榷酒酤，筦鹽鐵，鑄白金，造皮幣，算至車船，租及六畜，民力屈，財用竭，因之以凶年，寇盜並起，道路不通，直指之使始出，衣繡杖斧，斷斬於郡國，然後勝之，是以末年遂棄輪臺之地，而下哀痛之詔，豈非仁聖之所悔哉。且通西域，近有龍堆，遠則葱嶺，身熱頭痛懸度之阨，淮南杜欽揚雄之論，皆以爲此天地所以界別區域，絕外內也。西域諸國，各有君長，兵衆分弱無所統之雖屬匈奴不相親附匈奴能得其馬畜旃罽而不能統率與之進退與漢隔絕道里又遠得之不爲益棄之不爲損盛德在我無取於彼故自建武以來西域思漢威德咸樂內屬數遣使置質於漢願請都護聖上遠覽古今因時之宜辭而未許雖大禹之序西戎周公之讓白雉太宗之郤走馬義兼之矣（漢光武建武二十二年）

太子洗馬陳留江統以爲戎狄亂華宜早絕其原乃作徙戎論以警朝廷夫夷蠻戎狄地在要荒禹平九土而西戎卽叙其性氣貪婪凶悍不仁四夷之中戎狄爲甚弱則畏服彊則侵叛當其彊也以漢高祖困於白登孝文軍於霸上及其弱也以元成之微而單于入朝此其已然之效也是以有道之君牧夷狄也惟以待之有備禦之有常雖稽顙執贄而邊城不弛固守彊暴爲寇而兵甲不加遠征期令境內獲安疆場不侵而已及至周室失統諸侯專征封疆不固利害異心戎狄乘間得入中國或招誘安撫以爲己用自是四夷交侵與中國錯

居及秦始皇幷天下兵威傍達攘胡走越當時中國無復四夷也漢建武中馬援領隴西太守討叛羌徙其餘種於關中居馮翊河東空地數歲之後族類蕃息既恃其肥彊且苦漢人侵之永初(安帝)之元羣羌叛亂覆沒將守屠破城邑鄧隲敗北侵及河內十年之中夷夏俱敝任尚馬賢僅乃克之自此之後餘燼不盡小有際會輒復侵叛中世之寇惟此爲大魏興之初與蜀分隔疆埸之戎一彼一此武帝徙武都氐於秦川欲以弱寇彊國扞禦蜀虜此蓋權宜之計非萬世之利也今者當之已受其敝矣夫關中土沃物豐帝王所居未聞戎狄宜在此土也非我族類其心必異而因其衰敝遷之畿服士庶翫習侮其輕弱使其怨恨之氣毒於骨髓至於蕃育衆盛則坐生其心以貪悍之性挾憤怒之情候隙乘便輒爲横逆而居封域之內無障塞之隔掩不備之人收散野之積故能爲禍滋蔓暴害不測此必然之勢已驗之事也當今之宜宜及兵威方盛衆事未罷徙馮翊北地新平安定界內諸羌著先零罕幵折支之地徙扶風始平京

國際學

兆之氐出還隴右著陰平武都之界廪其道路之糧令足自致各附本種反其舊土使屬國撫夷就安集之戎晉不雜並得其所縱有猾夏之心風塵之警則絕遠中國隔閡山河雖有寇暴所害不廣矣難者曰氐寇新平關中饑疫百姓愁苦咸望甯息而欲以疲瘁之衆徙自猜之寇恐勢盡力屈緒業不卒前害未及弭而後變復横出矣答曰子以今者羣氐為尚挾餘資悔惡反善懷我德惠而來柔附乎將勢窮道盡智力俱困懼我兵誅以至於此乎曰無有餘力勢窮道盡故也然則我能制其長短之命而令其進退由己矣夫樂其業者不易事安其居者無遷志方其自疑危懼畏怖促遽故可制以兵威使之左右無違也迨其死亡流散離逷未鳩與關中之人戶皆為仇故可遐遷遠處令其心不懷土也夫聖賢之謀事也為之於未有治之於未亂道不著而平德不顯而成其次則能轉禍為福因敗為功值困必濟遇否能通今子遭儆事之終而不圖更制之始愛易轍之勤而遵覆車之軌何哉且關中之人百餘萬口率其多少戎

狄居半處之與遷必須口實若有窮乏糁粒不繼者故當傾關中之穀以全其生生之計必無擠於溝壑而爲侵掠之害也今我遷之傳食而至附其種族自使相贍而秦地之人得其半穀此爲濟行者以廩糧遺居者以積食寬關中之逼去盜賊之原除旦夕之損建終年之益若憚蹔舉之小勞而忘永逸之弘策惜日月之煩苦而遺累世之寇敵非所謂能創業垂統謀及子孫者也幷州之胡本實匈奴桀惡之寇也建安中使右賢王去卑誘質呼廚泉聽其部落散居六郡咸熙之際以一部太彊分爲三率泰始之初又增爲四於是劉猛內叛連結外虜近者郝散之變發於穀遠今五部之衆戶至數萬人口之盛過於西戎其天性驍勇弓馬便利倍於氐羌若有不虞風塵之慮則幷州之域可爲寒心正始中毌丘儉討句驪徙其餘種於滎陽始徙之時戶落百數子孫孳息今以千計數世之後必至殷熾今百姓失職猶或亡叛犬馬肥充則有噬齧況於夷狄能不爲變但顧其微弱勢不逮耳夫爲邦者憂不在寡而在不安以四海之

廣士民之富豈須夷虜在內然後取足哉此等皆可申諭發遣還其本域慰彼羇旅懷土之思釋我華夏纖介之憂惠此中國以綏四方德施永世於計爲長也朝廷不能用（晉惠帝元康九年）

烏桓獨孤部鮮卑沒弈干各帥衆數萬降秦秦王堅處之塞南陽平公融諫曰戎狄人面獸心不知仁義其稽顙內附實貪地利非懷德也不敢犯邊實憚兵威非感恩也今處之塞內與民雜居彼窺郡縣虛實必爲邊患不如徙之塞外以防未然堅從之（穆帝升平四年）

突厥既亡其部落或北附薛延陀或西奔西域其降唐者尙十萬口詔羣臣議區處之宜朝士多言北狄自古爲中國患今幸而破亡宜悉徙之河南兗豫之間分其種落散居州縣敎之耕織可以化胡虜爲農民永空塞北之地魏徵以爲突厥世爲寇盜百姓之讎也今幸而破亡陛下以其降附不忍盡殺宜縱之使還故土不可留之中國夫戎狄人面獸心弱則請服彊則叛亂固其常性今

降者衆近十萬數年之後滋息倍多必爲腹心之疾不可悔也晉初諸胡與民雜居中國郭欽江統皆勸武帝驅出塞外以絕亂階武帝不從後二十餘年伊洛之間遂爲氈裘之域此前事之明鑑也上不從處突厥降衆東自幽州西至靈州分突利故所統之地置順祐化長四州都督府又分頡利之地爲六州左置定襄都督府右置雲中都督府以統其衆以突利爲順州都督使帥部落之官（唐太宗貞觀二十一年）

第四章 議不可疲中國以遠征外族

閩越王郢興兵擊南越天子擊閩越淮南王安上書曰越方外之地剪髮文身之民也不可以冠帶之國法度理也自三代之盛胡越不與受正朔以爲不居之地不牧之民不足以煩中國也越處谿谷之間篁竹之中習於水鬭便於用舟地深昧而多水險以地圖察其山川要塞相去不過寸數而閒獨數百千里視之若易行之甚難今發兵行數千里資衣糧輿轎而踰嶺拕舟而入水林中

多蝮蛇猛獸·夏日暑時·嘔泄霍亂之病·相隨屬也·前時南越王反·陛下先臣將軍閒忌將兵擊之·以其軍降·處之上淦·後復反·今天暑多雨·未戰而疾死者過半·秦時嘗使尉屠睢擊越·又使監祿鑿渠通道·越人逃入深山林叢·不可得攻·留軍屯守空地·曠日引久·士卒勞勌·越出擊之·秦兵大敗·乃發謫戍以備之·於是山東之難始興臣安竊恐吏之以十萬之師爲一使之任也·是時漢兵遂出·未踰嶺·閩越王弟餘善卽鏦殺郢王·乃詔立繇君丑爲越繇王·餘善爲東越王·

（漢武帝建武六年）

臨菑人主父偃上書闕下曰·司馬法曰·國雖大·好戰必亡·天下雖平·忘戰必危·夫怒者逆德也·兵者凶器也·爭者末節也·夫務戰勝窮武事者·未有不悔者也·昔秦皇帝幷吞戰國·務勝不休·欲攻匈奴·李斯諫曰·不可·夫匈奴無城郭之居·委積之守·遷徙鳥舉·難得而制也·輕兵深入·糧食必絕·踵糧以行·重不及事·得其地不足以爲利也·得其民不可調而守也·勝必殺之·非民父母也·靡敝中國·

快心匈奴。非長策也。秦皇帝不聽。遂使蒙恬將兵攻胡。辟地千里。以河爲境。地固沮澤鹹鹵。不生五穀。然後發天下丁男以守北河。暴兵露師十有餘年。死者不可勝數。終不能踰河而北。是豈人衆不足。兵革不備哉。其勢不可也。又使天下蜚芻輓粟。起於東陲琅邪負海之郡。轉輸北河。率三十鍾而致一石。男子疾耕。不足於糧餉。女子紡績。不足於帷幕。百姓靡敝。孤寡老弱。不能相養。道路死者相望。蓋天下始畔秦也。及至高皇帝定天下。略地於邊。聞匈奴聚於代谷之外。而欲擊之。御史成進諫曰。不可。夫匈奴之性。獸聚而鳥散。從之如搏影。今以陛下盛德攻匈奴。臣竊危之。高帝不聽。遂北至於代谷。果有平城之圍。高皇帝蓋悔之甚。乃使劉敬往結和親之約。然後天下忘干戈之事。夫匈奴難得而治。非一世也。行盜侵驅。所以爲業也。天性固然。上及虞夏殷周。固弗程督。禽畜之。不屬爲人。夫上不觀虞夏殷周之統。而下循近世之失。此臣之所大憂。百姓之所疾苦也。(元朔元年)

第四章　議不可疲中國以遠征外族

匈奴以車師地肥美。近匈奴數遣兵擊車師田者。上欲擊其右地。使不得復擾西域。魏相上書諫曰。臣聞之。救亂誅暴。謂之義兵。兵義者王。敵加於已。不得已而起者。謂之應兵。兵應者勝。爭恨小故。不忍憤怒者。謂之忿兵。兵忿者敗。利人土地貨寶者。謂之貪兵。兵貪者破。恃國家之大。矜民人之衆。欲見威於敵者。謂之驕兵。兵驕者滅。此五者非但人事。乃天道也。今諸將軍欲興兵入其地。臣愚不知此兵何名者也。(宣帝元康元年)

匈奴單于上書願朝五年。公卿以爲虛費府帑。可且勿許。黃門郎揚雄上書諫曰。匈奴本五帝所不能臣。三王所不能制。其不可使隙明甚。臣不敢遠稱。請引秦以來明之。以秦始皇之彊。蒙恬之威。然不敢窺西河。乃築長城以界之。會漢初興。以高祖之威靈。三十萬衆困於平城。時奇譎之士。碩畫之臣甚衆。卒其所以脫者。世莫得而言也。又高后時。匈奴悖慢。大臣權書遺之。然後得解。及孝文時。匈奴侵暴北邊。候騎至雍甘泉。京師大駭。發三將軍屯棘門細柳霸上以備之，數月乃罷，武帝即位，設馬邑之權，欲誘匈奴，徒費財勞師，一虜不可得見，況單于之面乎，其後深惟社稷之計，規恢萬載之策，乃大興師數十萬，使衛青霍去病操兵，前後十餘年，於是浮西河，絕大幕，破寘顏，襲王庭，窮極其地，追奔逐北，封狼居胥山，禪於姑衍，以臨瀚海，虜名王貴人以百數，自是之後，匈奴震怖，益求和親，然而未肯稱臣也，且夫前世豈樂傾無量之費，役無罪之人，快心狼望之北哉，以為不壹勞者不久逸，不暫費者不永寧，是以忍百萬之師，以摧餓虎之喙，運府庫之財，塡盧山之壑，而不悔也，至本始之初，匈奴有桀心，欲掠烏孫，侵公主，乃發五將之師十五萬騎以擊之，時鮮有所獲，徒奮揚威武，明漢兵若雷風耳，雖空行空反，尚誅兩將軍，故北狄不服，中國未得高枕安寢也，逮至元康神爵之間，大化神明，鴻恩溥洽，而匈奴亂，五單于爭立，日逐呼韓邪攜國歸死，扶伏稱臣，然尚羈縻之，計不顓制，自此之後，欲朝者不距，不欲者不彊，何者，外國天性忿鷙，形容魁健，負力怙氣，難化以善，易肄以惡，其彊難詘，其和難

國際學

得故未服之時勞師遠攻傾國殫貨伏尸流血破堅拔敵如彼之難也既服之後慰薦撫循交接賂遺威儀俯仰如此之備也往時嘗屠大宛之城蹈烏桓之壘探姑繒之壁藉蕩姐之場艾朝鮮之旃拔兩越之旗近不過旬月之役遠不離二時之勞固已犂其庭埽其閭郡縣而置之雲徹席卷後無餘災唯北狄爲不然眞中國之堅敵也前世重之茲甚未易可輕也且往者圖西域制車師置城郭都護三十六國豈爲康居烏孫能踰白龍堆而寇西邊哉乃以制匈奴也夫百年勞之一日失之費十而愛一臣竊爲國不安也天子寤焉更報單于書而許之（哀帝建平四年）

是時出擊匈奴討濊將軍嚴尤諫曰臣聞匈奴爲害所從來久矣未聞上世有必征之者也後世三家周秦漢征之然皆未有得上策者也周得中策漢得下策秦無策焉當周宣王時獫狁侵至於涇陽命將征之盡境而還其視戎狄之侵譬猶蟁虻毆之而已故天下稱明是爲中策漢武帝選將練兵約齎輕糧深

入遠戍。雖有克獲之功。胡輒報之。兵連禍結。三十餘年。中國罷耗。匈奴亦創艾。而天下稱武。是爲下策。秦始皇不忍小恥。而輕民力。築長城之固。延袤萬里。轉輸之行。起於負海。疆境既完。中國內竭。以喪社稷。是爲無策（王莽始建國三年）

北匈奴遣使詣武威求和親。帝勿受其使。臧宮馬武上書曰。匈奴貪利。無有禮信。窮則稽首。安則侵盜。虜今人畜疫死。旱蝗赤地。疲困乏力。不當中國一郡。萬里死命。縣在陛下。福不再來。時或易失。豈宜固守文德而墮武事乎。詔報曰。黃石公記曰。柔能制剛。弱能制彊。舍近謀遠者。勞而無功。舍遠謀近者。逸而有終。故曰務廣地者荒。務廣德者彊。有其有者安。貪人有者殘。殘滅之政。雖成必敗。今國無善政。災變不息。百姓驚惶。人不自保。而萬民者。天之所生。天愛其所生。猶父母愛其子。一物有不得其所。則天氣爲之舛錯。況於人乎。故愛民者必有天報。夫戎狄者。四方之異氣。與鳥獸無別。若雜居中國。則錯亂天氣。汙辱善人。

是以聖王之制羈縻不絕而已今匈奴爲鮮卑所破遠藏於史侯河西去塞數千里而欲乘其虛耗利其微弱是非義之所出也（章帝章和二年）

楊終上疏曰秦築長城功役繁興胡亥不革卒亡四海故孝先棄珠厓之郡光武絕西域之國不以介鱗易我衣裳魯文公毀泉臺春秋譏之曰先主爲之而己毀之不如勿居而已以其無妨害於民也襄公作三軍昭公舍之君子大其復古以爲不舍則有害於民也今伊吾之役樓蘭之屯兵久而未還非天意也帝從之（建初元年）

太后欲從南單于擊北匈奴尙書宋意上書曰夫戎狄簡賤禮義無有上下彊者爲雄弱卽屈服自漢興以來征伐數矣其所克獲曾不補害光武皇帝躬服金革之難深照天地之明因其來降羈縻畜養邊民得生勞役休息於茲四十餘年矣今鮮卑奉順斬獲萬數中國坐享大功而百姓不知其勞漢興功烈於斯爲盛所以然者夷虜相攻無損漢兵者也臣察鮮卑侵伐匈奴正是利其抄

掠及歸功聖朝實由貪得重賞今若聽南虜還都北庭則不得不禁制鮮卑鮮卑外失暴掠之願內無功勞之賞豺狼貪婪必為邊患今北虜西遁請求和親宜因其歸附以為外扞巍巍之業無以過此若引兵費賦以順南虜則坐失上略去安即危矣御史魯恭上疏曰復欲遠事邊外乎孔子曰吾恐季孫之憂不在顓臾且北狄尚彊而屯田警備傳聞之事恒多失實誠能舉天下之半以滅大寇豈非至願苟非其時不如息民自是諸將莫敢復言兵事者（建初二十七年）

帝拜田晏為破鮮卑中郎將大臣多有不同乃召百官議於朝堂蔡邕議曰征討殊類所由尚矣然而時有同異勢有可否故謀有得失事有成敗不可齊也夫以世宗神武將帥良猛財賦充實所括廣遠數十年間官民俱匱猶有悔焉況今人財並乏事劣昔時乎自匈奴遁逃鮮卑強盛據其故地稱兵十萬才力勁健意智益生加以關塞不嚴禁網多漏精金良鐵皆為賊有漢人逋逃為之

謀主兵利馬疾過於匈奴昔段熲良將習兵善戰有事西羌猶十餘年今育晏才策未必過熲鮮卑種衆不弱曩時而虛計二載自許有成若禍結兵連豈得中休當復徵發衆人轉運無已是爲耗竭諸夏幷力蠻夷夫邊陲之患手足之疥搔中國之困腹胸之癈疽方今郡縣盜賊尙不能禁況此醜虜而可伏乎昔高祖忽平城之恥呂布棄慢書之詬方之於今何可爲盛天設山河秦築長城漢起塞垣所以別內外異殊俗也苟無蹙國內侮之患則可矣豈與蟲螘之虜校往來之數哉雖或破之豈可殄盡而方令本朝爲之旰食乎昔淮南王安諫伐越曰如使越人蒙死以逆執事厮輿之卒有一以不備而歸者雖得越之首猶爲大漢羞之而欲以齊民易醜虜皇威辱外夷就如其言猶已危矣況乎得失不可量邪帝不從八月遣夏育出高柳田晏出雲中匈奴中郎將臧旻率南單于出鴈門各將萬騎三道出塞二千餘里檀石槐命三部大人各帥衆逆戰育等大敗喪其節傳輜重各將數十騎犇還死者什七八三將檻車徵下獄贖

爲庶人（靈帝熹平六年）

西突厥種落散在伊吾詔以李大亮爲西北道安撫大使於磧口貯糧來者賑給使者招慰相望於道大亮上言欲懷遠者必先安近中國如本根四夷如枝葉疲中國以奉四夷猶拔本根以益枝葉也臣遠考秦漢近觀隋室外事戎狄皆致疲弊今招致西突厥但見勞費未見其益況河西州縣蕭條突厥微弱以來始得耕穫今又供億此役民將不堪不若且罷招慰爲便伊吾之地率皆沙磧其人或自立君長求稱臣內屬者羈縻受之使居塞外爲中國藩蔽此乃施虛惠而收實利也上從之（唐太宗貞觀四年）

戶部侍郎唐胄言安南之事若欲討之則有不可者七古帝王不以中國之治治蠻夷故安南不征著在祖訓一也文皇帝既滅黎季犛求陳氏後不得始郡縣之後兵連不解章皇帝成先志棄而不守今當率循二也外夷分爭中國之福安南自五代至元更曲劉紹吳丁黎李陳八姓迭興迭廢而嶺南外警遂稀

今紛爭正不當問·奈何殃赤子以威小醜·割心腹以補四肢·無益有害·三也·若謂中國近境·宜乘亂取之·臣考馬援南征·深歷浪泊·士卒死亡幾半·所立銅柱·爲漢極界·乃近在今思明府耳·元朝雖嘗平之·然屢服屢叛·中國士馬物故者·以數十萬計·竭二十餘年之財力·僅得數十郡縣之虛名·況又有征之不克·如宋太宗神宗元憲宗世祖朝故事乎·此可爲殷鑒·四也·外邦入貢·乃彼之利·一則奉正朔以威其鄰·一則通貿易以足其國·故今雖兵亂·尚纍纍奉表牋·具方物·欵關求入·守臣以姓名不符卻之·是彼欲貢不得·非抗不貢也·以此責之·詞不順·五也·興師則需餽·今四川有采木之役·貴州有凱口之師·而兩廣積儲數十萬·率耗於田州岑猛之役·又大工頻興·所在軍儲悉輸將作·興師數十萬·何以給之·六也·然臣所憂·又不止此·唐之衰也·自南詔之役始·宋之衰也·自伐遼之役始·今北寇日強·據我河套·邊卒屢叛·毁我藩籬·北顧方殷·更啓南征之議·脫有不測·誰任其咎·七也·章下兵部·亦以爲然·命俟勘官還更議·(明世宗嘉靖

十五年）

第五章　議外族之所以常勝中國由於政體風俗之不同

中行說曰匈奴人衆不能當漢之一郡然所以强者以衣食異無仰於漢也今單于變俗好漢物漢物不過什二則匈奴盡歸於漢矣其得漢繒絮以馳草棘中衣袴皆裂敝以示不如旃裘之完善也得漢食物皆去之以示不如湩酪之便美也（漢文帝六年）

匈奴自稱天地所生日月所置匈奴大單于漢使或訾笑匈奴俗無禮義者中行說輒窮漢使曰匈奴約束徑易行君臣簡可久一國之政猶一體也故匈奴雖亂必立宗種今中國雖云有禮義及親屬益疏則相殺奪以至易姓皆從此類也嗟土室之人顧無多辭喋喋佔佔顧漢所輸匈奴繒絮米蘗令其量中必善美而已矣何以言爲乎且所給備善則已不備苦惡則候秋熟以騎馳蹂而稼穡耳（同上）

國際學

初·張騫自月氏還·具爲天子言西域諸國風俗·大宛在漢正西可萬里·其俗土著·耕田·多善馬·馬汗血·有城郭室屋如中國·其東北則烏孫·東則于窴·于窴之西·則水皆西流·注西海·其東水東流·注鹽澤·鹽澤潛行地下·其南則河源出焉·鹽澤去長安可五千里·匈奴古方居鹽澤以東·至隴西長城·南接羌·隔漢道焉·烏孫康居奄蔡大月氏皆行國·隨畜牧·與匈奴同俗·大夏在大宛西南·與大宛同俗·身毒在大夏東南可數千里·其俗土著·與大夏同·以騫度之·大夏去漢萬二千里·居漢西南·今身毒國又居大夏東南數千里·其去蜀不遠矣（武帝元狩元年）

武威王利鹿孤欲稱帝·羣臣皆勸之·安國將軍鍮勿崙曰·吾國自上世以來·被髮左衽·無冠帶之飾·逐水草遷徙·無城郭室廬·故能雄視沙漠·抗衡中夏·今舉大號·誠順民心·然建都立邑·難以避患·儲畜食庫·啟敵人心·不如處晉民於城郭·勸課農桑·以供資儲·帥國人以習戰射·鄰國弱則乘之·彊則避之·此久長之

良策也。且虛名無實。徒足為世之質的。將安用之。利鹿孤曰。安國之言是也。乃更稱沙西王。(安帝隆安五年)

吐蕃遣其大臣仲琮入貢。上問以吐蕃風俗。對曰。吐蕃地薄氣寒。風俗朴魯。然法令嚴整。上下一心。議事常自下而起。因人所利而行之。斯所以能持久也。上詰以吞滅吐谷渾敗薛仁貴寇逼涼州事。對曰。臣受命貢獻而已。軍旅之事。非所聞也。上厚賜而遣之。(唐高宗咸亨元年)

毗伽可汗欲築城。並欲立寺觀。暾欲谷曰。不可。突厥人徒稀少。不及唐家百分之一。所以能與為敵者。正以逐水草居處無常。射獵為業。人皆習武。彊則進兵抄掠。弱則竄伏山林。唐兵雖多。無所施用。若築城而居。變更舊俗。一朝失利。必為所滅。釋老之法。教人仁弱。非用武爭勝之術。不可崇也。毗伽可汗乃止。(玄宗開元四年)

第六章 議使臣之體不可屈辱亦不可傲慢及據約磋商之道

第六章 議使臣之體不可屈辱亦不可傲慢及據約磋商之道

魏遣王淸石來聘。謂曰。凡使人以和爲貴。勿迭相矜夸。見於辭色。失將命之體也。(晉惠帝建武元年)

帝謂宰相曰。朕覽史書。見晉高祖求援於契丹。遂行父事之禮。仍割地以奉之。使數百萬黎庶陷於外域。馮道趙瑩且居宰輔。皆遣令持禮。屈辱之甚也。宋琪等奏曰。晉高祖遣馮道奉使。張筵送之。親擧酒洒涕曰。達兩君之命。交一國之歡。勞我重臣之彼窮塞。息民繼好。宜體此懷。勿以爲慍也。及道回。有詩曰。殿上一盃天子泣。門前雙節國人嗟。方今亭鄣肅淸。生靈安泰。皆由得制禦之道。恢復舊境。亦應有時。帝然之。(宋太宗雍熙二年)

元昊復遣呂儞如定等與邵良佐俱來。所要凡十一事。其稱男而不爲臣。猶執前議也。歐陽修言。聞朝廷欲以殿中丞任顓館待元昊所遣來人。臣竊謂事體之間。所繫者大。兵交之使。來入大國。必先窺伺將相勇怯。覘察國家彊弱。若見朝廷威怒未息。事意莫測。必內憂斬戮。次恐拘留。使其偶得生歸。自爲大幸。則我弱形未露壯論可持今若過加厚禮先爲自弱使其知我可欺則議論愈益難合必欲成就其事尤須鎭重待之伏望陛下博延羣臣訪以御邊之策擇其善者而力行方今救邊之急宜若奉漏甕沃焦釜猶恐不及豈可外示閒暇而養成大患也(仁宗慶歷三年)

是秋夏數出兵寇秦鳳涇原鈔熟戶擾邊寨弓箭手殺掠人畜以萬計詔遣文思副使王無忝齎詔詰問司馬光言周書稱文王之德曰大邦畏其力小邦懷其德蓋言諸侯傲很不賓則討誅之順從柔服則保全之不避彊不陵弱此王者所以爲政於天下也伏見去歲先帝登遐諒祚遣使者來致祭延州差指使高宜押伴入京宜言語輕肆傲其使者侮其國主使者臨辭自訴於朝臣當時與呂誨上言乞加宜罪朝廷忽略此事不以爲意使其怨懟歸國今諒祚招引亡命點集兵馬窺邊伺境攻圍堡寨驅脅熟戶八十餘族殺掠弓箭手約數千人悖逆如此而朝廷乃更遣使齎詔撫諭彼順從則侮之傲很則畏之無乃非

文王所以令諸侯乎．若使臣至彼．諒祚稽首服罪．禁止侵掠．猶或可赦．若復拒違王命．辭禮驕慢．侵掠不已．未知朝廷將何以爲先．況其議未必可成．惜空損事體．前次元昊來人至少．朝廷只以一班行待之．今來漸盛．遂差朝士．若其後來者更盛．則必須差近侍矣．是彼轉自彊．我轉自弱．況聞邵良佐昨來自彼．僅免屈辱而還．今元昊來人．欲乞更不差官館待送迓．驛中不須急問．至於監視饋犒．傳道語言．一了事班行足矣．然不能從．(英宗治平元年)

自遼人以伐夏來告．邊侯稍警．帝御便殿．訪近臣以預備之策．權三司使葉清臣對曰．陛下臨馭天下二十八年．未嘗一日自遐逸．而西北二邊．頻歲爲患．豈非將相大臣不得其人．不能爲陛下張威德以致此乎．慶歷初．劉六符來．執政不能折衝樽俎．只煩一介之使．坐致二十萬物．匱膏血以奉外敵．此有識之士所爲長太息也．今詔問北使詣闕．以西式爲名．卽有邀求．何以答之．臣聞誓書所載．彼此無求．況元昊叛邊累年．致討遼人．豈有毫髮之助．今彼國出師．輒求我助干盟違約不亦甚乎若使辯捷之人判其曲直我直彼曲豈不憚服苟肆侵淩方河朔災傷之餘野無廬舍我堅壁自守縱令深入其能久居既無所因糧則亟當遁去然後選擇驍勇遏絕歸師設伏出奇邀擊首尾若不就禽亦且大敗矣（仁宗皇祐元年）

司馬光言近聞契丹之民有於界河捕魚及於白溝之南翦伐柳栽者此乃邊鄙小事何足介意而朝廷以前知雄州李中祐不能禁禦另選州將以代之臣恐新將之至必以中祐為戒而妄殺彼民則戰鬬之端往來無窮矣望陛下嚴戒北邊將吏如漁船柳栽之類正可以文牒整會道理曉諭使其官司自行禁約不可以矢刃相加若再三曉諭不聽則聞於朝廷專遣使臣至其王庭與之辨論曲直亦無傷也若又不聽則莫若博求賢才增修政事待公私富足士馬精彊然後奉辭以討復漢唐之土宇與其爭漁柳之勝負不亦遠哉（英宗治平二年）

遣中使賜韓琦富弼文彥博曾公亮詔曰。通好北敵。凡八十年。近歲以來。生齒彌甚。代北之地。素無定封。故造釁端。妄來理辨。古之大政。必咨故老。卿其具奏。琦奏言。臣今爲陛下計。宜遣報使。且言向來興作。乃修備之常。豈有他意。疆土素定。悉如舊境。不可持此造端。以墮累世之好。可疑之形。如將官之類。因而罷去。益養民愛力。選賢任能。疏遠姦諛。進用忠鯁。使天下悅服。邊備日充。若其果自敗盟。則可一振威武。恢復故疆。攄累朝之宿憤矣。弼言。朝廷諸邊用兵。遼所以先期求釁。不若委邊臣詰而嚴備之。來則禦。去則備。親征之謀。未可輕舉。且選人報聘。彼藉吾歲賜。方能立國。豈無欲安靜之理。彥博言。蕭禧之來。欲以北亭爲界。緣慶歷西事未平之時。來求黃嵬之地。容易與之。中國禦戎。守信爲上。必以誓書爲證。若萌犯順之心。當預備邊使戰勝守固而已。公亮言。嘉祐間夏國忘認同家堡爲界。延州牒問。遂圍大順。寇邊不已。絕其歲賜。始求帖服。今待遼極包容矣。不使知懼。恐未易馴擾。控制之術。無令倒持。帝召劉忱呂大忠與執政議之將從其請大忠曰彼遣一使來即與地五百里若使魏王英弼來盡索關南地亦與之乎帝默然忱與大忠堅執不與執政知不可奪乃罷忱還三司許大忠終制（神宗熙甯七年）

先是遼欲過鴨綠江爲界高麗上表云普天之下莫非王土王臣尺地之餘何必我疆我理又云歸汶陽之舊田撫綏敝邑回長沙之拙袖忭舞昌辰其參知政事朴寅亮之詞也遼主善之遂寢其議（哲宗紹聖二年）

第七章 議敵國之謀人國每以和爲藉詞能戰方能和然攘外之道不在和戰在德業

時二邊少靖而西塞猶苦寇掠安燾言爲國者不可好用兵亦不可畏用兵好則疲民畏則遺患今朝廷每戒疆吏非舉國入寇毋得應之則固爲不用兵矣雖僅保障戍實墮其計中願復講攻擾之策且乾順幼豎梁氏擅權族黨酋渠多反側顧望若有以離間之未必不回戈而復怨此制勝一奇也其後夏人自

相攜貳來修貢悉如燾言(宋哲宗元祐二年)

金使李永壽王翊入永壽請還劉豫之俘及西北士民之在西南者且欲畫江以益劉豫既退命客省官賜酒食於殿門外辭亦如之其從者七人亦許至殿門賜翊金帛皆如永壽之數殿中侍御史常同言先振國威則和戰常在我若一意議和則和戰常在彼靖康以來分爲兩事可爲鑒戒帝因從容語戒備曰今養兵已二十萬有奇同實未聞二十萬兵而畏人者也(高宗紹興三年)

秦檜招魏矼至都堂問其所以不主和議之意矼具陳敵情難保檜謂之曰公以智料敵檜以誠待敵矼曰相公固以誠待敵第恐敵人不以誠待相公耳檜不能屈(紹興八年)

樞密副史王庶自淮西還行在上疏言金使入境經過州郡傲慢自尊略無平日禮數接伴使欲一見而不可得官司供帳至行造金醆輕侮肆志略無忌憚臣聞自古謀人之國者必有一定之論越之取吳在驕其志而已秦之取六國

在散其從而已其間雖或出或入而一定之論未嘗易也金人所以謀人之國者曰和而已觀其既以是謀契丹又以是謀中國方突騎赴闕初以和議爲辭暨大兵圍城又以和議爲辭二聖播遷中原板蕩十餘年間衣冠之蹂踐幾徧血人於牙吞噬靡厭而和議未之或廢也(同上)

殿中侍御史張戒復上疏曰自古能守而能和者有矣未有不能戰不能守而能和者也使眞宗無澶淵之捷仁宗非慶歷之盛雖有百曾利用百富弼豈能和哉又曰苟不能戰不能守區區信誓豈足恃也(同上)

王庶奏曰臣切詳王倫之歸以爲和好可成故地可復皇族可歸上自一人下逮百執事皆有喜色獨臣愚闇不達事機早夜以思揣本齊末未見其可臣復有强聒之請別無他情止知愛君和之與否臣不復論且以目今金人利害言之講和爲上遣使用兵爲下何以言之金人自破大遼及長驅中原幾十三年矣所得土地數倍漢唐所得珠玉子女莫知紀極地廣而無法以經理財豐而

恃勢以相圖·又老師宿將·死亡殆盡·幼主權分·有患失之慮·此所以講和爲上也·金人·滅·大·遼·蕩中·原·信使·往·來·曾無·虛·日·得志·兩·國·專用·此·道·剏自·廢·豫·之·後·陰謀·敗·露·杌隉·不·安·故重·報·使·人·以安·反·側·兼可以察我之虛實·耗我之資糧·離我之心腹·怠我之兵勢·彼何憚而不爲·此所以遣使爲便也·金人之兵·內有牽制·外多疑忌·所用之人·非若昔日之勇銳·所簽之軍·非若昔日之强悍·前出後空·或有覆巢之虞·卒衆深入·不無倒戈之慮·又淮上虛荒·地無所掠·大江浩渺·未可易渡·諸將兵勢·不同曩時·所以用兵爲下也·今彼所行皆上策·至爲得計·吾方·信·之·不·疑·墮其·術·中·惟恐·不·如·所·欲·臣不敢效子胥出不祥之言·殺身以立後世之名·於國何補·惟陛下深思之·速斷之·無使後之視今·亦猶今之視昔·天下幸甚·(同上)

詔前特進張浚依舊永州居住·竢服闋取旨·先是浚奉母喪·歸葬於蜀·行至江陵·會以星變求直言·浚慮金數年間·決求釁用兵·而吾方溺於晏安·謂金可信·

蕩然莫之爲備、沈該萬俟卨居相位、尤不厭天下望、朝廷益輕、雖在苫塊、不得不爲帝終言之、乃復奏曰、嚮者講和之事、陛下以太母爲重、爾幸而徽宗梓宮亟還、此和之權也、不幸用事之臣、肆意利欲、乃欲翦除忠良、以聽命於敵、而陰蓄其邪心、故身死之日、天下相慶、蓋惡之如此、方姦雄之人、叅於富貴、分別黨與、布在要郡、聚斂珍貨、獨厚私室、皆爲身謀、而不爲陛下謀也、坐失事機二十餘年、有識痛心、夫賢才不用、政事不修、形勢不立、而專欲受命於敵、適足啟輕侮之心、而正墮其計中、臣願陛下深思大計、復人心、張國勢、立政事、以觀機會、未絕其和、而遣一介之使、與之分別曲直逆順之理、事必有成、萬俟卨湯思退見之大怒、以爲金未有釁、而浚所奏乃若禍在年歲間者、湯鵬舉卽奏浚身在草土、名繫罪籍、要譽而論邊事、不恭而違詔書、取腐儒無用之常談、沮今日已行之信誓、豈復能爲國家長慮、徒以閑居日久、以冀復用、議者以爲前此權臣嘗被其薦、故雖致人言、猶竄近地、况浚近得旨歸葬於蜀、尚堅異議、以唱率遠

方之人慮或生患望屏之遠方以爲臣下不忠之戒故有是命（紹興二十六年）

召朱熹至對於垂拱殿言非戰無以復讎非守無以制勝末言古先聖王所以攘外之道其本不在威强而在德業其備不在邊境而在朝廷其具不在兵食而在紀綱願開納諫諍黜遠邪佞杜塞倖門安固邦本四者爲先務之急庶幾形勢自强而恢復可冀矣（孝宗隆興元年）

兵部侍郞胡銓上書以賑災爲急務議和爲闕政其諫議和之言曰自靖康迄今凡四十年三遭大變皆在和議則金之不可與和彰彰矣今日之議若成則有可弔者十請爲陛下極言之眞宗時宰相李沆謂王旦曰我死公必爲相切勿與契丹講和旦殊不以爲然既而遂和海內乾耗旦始悔不用李沆之言可弔一也中原謳吟思歸之人日夜引領望陛下拯溺救焚一與敵和則中原絕望後悔何及可弔二也海泗今之藩籬咽喉也彼得海泗且決吾藩籬以瞰吾

室扼吾咽喉以制吾命則兩淮決不可保兩淮不保則大江決不可守大江不守則江浙決不可安可弔三也紹興戊午和議既成秦檜建議遣大臣分往南京交割歸地一旦渝盟遂下親征之詔金復請和其反覆變詐如此檜猶不悟奉之如初卒有前年之變驚動輦轂太上謀欲入海行朝居民一空覆轍不遠忽而不戒臣恐後車又將覆矣可弔四也紹興之和首議決不與歸正人口血未乾盡變前議一切遣還如程師回趙良嗣等聚族數百幾爲蕭牆之憂今必盡索歸正人與之則反側生變不與則敵不肯已必起釁端可弔五也自檜當國二十年間竭民膏血以奉金人迄府庫無旬月之儲千邨萬落生理蕭然重以蝗蟲水潦自今復和則蠹國害民殆有甚焉可弔六也今日養兵之外又有歲幣歲幣之外又有私覿私覿之外又有正旦生辰之使正旦生辰之外又有泛使生民疲於奔命帑廪涸於將迎可弔七也側聞金人嫚書欲書御名欲去國號大宇欲用再拜議者以爲繁文小節不必計較臣竊以爲議者可斬也夫

第七章　議敵國之謀人國每以和爲藉詞能戰方能和然攘外之道不在和戰在德業

四郊多壘·卿大夫之辱·楚子問鼎·義士之所深恥·獻納二字·富弼以死爭之·今强敵橫行·與多壘孰辱·國號大小·與鼎輕重孰多·獻納二字·與再拜孰重·臣子欲君父屈己以從之·則是多壘不足辱·問鼎不必恥·獻納不必爭·可弔八也·臣恐再拜不已·必至稱臣·稱臣不已·必至請降·請降不已·必至納土·納土不已·必至銜璧·銜璧不已·必至輿櫬·輿櫬不已·必至如晉帝青衣行酒·然後爲快·可弔九也·事至於此·求爲匹夫·尚可得乎·可弔十也·竊觀今日之勢·和決不成·儻陛下毅然獨斷·追回使者魏杞康湑等·絕請和之議·以鼓戰士·下哀痛之詔·以收民心·如此則有可賀者亦十·省數千億之歲幣·一也·專意武備·足食足兵·二也·無書名之恥·三也·無去大之辱·四也·無再拜之屈·五也·無稱臣之忝·六也·無請降之禍·七也·無納土之悲·八也·無銜璧輿櫬之酷·九也·無青衣行酒之慘·十也·去十弔而就十賀·利害較然·而陛下不悟·春秋左氏謂無勇者爲婦人·今日舉朝之士·皆婦人也·如以臣言爲不然·乞賜流放竄殛·以爲臣子出位犯分之戒·

（孝宗隆興二年）

太學正興國王質上疏曰、夫宰相之任一不稱、則陛下之意一沮、前日陳康伯持陛下以和、和不成、張浚持陛下以戰、戰不驗、浚又持陛下以守、守既困、思退又持陛下以和、陛下亦嘗深察和戰守之事乎、李牧之在鴈門、法主於守、守乃所以爲戰、祖逖之在河南、法主於戰、戰乃所以爲和、羊祜之在襄陽、法主於和、和乃所以爲守、是和戰守本殊塗而同歸者也、今陛下之心志未定、規模未立、或告陛下金弱且亡、而吾兵甚振、陛下則勃然有勒燕然之志、或告陛下吾力不足恃、而金人且來、陛下即委然有盟平涼之心、或告陛下吾不可進、金可入、陛下又蹇然有割鴻溝之意、臣今爲陛下謀、會三者爲一、天下惡有不定哉、帝心以其言爲然、而忌者共排之、以爲年少好異、遂罷去（同上）

金主欲與元議和、遣使報之、詔百官議於尙書省、時握兵者皆畏縮不敢戰、曰恐壞和議、張行信上言曰、和之與戰、本是二事、奉使者自專議和、將兵者惟當

　議敵國之謀人國每以和爲藉詞能戰方能和然攘外之道不在和戰在德業

主戰。豈得以和事爲辭。自崇慶來。皆以和誤。若我軍時肯進戰。稍挫其鋒。則和事成也久矣。頃北使既來。然猶破東京略河東。今我使方行。將帥輒案兵不動。於和議卒無益也。事勢益艱。芻糧益竭。和之成否。蓋未可知。豈當閉門自守以待斃哉。宜及士馬尙壯。擇猛將銳兵防衞轉輸。往來拒戰。使之少沮。則附近蓄積皆可入京師。和議亦不日可成矣。金主心知其善。而不能行。（嘉定六年）金人來告遷。起居舍人眞德秀上疏。請罷金歲幣。其略曰。女眞以元侵凌徙都於汴。此吾國之至憂也。蓋元之圖滅女眞。猶獵師之志在得鹿。鹿之所走。獵必從之。既能越三關之阻以攻燕。豈不能絕黃河一帶之水以趨汴。使元遂能如劉聰石勒之據有中原。則疆城相望。便爲鄰國。固非我之利也。或如耶律德光之不能卽安中土。則姦雄必將投隙而取之。尤非我之福也。今當乘敵之將亡。亟圖自立之策。不可乘敵之未亡。姑爲自安之計也。夫用忠賢。修政事。屈羣策。收衆心者。自立之本。訓兵戎。擇將帥。繕城池。飭戍守者。自立之具。以忍恥和戎爲福以息兵忘戰爲常積安邊之金繒飾行人之玉帛女眞尙存則用之女眞强敵更生則施之强敵此苟安之計也陛下以自立爲規模則國勢日張以苟安爲志嚮則國勢日削安危存亡皆所自取若夫當事變方興之日而示人以可侮之形是堂上召兵戶內延敵也帝納之議罷歲幣淮西轉運使喬行簡上書丞相曰元漸興其勢已足以亡金金昔我之讐也今吾之蔽也宜姑與幣使得拒元議不決夏左樞密使萬慶義勇遣二僧齎蠟書來四川議夾攻金以恢復故疆制置使董居誼不報由是夏訖中絕（嘉定七年）

江東計度轉運副使眞德秀朝辭言曰金自南遷其勢日蹙元及西夏東出潼關深入許鄭攻圍都邑游騎布滿山東而金以河南數州之地枕西北方張之師加以羣盜縱橫叛者四起危急如此臣謹案圖史女眞叛遼在政和甲午其滅遼也在宣和己巳而犯中原卽於是年之冬今日天下之勢何以異政宣之時陛下亦宜以政宣爲鑑臣觀元之在今日無異昔日女眞方興之時一旦與

我爲鄰亦必祖述女眞已行之故智蓋女眞嘗以燕城歸我矣今獨不能還吾河南之地以觀吾之所處乎受之則享虛名而召實禍不受則彼得以陵寢爲詞仗大義以見攻女眞嘗與吾通好矣今獨不能卑辭遣使以觀吾之所欲乎從之則要索無厭不從則彼得藉口以開釁端不可不預圖所以應之也因以五不可爲獻一曰宗社之恥不可忘二曰比鄰之盜不可輕三曰幸安之謀不可恃四曰導諛之言不可聽五曰至公之論不可忽反覆極言帝不能用（同上）

金使完顏阿古岱來乞糧將行金主諭之曰宋人負朕深矣朕自即位以來戒飭邊將無犯南界邊臣有請征討者未嘗不切責之向得宋一州隨即付與近淮陰來歸彼多以金幣爲贖朕若受財是貨之也付之全城秋毫無犯淸口臨陳生獲數千人悉資遣之今乘我疲敝據我壽州誘我鄧州又攻我唐州彼爲謀亦淺矣元滅國四十以及西夏夏亡及於我我亡必及於宋脣亡齒寒自然

之理若與我連和所以爲我者亦爲彼也卿其以此意曉之阿古岱至宋宋不許(理宗紹定六年)

元以王德素充國信使劉公諒副之致書於帝詰稽留郝經之故經久羈眞州上表曰願附魯連之義排難解紛豈如唐儉之徒款兵誤國又數上書於帝其略曰貴朝自太祖受命創立規模一本諸理校其武功有不逮漢唐之初而革弊政弭兵凶弱藩鎭强京國意慮深遠貽厥孫謀有盛於漢唐之後者夫有天下者孰不欲九州四海奄有混一端委垂衣而有天下晏然穆淸也哉理有所不能勢有所難必亦安夫所遇之理而已貴朝祖宗深見夫此持勒控約不肯少易是以太祖開建大業太宗丕承基統仁宗治效浹洽神宗大有作爲高宗坐弭强敵皆有其勢而弗乘安於理而不妄者也今乃或者欲於遷徙戰伐之極三百餘年之後不爲扶持安全之計欲斷生民之餘命棄祖宗之良法不以理以勢不以守以戰欲收奇功取幸勝爲詭遇之舉不亦誤乎伏惟陛下之與

　議敵國之謀人國每以和爲藉詞能戰方能和然攘外之道不在和戰在德業

本朝初欲復前代故事遣使納交越國萬里天地人神皆知陛下計安生民之意而氣數未合小人交亂雖行李往來迄無成命非兩朝之不幸生民之不幸也有繼好之使而無止戈之君有講信之名而無修睦之實有報聘之命而無輪平之約是以藉藉紛紛不足以明信而適足以長亂至渝合交廣之役而禍亂極矣主上即位之初過以相與惟恐不及不知貴朝何故接納其使拘於邊郡蔽幕蒙覆不使進退一室之內顚連宛轉不覩天日綿延數年經等何罪而窘逼至是邪或者必以爲本朝兵亂有隙可乘本朝骨肉睽鬩諸侯背叛則或有之以主上之仁聖必能享國以致太平使南北之民免殺戮之禍而共躋仁壽不然則戰爭方始而貴朝可憂矣事至今日貴朝宜汲汲皇皇以應主上美意講信修睦計安元元而乃置而不問豈天厭亂將由是以締起兵端耶抑由是以別有蘊畜耶抑其間有主張是者必不使之成耶皆不可得而知也竊嘗思之本朝用兵四十年亦休息之時也天畀仁聖而有主上亦治平之世也貴

朝受兵三十餘年亦厭苦之時也、保有天命而有陛下、亦非生事之君也、夫邦交之事、振古以然、至貴朝而後盛、眞宗幸澶淵、南北之交始定、好聘往來、甲兵不試、至於宣政、盟約遂壞、靖康之末、因棄都邑、高宗南幸、隳讎崇好、與金源再定盟誓、海陵凶虐、貫盈自斃、高宗遂與金世宗同盟、好聘往來、又數十年、生事之人妄啟邊釁、甯宗復與章宗同盟好、由是觀之、以和議邦交、爲國者、貴朝之事也、契丹與貴朝同盟、數世數十年之後也、金源與貴朝定盟、亦數世數十年之後也、今主上之世數年數、亦金源氏之世數年數也、大定明昌之盛、將復見於今、即位之初、先遣信使、繼好弭兵、而貴朝擯而不問、經反復思惟、必有橫議之人、將以弊貴朝、誤陛下者、必爲此事、於經何有、於本朝何有、妨經何事、害本朝何事、所惜者、貴朝之國體、陛下之盛德也、此事必行、經不過失一身、本朝不過失一臣、太倉耗一粒、滄海揚一波、鄧林飄一葉、泰山落一石、於國何損、使貴朝所舉、皆中、所圖皆獲、返舊京、奄山東、取河朔、平關中、剗白溝之界、上盧龍之塞即本朝亦不失故物若爲之而不成圖之而不獲復欲洗兵江水挂甲淮壖而遂安然無事殆恐不能一有所失則不旣大矣乎經聞有國者不畏夫有亂畏夫自致其亂自致其亂則人也橫逆之來則天也天欲亂人之國其如彼何哉盡其在我者而已矣或者乃徇夫一己之勢狃於一時之利不忌天之所警欲於大變之後抵巇投罅拘滯使人而別作爲舉祖宗三百年之成烈再爲博者之一擲遂以干戈易玉帛殺戮易民命戰爭易禮義彼間探造鑿之人大抵皆爲弱彼強此之說以取容悅又惡知夫國家利害生民休戚哉經本布衣敎授保塞主上聘趣問以治道即以議和止殺爲請是以即位之初即命經行入境以來綿亘四年凡有蘊蓄無不傾盡在經等今日之事正是告登寶位布弭兵息民之意無他蔽匿貴朝必以爲不可必不能從何用置經於此或欲與較量疇昔必決勝負一主於戰則通好使人尤爲無用而乃仍自拘留陳說不答告歸不許老天長日寖以銷鑠必自斃館下亦非貴朝美事也前後皆不報驛

吏棘坦鑰戶晝夜守邏欲以動經經不屈語其下曰嚮受命不進我之罪也一入宋境死生進退聽其在彼屈身辱命我則不能汝等不幸同在患難宜忍以待之揆之天時人事宋祚殆不遠矣（景定四年）

史理氏曰古者戎狄不通中國後世人君欲郡縣其部落衣冠其旃毳然後與戎狄戰也及戰而不利兵威挫國脈蹙聞風敗北然後與戎狄和也吾以爲戎狄未始不可與戰特必彼之族類大蔑小强陵弱乃興問罪之師征之而已無所利非但操必勝之權彼且不敢抗拒如周文王之爰整其旅以遏徂旅是也戎狄未始不可與和特必既勝狄矣慮戰之寡人之妻孤人之子獨人父母始出於和然後其和可久如周宣王之薄伐玁狁至於太原是也若夫戰爲爭人之地和爲緩己之寇宜乎其不足以馭戎也秦始皇遣將軍蒙恬發兵三十萬人伐匈奴北郤匈奴南取百粵而終以事胡爲弊漢武帝數遣衞青霍去病擊匈奴東幷朝鮮西取甘涼南辟

國際學

交趾珠崖北斥朔方河南以至車師大宛夜郎昆明之屬皆招徠之而天下危若綴旒隋煬帝擊高麗三駕遼左而萬姓怨苦以亡此三君之馭戎如出一人唐吐蕃遣使卑辭厚禮以求和且請修清水之盟而歸侵地德宗許而與盟而吐蕃乃伏精兵數萬以劫盟死者數百人擒者千餘人宋欽宗許割三鎮之地以畀金金人去北未逾年而金粘沒喝入威勝軍陷隆德府此二君之馭戎又如出一轍夫自古窮兵黷武絕大漠踰懸度極力以攘戎者莫如漢武等邀必與索必償忍辱含恥黽勉以和戎者莫如宋欽等然漢武不免疲敝宋欽卒至敗亡然則今欲以戰馭戎者是爲秦始皇爲漢武帝爲隋煬帝也欲以和馭戎者是爲唐德宗爲宋欽宗也豈非無馭戎之策邪抑豈果無馭戎之策也哉今夫人之病或在四肢或在心腹醫者但治其四肢心腹其病不可瘉也必治其病之所由來之處然後其病可瘉戎狄猾夏國之四肢病也內政不修受四肢病之處也誠能

治。其。受。病。之。處。戎。狄。庶。幾。可。理。歟。

又曰歐洲霸權循環遞嬗自英而法法而德德而俄日英製器興商富甲天下遂霸歐洲法皇拿坡崙第一興欲席捲天下滅德意志諸邦用兵無敵遂霸歐洲德受創於法興學強兵敗法為城下盟遂霸歐洲今俄守彼得遺訓陷他國以供己國犧牲日本明治以來百度維新雄視東西洋然則歐洲霸權其在俄日乎已霸者欲保境自守未霸者欲擴地稱雄今強國雖衆而外交家所宜防禦者俄日而已迺言外交者輒曰中國宜聯俄聯日夫必利害均而後可以聯盟今英日同盟俄法同盟德義奧同盟英日何以同盟蓋俄若逞志東方則英商務廢日霸權替其害同也故同盟俄法何以同盟蓋俄聯法則由歐達亞有屯煤地法聯俄德不敢尋仇欺法均有利也故同盟德義奧何以同盟蓋三國皆閉關自守旁觀勝敗形勢同也故同盟吾中國若聯日則日勝俄中必隱丼於日若聯俄則尤不

第七章　議敵國之謀人國每以和為藉詞能戰方能和然攘外之道不在和戰在德業

國際學

可甲午之役俄聯德法脅日退遼東然未幾借我膠州澳避涑又索我旅順大連灣庚子之變隱與我親欲割我東三省各國干預而止然則今之外交與中國同利害者惟英美乎俄縱橫於中亞細亞進兵窺印度英之慮俄窺印度猶中國慮俄窺朝鮮也故中國莫如離英日之盟聯中英之盟若或聯俄或聯日則外交之政策未有繆於此者也且中國外交之繆非一日矣俄日相忌莫敢先發變其蠶食鯨吞詐爲撫弱擠强皆曰保全中國俄日既不得中國土地又挾其詐僞之保全而索約外之利益英法德各國持均霑之說紛至沓來而吾中國信爲誠然以保全爲可恃噫兩虎相鬬卞莊子刺之鷸蚌相持漁人獲之夫虎可噬人鷸可飛蚌可潛使虎不相鬬則卞莊子一虎未必得刺況二乎鷸蚌不相持則漁人蚌不可獲況鷸乎惟其相鬬相持故莊子漁人乘隙而得利今强國不欲先與中國持鬬者非愛中國恐莊子漁人乘其後也此正中國勵精圖治變法自

强刻不可緩之際也乃恃其保全以為無慮是猶虎與鷸蚌恃莊子漁人無如何而輕之則其終必致兩虎相鬭鷸蚌相持而刺獲於莊子漁人矣

第七章 議敵國之謀人國每以和為藉詞能戰方能和然攘外之道不在和戰在德業

國際學終

敬啟

『民國專題史』叢書，乃民國時期出版的著名學者、專家在某一專題領域的學術成果。所收圖書絕大部分著作權已進入公有領域，但仍有極少圖書著作權還在保護期內，需按相關要求支付著作權人或繼承人報酬。因未能全部聯系到相關著作權人，請見到此說明者及時與河南人民出版社聯系。

聯系人 楊光
聯系電話 0371-65788063
2016年3月28日